유럽을
만든
대학들

유럽을 만든 대학들

**볼로냐대학부터 유럽대학원대학까지,
명문 대학으로 읽는 유럽지성사**

통합유럽연구회 지음

cum libro
책과함께

책을 펴내며

유럽은 변화하고 있다. 유럽은 과거처럼 분열된 민족국가들의 각축 무대가 아니라 '유럽연합EU'으로 통합된 새로운 역사적 실체로 우리에게 다가오고 있다. 유럽연합의 형성 과정은 현재진행형이기에 역사적·국제정치적·문화적 문제들을 새롭게 제기하고 있고, 이에 따라 유럽의 새로운 성격에 관한 새로운 시각과 지식들이 요구되고 있다. 이 책은 이러한 요구에 부응하고자 '통합유럽연구회'를 중심으로 활동하는 전문가 집단의 공동 집필로 발간되었다.

통합유럽연구회는 새로운 유럽을 각국 역사의 발전 과정으로 이해하기보다는 하나의 '통합적' 역사 단위로서 이해하려는 시각을 견지하면서, 방법론적으로는 역사, 문화 등 인문적 시각 및 사회과학적 접근 방법을

'통합'하여 연구하는 것을 목표로 하는 학술 단체이다.

이러한 취지에서 본 연구회는 유럽통합 운동을 이해하기 위한 시각의 일환으로 인물을 통한 접근과 도시를 통한 접근을 시도한 바 있다. 그 결과 2010년에 《인물로 보는 유럽통합사》, 2013년에 《도시로 보는 유럽통합사》를 출간하여 큰 호응을 얻었다고 자부하고 있다. 이번에는 유럽통합 운동을 이해하기 위한 세 번째 접근 방식으로 대학을 통한 접근을 시도하고자 한다. 유럽 주요 대학들의 역사와 전통을 살펴보면서 해당 대학들이 유럽 지성사에 어떠한 영향을 미쳤는지, 나아가 유럽통합사에 어떠한 의미가 있는지 밝히고자 한다. 유럽이 형성되는 과정에서 실로 여러 가지의 제도와 사상 및 정신들이 기초가 된 것이 분명하지만, 바로 대학들도 그러한 유럽 정신을 이끌어온 핵심적 제도였다는 취지에서 '유럽을 만든 대학들'이라는 다소 과감하다 할 수 있는 책 제목을 제시했다.

전 세계 다른 지역의 역사와는 구별되는 지금의 유럽사를 만들어온 특징적 요소로 어떠한 것들을 나열할 수 있을 것인가? 아마도 그리스도교와 교회 제도, 국가 체제, 자본주의, 혁명 등을 거론할 수 있을 것이다. 여기에 하나 덧붙인다면 유럽의 독특한 지적 기반인 대학universitas을 들 수 있을 것이다. 무엇보다도, 유럽 지성인들이 공유하는 대화와 타협의 자세는 유럽 대학 제도의 영향을 받았다. 르네상스 이후 유럽에서는 근대적인 대학들이 등장했고, 각국에 설립된 대학에서는 유럽 각지에서 온 지성인들이 국적을 초월하여 학문을 논하면서 지적 공감대를 형성했다. 이 과정에서 유럽의 대학은 내국인을 위한 교육기관의 성격을 넘어 유럽인이 함께 공유하는 유럽 차원의 기관의 성격을 갖추게 되었다.

이러한 배경 속에서 유럽의 대학과 대학에 몸담고 있던 지식인들은 누구보다도 활발하게 격정적인 유럽의 역사를 몸소 체험하고 또 만들어갔다. 즉 우리는 유럽사의 특징들을 이루는 주요한 역사적 사건들에서 대학과 대학인들의 다양한 역할을 심심치 않게 목도할 수 있다. 이들은 때로는 권력의 중심부에서 때로는 그 주변부에서 자신의 지성에 비추어 역사적 사건들과 긴밀한 영향을 주고받고 관계를 맺어왔다. 유럽의 여러 대학은 자신들이 목도하고 있는 현실 세계 한가운데에서, 구체적으로는 중세 말의 봉기들부터 인문주의와 르네상스, 과학혁명, 계몽사상을 거쳐 근현대 세계를 점철하는 다양한 정치적 운동과 과학기술의 발전과 그 운명을 같이해왔다. 대학은 연구자 공동체의 제도적 기반을 통해 역사적 현실의 영향을 받기도 하지만 그 지성과 신념이 현실에 강한 영향을 주기도 했다. 이것이 바로 유럽을 만든 역사의 주인공들 중에 대학이 빠질 수 없는 이유가 될 것이다. 유럽 역사 발전 과정의 변곡점마다 결정적 변화의 방향을 제시해온 대학들의 역사라는 단면을 통해 유럽사의 한 특성을 이해해볼 수도 있다는 취지인 것이다.

한편 오늘날 유럽의 통합 운동은 주권국가 사이의 대화와 타협에 기초하여 진행되고 있다. 이것은 지난날 인류 역사에서 흔히 발견되었던 무력에 의한 국가 간 합병과 뚜렷이 구별되는 평화적 방식의 통합이다. 유럽에서 평화적 통합 운동이 성공적으로 추진될 수 있었던 것은 유럽 지성인들이 공유하는 이성적이고 합리적인 사고의 영향이 크다. 유럽의 지성인들은 문제 해결을 위해 함께 모여 토론하고 협력하는 문화를 발전시켰고, 이러한 문화는 지난 50여 년 동안 많은 난관을 극복하면서 평화적인 유럽 통합 운동을 지속시키는 원동력이 되고 있다. 요컨대 유럽 주요 대학들의 역사와 전통들을 살펴보는 가운데, 유럽적 차원의 역사적 사건들 속에서 대학 및 지식인들이 어떻게 이 역사적 현실들과 조우했는지, 그리하여 그것들이 현재 유럽의 통합 과정에서 어떠한 의미를 던져주고 있는지가 이 책의 주요한 핵심 주제들이다.

이 책은 4부로 구성되었다. 각 부의 주제 배열은 역사적 발전 과정을 반영했으나, 각 부에 포함된 대학들은 설립 연도순으로 배치하지 않고 그 대학들의 변화된 역사적 성격을 반영하여 그 부의 주제에 상응하도록 배치했다. 이에 따라 1부 '중세의 전통을 만든 대학들'에서는 볼로냐대학을 비롯해 중세 이래 창립되어 대학의 원형적 전범을 보여주면서 시대의 변화 또한 반영하고 있는 전통적 대학들을 다루었다. 2부 '근대 유럽을 형성한 대학들'에서는 19세기 이래 새로운 형태의 근대적 대학의 모델을 대표하는 베를린훔볼트대학, 제네바대학 등을 다루었다. 3부 '유럽의 미래를 만드는 대학들'에서는 파리8대학을 비롯해 대학의 전통을 혁신하여 미래 대학의 모델을 제시하고 있는 대학들을 다루었다. 4부 '통합 유럽을 이끄는 대학들'에서는 유럽연합의 형성과 함께 통합된 유럽의 지속을 위한 이론과 실무적 지식을 전파하고 있는 스트라스부르대학, 가톨릭루뱅대학 등을 다루었다.

이 책은 유럽연합 형성의 배경지식이 요구되는 정부 기관, 기업, 언론 기관의 전문인들에게 도움을 줄 수 있도록 기획되었지만, 이 분야에 관심을 가지고 있는 일반 독자들에게 폭넓고 심도 있는 지식을 제공하려는 목적도 아울러 지닌다. 또한 대학의 전공 및 교양과목의 교재나 부교재로 활용될 수 있기를 기대한다.

책을 기획하고 발간하기까지 여러 차례의 집필 회의 및 연구 모임을 통해 의견을 허심탄회하게 나누고 책의 통일성을 위한 노력을 아끼지 않은 필진에게 감사드린다. 무엇보다도 책의 기획 방향과 내용의 통일성을 위해 큰 수고를 아끼지 않은 발간기획위원장 오정은 선생께 큰 감사를 드린다. 끝으로 이 책의 특장을 최대한 살려내기 위해 편집에 심혈을 기울인 책과함께 출판사에 크게 감사한다.

2015년 5월, 필진을 대표하여
통합유럽연구회 회장 임상우

| **차례** |

3부 유럽의 미래를 만드는 대학들

4부 통합 유럽을 이끄는 대학들

아이슬란드
노르웨이
핀란드
스웨덴
북해
아일랜드
발트 해
영국
케임브리지대학
옥스퍼드대학
런던정치경제대학
네덜란드
베를린훔볼트대학
베를린자유대학
독일
폴란드
유럽칼리지
벨기에
대서양
브뤼셀자유대학
가톨릭루뱅대학
괴팅겐대학
프라하대학
체코
파리8대학
시앙스포
소르본대학
카를스루에공과대학
에콜폴리테크니크
스트라스부르대학
슬로바키아
빈대학
프랑스
제네바대학
스위스
오스트리아
헝가리
볼로냐대학
유럽대학원대학
포르투갈
에스파냐
아드리아 해
이탈리아
지중해
그리스

프롤로그

유럽 문화의 공통 기반, '대학'

한 사회에서 대학은 어떤 의미를 지니고 어떤 역할을 하는가? 현재 한국 사회에서 대학이 독립적인 위상을 위협받고 있는 만큼 이에 대한 답을 내놓기는 쉽지 않다. 이를 생각해보려면 최초로 대학이 태어나고 성장한 유럽 사회를 역사적으로 검토할 필요가 있다. 과연 유럽 사회에서 대학은 어떤 존재였는지 말이다. 유럽에서 탄생하여 현존하는 각종 제도들 중 대학은 가장 오래된 역사를 자랑하고 있다. 그만큼 유럽사의 중요한 순간마다 대학이 차지하는 위치와 역할은 매우 크고도 지속적이라고 할 수 있을 것이다. 즉 대학은 유럽을 만든 다양한 요소들 중 빼놓을 수 없는 자리를 차지한다.

대학 탄생의 공간이 된 유럽

대학은 유럽 문화의 독특한 발명품이다. 12세기 전후로 등장한 중세 유럽의 대학은 역사상 다른 지역의 고등교육기관들과는 많은 차이점을 지닌다. 학생이건 선생이건, 공부하는 사람들의 모임에 연원을 둔 대학은 원칙적으로 하나의 동업조합이었다. 공부라는 '단일한uni' 목적을 '향해versus' 모인 공동체인 대학universitas은 학사 운영과 교육 내용에 있어서 왕권이나 교황권의 직접적인 개입을 받지 않는 자율적인 조직이었다. 대학인들이 누릴 수 있었던 각종 특권과 학위 제도는 이와 같은 대학의 성격을 잘 보여준다. 이러한 특수한 조건은 자유로운 지식의 습득과 토론을 가능하게 했다. 그 결과 대학은 중세 시기부터 유럽의 지적 문화들이 교차하고 창발하는 곳이었으며, 도시라는 인적·물적 교류의 중심지는 종종 대학의 처소이기도 했다.

대학은 중세 이후에도 지속되었다. 물론 인문주의와 르네상스, 인쇄술의 발전 등은 대학의 지적 독점권을 위협했다. 근대 유럽의 여러 문화적 성과들과 대학이 무관한 것은 아니었지만, 종종 대학의 보수적인 지식인들은 중요한 문화적·지적 변혁의 반대파로 활동했다. 또한 세력을 더해가는 국가 체제에 점점 종속되는 모습을 보이기도 했다. 하지만 그것은 오히려 근대 대학의 성장을 위한 자극제가 되었다. 19세기에 유럽 각국에서 다양하게 이루어진 대학의 개혁은 대학이 근대국가에서 명실상부한 최고 고등교육기관이 되도록 했고, 이는 다시 대학의 지적·문화적 성장과 혁신을 보장하는 바탕이 되었다.

대학은 이렇게 유럽의 역사와 궤를 같이했다. 중세 유럽은 정치·사회적으로는 분열되어 있었으나 종교·문화적으로는 통일되어 있었다. 이러한 중세 유럽이 대학의 탄생과 성장의 공간이 되었다. 이후 근대 유럽의 국민국가라는 분절된 공간에서 대학은 국가의 후원 속에서 성장하지만 그 성과물은 범유럽적, 나아가 전 세계적인 파급력을 지니게 된다. 물론 대학은 현실적으로 서유럽의 민족주의나 제국주의, 나아가 현대에는 자본주의와 같은 문제적 체제들과도 밀접한 관계를 지녀왔다. 그러나 대학이 등장할 때부터 시작된 '학문 공동체의 자율성'에 대한 요구는 이러한 현실을 비판하는 계기가 되기도 했다.

중세 유럽, 대학을 만들다

대학의 기원이 언제부터인지를 정확하게 알 길은 없다. 서유럽은 9~10세기 노르만인들의 침입 이후 지방분권적인 파편화 과정이 가속화되는 한편 사회에서는 질서가 파괴되고 폭력이 난무하게 되었다. 이러한 상황에서 경제 활동은 위축되고 문화 수준은 퇴보할 수밖에 없었다. 이런 혼란한 상황은 10세기 말에 가서야 그치게 되고 이때부터 경제와 사회가 기력을 회복하며 정상화되었다. 이러한 서유럽의 활력은 무엇보다 교역과 문화의 거점인 도시를 중심으로 이루어지기 시작했고, 중세 대학들은 이러한 사회·경제적 활력을 지적·문화적 성과로 바꾸어놓았다. 중요한 점은 당시 중세 서유럽의 정치 공간 어디에서도 중앙집권적인 권력을 찾아보기 힘들었다는 데에 있다. 다양한 수준의 권력 파편화를 특징으로 하는 프랑스의 봉건제나 신성로마제국의 영방군주제, 이탈리아 도시국가들이라는 배경 속에서 도시들은 자치권과 자율권을 주장할 수 있었고, 이는

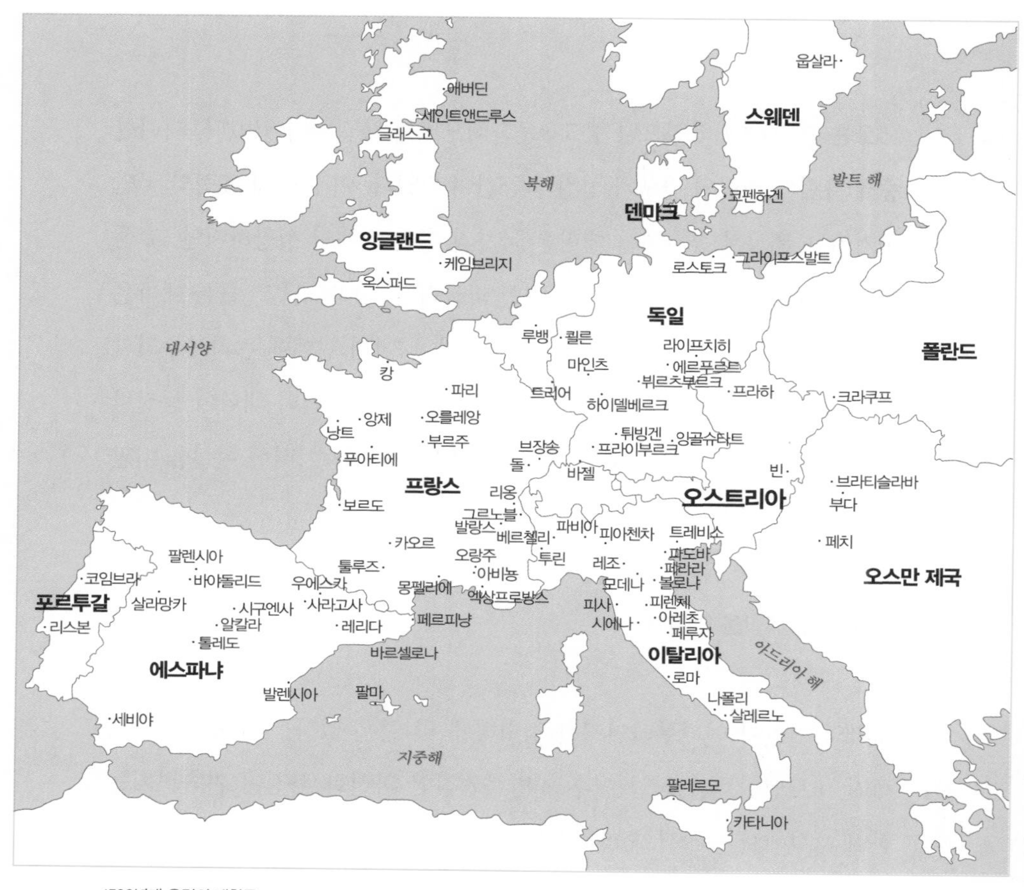

1500년대 유럽의 대학들

곧 도시를 중심으로 성장한 대학의 형성에도 영향을 미쳤다.

활발한 인적·물적 교류가 이루어지는 자치 공간인 도시, 특히 이탈리아의 볼로냐와 파리에서 이러한 대학의 원형이 싹트기 시작했다. 볼로냐에서는 이미 11세기 말부터 아드리아 해 건너편의 동로마제국으로부터 《로마법 대전》을 접한 일군의 학자들이 로마법을 연구하고 나아가 교회법을 고안해나가기 시작했다. 파리에서는 그 중심부인 시테 섬의 노트르담 대성당 부근에서 철학을 바탕으로 신학을 연구하는 성직자들의 모임이 12세기 후반부터 형성되었다. 하지만 이러한 모임은 일관된 체제를 갖추고 있는 것은 아니었으며 그 구성원들도 유동적이었다.

이 두 도시의 공부 모임이 틀을 갖추게 되는 데에는 세속 권력자들과 교황이 이 모임에 자치권과 학문적 자율권을 인정하는 각종 특허장들을 수여하는 것이 중요한 역할을 하게 된다. 볼로냐에서는 황제 프리드리히 1세Friedrich I가 1158년에, 파리에서는 프랑스 왕 필리프 2세Philippe II가 1200년에 처음으로 이러한 특허장들을 수여했다. 그러나 지식인이라고 부를 수 있는 사람들이 대부분 성직자였던 중세에 세속 권력이 대학에 대한 주도권을 쥐고 있는 것은 아니었다. 13세기 초 볼로냐 시에 대한 교황권의 영향력이 커지면서 볼로냐대학은 명실상부한 교회법전 연구 및 작성의 중심지가 되었다. 교황으로부터 멀리 떨어진 파리대학에 대해서도 교황들은 파리 지역 성직자들의 개입으로부터 대학을 보호해주고자 했다. 이는 물론 명목상 대학의 독립성을 내세우고 있지만 대학과 교황 간에 조금 더 직접적인 관계를 만들려는 시도로 이해해야 할 것이다.

볼로냐와 파리 외에도 12세기 후반에는 잉글랜드의 옥스퍼드와 이탈리아의 살레르노, 남부 프랑스의 몽펠리에에서도 대학들이 형성되었다. 파리대학에서 공부하던 잉글랜드 학생들에 대한 국왕 헨리 2세Henry II의 철수 명령(1167) 이후 옥스퍼드에서 대학이 형성되었고, 지중해 교역을 통해 이슬람과 동로마제국의 선진 의학의 전통을 이어받은 살레르노와 몽펠리에에서는 의대를 중심으로 대학이 성장했다. 이후 13~15세기에 걸쳐 유럽 전역 각 도시에서 때로는 교회(교황, 주교)의 후원으로, 때로는 세속 권력자들(군주, 제후, 도시 당국)의 후원으로 대학들이 우후죽순으로 생겨나기 시작했다. 지리적으로 볼 때 대학의 분포 범위는 동서로는 포르투갈의 리스본에서 폴란드의 크라쿠프까지, 남북으로는 시칠리아의 팔레르모와 카타니아에서 스코틀랜드의 애버딘, 스웨덴의 웁살라까지 확장되었다.

각 대학의 설립은 지역적인 성격을 지니고 있었지만, 대학은 중세 그리스도교의 보편 문화의 총아라는 성격을 지니고 있었다. 대학인들은 기본적으로 성직자였지만 각 지역의 교구에는 소속되지 않은 독자적인 집단이었다. 전 유럽에 걸쳐 자유로운 이동의 권리를 획득한 대학인들은 라틴어를 중심으로 한 보편적 가톨릭 문화권 내에서 탈지역적인 네트워크를 형성하고 있었다. 법학을 공부하려는 프랑스 학생이 오를레앙이나 툴루즈를 거쳐 볼로냐로 가거나, 신학을 공부하는 잉글랜드 학생이 옥스퍼드를 거쳐 파리로 가는 일이 비일비재했다. 대학에서는 출신 지역권별로 동향단natio이 조직되기도 했지만, 학생들은 수도원이나 세속 유력자들이 후원하여 설립한 기숙학교 콜레기움collegium에 따라서도 구분되었다. 학문 분과는 크게 철학, 법학, 의학, 신학의 4학부로 나뉘어 있었고 학위 과정은 학부인 바칼라리우스baccalarius, 학부 수업 권한을 지닌 리켄티아licentia, 박사 학위에 해당하는 마기스테르magister의 세 과정으로 이루어져 있었다.

대학의 범유럽적 성격은 각 대학에서 생산된 학문적 결과들이 전 유럽에 영향을 미친다는 데에 있었다. 7학예과(문법, 수사학, 논리학, 산수, 기하학, 천문, 음악)를 중심으로 하는 학부 과정과 신학, 법학, 의학이라는 세 분야의 박사과정은 거의 모든 대학에서 기본적인 교과과정으로 자리 잡았다. 이러한 보편적 기반 위에서 이루어진 지식인들 사이의 이동은 그 지적 결과물의 파급력을 높였다. 예를 들어 신학의 본산인 파리대학에서의 신학 연구는 독일 출신의 알베르투스 마그누스Albertus Magnus, 이탈리아 출신의 토마스 아퀴나스Thomas Aquinas, 현재의 네덜란드 지역 출신인 시게리우스 데 브라반티아Sigerius de Brabantia, 스코틀랜드 출신의 던스스코터스Duns Scotus, 잉글랜드 출신의 윌리엄 오컴William Ockham, 프랑스의 장 뷔리당Jean Buridan 등에 의해 발전되면서 라틴 그리스도교 세계에 광범위하고도 다양한 영향을 미쳤다. 볼로냐에서 로마법을 바탕으로 가다듬어진 교회법은 라틴 그리스도교 세계 전체에 적용이 되었으며, 로마법과 교회법을 연구한 후구치오Huguccio, 발도 델리 우발디Baldo degli Ubaldi, 바르톨로 다 사소페라토Bartolo da Sassoferrato의 저작들 또한 전 유럽적 명성을 획득했다.

유럽 사회의 대변동과 대학의 위기

14세기부터 중세 사회는 커다란 변동을 겪게 되었다. 경제 위기와 흑사병, 국가 체제가 성장해나가면서 등장한 백년전쟁을 위시한 수많은 전쟁들, 그리고 정치와 경제적 위기는 물론 종교 문제와도 맞물린 각종 봉기와 반란들……. 하지만 이러한 현상들은 몰락이 아닌 새로운 세계로 변모하는 것이었다. 르네상스와 종교개혁 그리고 과학혁명으로 이어지는 중세 문화의 변모는 긍정적이든 부정적이든 대학과 불가분의 관계를 맺는다. 우선 지적해야 할 것은 중세 말 대학의 경직화·제도화 현상이다. 12~13세기의 활력과 자유분방함을 대체한 이러한 흐름은 교회 및 국가 제도의 성장 및 정교화 과정과 맞물렸다. 대학 출신들은 종종 교회나 국가의 관료직으로 진출했고, 대학과 정치권력 사이의 우호적 관계는 대학을 국가 체제에 종속시켰다고 할 수는 없을지라도 특정 대학의 정체성을 한 민족이나 국가로 국한하는 결과를 초래하곤 했다. 또한 누적된 지식과 권위들은 종종 새로운 활력을 재단하고 짓누르곤 했다.

이러한 상황에서 이탈리아를 중심으로 새롭게 등장한 인문주의 운동은 대학과 학문적·제도적 차원에서 갈등을 빚을 수밖에 없었다. 피사Pisa나 파비아Pavia, 피렌체Firenze 대학과 같이 인문주의를 받아들인 대학들이 없지는 않았으나, 대부분 신학과 법학, 의학이라는 육중한 세 학문적 기둥을 떠받치고 있는 대학들은 고전학, 문헌학, 수사학, 역사 서술, 시작詩作과 같은 새로운 성향의 지식들을 받아들이는 데에는 인색했다. 프란체스코 페트라르카Francesco Petrarca나 레오나르도 브루니Leonardo Bruni와 같은 초기 인문주의자들의 저작은 대학교육 내용과는 거리가 멀었다. 오히려 인문주의는 르네상스 후원자들이 세운 '아카데미'라는 새로운 교육기관에서 활발히 연구되었다. 피렌체의 메디치 가문에서 후원하는 플라톤 아카데미아Academia Platonica는 마르실리오 피치노Marsilio Ficino와 피코 델라미란돌라Pico della Mirandola 같은 인문주의자들은 물론 산드로 보티첼리Sandro Botticelli나 레오나르도 다빈치Leonardo da Vinci, 미켈란젤로 부오나로티Michelangelo Buonarroti 같은 르네상스 화가들의 묘판苗板과도 같은 역할을 했다.

이후 프랑스와 잉글랜드 등지에서 대학의 경직된 교육은 새로운 교양인들에게 거부와 비판의 대상이 되곤 했다. 이는 대학이 기존의 교과과정과 가르침에 매달리면서 새로운 사상들을 먼저 배격했기 때문이기도 했다. 근대 철학의 아버지인 르네 데카르트René Descartes가 파리대학의 공격을 받은 것은 물론이거니와 근대 정치학의 선구자인 토머스 홉스Thomas Hobbes와 존 로크John Locke 또한 옥스퍼드대학으로부터 지적 탄압을 받았다. 각각 서로 다른 유형의 근대국가 체제가 급성장하고 있던 프랑스와 잉글랜드에서 학문의 주도권과 지적인 활력은 대학보다도 국가의 후원으로 조직된 여러 아카데미 또는 여타의 민간 학회들로 넘어가게 되었다. 가령 18세기에 볼테르Voltaire, 드니 디드로Denis Diderot와 같은 프랑스 계몽사상가들은 프랑스 한림원Académie française이나 계몽귀족들의 살롱을 자신들의 주무대로 삼았고, 영국의 과학자 아이작 뉴턴Isaac Newton 또한 왕립학회Royal Society를 중심으로 주요한 업적들을 이루었다.

한편 독일 및 동유럽 지역은 대학의 또 다른 모습을 보여주었다. 종교개혁의 커다란 물결이 기존 가톨릭 모델에 따른 대학이 아닌 종교개혁의 이념에 걸맞은 새로운 대학 모델을 구축하도록 한 것이다. 이미 1348년에 세워진 신성로마제국 최초의 대학인 프라하대학은 15세기에 들어 얀 후스Jan Hus로 대표되는 선구적인 종교개혁에서 핵심적인 역할을 했다. 수사학과 시학, 역사로 대표되는 인문주의에 비해 교리와 이론적인 문제에 중점을 둔다는 점에서 종교개혁은 중세 가톨릭 대학들의 전통을 이어받으면서도 종교개혁의 차원에서 새로운 교과목을 개설하고 체계를 세워나갔다.

16세기 종교개혁의 기수들인 마르틴 루터Martin Luther와 필리프 멜란히톤Philipp Melanchthon, 그리고 장 칼뱅Jean Calvin과 같은 사람들은 모두 자신들의 종교개혁에 있어서 대학교육의 중요성을 강조했다. 이미 비텐베르크Wittenberg대학의 선생이었던 루터는 동료 멜란히톤과 함께 최초의 프로테스탄트 대학인 마르부르크Marburg대학을 세우고 비텐베르크대학을 개혁했다. 이 대학들을 따라 루터교로 개종한 영방제후들의 영토에는 수많은 프로테스탄트 대학들이 세워졌다. 종교 박해를 피해 스위스 제네바에 정착한 칼뱅은 이곳에서 신정 정치의 이상을 펼쳐나가면서 칼뱅주의에 입각한 제네바대학을 설립했다. 초등교육부터 대학교육까지 체계적이고도 일관된 교육과정을 구축한 칼뱅의 교육 정책은 이후 칼뱅주의와 함께 스코틀랜드와 네덜란드에 커다란 영향을 미쳤다. 특히 네덜란드에서는 레이던Leiden대학과 위트레흐트Utrecht대학 등이 칼뱅주의의 지적 중심지가 되었다.

대학의 설립이 비단 개신교 측에서만 이루어진 것은 아니었다. 종교개혁에 대항하기 위해 가톨릭도 이그나티우스 로욜라Ignatius Loyola가 세운 예수회를 중심으로 유럽 곳곳에 대학을 설립해나갔다. 독일 남부의 뷔르츠부르크Würzburg대학, 현재 뮌헨대학인 잉골슈타트Ingolstadt대학, 그리고 에스파냐령 네덜란드였던 현재의 벨기에 지역에는 루뱅Louvain대학이 가톨릭 수호를 내세우며 건립되었다. 종교개혁은 개신교와 가톨릭 양측으로 하여금 자신들의 지적 선봉장을 육성할 대학들을 건립하게 했다. 하지만 이들은 결국 종교적 도그마에 갇힌 지식과 지식인들만을 양산해낼 뿐이었다. 이렇듯 16~17세기 근대 초엽에 대학은 르네상스 인문주의와 종교개혁의 파도 속에서 권위와 활력을 잃어가고 있었다.

국가, 과학기술 그리고 대학

1627년에 출판된 프랜시스 베이컨Francis Bacon의 《새로운 아틀란티스*Nova Atlantis*》는 유토피아와 같은 벤살렘 왕국을 소개하며 '솔로몬의 집Solomon's House'이라는 일종의 학술원을 제시한다. 이를 통해 베이컨은 학문과 정치권력 사이의 되먹임 작용, 즉 학문은 국가에 쓸모 있는 지식들을 제공하고 국가는 이러한 학문을 육성하기 위해 투자하는 관계를 보여주었다. 베이컨의 희망 사항은 17세기 후반부터 시작된 과학혁명의 물결이 유럽 사회에 구축된 국가 간 경쟁 체제와 맞물리면서 현실이 되었다. 자연에 대한 지식은 이제 자연과 합일하여 나의 본성을 되찾는 과정이 아니라, 자연을 대상화하고 조작하여 국가에 유용한 것을 생산하는 과정이 된다.

앞서 살펴본 영국과 프랑스의 한림원과 학술원들은 바로 '솔로몬의 집'의 현실화된 모습이었다. 이들 국가에서는 유용한 지식을 습득하고 적용하기 위한 다양한 실용적 학교들을 대학 외부에 세워나갔다. 학문과 국가권력의 가장 밀접한 관계는 다른 어느 곳에서보다도 1789년 대혁명기 프랑스에서 강력하게 등장했다. 18세기 말 프랑스 혁명정부는 과학기술 인재 양성을 위한 고등교육기관인 에콜폴리테크니크École Polytechnique를 야심차게 설립했다. 이후 1804년 나폴레옹Napoléon Bonaparte, 나폴레옹 1세에 의해 군사학교의 성격을 부여받은 이 학교는 프랑스의 국방과 공공 분야에서 과학과 기술, 산업의 진보를 추동하는 국가 엘리트들의 요람으로 자리매김하게 된다.

영국과 프랑스를 바짝 추격하는 신흥국들인 프로이센과 러시아에서는 국가권력과 대학의 관계가 더욱 밀접해졌다. 특히 프랑스의 에콜폴리테크니크는 국력 신장을 위한 실용 학문 발전에 매진하고자 했던 나라들, 특히 독일 지역 영방제후국들에 깊은 감명을 주었다. 바덴 대공국의 카를스루에Karlsruhe대학을 필두로 독일 전역 각지에 과학기술 진보를 통한 부국강병의 기대감 속에서 폴리테크닉(공업기술학교)들이 활기차게 설립되었다.

하지만 이들 국가의 모든 관심이 이공계 분야에만 집중된 것은 아니었다. 국가를 중심으로 한 정신적·도덕적 정당성과 통치에 대한 더욱 기술적인 지식들 또한 필요했다. 프로이센과 러시아는 물론 독일 영방제후국들에서는 이러한 차원에서 대학의 건설과 육성에 박차를 가했다. 프로이센 왕 프리드리히 1세가 세운 할레Halle대학과 영국 왕이자 하노버 선제후選帝侯인 조지 2세George II가 세운 괴팅겐Göttingen대학은 독일의 근대적 대학의 선구가 되었다. 할레대학은 종교의 자유와 종파 간 평등을 외치며 이른바 '철학의 자유libertas philosophandi'를 내세웠지만 이는 어디까지나 프로이센 국가주의의 틀 내에서 해소되어야 했다. 그리하여 할레대학은 일종의 국가관리학인 관방학을 발전시키며 근대 유럽의 신흥 학문인 경제학, 법학, 행정학 발전에 있어 중요한 축을 형성하게 되었다. 괴팅겐대학은 각종 자연과학 실험·관찰 시설 구비를 통해 대학에서의 공부가 지식의 전달이 아닌 새로운 탐구에 있다는 점을 보여주었다. 새로운 학문들로서 역사와 고전학, 언어학, 지리학이 강조되면서 역사적인 접근법을 통해 사태를 이해하는 방법론이 꽃피게 되었다. 러시아에서도 표트르 대제Pyotr the Great와 예카테리나 2세Ekaterina II 같은 계몽전제군주들은 독일 대학들을 모델로 삼아 러시아에 대학을 설립하고자 했고 드디어 1755년에 모스크바대학을 설립했다.

근대적 국민국가 건설과 이를 위한 대학 제도에 대한 요구는 1810년 프로이센 왕 프리드리히 빌헬름 3세Friedrich Wilhelm III가 세운 베를린대학(베를린훔볼트대학)에서 가장 극명하게 실현되었다. 나폴레옹 전쟁 이후 부국강병책을 고심하던 프로이센 정부에게 베를린대학의 건설은 진정 '백년지대계'를 위한 중요한 정책이었다. 하지만 이 새로운 대학과 국가의 관계는 어떻게 설정되어야 할 것인가? 이 문제를 두고 당대의 기라성 같은 독일 인문학자들이 치열한 토론을 벌였다. 국가의 목적을 위해 대학이 일방적으로 종속되어야 한다고 주장한 철학자 피히테Johann Gottlieb Fichte, 독일 통일을 위해 베를린대학을 중심으로 한 학문 및 언어 공동체의 형성을 중시한 성서해석학자 슐라이어마허Friedrich Schleiermacher, 그리고 국가로부터 자유로운 국민대학의 설립을 지지한 철학자이자 언어학자인 훔볼트Wilhelm von Humboldt 등이었다.

사실 이들의 문제는 프로이센이라는 한 국가의 문제지만 현실적이고도 보편적인 문제를 제기했다. 과연 대학과 국가는 어떠한 관계를 정립해야 하는가? 국가가 세운 대학은 국가적 목적에 봉사해야 하는가, 아니면 국가의 개입 없는 순수한 학문의 자유가 오히려 궁극적으로는 국민의 번영과 나아가 국가의 성장을 추동하는가? 여기에서 한 걸음 더 나아가 조금 다른 질문을 던져보자. 과연 대학은 순수하게 학문적이어야 하는가, 아니면 현실 정치에 적극 참여해야 하는가? 이는 혁명적 상황에서 대학에 던지는 질문이다.

혁명과 대학

유럽의 근현대사에서 혁명은 대학에게 때로는 시련이었고 때로는 시험이었다. 먼저 1642년 잉글랜드 혁명(내전)은 잉글랜드 대학의 양대 산맥인 옥스퍼드대학과 케임브리지대학에게 큰 시련이었다. 왕당파와 의회파, 국교와 청교도라는 이분법의 시대에 두 대학은 자신들의 입지를 정하기가 곤란했다. 사실 대학 내에는 굉장히 다양한 정치적 · 종교적 입장들이 공존하고 있었기 때문에 현실의 급박한 정치 상황이 요구하는 파벌적 결단을 내릴 수가 없었다. 무엇보다도 두 대학이 가장 절실하게 원하는 것은 두 정파 및 종교 파벌들로부터 대학의 자유를 지키는 것이었다. 청교도와 의회파를 지지하는 교수들이라 할지라도 올리버 크롬웰Oliver Cromwell의 군대가 대학의 재산에 손을 대고 그들을 통제하는 것을 두고 볼 수는 없었다. 결국 대학들과 의회파는 갈등을 빚을 수밖에 없었고 이는 커다란 불이익으로 돌아왔다. 그렇지만 17세기 말 잉글랜드 정치가 안정되어가자 옥스퍼드대학과 케임브리지대학은 뚜렷한 지적 활력을 보여주지는 못했지만 이른바 자신들의 '자유'를 누릴 수 있었다.

대학과 혁명의 만남은 1789년에 발발한 프랑스 대혁명에서 또 다른 모습을 보여주게 된다. 혁명 초기부터 탈레랑Talleyrand-Périgord과 미라보Mirabeau는 기존의 권위주의적인 교육 체계를 비판하면서 교회나 국가의 권력으로부터 자유로운 인민을 위한 공교육의 중요성을 강조했다. 혁명의 정신과 프로그램은 대학을 포함한 교육 개혁에도 그대로 적용되었다. 혁명가들은 인민들 사이의 평등과 남녀평등, 각자의 소질의 계발, 지식권위주의의 타파 등을 과제로 제시했다. 하지만 대학인들은 성직자와 마찬가지로 시민헌법에 서약하기를 꺼렸다. 역설적이게도 혁명정부는 대학에 혁명 프로그램을 강요할 수밖에 없었고, 이는 국가권력과 대학 사이의 관계에 또 다른 문제를 제기했다.

사실 대학에 미친 프랑스 혁명의 여파는 프랑스 자체보다도 이웃 나라들에서 더욱 잘 감지되었다. 프랑스에서는 학생 외에도 노동자, 시민 계층이 19세기 전반기에 수많은 혁명에 참가했다. 이와 달리 독일 지역 및 오스트리아에서는 이제 막 퍼지기 시작한 자유주의와 민족주의에 고무된 지식인들이 혁명적 분위기를 만들고 있었다. 나폴레옹 이후의 시대에 프로이센 정부가 바라보는 국가의 후진성과 지식인들이 바라보는 독일 정치·사회의 후진성은 전혀 다른 것이었다. 1815년 프로이센의 예나Jena에서는 독일대학생협회인 '부르셴샤프트Burschenschaft'가 조직되어 혁명적 행동주의를 부르짖으며 학생운동을 주도해나갔다. 또 1837년 하노버 왕국에서는 국왕 에른스트 아우구스트 1세Ernst August I가 즉위하면서 개혁헌법에 이의를 제기하고 그 시행을 문제 삼기 시작했다. 그러자 우리에게 《그림 동화》로도 유명한 그림Grimm 형제를 포함한 괴팅겐의 일곱 교수Göttinger Sieben가 이에 대한 항의문을 작성하면서 자유주의 개혁을 지지하는 모습을 보여주기도 했다. 이와 동시에 대학 내 교수와 학생들에 대한 통제와 감시, 탄압은 더욱 강화되어갔다.

이러한 사정은 19세기 러시아에서 더욱 뚜렷하게 나타났다. 프랑스 혁명 사상 유포를 빌미로 많은 교수들이 해임되었고 학생들의 학업과 학교생활은 늘 당국의 통제와 감시를 받았다. 19세기 내내 러시아에서 차르 정부의 학생운동 탄압이 거세어질수록 학생들의 저항 또한 더욱 거세어

괴팅겐 7교수. 빌헬름 그림, 야콥 그림, 빌헬름 에두아르트 알브레히트, 프리드리히 크리스토프 달만, 게오르크 고트프리트 게르비누스, 빌헬름 에두아르트 베버, 하인리히 게오르크 아우구스트 에발트

졌다. 학생들의 요구는 유럽의 다른 나라 기준에서 볼 때 매우 온건한 것이었다. 그러나 당국의 억압과 이로 인해 발생하는 충돌은 비할 바 없이 과격해졌다. 다른 한편 19세기 후반에는 사회적 존재인 인간의 인간다운 삶에 대한 요구가 사회주의의 물결을 만들어냈다. 대부분 사회주의는 정치운동으로 전개되었으나, 영국에서는 노동자 삶의 점진적 개량을 추구하는 페이비언주의자들이 사회주의 대학 건립에 박차를 가하게 된다. 이렇게 해서 설립된 런던정치경제대학London School of Economics and Political Science, LSE은 강의와 연구는 물론 대학 운영에 있어서도 사회주의적 성격을 뚜렷하게 보여주었고, 이는 다시 영국의 노동운동과 사회운동을 학문적 기반 위에 발전시키는 결실을 맺도록 했다.

그럼에도 불구하고 사회의 부조리와 모순은 계속되었고, 이는 20세기를 넘어서면서 학생 자치권 옹호와 학문의 자유를 향한 구호를 자유와 평등을 향한 정치혁명과 사회 개혁의 구호로 바꾸어놓았다. 결국 이들 인텔리겐치아intelligentsia, 지식층의 열망은 두 차례에 걸친 혁명으로 결실을 맺게 된다. 양차 세계대전 이후 20세기 중반에 들어와 유럽에서 대학은 학생운동의 중심지가 되어갔다. 68혁명으로 대표되는 1960년대의 신좌파운동, 제3세계 해방운동, 반전운동, 문화정치의 주인공은 대학생들이었다. 유럽에서는 먼저 베를린자유대학이 미국의 버클리대학과 함께 '행동하는 젊음'의 본거지가 되었다. 곧이어 1968년 3월 파리 외곽 낭테르Nanterre대학생들의 대학 개혁 및 반전 시위는 곧 5월 파리대학의 시위로 확산되었다. 노동자·학생 연대의 물결이 파리를 뒤덮으며 68혁명의 하이라이트를 이루었다. 이제 대학과 자유, 저항은 한 짝을 이루기 시작했다. 에스파냐에서는 프랑코Francisco Franco의 독재에 대해, 체코와 헝가리에서는 소련의 침공에 대해, 폴란드에서도 억압적인 당국에 대해 그러했다. 월러스틴Immanuel Wallerstein이 '두 번째 세계혁명'이라고 칭한 68혁명은 전 유럽적인, 나아가 전 세계적인 대학혁명이었다.

대학, 유럽통합의 촉매제

20세기 후반에 들어 본격적으로 시작된 유럽통합 운동은 몇몇 대학에 새로운 의미를 부여하기 시작했다. 국민국가의 국경선 또는 문화적 경계선에 세워진 대학들, 스트라스부르Strasbourg대학과 루뱅대학은 이제 정치적·문화적 정체성에 의한 갈등과 분열을 딛고 통합 유럽의 주춧돌로 재정립하고 있다. 유럽통합의 두 기둥인 프랑스와 독일의 경계에 위치한 이 두 대학은 국민적 또는 민족적 정체성을 넘어 범유럽적인 정체성을 생산해내는 문화적·지적 중심지로 그 영향력을 확대해나가고 있다. 또한 루뱅대학은 벨기에 내에서 서로 다른 두 문화적 정체성, 즉 프랑스어권과 네덜란드어권 사이에서 발생한 분열과 갈등을 극복하고 진정한 유럽의 대학으로 거듭나고 있다.

이처럼 로타링기아Lotharingia 지역에 위치해 있던 대학들이 한편으로는 유럽통합의 물결 속에서 새로운 역사적 역할을 부여받게 되었다면, 다른 한편으로는 이러한 물결들이 새로운 대학을 창출하기도 했다. 그 대표 주자가 바로 벨기에의 브뤼주에 설립된 유럽칼리지College of Europe이다. 중세 북해 무역의 중심지였던 브뤼주는 현재 프랑스와 독일 사이에 위치해 있지만, 또한 대륙과 영국을 잇는 요충지로서 지리적인 중요성을 확인받고 있다. 바로 이곳에 설립된 유럽칼리지는 통합 유럽 건설의 인적 네트워크로서 유럽통합의 주역들을 활발히 배출해내고 있다. 중세에 유럽이라는 공간 속에서 대학이 탄생했다면 이제 역으로 이 새로운 대학들에서 또 다른 유럽이 배태되고 있다고 할 수 있다.

다시 질문해보자. 유럽에서 대학이란 무엇일까? 19세기 초 문인 생트뵈브Sainte-Beuve는 당대에 활동하고 있던 서로 다른 두 종류의 지성을 언급한 바 있다. 현실과 부단히 드잡이하고 있던 빅토르 위고Victor Hugo와 현실과 거리를 둔 고고한 알프레드 드 비니Alfred de Vigny. 그리하여 그는 위고가 갑주를 갖추고 있다면, 드 비니는 상아탑에 머무르고 있다고 보았다. 유럽의 역사에서 대학은 어느 편이었을까? 앞으로 살펴볼 유럽의 대학들은 사실 갑주를 갖춘 상아탑의 모습이라고 할 수 있지 않을까? 학문에 대한 자율성과 독립성에 대한 끊임없는 자각, 그러나 이러한 자각은 늘 동시대의 사회적 현실들을 향해 있었다. 사회에 대한 각각의 냉엄한 인식과 사회를 향한 각자의 뜨거운 열정, 대학은 이렇게 천 년의 유럽과 함께해오며 유럽 문화의 공통 기반을 다졌다. _홍용진

1부

중세의 전통을 만든 대학들

볼로냐대학 : 유럽 대학들의 '모교'

1088년 볼로냐대학 설립

1158년 '붉은 수염 왕' 프리드리히 1세, 볼로냐대학에 특허장 부여

1278년 교황, 볼로냐의 영주가 됨

1450~1455년 베사리온 추기경이 인문학 과정 후원

1711년 과학연구소 설립

1877년 공학부 설립

1888년 볼로냐대학 창립 800주년 기념식 개최

1986년 볼로냐대학, 라벤나에 최초 분교 설립

1989년 볼로냐대학, 체세나와 포를리에 분교 설립

1998년 볼로냐대학, 부에노스아이레스에 해외 분교 설립

1999년 볼로냐 프로세스 회의, 볼로냐 선언

2012년 대학 개혁의 완수를 통한 새로운 학칙 발효

볼로냐는 가르친다

볼로냐대학의 정확한 설립 연도는 확정하기 어렵다. 일단 문헌으로 입증할 수 있는 설립 연도는 최초의 대학 정관이 나온 1317년이다. 그러나 신성로마제국의 황제인 붉은 수염(바르바로사) 프리드리히 1세가 "학문 연구를 위해 편력하는 자들"의 특권을 인정한 1158년도 볼로냐대학의 설

립 연도로 인정되곤 한다. 이 특허장으로 볼로냐대학의 학생들은 오직 교수와 주교 앞에서만 재판받을 수 있는 사법적 보호막 아래에 놓였다. 하지만 볼로냐대학의 실질적인 탄생은 조금 더 이전으로 거슬러 올라간다. 이탈리아인으로는 처음 노벨 문학상을 수상한 시인 조수에 카르두치Giosuè Carducci는, 19세기 후반 볼로냐대학 문학 교수를 지낼 당시 '역사가 위원회'를 이끌면서 볼로냐대학의 설립 연도를 1088년으로 확정했다. 바로 그해에 로마법의 권위자 이르네리우스Irnerius가 정식으로 법학부를 열었다는 것이다. 그리하여 1888년에 처음으로 개교 800주년 행사가 성대하게 거행되기도 했다. 이로써 볼로냐대학은 유럽 최초의 대학이자 세계에서 현재까지 존속하는 가장 오래된 대학, 즉 볼로냐대학의 교훈校訓대로 대학들의 '모교alma mater studiorum', 그러니까 모든 대학과 학문이 뻗어 나간 모태가 되었다.

볼로냐대학은 원래 학생조합에서 시작된 것으로 알려져 있다. 조합은 동향 집단별로 네 개의 동향단으로 나뉘어 있었는데, 나중에 알프스 이북과 알프스 이남의 두 개 동향단으로 정리되었다. 이들을 합친 전체가 바로 '대학universitas'이었다. 동향단들은 독자적인 학칙을 작성하고 학장rector을 선출했다. 학장은 학생들 중에서 선출되었고, 주요 학사일정과 교과과정 등을 관할하고 통제했다. 여기서도 알 수 있듯이, 볼로냐대학에

볼로냐대학의 로고. 로고 안에는 '모교, 서기 1088년'이라고 씌어 있다.

볼로냐대학의 독일 동향단 소속 학생들

서 '스튜던트 파워student power'는 처음부터 막강했다. 학생들은 교수들과 협상하여 그들의 초빙과 보수, 교과과정 등 다양한 조건을 협의하고 결정했다. 볼로냐대학의 한 특징은 교수단이 대학에 포함되지 않았다는 사실이다. 교수들은 이론적 권위를 누렸으나, 학생단이 점차 교수단을 완전히 통제하게 되었다. 그리하여 볼로냐대학의 한 교수는 교수와 학생 간의 복잡 미묘한 관계를 이렇게 요약했다. "나는 그들에게 명하고 그들에게 복종한다."

그러나 교수와 학생의 관계가 나쁜 것은 결코 아니었다. 물론 양자 사이에는 종종 긴장이 감돌았고, 때로 갈등이 불거져 나오기도 했다. 그럼에도 많은 문헌이 증언하는 바에 따르면, 교수와 학생은 언제나 신뢰와 우정으로 이어져 있었다. 한 역사가는 볼로냐대학에서 학문이 번성한 주된 이유가 바로 교수와 학생 간의 믿음에 있었다고 단언하기도 했다. 교수와 학생 간의 관계는 기본적으로 정중하면서도 아주 친밀했다. 교수들은 학생들을 '친구'라 불렀고, 학생들은 교수들을 '선생'이라고 불렀다. 이런 친밀한 관계는 지금도 여전한 듯한데, 예컨대 기호학자이자 소설가로서 세계적인 명성을 누리고 있는 볼로냐대학의 교수 움베르토 에코Umberto Eco는 종종 카페에서 가벼운 와인을 앞에 두고 학생들과 격의 없이 토론을 벌인다고 한다.

볼로냐대학의 명성은 무엇보다 법학 연구와 교육에 있었다. 특히 로마법과 교회법이 집중적으로 연구되고 교육되었다. 법학은 원래 공문서를 작성하는 기술에 불과했으나, 볼로냐대학에서 법률 원문의 강독과 주해를 바탕으로 하는 주석학파가 탄생함으로써 독립적인 학문으로 뿌리를 내렸다. 볼로냐에는 애초부터 로마법 전통이 강하게 남아 있었는데, 특히 볼로냐 법학 연구를 상징하는 인물이 볼로냐대학의 탄생과 함께한 이르네리우스였다. 주석학파의 창시자인 그는 널리 존경받으며 '법의 등불lantern of the law'이라고 불렸다. 그에 의해 비로소 볼로냐 시는 (당시 주화에도 새겨진) "볼로냐는 가르친다Bronia docet"라는 명성을 얻고 법학 연구의 메카로 자리 잡게 되었다. 그는 《유스티니아누스 법전(로마법 대전)》의 원문을 한 줄 한 줄 읽으면서 단어를 해설하고 법조문들의 취지와 그들 간의 연관성을 강론했다. 중세의 한 문헌에 따르면, 당시 볼로냐에는 라틴어로 강독하는 소리가 온 도시에 울려 퍼졌다고 한다.

이르네리우스 외에도 많은 학자가 볼로냐대학을 빛냈다. 볼로냐에서 교회법을 가르친 그라티아누스Gratianus는 흩어져 있는 교회 법령들을 수집하여 1141년에 《법령집성*Decretum*》을 편찬함으로써 법학 연구에서 불멸의 업적을 남겼다. 12세기에 볼로냐대학의 명성은 유럽 전역으로 확산되어, 캔터베리 대주교를 역임한 영국의 저명한 정치가 베켓Thomas Becket도 볼로냐에서 공부했다. 점차 볼로냐대학은 법학부 외에도 교양학부와 의학부,

강의를 듣는 중세 볼로냐 대학생들. 이르네리우스의 법학 강의를 듣고 있는 것으로 추정된다.

나중에는 신학부까지 설치하여 진정한 의미의 '종합대학universitas'으로 발전하기에 이르렀다.

과연 볼로냐대학은 볼로냐 시보다 더 컸다. 대학이 도시 안에 있는 게 아니라 도시가 대학 안에 있는 것처럼 보였다. 그런 점에서 볼로냐는 진정한 대학 도시였다고 할 수 있다. 인구 3만 명 정도의 도시에 학생이 2천 명가량 있었다면, 이 도시에서 대학이 차지한 비중이 어느 정도였는지를 능히 짐작할 수 있을 것이다. 도시 전체에 낭랑하게 울려 퍼지는 아침 교회 종소리에 맞춰 대략 오전 6시나 9시에 대학 강의들이 시작되면, 유럽 각지에서 모인 학생들이 진지한 얼굴로 강의를 들으면서 받아 적고 토론하는 것이 볼로냐의 일상이었다.

그러나 대학은 도시의 악덕과 뒤섞이기도 했다. 학생들은 서로 폭행하고 절도하며 간음하고 도박했다. 중세 볼로냐 사법 당국의 문서고는 학생들에 대한 재판 기록들로 넘쳐난다. 그럼에도 도시는 외국인 학생들을 유치하기 위해, 아니 외국인 학생들의 '이주'를 막기 위해 학생들의 특권을 보호했고 관용적 태도를 견지했다. 당시 볼로냐는 학생들의 천국이었다고 해도 과언이 아니다. 볼로냐 학생들 중에는 돈도 많고 나이도 많은 귀족 출신이 많았는데, 이들은 볼로냐 시에 경제적으로 소중한 존재였다. 그러므로 '가운gown, 대학과 타운town, 도시'의 대립에도 불구하고, 볼로냐 시정 당국은 학생들의 방탕을 관대하게 눈감아주곤 했다. 반면에 가난한 학생들이 후원자들을 애타게 찾거나 구걸하면서 학업을 지속하는 것도 익숙한 정경이었다.

볼로냐대학이 결정적으로 자유를 얻은 것은 1278년에 도시가 교황을 볼로냐 영주로 인정하면서부터로 추정된다. 이때부터 볼로냐대학의 학생들은 교회의 사법권 아래에 들어갔다. 그리고 교회는 학생들이 다른 세속적 정치권력에 이용되거나 경도되는 것을 막기 위해 학생들에게 관대한 자세를 취했다. 볼로냐대학의 졸업생들은 '교황의 일꾼들'로, 때로는 국왕의 조언자들로 중세 유럽 정치에서 큰 영향력을 행사했다. 볼로냐대학은 기본적으로 교회의 사법권 아래에 있었지만, 학풍은 매우 세속적이었다. 이 점이 볼로냐대학과 다른 알프스 이북의 대학들이 구별되는 대목이었다. 알프스 이북의 대학들이 주로 교권이나 성직과 관련된 주제에 관심이 많았다면, 볼로냐대학은 서임권 투쟁이나 도시의 자유와 같은 세속적인 현실 정치적 문제들에 이끌렸다. 그리고 볼로냐대학의 교수들은 알프스 이북의 많은 교수와는 달리 성직록聖職祿을 누리지 않았다. 그들은 기본적으로 세속에 있는 사람으로서 학생들로부터 받는 강의료를 보수로 삼았다.

볼로냐대학 특유의 세속성과 현실주의는 볼로냐 시의 정경에서도 읽힌다. 볼로냐는 탑의 도시이다. 200여 개의 탑이 솟은 도시 정경은 그 자체로 고풍적이다. 볼로냐에 고유한 탑의 숲은 고딕 양식의 첨탑들과는 다르다. 고딕 첨탑들이 천상을 희구하는 모습이라면, 볼로냐의 탑들은 인간 세상을 지그시 내려다보는 형국이다. 볼로냐의 시선은 높지만 아주 높지는 않은 곳에서 낮은 데로 향한다. 이런 시선이야말로 학문의 도시다운 시선이 아닐 수 없다. 또 한 가지 볼로냐는 식도락의 도시이기도 하다. 볼로냐에 넉넉한 체구의 사람들이 많은 것도 우연이 아니다. 이는 학문이 '고행'이 아니라 식도락과 같은 '쾌락'임을 암시하는 것이 아닐까?

스콜라주의에서 인문주의로

유럽 대학들의 '모교'라는 확고부동한 명성을 지닌 볼로냐대학이었지만, 그 영광도 영원할 수는 없었다. 대략 1320년대부터 쇠퇴가 시작된 듯하다. 특히 1383년에 흑사병이 창궐하자 외국인 학생들이 퇴거하면서 대학은 거의 문을 닫을 지경이었다고 한다. 그 후 볼로냐대학의 교수들과 학생들의 '엑소더스exodus, 탈출'가 시작되었다. 볼로냐대학의 명성은 급속히 과거의 뒤안길로 사라진 듯했다. 볼로냐대학을 모체로 하여 퍼진 학문의 균사들이 다른 지역들에서 배양되었다. 그리하여 파도바대학, 시에나대학, 피아첸차대학, 파비아대학, 피사대학, 피렌체대학, 페라라대학, 토리노대학, 나폴리대학, 카타니아대학 등이 지역 대학으로 두각을 나타냈다.

그럼에도 볼로냐대학의 학맥은 끊어지지 않고 르네상스 인문주의 전통을 품어냈다. 유명한 인문주의자들 가운데 14세기에는 페트라르카Francesco Petrarca와 살루타티Coluccio Salutati가, 15세기에는 알베르티Leon Battista Alberti와 피

볼로냐대학의 에스파냐칼리지. 14세기에 세워져 1488년에 에스파냐 국왕의 공식 후원을 받게 되었다.

코 델라미란돌라Pico della Mirandola가 이 대학을 거쳐 갔다. 1424년부터 그리스어가 교수되었고, 1450~1455년에는 베사리온 추기경Johannes Bessarion이 인문학studia humanitatis 과정을 후원했다. 볼로냐대학의 명성은 알프스 저편에도 전해져 1506년에 로테르담의 에라스뮈스Erasmus of Rotterdam가 불혹의 나이로 볼로냐대학에서 1년 동안 학생 신분으로 공부하기도 했다. 이로써 볼로냐대학은 중세적인 스콜라주의의 두꺼운 외투를 벗어던지고 르네상스 인문주의의 토가toga로 갈아입게 되었다.

확실히 당시는 오늘날 우리가 말하는 중세에서 근대로 이행하는 시기에 해당한다. 시대적 전환기였던 만큼 대학도 중요한 선택의 기로에 서 있었다. 당시에 열려 있던 여러 선택 가능성 가운데 특히 흥미로운 것

중 하나가 바로 교수의 지위를 둘러싼 문제였다. 중세사가 자크 르 고프 Jacques Le Goff에 따르면, 당시 교수들은 명예를 누리는 특권 계급이 될 것인가, 아니면 보수를 받는 지식 노동자로 자신의 위상을 정립할 것인가 하는 선택의 기로에 놓여 있었다고 한다. 르 고프는 이 두 가지 길을 앞에 두고 결국 교수들이 전자의 길을 택했다고 보았다.

물론 교수들이 명예의 특권을 택했다고 해서 금전적 보수를 포기한 것은 아니었다. 오히려 전환기의 새로운 사업 기회들에 민감하게 반응했다. 그들은 서적 거래와 농장 경영 등 비교적 점잖은 사업들은 말할 것도 없이 심지어 고리대금업이나 부동산 투자에 나서 축재하기도 했다. 예컨대 볼로냐대학의 한 교수는 축재에 너무 열성이었던 나머지 임종 직전에 사면을 요청했다고 한다. 그럼에도 교수들은 대부분 금전보다 명예를 선택했다. 그런데 대학의 교수직이 명예직이 됨에 따라 박사가 되고 교수가 되는 길은 예전보다 더욱 좁아져 세습화·귀족화되는 경향이 강해졌다. 1397년 볼로냐대학 학칙에 따르면, 1년에 한 명의 볼로냐 시민만이 박사학위 시험을 치를 수 있었고, 박사의 자식들이나 가까운 친척들은 시험에서 면제되는 특혜를 누렸다고 한다.

이미 14세기에 볼로냐대학의 교수단은 학생단에 대해 자신의 권위와 영향력을 완전히 회복한 터였다. 그리고 교수직이 명예로운 특권직으로 간주됨에 따라 교수들의 아우라가 바뀌었다. 교수들은 금반지를 끼고 교수모를 썼다. 예전에는 이러한 차림이 직능의 표지였으나 이제 지위의 상징이 되었다. 나아가 박사들과 교수들은 긴 외투로 몸을 감싸고 모피 두건과 모피 목깃을 착용했다. 무엇보다 그들이 낀 섀미chamois 가죽 장갑이야말로 위엄과 권세의 상징이었다. 1387년의 볼로냐대학의 한 문헌에는 장갑과 관련하여 다음과 같이 기록되어 있다.

> 후보자는 박사 학위 시험을 치르기에 앞서, 요구되는 시기에 박사들이 사용할 충분한 수의 장갑을 서리에게 제출해야 한다. …… 이 장갑들은 팔뚝까지 덮을 만큼 긴 것이라야 하며, 좋은 섀미 가죽으로 만들어야 하고, 꼈다가 빼기 쉽게 넉넉해야 한다. 좋은 섀미 가죽이란 적어도 1다스에 23수는 주고 산 것이어야 한다는 뜻이다.

볼로냐 시에서 교수들은 널리 존경받았다. 그들은 원래부터 '고귀한 사람'이나 '지고至高의 시민'으로 불렸으나, 대략 14세기부터는 '도미누스dominus', 즉 '영주'나 '주군'으로 불리기에 이르렀다. 특히 볼로냐대학이 법학으로 유명했으므로, 법학 교수들은 심지어 '법의 전달자'나 '법을 다스리는 자'로 자칭·타칭되며 상당한 권세를 누렸다. 한 역사가는 중세 볼로냐대학의 법학 교수만큼 높은 지위의 교사는 교육사상 찾아볼 수 없다고 단언하기도 했다.

전통과 근대성 사이에서

볼로냐대학은 유럽 대학들의 '모교'라는 명성에도 불구하고, 르네상스 말기부터 그 존재감이 급속히 약해지는 듯했다. 그렇지만 볼로냐대학은 전통과 근대성 사이에서 자신만의 학맥을 꾸준히 이어갔다. 과연 볼로냐대학은 유럽 학문과 문화의 파노라마에서 잊을 수 없는 숱한 천재들을 배출했다. 그런 천재들 중에서 무엇보다 인간의 우주관을 근본적으로 뒤바꾼

과학의 혁명가 니콜라우스 코페르니쿠스Nicolaus Copernicus를 기억할 수 있다. 젊은 코페르니쿠스는 15세기가 저물어가던 무렵 볼로냐대학에서 당대 최고의 인문주의자 코드로Urceo Codro 교수에게 가르침을 받으며 학문에 정진했다. 코페르니쿠스는 볼로냐대학에서 주로 교회법을 공부했다고 하는데, 이와 동시에 천문 관측도 개시한 것으로 보인다. 자신의 불멸의 저작 《천구의 회전에 관하여》에서 1497년 3월 9일 밤 볼로냐에서 관찰한 내용을 기억해내고 있으니 말이다.

볼로냐의 밤하늘을 관찰한 니콜라우스 코페르니쿠스

코페르니쿠스를 위시하여 뛰어난 예술가들과 과학자들이 볼로냐대학을 빛냈다. 독일 르네상스 회화의 대가 뒤러Albrecht Dürer를 비롯해 당대 이탈리아 최고의 시인 타소Torquato Tasso와 최고의 극작가 골도니Carlo Goldoni 등이 이 대학을 거쳐 갔다. 또한 시대를 앞선 뛰어난 성형외과 의사 탈리아코치Gaspare Tagliacozzi가 교수로 재직하기도 했다. 17세기에도 볼로냐대학은 '말피기 기관'으로 유명한 데카르트주의자 말피기Marcello Malpighi가 거쳐 간 곳이었는데, 이는 볼로냐대학이 비단 법학뿐만 아니라 자연과학과 의학 분야에서도 실력을 뽐내고 있었음을 잘 보여준다. 18세기에는 뛰어난 여성 계몽사상가인 라우라 바시Laura Bassi가 성적 편견에 맞서 오래 투쟁한 끝에 볼로냐대학에서 교편을 잡기도 했다. 이는 볼로냐대학의 자유롭고 진보적인 기풍을 에둘러 말해준다. 19세기에 들어 볼로냐대학은 자유

볼로냐대학에서 처음으로 교편을 잡은 여성 라우라 바시

주의적·민족주의적 비밀결사체인 카르보나리Carbonari 운동의 중심지이자, 교황령에 속해 있던 연유로 반교권주의 투쟁의 거점이 되기도 했다.

이렇게 면면히 이어진 학맥과 투쟁의 전통에도 불구하고, 볼로냐대학은 19세기 이후 유럽의 근대적 대학 발전에서 뒤처졌다. 가령 프랑스에서 나폴레옹 시대에 일련의 교육 개혁이 이루어지고, 독일에서는 나폴레옹 전쟁의 충격 이후 훔볼트Wilhelm von Humboldt가 주도하는 대학 개혁이 이루어질 때, 볼로냐대학을 비롯한 이탈리아 대학들은 중심에서 주변으로 밀려나 있었다. 대체로 이탈리아 대학들은 1859년 카사티Casati 법으로 독일식 대학 모델보다는 프랑스식 대학 모델을 좇아 철저히 세속적·중앙집권적 방식에 따라 재편되거나 운영되었다.

19세기 후반 이탈리아에는 볼로냐대학을 포함해 총 열일곱 개 대학이 있었다. 프랑스가 열다섯 개, 독일이 스무 개였음을 고려하면, 인구가 적고 영토가 좁은 이탈리아에서 대학 과밀 현상이 빚어진 셈이다. 더욱이 지역 편중 현상도 심했다. (볼로냐대학이 있는) 에밀리아로마냐Emilia-Romagna와 토스카나Toscana에만 대학이 각각 다섯 개씩 있었다. 반면에 사르데냐Sardegna에는 두 개, 시칠리아에는 세 개, 롬바르디아Lombardia와 남부 이탈리아에는 고작 한 개씩만 있었다. 이탈리아 대학들은 정부의 공교육위원회의 결정에 종속되어 있어서 자율성을 거의 누리지 못하고 있었다. 또한 대학은 연구 기관이라기보다는 공직에 취업하는 중간 단계로 간주되고 있었다. 그래서 다른 유럽 국가들에 비해 재학생 수는 훨씬 많았으나, 교육의 질은 떨어졌고 대학 졸업자 중 실업자의 수도 많았다. 그런가 하면 교수들의 봉급도 매우 낮아서 교수들은 연구에 전념하는 대신 부업을 찾아야 할 정도였다.

이런 열악한 상황에서도 볼로냐대학은 뛰어난 지성들을 배출하며 자신만의 지적 전통을 오롯이 유지해나갔다. 예컨대 앞에서 언급된 당대 이탈리아 최고의 시인 카르두치가 교수로 재직했고, 그를 지도교수이자 멘토mentor로 삼아 또 다른 뛰어난 시인 파스콜리Giovanni Pascoli가 볼로냐에서 공부했다. 또한 볼로냐대학은 훗날 파리대학 교수가 된 저명한 경제학자이자 법학자 로시Pellegrino Rossi와 무선전신을 발명한 마르코니Guglielmo Marconi 등을 배출했다. 비록 볼로냐대학이 독일식 연구 중심 대학으로 안정되게 발전하지는 못했지만, 전통의 힘은 근대 학문까지 수용하여 뛰어난 인재들의 요람으로 견실하게 기능할 수 있게 했다.

한편 1922년 '로마 진군'으로 파시스트가 권력을 장악하자 이탈리아의 대학교육도 커다란 전환점을 맞이하게 되었다. 파시즘 시대에 대학 개혁을 주도한 인물은 당시 신헤겔주의 철학자로서 이름이 높았고 무솔리니Benito Mussolini 정부에서 교육부 장관을 맡았던 젠틸레Giovanni Gentile였다. 1923년부터 본격화된 젠틸레 교육 개혁은 권위주의적 방식으로 훔볼트식 대학 개혁 원리를 이탈리아에 도입하고자 했다. 젠틸레 개혁은 교장과 학장, 행정 당국의 권한을 강조했다는 점에서 권위주의적이었으나, 교과과정 등에 대한 교수들의 권한과 자유를 증대시키면서 전반적으로 연구 공간으로서 대학의 자율성을 폭넓게 인정해주었다. 특히 젠틸레는 1925년 3월 학문의 도시 볼로냐에서 전국 지식인 대회를 주재하면서 이탈리아 왕립 학술원Reale Accademia d'Italia과 국책 문화 연구 기관의 설립을 발의하기도 했다.

그러나 젠틸레 개혁은 이렇다 할 성과를 일궈내지 못했다. 오히려 같은 시기에 이탈리아 대학들은 위축되고 있었다. 예컨대 1920년에 이탈리아 대학들의 재학생 수는 5만 3,000여 명이었으나 1930년에는 4만 4,000여 명으로 오히려 감소했다. 물론 이는 '소수 정예 학교poche scuole, ma buone'를 표방한 젠틸레 개혁의 효과로도 해석될 수 있다. 젠틸레는 이런 정책으로 사립학교를 늘리고 공립학교를 줄이며 대학에서 '이상적인 학자'를 양성하려고 했다. 그러나 젠틸레의 정책은 1935년에 교육부 장관에 취임한 데 베키Cesare Maria De Vecchi에 의해 간단히 뒤집어졌다. 데 베키는 '이상적인 학자'보다 '평균적인 학자'를, 사립학교보다 공립학교를 선호했다.

이렇게 용두사미가 된 대학 개혁으로 파시즘 시대에 이탈리아 대학들은 경쟁력을 상실했다. 무엇보다 1930년대의 경제 위기 속에서 대학생들, 특히 인문계 졸업생들의 실업 문제가 심각했다. 이런 상황에서 '책과 총'을 앞세운 파시스트 대학생 동맹Gruppi Universitari Fascisti이 세력화되고 급진화되었다. 그런가 하면 1938년에 인종법이 통과되어 1,200여 명의 교수들 중 98명이 유대인이라는 이유로 해직을 당했다. 해직 교수들 중에는 공교롭게도 인종법이 통과된 같은 해에 노벨 물리학상을 수상한 엔리코 페르미Enrico Fermi도 있었다. 그리하여 볼로냐대학을 비롯한 이탈리아 대학들의 부활은 파시즘 이후를 기다려야 했다.

역사적으로 볼로냐는 한 가지 특이한 이력을 갖고 있다. 중세에는 교황권과 황제권 사이의 거대한 정치 투쟁의 한복판에 있었고, 현대에는 파시즘과 공산주의 사이의 또 다른 치열한 이데올로기 투쟁의 한가운데에 있었다는 게 바로 그것이다. 확실히 볼로냐가 위치한 에밀리아로마냐 지역은 포Po 강의 비옥한 평야를 끼고 있어 일찍부터 농업이 발달했다. 여기서는 '브라치안티braccianti'라고 불린 농업 노동자 계층이 두텁게 존재했고, 이들은 전투적인 사회주의 농민운동의 주축이었다. 그리하여 포 강 유역의 농촌은 사회주의 세력과 파시즘 세력의 유혈 충돌이 적나라하게 벌어진, 문자 그대로 이데올로기 투쟁의 현장이 되기도 했다. 한편 파시즘이 패망한 뒤에 에밀리아로마냐는 토스카나 및 움브리아Umbria와 더불어 '붉은 3주'로 불릴 정도로 이탈리아 공산당의 세력이 강한 지역이 되었다. 이렇듯 학문의 도시 볼로냐는 현대 이탈리아가 낳은 두 개의 육중한 이데올로기가 엇갈리는 교차로가 되었다.

하지만 파시즘과 공산주의가 짓누르는 둔중한 이데올로기적 부담에도 불구하고, 볼로냐는 생산자 및 소비자 협동조합, 시민 단체, 동호인 단체, 그리고 중소 상공인들과 장인들의 촘촘한 네트워크를 바탕으로 활력이 넘치는 시민 생활과 민주주의를 발전시켰다. 이런 활달함 때문에 볼로냐와 에밀리아로마냐는 뜻밖에 유력한 사회과학 이론들의 산실이 될 수 있었다. 예컨대 미국 정치학자 퍼트넘Robert D. Putnum은 사회 자본social capital의 수평적 망이 민주주의를 작동시킨다는 이론을 이탈리아의 사례로써 입증했는데, 볼로냐는 바로 그 사례의 일부였다. 또한 바냐스코Arnaldo Bagnasco와 같은 사회학자들은 에밀리아로마냐를 중소 규모의 가족 기업들을 중심으로 장인 전통과 지역사회 네트워크를 결합하여 세계 시장의 틈새에서 성공한 북동부 및 중부 이탈리아, 즉 '제3의 이탈리아third Italy'의 일부로서 제시했다. 이 '제3의 이탈리아'는 전형적인 포드주의적 대산업에 근거한 제1의 이탈리아(북서부) 및 농업에 기초한 제2의 이탈리아(남부)와 구별되는 제3의 포스트포드주의적post-fordist 축적 체제를 상징한다.

그런데 볼로냐의 사회 자본을 대표하는 것은 두말할 나위 없이 볼로냐대학 자체이다. 볼로냐대학은 여러 번 강조했듯 그 자체가 볼로냐의 상징으로서 볼로냐를 낳은 모태이다. 그런 만큼 볼로냐대학의 활력은 그대로 도시의 활력이 된다. 그리고 대학 도시의 활력은 볼로냐라는 술잔에서 넘쳐 나와 유럽으로, 세계로 흐른다. 예컨대 현재 볼로냐대학의 교수인 에코가 특유의 심오함과 박학다식으로, 여기에 촌철살인의 유머 감각까지 덧붙여 이탈리아인들은 물론이요 세계인들을 웃기고 울리며 푸짐한 지식의 향연을 펼쳐 보이고 있다. 말하자면, 에코 교수는 "볼로냐는 가르친다"라는 중세 격언을 오늘날에도 충실하게 재현하고 있는 셈이다.

또한 오늘날 볼로냐대학은 세계를 상대로 가르칠 뿐만 아니라 세계적 표준을 수용하여 세계로부터 배우려고 노력한다. 이를 상징적으로 보여주는 것이 볼로냐 프로세스Bologna process이다. 1999년 6월 19일 유럽 29개국이 볼로냐에서 대학 개혁에 대한 합의문을 발표하면서 본격적으로 시작된 볼로냐 프로세스는, 2010년까지 유럽통합에 발맞춰 호환성 있는 공통의 대학 제도를 마련하려고 했다. 이는 유럽에서 고등교육의 기회 균등이라는 원칙에 밀려 대학 경쟁력이 후퇴하고 인재들이 미국으로 유출되는 상황을 개선하기 위해 이동성, 국제 경쟁력, 문제 해결 능력을 획기적

현재 볼로냐 구시가지의 정경

으로 제고하려는 정책적 노력의 일환이었다. 이리하여 볼로냐 프로세스는 미국식 제도를 참고하여 학제를 통일하고 교과과정을 표준화하고자 했다. 현재 볼로냐 프로세스에는 총 47개국(유럽연합 회원국 28개국, 비회원국 19개국)이 참여할 정도로, 이 대학 개혁은 큰 영향력을 발휘하고 있다.

물론 볼로냐 프로세스에 대한 비판도 만만치 않다. 일부 논자들은 그것이 유럽의 위대한 발명품이라고 할 수 있는 학문의 자율성을 침해함으로써 유럽 대학의 면면한 전통에서 이탈하여 도리어 탈유럽화를 야기하고 있음을 지적하고 있다. 이들에 따르면, 학문의 자율성은 고대 그리스에서 플라톤이 아카데미를 설립할 때 발원하여 중세 유럽에서 학생과 교수의 독립적인 조합guild과 법인corporation에서 심화되고 근대 독일에서 '배우는 자유Lernfreiheit'와 '가르치는 자유Lehrfreiheit'를 표방한 훔볼트의 대학 개혁으로 정착된 유럽의 고귀한 이념이다. 그런데도 오늘날 볼로냐 프로세스는 관료적 통제와 시장화 논리를 앞세워 유럽의 자랑스러운 전통을 파괴하고 있다는 것이다.

볼로냐대학은 그 존재 자체가 학문의 자율성이라는 유럽적 가치를 체현한 산 증인일 것이다. 그런 만큼 오늘날 볼로냐대학은 과거의 전통을 유지하면서 미래의 혁신을 접목하는 녹록치 않은 과제를 짊어지고 있다. 볼로냐대학이 단순히 유럽연합의 '지식 산업'이나 '인력'이라는 도구적 가치를 넘어 학문의 자율성을 지키는 새로운 지식 공동체의 산파 역할을 할 수 있을까? 볼로냐대학의 역사를 알면 한 가지 흥미로운 사실을 깨닫게 된다. 볼로냐대학은 하위에 동향단들을 거느린 보편자universitas, 즉 대학으로서 다른 보편자(교황과 교황령) 아래에서 오랫동안 자유를 향유했다. 그러나 중세 보편주의를 대체한 근대 민족국가의 시대에 볼로냐대학의 운명은 순탄치 않았다. 이제 21세기 포스트모던한 세계화의 조건에서 볼로냐대학은 재도약의 기회를 잡을 수도 있지 않을까? 바야흐로 볼로냐대학은 지나간 황금시대를 연상시키는 (에코의 재치 있는 표현을 빌리자면) '새로운 중세'를 맞이하고 있지 않은가?

1988년 개교 900주년을 맞이하여 볼로냐대학은 세계 대학의 경축 사절들로부터 대학들의 '모교'라는 독보적이고 자랑스러운 지위를 재확인받았다. 오늘날 볼로냐대학은 학부 11개, 학과 33개, 그리고 8만 명이 넘는 재학생을 자랑하는 매머드 대학이다. 이런 외형적 규모 외에 '모교'의 전통이 '매머드한' 정신적 유산으로 남아 있고, 이것이 볼로냐대학의 확고한 정체성을 형성한다. 이렇듯 전통에 닻을 내린 정체성의 돛은 볼로냐대학이라는 배가 망망한 세계화의 바다를 항해할 수 있는 추진력과 자신감의 원천이다. 이미 볼로냐대학은 세계 유수의 대학들과 어깨를 나란히 하며 편협한 지방주의에서 벗어나 볼로냐 외에 이탈리아의 이몰라Imola, 체세나Cesena, 포를리Forlì, 라벤나Ravenna, 리미니Rimini, 나아가 아르헨티나의 부에노스아이레스Buenos Aires 등지로 뻗어 나가면서, 지방과 지방을 잇는 인터로컬리즘interlocalism과 지방과 세계를 잇는 글로컬리즘glocalism을 능동적으로 실천에 옮기고 있다. 이런 발전을 통해 볼로냐대학이 '대학universitas'이라는 말을 처음 사용한 대학답게 최고最古일 뿐만 아니라 최고最高의 대학으로 발돋움할 수 있을지 자못 귀추가 주목된다. _장문석

파리소르본대학 : 중세 신학의 심장이 되다

1257년 로베르 드 소르봉이 콜레주 드 소르본 설립

1445년 대학의 독자적 사법권 박탈

1470년 모든 학생과 교수들에게 왕의 신민임을 서약하게 함

1499년 대학의 강의 정지권과 해산권 박탈

1622년 추기경 리슐리외가 교장이 됨

1635~1653년 예배당 건축

1881~1901년 교장 제라르(Gérard)의 후원을 받아 새로운 건물 건설

1970년 법령에 의해 파리소르본대학 설립

2012년~현재 바르텔레미 조베르(Barthélémy Jobert) 총장 재임

소르본의 기원이 된 콜레주 드 소르본

대학은 중세 전성기에 유럽의 일부 도시에서 등장한 사회적 산물이었다. 1200년부터 1500년까지 유럽에 60~70개의 대학이 존재했던 것으로 알려져 있다. 중세 대학은 성립 시기와 지리적 여건에 따라 다양한 규모와 내부 조직 그리고 사회적 기능과 영향을 보여준다. 카롤링거 르네상스 Renaissance Carolingienne (카롤루스 대제Carolus Magnus가 수도원을 비롯한 교회 성직자들과 함께 고대의 고전 학문을 부흥시켜 카롤링거 시대를 개조하려고 시도했던 사회 개혁 운동) 이후 전통적으로 교육에 대한 우월적 독점권을 행사하던 교회의 간

섭에서 벗어나기 위해 교사와 학생들은 대내적인 상호 부조와 동의, 대외적인 배타성을 본질로 하는 자유로운 서약 공동체를 결성했다. 중세 대학은 길드guild의 한 형태인 우니베르시타스universitas를 기원으로 한다. 중세 대학은 여느 길드와 마찬가지로 중세 유럽 사회에서 성원의 자유로운 선택과 참여에 의해 구성되는 새로운 사회 형태였다.

중세 대학은 스스로 내부의 규약을 제정하고, 대표를 선정하고, 재판권을 행사하며, 이를 통해 구성원에게는 법률적·사회적 보호를 제공하는 자치적인 법률 및 평화 구역이 되었다. 중세 대학의 최초 발상지로는 법학을 중심으로 한 이탈리아의 볼로냐와 신학과 자유 학예artes liberales, 7학예과를 중심으로 한 파리를 들 수 있다.

처음에는 학칙이나 조직을 갖추지 못한 단순한 교육 집단이었던 파리대학이 설립되자 교수와 학생들은 학문의 규율을 확립하고 시민, 관리, 주교에 대항하여 자신들의 이익을 챙기기 위해 공동체를 조직했다. 이와 더불어 일종의 기숙학교였던 콜레주collège도 활발하게 생겨나기 시작했다. 1208년 이후 프랑스에서 등장한 이러한 단체들은 거의 모두 대학이라고 불리게 되었다. 영토의 확대, 시장경제의 발달, 국가 체제 정비 등 새로운 질서의 수립에 따라 프랑스에는 대학이 우후죽순으로 설립되었고, 파리대학은 자연히 여러 대학의 모델이 되었다. 13세기에 설립된 몽펠리에대학과 툴루즈대학이 파리대학을 모델로 한 대표적 예다.

무엇보다 설립자 로베르 드 소르봉Robert de Sorbon의 이름에서 유래한 콜레주 드 소르본Collège de Sorbonne은 파리대학을 상징하게 되었다. 콜레주 드 소르본은 콜레주 드 나바르Collège de Navarre와 함께 왕과 왕실의 후원 아래 설립되어, 왕은 물론이거니와 교황들의 적극적인 관심을 받으며 성장했

콜레주 드 소르본을 설립한 로베르 드 소르봉

다. 이단이 창궐하던 13세기에 교황은 보편 교회의 수장으로서 파리의 신학부를 통해 교리의 합리적인 일관성을 유지하고자 했다. 파리1대학과 파리3대학, 파리4대학을 비롯해 오늘날 소르본이라는 명칭을 가진 대학들의 기원이 된 파리대학은 중세 전성기 도시의 산물이었으며, 파리의 성장과 더불어 중세 신학의 심장으로 자리 잡게 되었다.

그러나 1789년 프랑스 대혁명으로 콜레주 드 소르본은 폐교되었다. 교양학부로 콜레주 드 루이 르 그랑Collège de Louis le Grand이 통합될 때, 신학부도 콜레주 드 소르본과 통합되어 파리대학 신학부를 대신하게 되면서 파리소르본으로 불렸다. 그 후 제3공화국 시대인 1886년에 파리대학 신학부가 폐지되고 소르본Sorbonne으로 불리게 되었다. 현재의 소르본은 1635~1653년에 리슐리외Richelieu의 무덤에 건립된 성당을 제외하고 1884년부터 1900년까지 네포Népot에 의해 완공된 것이다.

콜레주 드 소르본과 도서관

루이 9세Louis IX의 고해성사 신부이자 친구였던 로베르 드 소르봉은 가난한 신학생들에게 숙식과 학업을 위한 학사를 세웠는데 이것이 콜레주 드 소르본이다. 로베르 드 소르봉은 38개 조항의 엄격한 콜레주 규정과 함께 관리자, 조합원, 객원교수를 두는 것으로 콜레주 드 소르본의 조직을 구상했다. 특히 대학의 두뇌 역할을 담당하는 관리자의 자문은 필수적이었으며, 관리자들은 교수회에 의해 선출된 구성원들을 임명하고 법규를 인증하는 일을 했다. 이 무렵 교수회의 회원들은 교수단을 형성했다.

파리4대학(Paris IV–La Sorbonne)의 로고

로베르 드 소르봉은 서약과 공동생활에 대한 규정 없이 무상교육을 하겠다고 결심했다. 또한 그는 당시 가장 학식 있는 사람들 가운데에서 동업자를 만들어 자신의 교육 사업을 발전시키고자 했다. 콜레주 드 소르본이 점차 명성을 얻어감에 따라 생 자크Saint Jacques가家의 명칭도 소르봉가로 바뀌었으며 1259년부터 콜레주 드 소르본은 14개 콜레주를 대표하게 되었다. 더불어 콜레주 드 소르본에 대한 교황들의 관심도 늘어났다. 교황 알렉산드로스 4세Alexandros IV는 프랑스 주교에게 로베르 드 소르봉에 대한 지원을 당부했다. 또한 교황 우르바누스 4세Urbanus IV는 그리스도교 세계가 콜레주 드 소르본에 관심을 갖도록 촉구했으며, 교황 클레멘스 4세Clemens IV는 승인장을 주었다. 교수단은 존경을 받았으며 유럽 전 지역에서 신학은 물론 심지어 정치 문제를 해결하기 위해 이곳을 찾는 사람이 많았다. 콜레주 드 소르본이 유명해지자 처음에 열여섯 명이었던 학생이 곧 서른 명으로 증가했고, 실력 있는 담임교사와 교장에 의해 교육이 더욱 확실하게 이루어졌다.

로베르 드 소르봉은 콜레주 드 소르본을 중심으로 하는 새로운 교육 운영을 모색했다. 먼저 젊은 신학자들이 기존의 명망이 있던 노트르담 수도원 학교에서 신학을 준비하기 위한 기초교육을 수학하게 하였다. 그리하여 이 학교는 처음에는 '프티트 소르본Petite-Sorbonne'이라고 불리다가 이어서 '콜레주 드 칼비Collège de Calvi'라고 불리게 되었다. 또한 콜레주 드 칼비의 학생들은 '로베르틴Robertine'이라고 불리는 논문을 발표하여 심사위원 세 명 중 다수의 득표를 얻어야만 졸업할 수 있도록 하였다. 로베르틴이라고 불리는 이 시험은 오늘날 프랑스에서 박사학위를 취득하기 위한 교육과정의 기초를 제공한다고 할 수 있다.

콜레주 드 소르본은 루이 9세를 비롯하여 추기경, 교황, 주교 등의 후원과 기부로 운영된 넉넉한 장학금 덕분에 '뷔르새르Bursaires'라고 불리는 장학생과 '팡시온내르Pensionnaires'라고 불리는 기숙생들에게 혜택이 주어졌다. 또한 적극적인 관심과 후원에 힘입은 콜레주 드 소르본의 명성에 유럽 전 지역에서 신학을 공부하기 위한 학생들은 물론이거니와 정치 문제를 해결하기 위해 이곳을 찾아오는 사람들이 많았다. 당시 콜레주 드 소르본의 입학생들은 이미 교양학부를 수료하고 학위를 받아 신학 교수가 되기 위한 과정에 있는 학생들이었다. 그러므로 초기 콜레주 드 소르본은 자연스럽게 세속사제회와 같은 기능을 담당하였으며 콜레주 드 나바르 등과 달리 교양교육을 위한 특별 과정이나 프로그램을 설치할 필요가 없었다. 또한 이 학교의 학생들은 학업을 마칠 때까지 계속 콜레주에 머무를 수 있었다. 콜레주 드 소르본의 신학부는 콜레주 드 나바르, 콜레주 드 카르디날 르무완느Collège de Cardinal Lemoine, 콜레주 드 숄레Collège de Cholets와 더불어 유명해지기 시작했다. 콜레주 드 소르본에서 이루어진 논쟁들은 파

파리소르본대학의 도서관 내부

리 사람들의 신학 연구의 열정으로 이어져 '소르보니크sorbonique'라고 하는 '신학사 시험'도 이곳에서 치르게 되었다.

콜레주 드 소르본에서 인상적인 것은 콜레주 드 소르본 도서관의 역할이다. 물론 이 도서관은 일부 식자층과 기득권층에게만 지식을 제공하는 소극적 기능과 운영에 머물렀다. 콜레주 드 소르본이 설립되었을 때, 프랑스에서도 책은 여전히 귀하고 대단히 고가였으며 현실적으로 학생들은 책을 살 수 없었다. 게다가 종이를 구하는 일도 쉽지 않아서 학생들은 거의 강의 시간에 교수로부터 듣는 것으로 만족해야만 했다. 1271년부터 대부분의 학교에서는 수도원학교 교장들이 했던 것처럼 학생들이 볼 수 있도록 장서를 갖추려고 노력했다.

1290년경, 로베르 드 소르봉이 수집한 책들을 콜레주 드 소르본의 도서관에 장서하고 문을 열었다. 당시에 책은 모두 1,017권이었다. 약 반세기 후에 도서관의 책은 1,720권으로 늘어났다. 이 책들은 대부분 기증이나 유증을 받은 것이었으며, 도서관에 기증된 책 중 거의 모두가 신학에 관계된 것이었다. 설립자 소르봉의 유언 집행자로 임명된 로베르 드 두애

Robert de Douai가 콜레주에 유증한 신학에 관한 논문, 성서, 신부들의 주해집과 저서들이 대표적이다. 사서들은 항상 도서관에 들어온 책의 첫 장이나 각 권의 끝에 책의 가격과 기증자의 이름을 기록했다. 콜레주 드 소르본 도서관의 책은 약 1,700권이 되었으며 59개 부분으로 나뉘어 정리되었다. 도서관의 도서 목록 중 프랑스어로 된 책은 네 권뿐이었다. 프랑스에서는 12세기 말에 종이가 출현하지만 14세기가 되어서야 학교에서 종이를 사용하기 시작했고, 종이를 사용한 인쇄 문화는 15세기 중반에서야 등장한다. 1402년부터 1530년까지 작성된 소르봉 도서관의 장서 목록은 마자랭 도서관Bibliothèque Mazarine에서 찾아볼 수 있는데 이것으로 소르봉의 장서와 그 기증자들을 알 수 있다.

16세기 콜레주 드 소르본의 가장 눈에 두드러지는 변화는 콜레주 드 소르본의 교수단의 위상이다. 이즈음 콜레주 드 소르본의 구성원이 된 다른 대학의 신학 교수들과 더불어 콜레주 드 소르본의 교사들의 위상이 이 대학 교수단 못지않게 성장한 것이다. 또한 강의 수준의 질적 변화에 관한 요구가 커졌는데, 1542년 콜레주 드 소르본에서 이미 교양학부를 수료한 학생들에게 교양학부 수준의 강의가 아닌 보다 심화된 수준의 강의를 수강한 후 졸업을 시켜야 한다는 인식과 공감이 늘어났다. 마침내 1554년부터 신학부의 전체 토론장으로 성장한 콜레주 드 소르본에서는 외적 성장에 발 맞춰서 강의 수준과 강의 내용에 관한 내적 성장도 도모하였다. 그리스 철학에 토대를 둔 새로운 강의를 기반으로 한층 심화된 신학부의 강의는 콜레주 드 소르본에서 보다 전문적인 신학 연구를 추구하던 학생들의 지적 호기심을 충족시켜 주었다. 이러한 열렬한 지적 연구와 왕성한 지식의 교류에 힘입어 콜레주 드 소르본은 앙시앵 레짐ancien régime, 구체제 시대에 지식인들의 지적 토론장으로 새롭게 거듭났다.

1622년에 콜레주 드 소르본의 교장이 된 추기경 리슐리외

특히 1622년 콜레주 드 소르본의 교장이 된 추기경 리슐리외는 이 학교에게 또 한 번의 전성기를 가져다주었다. 우선 리슐리외는 로베르 드 소르봉이 세웠던 낡고 제각각인 건물들을 르메르시Lemercie로 하여금 통일된 건물들로 바꾸게 함으로써 콜레주 드 소르본의 외적 면모를 완전히 변화시키고자 주력했다. 1627년 3월 18일에 그의 이름으로 새로운 건물의 주춧돌을 놓은 순간 프티트 소르본이라 불리던 콜레주 드 칼비는 사라졌다. 그리고 그 토대 위에 1635년 5월 15일 리슐리외의 주춧돌을 놓은 새로운 성당이 모습을 드러냈다. 하지만 장시간에 걸친 새로운 콜레주 드 소르본의 공사를 완공시키지 못하고 1642년 12월 리슐리외는 눈을 감았다. 비록 리슐리외는 그토록 기다렸던 위품을 갖춘 새로운 콜레주 드 소르본의 모습을 보지는 못했으나 콜레주 드 소르본의 명성은 리슐리외의 노력과 관심으로 가능한 것이었다. 이처럼 콜레주 드 소르본의 재건축 작업은 리슐리외의 열정과 관심으로 완성되었기 때문에 콜레주 드 소르본이 때로는 '콜레주 드 리슐리외'라고 불리는 것은 자연스러운 일이기도 하다. 외적 통일성과 품위를 갖춘 콜레주 드 소르본은 16~17세기 파리대학 신학부 전체를 지칭

하는 위상과 명성을 갖추게 되었다.

파리대학과 카페 왕조

1100년경까지 인구가 불과 1만 명밖에 되지 않았던 파리는 정치와 상업의 중심지로 성장했던 카페 왕조 시대Capétiens, 987~1328에 수도가 되었다. 이후 필리프 2세, 루이 성왕, 필리프 4세Philippe IV의 시대를 거치면서 파리는 유럽의 문화적·정치적 중심지로 성장했다. 파리가 이처럼 대도시로 성장할 수 있었던 것은 우선, 샹파뉴Champagne 시장과 연결된 센 강 교역의 활성화와, 자신의 출생지인 파리에 대한 필리프 2세의 애정을 비롯한 카페 왕들의 파리 선호, 그리고 각국에 있는 학생들까지 몰려들게 하는 명성 높은 교사들의 강의 등을 들 수 있다. 루이Louis le Jeune 7세는 파리를 수도로 정하고 궁정의 행정부서를 설치했으며, 1163년에 고딕 성당인 노트르담 대성당 건설을 시작했다. 그 후 필리프 2세는 레알Les Halles 지역과 같은 파리의 중앙시장을 개장하는 등 파리 도시 건설에 박차를 가했고 이와 더불어 대학도 설립되었다. 1200년경 파리의 인구는 2만 5,000~5만 명으로 추정되는데, 학생 수는 그중 약 10퍼센트로 산정된다.

한 가지 주목할 만한 현상은 볼로냐와 달리 파리에서는 대다수의 교사와 학생이 모두 외인外人이라는 점이다. 따라서 나날이 늘어나는 학생들 때문에 주택난, 교실난, 주민들과의 분쟁뿐 아니라 학생들 간의 분쟁과 난동으로 인한 문제가 자주 발생했다. 이를 해결하기 위한 학교들의 적극적인 노력이 요구되었고, 결국 대학 구성원들의 서약 공동체를 통해 이 같은 무질서를 해결하고자 했다. 특히 급속히 파리로 몰려드는 교사들과

학생들을 수용하기 위한 콜레주의 설립은 중세 대학의 역사에 새로운 국면을 제공하게 된다.

그 후 파리는 인구가 8만 명 정도 되는 자치도시로 성장했고, 필리프 4세가 파리에 체류하기를 선호함에 따라 고등교육기관의 증설이 자연적으로 요구되었다. 파리 지역 학교들의 분포를 살펴보면 첫째, 주교 학교로 대표적인 것은 시테Cité 섬 안에 있는 노트르담 성당 학교였다. 둘째, 수도원이 운영하는 수도원 학교로 센 강 왼쪽 기슭에 위치해 있는 생트 준비에브Sainte-Geneviève, 생빅토르Saint-Victor, 생제르맹데프레Saint-Germain-des-Près, 생 마글루아Saint Maglois 등을 들 수 있다. 이들 학교는 다른 학교에 비해 폐쇄적인 성격이 강했다고 할 수 있다. 셋째, 주로 노트르담 성당 왼쪽 기슭 쪽으로 넘어오는 다리와 생트 준비에브 언덕 지역에 자리 잡은 사설학교들이다.

13세기 초 당시의 파리를 직접 관찰한 필리프 2세의 궁정신부 브르통William Breton은 파리는 감탄할 만한 아름다움을 지녔을 뿐만 아니라 경제적으로 풍성하며, 왕들은 각 학생에게 자유와 특권을 베풀기를 서슴지 않았다고 전하고 있다. 물론 브르통의 찬사를 액면 그대로 받아들일 수 없지만, 한 가지 분명한 사실은 카페 왕조가 왕권을 높이 세우기 위한 하나의 방편으로 학문을 정착시키고 왕조의 수도로서 파리의 위상을 강화하는 데 많은 힘을 쏟았다는 점이다. 카페 왕조의 왕들은 학교와 학문의 후원자가 되는 것이 물론 쉽지 않은 일이지만 그 투자에 비해 돌아오는 보상이 훨씬 크다는 것을 이미 잘 알고 있었기 때문이다. 1160년경, 루이 7세의 집권 당시 파리대학에서 수학한 잉글랜드 출신의 작가 월터 맵Walter Map은 마치 새떼처럼 파리로 몰려온 많은 성직자들을 자신의 날개 아래 보호하고 지원하고자 노력한 루이 7세의 관심과 의지는 인상적이라고 전한다. 그동안 봉건 영주들의 견제와 교황과 외세의 간섭으로 위축되었던 루이 7세와 필리프 2세는 지식인들의 활동은 왕의 권위와 힘을 고양하고 결집하는 주요한 자산이 될 수 있다는 것을 일찍이 깨달았다. 필리프 2세는 이미 카롤루스 대제의 카롤링거 르네상스를 통해 강력하고 위대한 왕권은 학문적 뒷받침 없이는 이루기 어렵다는 역사적 경험을 충분히 인지했다. 그가 파리를 학문의 중심지뿐만 아니라 새로운 시대를 여는 문화의 중심지로 만들고 싶은 야심을 가진 것도 이와 맥을 같이하는 일이었다.

파리대학의 구성과 교과과정

대학은 크게 동향단natio, 학부facultus, 칼리지college와 그 안에서 책임을 맡은 임원officer 등으로 구성되었다. 특히 자체의 행정 단위로 되어 있는 동향단의 파리대학 교수와 학생들은 그리스 정교회의 동방 지역을 제외한, 유럽의 매우 다양한 지역 출신들이었다. 이들은 일드프랑스Île-de-France(에스파냐, 이탈리아, 지중해 연안의 섬과 아프리카 출신), 노르망디Normandie(루앙, 오랑슈, 리지외, 콩탕스, 바이외 에브뢰, 세에즈 등 7개 교구 출신), 피카르디Picardie(프랑스 북부와 베네룩스 삼국 출신), 영국(독일, 덴마크, 영국, 폴란드, 스위스, 헝가리 출신)의 네 개 동향단으로 구성되었다. 동향단들은 자체의 수입과 규정을 가졌으나, 학위와 관계된 모든 것은 동향단 회의에서 결정했다. 학부에는 학장이 있었고 동향단에는 한 명의 대리인 혹은 학감이 있었다.

교황 인노켄티우스 3세Innocentius III는 파리대학의 조직과 운영에 관한 기본 방향을 명시하기 위해 추기경 로베르 드 쿠르송Robert de Courçon을 파리대학에 파견하였다. 추기경 로베르 드 쿠르송은 당시 파리대학의 주요 현안이었던 급료와 교과과정은 물론이거니와 총장의 권한 등을 성문화하였다. 파리대학에 관한 교황 인노켄티우스 3세의 적극적인 관심과 의지로 성문화된 파리대학의 기본적인 조직과 운영의 결과물인 1215년 파리대학 학칙의 정신과 일부 내용은, 오늘날에도 계승되고 있다. 쿠르송은 인문학 교수와 신학, 의학, 법학 교수를 구분하자고 제안했다. 인문학 교수는 기초 과목을 문법, 외국어 또는 기하학과 수학으로 나누고 수업료를 받지만, 윤리학과 신학의 경우는 정신 영역에 속하므로 수업료를 받지 않는 것을 원칙으로 했다. 인문학 교수는 최소한 21세는 되어야 하고, 학교에서는 6년 이상 인문학을 공부한 경력이 있어야 했다. 신학 교수는 최소한 35세 이상이어야 하며 적어도 8년 이상 신학 공부를 했어야 했다.

교과과정은 7학예과로 구성되는데 크게 문법, 수사학, 논리학의 3학trivium과 산수, 기하학, 천문, 음악의 4과quadrivium로 나뉜다. 인문학 강의는 7학예과의 기본 틀 안에서 자유롭게 이루어지도록 했으며, 아리스토텔레스Aristoteles의 논리학과 프리스키아누스Caesariensis Priscianus의 문법은 인문학 교수들의 강의에서 항상 다루어졌다. 또한 성직자가 대학 진학을 위해 교회를 떠날 때에는 의학과 법학을 공부하는 것이 금지되었으며, 수도사가 대학에 진학할 경우에는 신학만 공부하도록 했다. 대학에서 사용하는 언어는 라틴어였고, 교과과정은 그리스와 로마의 고전 연구에 중점을 두었다. 콜레주의 저학년에서는 필수 라틴어 문법 개론이 수준 낮은 운문 형태로 제공되었으며 교양 과정의 핵심은 2년간의 철학 연구였다. 이것은 전 과정 개설 콜레주의 교과과정에 들어 있었고 문학사 학위 취득을 위한 필수 과목이었다. 철학 교육과정은 주로 아리스토텔레스에 대한 연구로

소르본대학 앞에 있는 광장

구성되었다. 첫해에는 입문 과정의 한 과정을 끝마친 후 논리학과 도덕철학을 시작했는데 아리스토텔레스의 논리학과 윤리학을, 두 번째 해에는 아리스토텔레스의 물리학과 형이상학, 수학을 공부했다. 법학부의 강의는 교회법에 한정되었는데, 파리대학에서는 이탈리아의 볼로냐대학과 달리 시민법 연구를 금지하고 있었다.

특히 신학부의 학위 과정은 만 23세가 되어야 받을 수 있는 문학사들에게 허용되었다. 콜레주 드 소르본이나 콜레주 드 나바르에서 수강한 네 시간의 철학 강의에 대한 두 가지 시험을 네 명의 신학 박사들로 구성된 심사위원단 앞에서 통과해야 했다. 그 후에 신학대학 입학 자격권을 부여하는 '시도tentative'라는 학위 논문 심사를 공개적으로 받았다. 파리 신학부 교수 열다섯 명 중 세 명은 노트르담 성당의 참사원, 나머지 열두 명 중 아홉 명은 여러 수도회 소속의 수도사였다. 학사 자격 과정에 등록한 사람은 2년 동안 세 편의 학위 논문을 완성해야 했는데 일반적인 대주제 논문과 소주제 논문에 대한 구두 심사를 받아야 했다. 제3시험은 학사 취득 후 실시하는 신학 논문 시험으로 파리대학의 신학부에서 이루어지는 세 가지의 논문 구두 심사인데, 이것을 통과하는 자에게 신학 박사 학위를 부여했다. 즉 신학 박사 학위를 얻기 위해서는 저녁에 받는 논문 구두 심사인 '베스페리versperie', 대주교의 방에서 받는 논문 구두 심사인 '올리크aulique', 이전의 시험 문제들에 대한 수정과 비판을 받는 '레종트resompte'로 이루어진 세 가지의 새로운 시험을 치러야 했다. 신학 박사 학위를 취득한 후에는 국왕이나 유력한 귀족의 관리, 외교관, 비서, 고문, 의사, 건축가, 교회의 법률가 등 다양한 직종에 취업이 가능했다.

파리에는 유명한 신학자들이 모여들었는데, 신비신학과 성경 주석으로 이름난 성 빅토르St. Victor, 샹포의 기욤Guillaume de Champeaux, 성 베르나르St. Bernard 등 인문학과 신학 분야에서 권위 있는 학자와 학교들이 확고한 명성을 얻고 있었다. 생트 준비에브 언덕에 학교를 세운 피에르 아벨라르Pierre Abélard는 논리학의 탁월한 경지를 개척하여 그 분야에서 유럽 최고의 권위라는 명망을 얻었다. 무한한 자유정신을 추구한 아벨라르는 기성 질서에 대한 강한 거부감을 보였으며, 그칠 줄 모르는 탐구욕으로 신과 사회 현실에 대한 파격적인 비판을 멈추지 않았다. 그러나 1100년 무렵 파리에서 가장 명성 있는 논리학 선생이었던 윌리엄 드 샹포와의 갈등으로 파리 교구 밖 남쪽으로 약 80킬로미터 떨어진 믈룅Melun이라는 곳에 학교를 열었다. 두 사람 사이의 긴장된 관계와 논쟁들은 파리의 교육 중심지로서의 명성을 더욱 높였을 뿐만 아니라 여러 다른 도시의 학교들로부터 많은 학생을 끌어들이는 데 흡인력을 발휘했다. 더구나 날카로운 논쟁을 수반한 선생들 간의 경쟁은 그만큼 학문의 수준을 높이기도 했다.

12세기 중반에 이르렀을 때 파리는 탁월한 학생들과 교수, 학교의 수에서 프랑스는 물론 북유럽에서 가장 상위의 자리를 차지했다. 그 때문에 파리보다 일찍이 학문의 도시로 전통을 자랑했던 랑Laon, 샤르트르Chartres의 수도원 학교의 명사들조차 파리로 자리를 옮기는 경우가 많이 생겼다. 12세기 말 급격히 불어난 학생들 때문에 센 강 왼쪽 기슭으로의 이동이 시작되었다. 그전까지 학생들은 주로 시테 섬에 주거할 수 있었으나 이제 학교에서의 학생 수용 문제가 제기되었다. 대성당 학교에 출석하는 학생들은 처음에 대성당 수사신부의 집 또는 대성당 기숙사에 머물렀다. 그러나 고정된 수의 학생들만 수용할 수 있던 대성당 학교는 늘어난 학생들로 인해 심각한 혼잡을 겪게 되었다.

교황과 국왕의 관계 속에서 성장하다

파리대학은 교황과 국왕의 관계 속에서 성장했으나, 교황과 국왕이 대학을 받아들이는 관점은 달랐다. 교황은 대학을 교회의 위계질서 속에서 감독하려 했고, 왕은 자기가 다스리는 왕국 또는 도시 안의 대학을 통치하고자 했다. 1200년 파리에서 벌어진 학생과 관리 사이의 유혈 사태 이후 프랑스 왕 필리프 2세는 파리의 학인을 세속법정에서 제외하고, 파리의 주교법정에 귀속한다는 칙령을 내린 바 있다. 이 문서는 파리대학의 특권을 보장하는 최초의 문서로 꼽히고 있는데, 이로써 학인의 법적 지위는 왕에 의해 성직자와 동일하게 인정되었다. 이는 파리 학인들의 성격 규정에 있어 중대한 의미를 가진다. 즉 이들에게는 성직자에 준하는 권리와 함께 의무가 부과됨을 말한다. 교황청은 파리대학이 적대 세력이 아니라 협력자여야 한다는 것을 잘 인식하고 있었다. 교황과 교수들의 동맹 관계를 예증하는 사례로, 1210년 파리 공의회에서 열네 개의 이단을 정리하고 '자연과학서'를 도시학교에서 가르치지 못하게 한 일화를 들 수 있다. 1215년에는 마침내 교황의 사절 로베르 드 쿠르송이 "파리의 모든 교사와 학생들에게" 교사의 자격, 교과과정, 개별 교사들의 권한에 이르기까지 매우 세부적으로 규정된 규약statuta을 발했다.

교황 그레고리우스 9세Gregorius IX 때 일어난 해산 명령은 교황과 대학의 관계에 또 하나의 대전환을 만들어냈다. 1228년 카니발 동안 한 선술집에서 터진 일련의 소동으로 일부 학생들이 피살되고 부상을 입는 사태가 발생했다. 교수와 학생들은 이에 대한 항의로 강의를 정지했고 많은 학생들이 대학을 떠나 다른 도시로 이동하기까지 했다. 이를 수습하고자 교황과 루이 9세는 필리프 2세 때 부여한 대학의 특권을 재확인하고 몇 가지 더 적극적인 조치까지 취했다. 교수조합에게 학교 규정을 제정할 권한을 주었을 뿐만 아니라 무엇보다도 강의 정지 권한과 해산의 권리를 인정했다. 그리하여 대학이 법인체로 인정받고 자율성을 확보하는 중요한 계기가 되었다. 이후 1261년에 이르기까지 대학은 광범위한 권리와 면책권을 누리게 되었다.

교황과 프랑스의 카페 왕들로부터 자율성을 확보한 파리대학은 13세기 중반 내부 갈등을 폭발시켰다. 파리대학 내부는 탁발 교단 소속 교수들과 재속 교수들의 미묘한 갈등으로 긴장감이 팽배했다. 1254년 전에는 파리대학의 탁발 교단 소속 신부가 신학 교수의 총 열두 명 중 세 명이었다. 그러나 파리대학의 신학 교수 총 열다섯 명 중 재속교수 세 명, 참사회 출신 교수 세 명을 제외한 아홉 명이 탁발 교단 소속 교수가 차지하게 됨으로써 신학 교수들 사이의 첨예한 긴장과 경쟁이 나타났다. 왜냐하면, 당시 대부분의 파리대학의 학생들은 굳이 파리대학이 아니더라도 비교적 쉽게 접할 수 있는 탁발 교단 교수들을 선호하는 까닭에 상대적으로 재속 교수들의 파리대학 내의 위치가 위축되었기 때문이다. 현실적으로 재속 교수들은 파리대학이 아니면 교수직을 얻기 어려운 것에 비해 탁발 교단 소속 교수들은 초등에서 고등교육까지 각 지역에 설립된 교단 소속의 스콜라나 학교에서 손쉽게 교사직을 얻을 수 있었다. 그러므로 파리대학의 대부분의 학생들이 탁발 교단 소속 교수들을 선호하는 것은 재속교수들에게는 상당한 불만과 위기감을 불러 일으켰다. 결국 1250년 교황 인노켄티우스 4세가 교수 자격의 요청 여부와 관계없이 성직자들에게 교수 자격을 수여하라는 서한을 보내자 재속 교수들에게 위기감과 불만을 터트리게 되었고 그 갈등은 심화되었다. 이렇게 촉발된 파리대학의 내부 갈등과 저항을 해결하고자 교황 우르바누스 4세는 탁발 교단 교수들에게 대학의 학칙을 준수할 것을 요구하였다. 결국 신학을 포함한 인문학부 재속 교수들이 대학의 주도적 역할과 위치를 되찾게 되었다. 이러한 투쟁 과정에서 대학의 주도적 역할을 담당하게 된 인문학부 교수들은 학생들은 신학 위주의 교육에서 벗어나 인문학 강의를 보다 적극적으로 제공할 수 있는 기회를 마련하였다. 결과적으로 교황과 탁발 교단의 오랜 유착은 대학과 교황의 관계를 멀어지게 하는 계기가 되었다. 동시에 인문학 교수들과 학생들의 인문학 강의와 지식의 보급은 서양 중세 보편 교회에서 프랑스라는 민족적 교회가 독립할 수 있는 의식과 필요성을 자각시켰다. 이어서 1318년 재속 교수들은 탁발 교단 소속 교수들에게 대학의 학칙에 복종하겠다는 서약을 받아내었고 일련의 투쟁과정에서 인문학 교수들의 파리대학에서의 주도적 위치와 역할은 더욱 중요해졌다.

또한 아비뇽 유수는 프랑스의 왕권이 봉건적 지방분권을 극복하고 강화되면서 교황권이 상대적으로 쇠퇴한 현상을 잘 보여준다. 당연히 왕은 대학을 자신의 통치 영역 아래 두고자 했다. 더구나 대학의 국제적인 성격이 쇠퇴하고 지역 대학으로 변하면서 교황청보다도 프랑스의 고등법원에 호소하는 것이 훨씬 능률적인 해결책이 되었다. 대학의 독립성은 백년전쟁(1337~1453) 과정에서 더욱 침해를 당했다. 왕들은 대학의 자율성을 신장하기보다 박탈하는 조처들을 강화해나갔다. 샤를 7세Charles VII는 대학이 누리던 재정적 자율권을 박탈한 데 이어, 1445년에는 대학의 독자적 사법권을 박탈했다. 이로써 모든 소송 사건과 법률 사항은 프랑스 최고 사법기관과 고등법원에 예속되었다. 1470년 루이 11세는 모든 학생과 교수들에게 왕의 신민임을 서약토록 했으며, 루이 12세는 1499년 대학의 강의 정지권과 해산권마저 박탈했다. 대학 설립 허가권을 왕이 쥐면서부터 파리대학을 제외한 다른 대학들에서는 순수한 신앙의 유지나 신학자의 양성이 금지되었다.

신학의 심장에서 인문학의 구심점으로

중세 전성기에 급속히 성장한 도시의 변화는 대학이라는 새로운 사회적 산물을 생산해냈다. 특히 카롤링거 르네상스의 정신을 계승하려는 의지

소르본대학 건물에 있는 대학 교명 알림판

를 분명히 보여준 카페 왕조의 루이 7세나 필리프 2세 등은 중세 도시의 발달과 이에 따른 대학의 성장에 관심을 보이고 있었다. 한편 교황을 비롯한 교회 조직은 중세 대학을 전통적인 교회의 교육기관의 연장으로 파악하는 시각을 견지하고 있었다. 팽창하는 중세 도시의 분위기를 배경으로 한 지적 호기심과 이를 풀어가려는 지적 활동의 조직이자 연합체인 중세 대학은 전통의 가치관과 기존 질서를 유지하려는 구심점의 기능을 담당했다. 동시에 새롭게 유입된 아리스토텔레스의 학문을 포함한 다양한 지식을 수용하여 전달한 역할 역시 중세 대학의 역사적 의미라고 할 수 있다. 특히 빠른 속도로 증가하는 학생들을 수용하기 위한 콜레주의 등장이 주목할 만하다.

콜레주 드 나바르와 함께 왕의 보호, 지원과 더불어 출발한 콜레주 드 소르본은 카롤링거 르네상스부터 이어진 왕의 적극적인 관심으로 급속히 성장했다. 더불어 교황 역시 보편적 권위에 입각한 교리의 합리적 일관성을 유지하고자 콜레주 드 소르본에 남다른 관심을 보여 승인장을 부여하기에 이른다. 콜레주 드 소르본의 도서관은 일부 식자층과 기득권층에게만 지식과 정보를 제공하는 소극적이고 제한적인 성격을 지니지만 그 역사적 의미가 과소평가되어서는 안 된다. 왜냐하면 중세 전성기 이후 중세 신학의 심장부가 된 콜레주 드 소르본의 도서관은 무엇보다도 고전과 근대를 잇는, 전통과 새로운 가치를 계승하는 산실이자 구심점의 역할을 명백히 수행하고 있기 때문이다. 이는 파리대학을 포함한 중세 대학이 지닌 고유한 역사적 의미라고 할 수 있다.

1257년에 설립된 콜레주 드 소르본은 도서관과 기숙사를 갖춘 건물로 출발하여 중세 신학의 심장부로 성장한 뒤, 소르본이라는 이름으로 프랑스의 지성과 교육의 중심 역할을 담당해왔다. 특히 1622년에 교장이 된 추기경 리슐리외 시대부터 소르본의 명성은 전 유럽으로 더욱 확산되었으며, 설립 당시 세워진 건물들은 현대적이고 통일된 모습으로 정비되었다. 1970년 12월 23일 새롭게 정리된 파리소르본대학은 13개의 파리대학 중 하나로서 문학과 역사학을 비롯한 인문학부를 구성하고 있다. 오늘날 파리소르본대학은 서양 중세의 통일성을 유지하던 신학의 중심에서 프랑스를 포함한 전 세계 인문학의 흔들리지 않는 구심점으로 변모했으며 끊임없이 전통의 계승과 새로운 지성의 발견에 주목하고 있다. _이정민

---

* 이 글은 《통합유럽연구》 제6권 1집(통권 제10호, 2015)에 게재되었다.

옥스브리지

: 옥스퍼드대학 · 케임브리지대학과 영국의 지적 오만

1096년부터 옥스퍼드대학 자리에 교육기관이 있었음

1209년 옥스퍼드에서 일부 학생과 교수들이 케임브리지대학으로 피난 옴

1231년 헨리 3세, 케임브리지대학에 대학 허가장 수여

1248년 헨리 3세, 옥스퍼드대학에 대학 허가장 수여

1546년 헨리 8세의 지원으로 케임브리지대학 트리니티칼리지 설립

1642~1646년 청교도 혁명 전쟁 중 케임브리지대학은 주로 의회파, 옥스퍼드대학은 주로 왕당파로 나뉘어 대립

1850년 옥스브리지 개혁 왕립조사위원회, 새로운 졸업시험의 도입과 종교의 다양성 인정, 교수의 세속직 변경을 권고(개혁안이 점진적으로 수용됨)

1921년 옥스브리지, 여성에게 첫 학위 수여

1948년 옥스브리지, 여성에게 대학의 정회원 자격을 줌

1997년 이후 재학생 중 공립학교 대 사립학교 출신 비율을 해마다 공표

영국의 대표 브랜드, 옥스브리지

2004년 3월 말의 주말 오후, BBC 방송에서는 옥스브리지(Oxbridge. 옥스퍼드대학과 케임브리지대학을 함께 가리키는 말) 조정 경기가 중계되고 있었다. 6.8킬로미터밖에 되지 않고 불과 20여 분밖에 걸리지 않는 경기지만, 경기 시작 한 시간 전부터 중계가 시작되었다. 화면에는 런던의 템스Thames

강변에 많은 사람들이 몰려 있는 장면이 나오고 있었다. 앵커는 인도와 파키스탄 등 영국의 과거 식민지 국가뿐만 아니라 미국과 캐나다도 연결하여 그곳의 옥스브리지 동문들에게 소감을 물었다. 인터뷰에 응한 동문들은 학창 시절의 추억을 떠올리며 서로 출신 학교를 응원했다. 옥스브리지 조정 경기는 1856년부터 해마다 열리는 행사로 단순한 스포츠 경기라기보다 영국을 대표하는 하나의 관광 상품 혹은 전통이 되었다. 조정 경기를 강변에서 지켜보는 관객의 수는 약 25만 명, 텔레비전 시청자는 영국의 경우 1천5백만 명이 넘는다. 영국을 대표하는 대학인 옥스퍼드대학과 케임브리지대학의 조정 경기지만 오랜 전통이 되어 시민들이 친숙함을 느끼며 지켜보게 되었다.

이 조정 경기만 봐도 옥스브리지가 영국 사회에서 차지하는 위치를 가늠할 수 있다. 특권층이 가는 학교라는 부정적인 비판이 있지만, 옥스브리지는 800년이 넘도록 영국 사회 각 분야의 지도자들을 배출해왔고 영국을 세계에 널리 알리는 하나의 대표적인 상표가 되었다. 그런 만큼 설립된 지 800년이 넘은 이 두 학교는 영국 및 유럽 역사와 긴밀하게 연관되어 있고, 역사의 전환기마다 중요한 역할을 수행했다.

옥스브리지의 기원과 발전 그리고 '다른 장소the other place'

옥스브리지는 아직까지 어느 학교가 먼저 설립되었는지를 두고도 논쟁 중이다. 현재의 옥스퍼드대학 자리에 교육기관이 있었고 그것이 기록으로 확인된 것은 1096년이다.

1209년에는 옥스퍼드에서 수십 명의 학생과 교수펠로우fellow들이 인근의

캠(Cam) 강에서 본 킹스칼리지 채플 정면

레딩Reading과 케임브리지로 이주했다. 당시 옥스퍼드에서 교수 두 명이 한 여성을 살해한 혐의로 시 당국에 의해 교수형에 처해졌다. 당시 교수들은 성직자였기 때문에 평소 같으면 교황이 개입해서 이들의 처형을 저지했을 텐데, 당시 교황이 영국의 존 왕King John과 갈등을 겪고 있어 어찌할 수 없었다. 이에 실망한 학생들과 교수들이 레딩과 케임브리지로 피난 간 것이다. 레딩에 머물던 학생과 펠로우들은 옥스퍼드의 상황이 개선되자 다시 그곳으로 돌아갔다.

하지만 케임브리지에 정착한 이들도 있었다. 이들이 옥스퍼드에서 동쪽으로 100여 킬로미터 떨어진 케임브리지로 온 이유는, 이곳이 교통의 요지일 뿐만 아니라 교황과 긴밀한 연관이 있는 도시기 때문이었다. 케임브리지는 20여 킬로미터 떨어진 일리Ely에 대주교가 있어 교황의 보호를 기대할 수 있었다. 이들은 임시 피난처에서 건물을 얻어 학문에 정진했다. 그러나 당시 케임브리지 시민들은 도망자인 이들에게 터무니없는 음식 값과 숙박비를 요구하곤 했다. 헨리 3세는 이들이 이런 어려움에서 벗어나 학문에 정진할 수 있도록 1231년에 대학 허가장을 주었다(옥스퍼드대학은 이보다 늦은 1248년에 이 권리를 받았다). 또한 케임브리지대학은 1233년에 교황 그레고리우스 9세Gregorius IX로부터 "그리스도교 국가 어디에서나 가르칠 수 있는 권리"를 받았다. 이런 기록을 근거로 케임브리지대학은 학교의 설립 연도를 옥스퍼드에서 피난해 온 1209년으로 정했다.

이후 두 대학은 주교나 귀족의 후원을 받아 칼리지를 세워 서로 경쟁적으로 발전했다. 케임브리지 최초의 단과대학인 피터하우스Peterhouse는 일리의 대주교 발샴의 휴Hugh de Balsham이 성직자를 양성하기 위해 1280년에 설립했다. 특히 16세기 중반에 영국의 종교개혁을 이끌었던 헨리 8세가 수많은 수도원을 폐쇄하고 토지를 몰수하여 케임브리지대학의 단과대학 설립을 지원했다. 헨리 8세가 케임브리지를 지원한 것은 옥스퍼드의 성장을 견제하기 위해서였다. 19세기 말까지 옥스브리지는 펠로우들의 결혼을 금지했고 국왕에게 충성을 맹세했다. 그러다가 산업혁명과 민주주의의 발전으로 이런 규정이 점차 폐지되었다.

두 대학을 묶어 하나로 표현하는 '옥스브리지'라는 용어가 옥스퍼드 영어사전에 처음 수록된 것은 1849년이었다. 이 용어는 당시 유명한 소설가 윌리엄 새커리William Makepeace Thackeray의 소설 《펜데니스*Pendennis*》에 나오면서 사전에 수록되었다. 그러나 옥스브리지는 사전에 수록되었을 뿐 일상생활에서는 별로 회자되지 않다가 1960~1970년대에 합성어가 유행하면서 널리 사용되었다. 반면에 캠퍼드(Camford. 케임브리지와 옥스퍼드를 딴 글자)는 20세기의 소설가 허버트 조지 웰스Herbert George Wells의 냉소적인 공상과학 소설 《캠퍼드 방문과 성스러운 테러*The Camford Visitation and the Holy*

Terror》에 등장했으나 거의 사용되지 않았다.

2013년 말을 기준으로 케임브리지대학은 31개 단과대학(칼리지)에 학부생과 대학원생을 포함하여 1만 8,448명이 재학 중이다. 옥스퍼드대학은 38개 단과대학에 2만 2,116명이 면학 중이다. 노벨상 수상자 수는 케임브리지대학 출신이 90명으로 단일 기관으로서는 세계에서 가장 많은 수상자를 배출했다. 옥스퍼드대학 출신의 노벨상 수상자는 59명이다. 케임브리지는 특히 이공계에 강해 물리학 수상자가 29명, 의학 수상자가 26명이다.

두 대학 출신이 만나면 서로 옥스퍼드, 케임브리지 출신이라고 말하지 않는다. '다른 장소the other place'에서 왔다고 대답한다. 그만큼 단어에서도 두 대학의 묘한 경쟁 심리를 엿볼 수 있다. 두 대학의 특징은 모두 연방제적 구조를 갖추고 있다는 점이다. 20세기 들어 학과나 학부가 생기기 전에는 단과대학에서 학생들을 가르쳤다. 단과대학들은 후원자들의 도움으로 설립되어 자체 예산을 편성하여 자율성을 갖고 학생들의 교육과 복지를 담당했다. 대학은 하나의 연방정부와 유사하게 단과대학에 개입하지 않고 단과대학을 지원하는 역할을 수행한다.

종교개혁의 샛별과 보호자와의 갈등

종교개혁은 중세에서 근대로 넘어오는 신호탄의 하나로 인식되는 역사적 대사건이다. 교황권의 타락을 비판하며 성서에 의존한 신앙을 강조한 이 운동은 당시 교황의 이중 권력(교권 및 세속 권력)에 반대하던 국왕과 제후의 지원을 받으면서 파급력이 커졌다. 1648년 독일의 베스트팔렌Westfalen

조약으로 신민의 종교 선택권을 제후에게 준다는 합의가 있을 때까지 유럽 각국은 많은 희생을 낳은 종교전쟁에 휘말렸다. 종교개혁은 1517년 마르틴 루터가 비텐베르크 시 성문에 면벌부 판매와 교황 레오 10세Leo X의 타락을 비판하며 토론을 제안하는 95개조 반박문을 붙이면서 시작되었다. 그러나 마르틴 루터는 종교개혁의 '백조'라 불리며 백조 이전에 '거위(보헤미아 왕국의 얀 후스)'와 '샛별'이 있었다. 바로 종교개혁의 샛별이 옥스퍼드대학의 존 위클리프John Wycliffe이다.

위클리프는 옥스퍼드대학 베일리얼칼리지Balliol College에서 신학을 공부했고 1361년에 교양학부 학장, 1372년에 신학 박사가 되었다. 당시는 '교회의 분열' 시기로 교황권을 둘러싸고 프랑스가 내세운 클레멘스 7세Clemens VII와 로마가 대항마로 세운 우르바누스 6세Urbanus VI가 분열 대립 중이었다. 로마의 교황은 프랑스에 반대하는 지지자들을 확대하기 위해 영국에게 프랑스에 대항하여 싸울 것을 요구했다. 그러나 위클리프는 이를 거부하며 교황 제도를 신랄하게 비판하는 《교황권론》(1379)을 저술했다. 그는 교황의 세속 권력을 비판하며 교황 제도는 성서에 없으며 따라서 교황이 바로 적그리스도라 주장했다. 위클리프는 교황을 거만하고 세속적인 로마의 사제이자 가장 저주받은 절름발이라 공격하는 것을 서슴지 않았다. 그는 구원받기로 예정된 사람들의 '보이지 않는 교회'인 참된 교회와 당시 제도 교회인 로마 가톨릭교회를 구분했고, 참된 교회를 판별하는 기준은 성서라고 강조했다. 사제의 역할은 미사를 집전하는 게 아니라 하나님의 말씀을 설교하고 가르치는 것이라는 게 위클리프의 핵심 교리였다. 성서를 중시한 위클리프는 여기에 그치지 않고 1381년부터 성서를 영어로 번역하기 시작했다. 그의 노력으로 1383년에 영어 성서가 처음으로 출간되어 서민들도 하나님의 말씀을 읽을 수 있게 되었다. 위클리프는 '믿음만으로', '은총만으로', '성서만으로'를 핵심으로 하는 루터의 종교개혁을 상당 부분 앞서 주장한 선구자이다.

당시 옥스퍼드대학은 교황과 영국 주교들의 위클리프 파문 요청에도 불구하고 그를 보호하다가 결국 1382년에 그를 대학에서 추방했다. 위클리프를 지지하던 국왕과 의회가 교황 편을 들게 된 것은 그의 사상이 지닌 혁명적인 요소 때문이었다. 위클리프를 추종하던 존 볼John Ball이 주도한 농민들의 반란(1381)을 진압한 후 국왕과 의회는 그를 위험인물로 여기게 되었다. 교회의 분열을 극복하고 권력을 확립한 교황청은 1428년에 위클리프의 시체를 꺼내어 불태우기에 이르렀다. 그의 사상이 지닌 파급력을 교황청이 얼마나 두려워했는지를 알 수 있다.

위클리프의 사상은 보헤미아 왕국의 얀 후스로 전파되었다. 그리고 이 두 사람은 마르틴 루터의 종교개혁보다 100여 년 전에 가톨릭의 전횡을 비판한 하나의 물줄기가 되었다.

또한 루터에서 시작된 종교개혁은 케임브리지대학을 강타했다. 헨리 8세는 1529년에 캐서린 왕비와의 이혼을 희망했으나 교황이 이를 허가하지 않자 수년간 교황과 갈등을 벌이다가 1534년에 자신이 교회의 수장임을 선언했다. 그는 이혼이 그리스도교의 교리를 위반하지 않는다는 대답을 얻기 위해 케임브리지대학에 판단을 의뢰했다. 존 피셔John Fisher는 헨리 8세가 영국 교회의 수장임을 거부하고 교황의 우위를 끝까지 주장하다가 형장의 이슬로 사라졌다. 당시 그를 따르던 대학 내 많은 교수들도 핍박을 받았다. 충성의 대상이자 보호자였던 국왕과 대학이 갈등하게 되었다.

존 피셔는 케임브리지대학의 마이클하우스(Michaelhouse. 1546년에 킹

헨리 8세상이 있는 트리니티칼리지 정문

스 홀King's Hall과 합쳐 트리니티칼리지Trinity College가 된다)에서 공부했고 사제 서품을 받았다. 1501년에 신학 박사, 케임브리지대학 부총장이 된 그는 학문 강화와 단과대학 설립에 박차를 가했다. 헨리 7세의 어머니인 마거릿 보퍼트Margaret Beaufort, Lady Margaret의 담임 목사라는 점을 십분 활용해, 피셔는 왕대비의 후원을 받아 세인트존스칼리지St. John's College와 크라이스츠칼리지Christ's College를 설립했다. 또한 피셔는 케임브리지와 옥스퍼드에 각각 마거릿 왕대비 신학 석좌 교수직을 신설하고, 케임브리지에서는 자신이 첫 교수가 되었다.

그는 대학 발전을 위해 많은 기금을 모았고 유럽 전역에서 유명한 학자들을 케임브리지로 초빙했다. 네덜란드의 종교개혁가 에라스뮈스Desiderius Erasmus도 이런 지원에 힘입어 1510~1515년에 퀸스칼리지Queens' College에서 마거릿 왕대비 신학 석좌 교수(피셔의 후임)로 체류하면서 그리스어를 강의했다. 에라스뮈스는 영국의 지식인들과 폭넓게 교류했으며, 그가 케임브리지에 오기 직전에 퀸스칼리지 학장이었던 존 피셔와의 친분도 두터웠다. 퀸스칼리지 구舊정원 바로 옆에 에라스뮈스가 당시 체류했던 방이 아직도 그대로 남아 있다.

피셔는 루터의 종교개혁을 이단이라고 비판했으나, 1529년부터 시작된 헨리 8세의 수도원 재산 몰수 등을 강력하게 비판했고 교황의 사절과 비밀 접촉하여 영국을 침략하여 왕을 폐위시킬 것을 요청했다. 피셔는 헨리 8세의 이혼을 공개적으로 비판하다가 결국 런던의 타워 힐Tower Hill에서 공개 처형되었다.

옥스퍼드에서도 헨리 8세의 뒤를 이은 메리 1세Mary I 때 가톨릭 신앙을 비판하던 학자들이 순교했다. 이곳의 학자였던 휴 래티머Hugh Latimer는 헨리 8세의 수장령首長令을 비판하여 8년간 투옥되었다가 복권되었다. 그러나 그는 니콜라스 리들리Nicholas Ridley와 함께 1555년 화형에 처해졌다. 헨리 8세의 종교개혁을 적극 지지했던 토머스 크랜머Thomas Cranmer 캔터베리Canterbury 주교도 가톨릭의 메리 1세가 취임한 후 결국 1556에 처형당했다. '옥스퍼드의 순교자들'로 이름 붙여진 이들은 가톨릭의 화체설化體說을 부인했다.

종교개혁은 옥스브리지의 학교 발전에도 영향을 미쳤다. 위클리프 이후 국왕은 옥스퍼드보다 케임브리지 육성에 힘을 쏟았다. 1448년부터 60여 년간 옥스퍼드대학에는 신설된 칼리지가 없다. 1509년에야 브레이즈노즈Brasenose College가 설립되었을 뿐이다. 반면에 케임브리지대학에는 같은 시기에 단과대학 세 개가 문을 열었다(1473년 세인트캐서린스칼리지

케임브리지대학 도서관 정상에서 바라본 킹스칼리지 채플. 중앙에 높은 첨탑이 있는 건물이 있는데 이 첨탑은 케임브리지 시의 이정표로 시내 어디에서나 볼 수 있다.

Saint Catherine's College, 1497년 지저스칼리지Jesus College, 1505년 크라이스츠칼리지Christ's College). 이는 위클리프 이후 옥스퍼드를 견제하려는 영국 왕실의 심리와 피셔라는 인물의 행정력의 결과였다.

헨리 8세의 종교개혁은 영국 대학가를 강타하여 그에 반대한 교수들이 어려움을 겪었으나 결과적으로 대학의 재정에는 도움이 되었다. 헨리 8세는 몰수한 수도원의 토지와 재산을 옥스브리지 칼리지에 나누어 주었다. 그는 1546년 케임브리지에 트리니티칼리지를 설립하고, 수도원에서 몰수한 많은 재산을 이 대학에 기부했다. 트리니티칼리지는 이후 두둑한 자금을 바탕으로 케임브리지의 단과대학 가운데 급성장하게 되었다. 옥스브리지 단과대학 가운데 설립이 오래된 칼리지(케임브리지의 트리니티칼리지, 킹스칼리지, 옥스퍼드의 머튼Merton칼리지, 베일리얼칼리지)일수록 재정 상황이 괜찮은 것은 이 때문이다.

또한 헨리 8세는 왕실의 위엄을 갖추고자 헨리 6세 때 시작된 킹스칼리지 채플을 완공했다. 영국 고딕 건축의 대표적 건물로 여겨지는 이 채플은 화려함으로 빛난다. 케임브리지 어디서나 볼 수 있는 하나의 대표적인 건물이 되어 1년에 수백만 명이 이곳을 방문한다. 88미터 길이의 성당 내부는 기둥 하나 없이 부채꼴 모양의 구조가 창문과 지붕을 연결하고 있다. 무게가 180만 킬로그램이 넘는 육중한 돌로 된 지붕을 기둥 하나 없이 부채꼴 모양의 구조가 지탱하고 있는 것이다. 17세기 런던의 세인트폴 대성당Saint Paul's Cathedral 등 수많은 기념비적 건물을 설계한 크리스토퍼 렌Christopher Wren, 옥스퍼드대학 출신은 해마다 이 채플의 지붕에 올라가 "누가 이 건물의 첫 돌을 세운 방법을 알려주면 이 같은 건물을 다시 짓고 싶다"고 말했다고 전해진다. 위대한 건축가도 이 성당의 건축에 경이감을 표현하며 건축법을 알고자 한 것이다.

청교도 혁명과 옥스브리지, 그리고 미국과의 '특별한 관계'

찰스 1세Charles I의 청교도 및 의회 탄압으로 촉발된 청교도 혁명은 올리버 크롬웰과 당시의 시대정신을 여러 권의 정치 팸플릿과 시로 표현한 존 밀턴John Milton을 낳았다.

경제적으로 발달한 동남부 지역에 속했던 케임브리지에서는 의회파 지도자인 올리버 크롬웰이 활동한 반면, 상대적으로 뒤떨어진 지역이었던 옥스퍼드에는 왕당파가 많았다. 영국을 대표하던 두 대학이 혁명 중에 서로의 적이 되어 싸움을 벌였다. 옥스퍼드에는 1642~1646년에 찰스 1세가 이끄는 왕당파의 본부가 있었고 대학에는 불가피하게 왕당파 지지자들이 많았다.

청교도 혁명을 이끈 크롬웰은 호국경으로 취임했고 영국은 역사상 최초로 공화국 체제로 운영되었다. 그러나 이 체제는 호국경이 의회를 무시하고 각 지역을 담당한 군대를 지휘하며 금욕적인 생활을 강요하는 억압적인 정부였다. 결국 왕정복고(1660)에 이어 또 하나의 혁명인 1689년 명예혁명으로 의회의 우위가 확립되고 종교 및 언론의 자유가 허용되기에 이르렀다. 당시 루이 14세가 다스리던 프랑스와 여러 왕국 등으로 분산되었던 영방국가의 독일과 비교할 때, 영국에서는 이런 역사적 대사건을 거친 후 언론과 종교의 자유가 상당히 먼저 확립되었다. 그리고 이 사건에서 옥스브리지는 비껴갈 수 없었다.

밀턴은 케임브리지대학 크라이스츠칼리지 출신으로 여러 편의 글을 써서 크롬웰의 공화정을 적극적으로 옹호했다. 그는 크롬웰의 라틴어 비서관으로 찰스 1세의 처형을 정당화하는 《우상 파괴자》(1649)라는 글을 써서 이름을 날렸다. 밀턴은 시 〈실낙원〉을 쓴 시인으로 유명하지만 원래 정치사상가로 출발했다. 1641년, 청교도 혁명 발발 1년 전에 쓴 《잉글랜드 교회 계율의 개혁에 대하여》에서 그는 종교의 자유를 주창했다. 비록 크롬웰이 말기에 지나치게 독재를 휘두르자 이를 우려하기도 했으나, 밀턴은 끝까지 공화정 지지자로 남았다.

2002년 영국의 BBC가 실시한 '위대한 영국인 10인'에서 크롬웰은 윈스턴 처칠Winston Churchill에 이어 3위를 차지했다. 일부 역사학자들은 크롬웰이 스코틀랜드와 아일랜드의 가톨릭교도를 무자비하게 탄압했고 의회를 수하처럼 부린 점을 들어 그를 독재자나 '국왕 살해자'라고 비판했다. 그러나 후세의 시민들은 결과적으로 의회의 권한 강화에 기여하며 청교도 혁명을 주도한 크롬웰을 다소 긍정적으로 평가한다.

또한 17세기는 미국과 영국의 '특별한 관계'의 씨가 뿌려진 시기이다. 종교의 자유를 얻기 위해 1620년에 메이플라워Mayflower호를 타고 신대륙 미국으로 떠난 청교도들은 거친 파도와 싸우며 몇 달 만에 미국 대서양 해안에 도착했다. 이들은 고향을 그리며 영국과 동일한 도시 이름을 신대륙 도시에도 붙였다. 보스턴, 플리머스, 케임브리지 등 영국의 도시 이름은 이들이 주로 정착했던 미국의 뉴잉글랜드 6개 주(매사추세츠, 메인, 뉴햄프셔, 버몬트, 로드아일랜드, 코네티컷)에서 흔히 발견할 수 있다.

특별한 관계의 단초는 미국 최초의 칼리지인 하버드대학에서도 볼 수 있다. 영국의 사우스워크Southwark에서 태어난 존 하버드John Harvard는 케임브리지대학 엠마뉴엘칼리지Emmaneul College에서 1635년에 석사 학위를 받았다. 1637년에 미국으로 건너간 그는 목회 활동을 하다가 이듬해에 숨졌다. 그는 케임브리지의 칼리지를 모방하는 신학교를 설립할 것을 유언했다. 당시로는 상당한 거액인 780파운드와 320권의 책을 인수한 매사추세츠 정착민들은 그의 유언에 따라 뉴타운칼리지Newtowne College를 하버드로 개명했다. 그의 모교인 엠마뉴엘칼리지 부속 예배당의 서쪽 창문에는 책을 들고 서 있는 목사 복장의 존 하버드가 화려한 색상의 스테인드글라스로 세밀하게 묘사되어 있다.

영국과 미국의 특별한 관계는 단순히 두 나라가 같은 언어를 사용하는 것에서 유래된 것은 아니다. 17세기 영국인들이 종교의 자유를 찾아 신대륙에 정착한 후 18세기 말의 독립 전쟁, 19세기에서 20세기에 이르기까지 영국과 미국 간에는 수많은 접촉이 있었다. 이민을 간 시민들뿐만 아니라 정부 관료와 학생들, 학자들의 교류는 아직도 계속되고 있다. 2차 세계대전 후 형성된 미국과 영국의 특별한 관계는 냉전 시기 두 국가가 서로를 필요로 했기에 형성되었지만 이런 오래된 역사적 교류로 뒷받침되었다.

산업사회와 옥스브리지의 갈등

옥스브리지는 설립 때부터 왕실의 재정적 지원을 받았고, 교육 목표도 국왕과 국교회에 충성스러운 신민을 길러내는 것이었다. 따라서 교육과정도 수학과 신학, 고전이 중심이 되었다. 학위 과정을 주는 데 필요한 시험도 제대로 갖추어지지 않았고 엄격하게 시행되지도 않았다. 그러나 영국에서 산업혁명이 가속화하던 19세기에 대학교육을 산업사회의 변화에 맞게 개편해야 한다는 요구가 거세게 일었다. 이런 논란의 중심에 옥스브리지가 있었다. 교육 개혁의 핵심은 옥스브리지가 과학과 외국어 등 산업사회에 필요한 실용적인 전문 지식을 가르쳐야 한다는 점과 비국교도들에게도 문호를 개방해야 한다는 내용이었다.

이런 요구는 특히 1836년에 민립civic 대학의 효시인 런던대학이 설립되면서 거세졌다. 1846년에 맨체스터에서 직물 공장을 운영하던 존 오언스John Owens가 맨체스터오언스칼리지(현재 맨체스터대학)를 설립하면서 1874년에 뉴캐슬Newcastle대학, 1879년에 셰필드Sheffield대학이 세워지는 등 영국 각지에 민립 대학이 잇따라 문을 열었다. 이들은 처음부터 종교적 제한을 두지 않고 덜 유복한 가정의 학생들에게도 입학을 허용했다. 또 과학과 외국어 등 실용적인 학문을 가르쳤다. 런던대학의 경우 1858년 현재의 방송통신대학과 유사한 원거리 교육을 실시하기 시작했다. 지방에 있어 런던 캠퍼스에 오기 어려운 학생들에게 이런 프로그램을 제공하여 고등교육의 혜택을 크게 확대했다. 19세기 산업사회의 급격한 변화와 이에 따른 가치관, 사회의 변동을 수십 편의 소설에서 눈에 그리듯이 생생하게 묘사한 찰스 디킨스Charles Dickens가 런던대학을 '인민 대학People's University'이라 부른 이유도 여기에 있다. 노동자 계급을 위한 대학을 표방하며 1895년에 설립된 런던정치경제대학LSE도 이런 역사적 맥락과 맞닿아 있다.

1848년 옥스브리지의 개혁을 요구하는 사회 각계의 청원서에는 찰스 다윈과 소설가 윌리엄 새커리 등 당대의 많은 지식인들이 서명했다. 1850년에 구성된 옥스브리지 개혁 왕립조사위원회는 새로운 졸업시험제의 도입과 종교의 다양성 인정, 교수의 직위를 세속으로 변경하는 등의 권고안을 냈다. 이런 권고안은 점진적으로 실행되어 옥스브리지는 부분적으로 개혁되었으나 여전히 민립 대학과 비교할 때 뒤떨어졌다. 엘리자베스 1세Elizabeth I 때부터 학위의 조건으로 국왕과 교회에 대한 충성 의무가 있었는데 이런 조건이 이 시기에 철폐되었다. 1871년에 이르러서야 비국교도들도 옥스브리지의 교수나 교원으로 임용될 수 있었다.

런던대학은 1878년에 여성의 입학을 영국 대학 가운데 처음으로 허용한 후 1880년에 첫 학위를 주었다. 반면에 옥스브리지의 경우 케임브리지대학이 1921년에 여성에게 첫 학위를 주었다. 그리고 여성이 대학의 정회원full members of the university이 된 것은 1948년에 가서야 이루어졌다. 옥스브리지는 연방제와 유사하게 각 단과대학이 중심이 되어 운영된다. 대학의 교수는 칼리지에 소속되며 이 칼리지에서 학생들을 가르치는데 이들에게는 칼리지에서 여러 가지 편의와 특권이 주어진다. 학교 숙소를 무료로 제공받고, 식당의 주빈석에서 무료로 식사하는 등 많은 혜택을 받는다. 그러나 옥스브리지의 여성들은 학위를 받기 시작한 지 27년이 지난

1948년에야 정회원(펠로우)이 되어 이런 권리를 획득하게 된 것이다. 13세기 초에 설립된 옥스브리지가 이런 특권을 내려놓은 것은 700여 년이 흘러서다.

옥스브리지가 급변하는 사회의 변화에 맞춰 교육과정을 개편하지 못한 점은 영국의 경제적 쇠퇴와 결부되어서도 논의된다. 역사학자 마틴 위너Martin Wiener는 영국이 경제적으로 하락의 길을 걷게 된 것은 산업 정신industrial spirit의 쇠퇴에 기인하는데 사립 중고등학교와 옥스브리지가 여기에 기여했다고 주장했다. 19세기의 대표적인 지식인이었던 토머스 칼라일Thomas Carlyle, 찰스 디킨스 등이 반산업적 정서를 공유했고 중간계급도 이런 정서를 바람직한 시각으로 받아들였다는 것이다. 이런 시각에서 이들은 전원생활을 동경하고 산업과 산업가 정신을 경시하게 되었다. 산업자본가들은 자녀들을 옥스브리지에 보내 이들이 제조업이 아닌 신사의 직업으로 간주되는 상업과 금융에 종사하기를 바랐고 실제로 그랬다는 게 그의 논지다. 이런 주장에 대한 반론도 만만치 않다. 옥스브리지를 졸업한 산업자본가 아들들이 부친의 직업을 버리기보다 계승한 경우가 많았다는 점, 당시 사립 중고등학교 수가 전체 인구 대비 극소수였기에 그리 영향력이 크지 않았다는 점이다.

대학교육의 내용을 둘러싼 논란은 지금도 여전히 진행 중이다. 대학은 지식사회에 들어선 사회가 필요로 하는 인력을 양성해달라는 요구에 점점 더 거세게 직면해왔다. 산학 협력이 강조되고 학생들은 신입생 때부터 취업을 위해 스펙 쌓기에 여념이 없다. 옥스브리지의 전통적 교육에 반대하여 19세기 영국에서 우후죽순처럼 설립된 민립 대학도 20세기에 들어 점차 옥스브리지와 유사한 교과과정을 도입했다. 민립 대학들의 수가 크게 늘어나면서 이들은 서로 경쟁했고 산업계와 강하게 연계했지만 독일식의 직업 교육을 강조하지는 않았다.

양차 대전과 '기억의 장소', 글로벌 해법의 탄생지

케임브리지대학을 방문하는 관광객들이 빼놓지 않고 방문하는 곳이 트리니티칼리지와 부속 성당이다. 이 칼리지는 헨리 8세가 자신의 위업을 드러내고자 설립한 대학이다. 들어서면 먼저 정문 위 높은 곳에서 자그마한 석상이 방문객들을 맞이한다. 배가 볼록 나온 헨리 8세가 칼을 찬 모습이다. 그리고 초입에 나오는 것이 사각형의 널찍한 대정원Great Court이다. 영화 〈불의 전차Chariots of Fire〉에서 주인공이 친구들과 대정원 달리기 시합을 하는 장면이 나온다. 대정원 한쪽 끝에 부속 성당이 있다. 화려한 문장과 500년 가까이 된 돌에 취해 부속 성당에 이르면 갑자기 분위기가 회색으로 바뀐다. 이 대학 출신 저명인사들의 석상과 동판이 방문자들을 맞아준다. 실물 크기로 만든 뉴턴의 대리석상이 중앙에 있고, 양 옆으로는 19세기의 유명한 시인 알프레드 테니슨Alfred Tennyson, 17세기의 과학자 프랜시스 베이컨Francis Bacon이 다른 표정으로 앉아 있다. 트리니티 출신의 저명한 동문들을 보느라 놓치기 쉬운 게 이 학교 출신 가운데 양차 대전에 참전하여 죽은 이들을 기록한 동판이다. 알파벳 순서로 사망한 이들의 이름과 입학 연도가 차례대로 기록되어 있다. 케임브리지대학의 32개 구성 칼리지, 옥스퍼드대학의 39개 구성 칼리지 가운데 2차 세계대전 후 설립된 단과대학을 제외하고는 거의 모든 칼리지들이 부속 예배당에 전사자들의 이름을 적어놓았다. 이런 동판과 기념비는 '기억의 장소'로서 칼리지가 갖는 의미를 잘 보여주고 있다.

트리니티칼리지 채플 안의 뉴턴 동상

전사자들은 대부분 20대의 나이에 참전했고 전쟁터에서 스러져갔다. 양차 대전 당시 옥스브리지의 몇몇 단과대학들은 병사들의 숙소가 되었고, 장병을 위한 단기 과정도 개설되었다. 또 많은 수학자와 화학자들, 일본어 등의 특수 외국어 교수들이 조국을 위해 봉사했다. 케임브리지 시내 중심가에서 약 3킬로미터 떨어진 곳에 2차 세계대전 당시 참전하여 유럽 전선에서 숨진 미군 병사들을 기념하는 대규모 미군 묘지가 있다. 2차 세계대전 당시 케임브리지 인근에 미군 비행단이 많이 진주하여 1944년과 1945년 독일 대공습 당시 이곳에서 폭격기가 출동했다. 영국을 방문하는 미국 대통령이나 정치인들도 거의 빼놓지 않고 이곳에 들러 헌화한다.

그러나 양차 대전의 암울한 분위기 속에서도 20세기가 직면한 경제와 철학의 근본 문제에 매달린 대학자들이 나왔다. 대공황의 해법을 제시하고 현대 거시경제학의 기초를 닦은 존 메이너드 케인스John Maynard Keynes, 현대 분석철학의 거두인 루트비히 비트겐슈타인Ludwig Wittgenstein, 그의 스승이었던 버트런드 러셀Bertrand Russell은 양차 대전 시기에 케임브리지에서 만났고 서로 잘 아는 사이였다.

케인스는 단순히 경제학자가 아니라 경제학자의 바람직한 상을 보여준 대표적인 인물이었다. 그는 정치와 경제가 불가피하게 뒤섞인 현실의 여러 가지 문제점을 외면하지 않고 해법을 제시했다. 1946년 4월 말 그의 갑작스러운 서거를 애도하면서 주간지 《이코노미스트*The Economist*》는 "케인스는 진정한 지도자에게 갖추어진 능력대로 시대를 훨씬 앞섰다. 그러나 시대를 자신과 함께 끌고 갈 수 있었다"라고 평가하면서 "또한 그는 철학자의 곧음과 예언자의 열정을 가졌다"라고 극찬했다. 1930년대 미국과 유럽 각국이 대공황 속에서 상호 파괴적인 보호무역주의에 열을 올릴 때 그는 정부가 대규모로 돈을 풀어 실업자를 구제하는 방안을 제시했다. 2차 세계대전 후 국제경제 질서의 근간을 이룬 브레턴우즈 체제(국제통화기금과 세계은행을 양대 축으로 함)도 케인스의 머리에서 나왔다. 이보다 앞서 1차 세계대전의 전후 처리를 논의하는 파리강화회의에 재무부 대표로 참석했던 케인스는 프랑스의 강경한 대對독일 보복 조치에 항의하여 사직했다. 1919년에 출간된 그의 책 《평화의 경제적 결과들》은 프랑스의 독일 경제 무력화 조치가 매우 어리석으며 또 다른 복수를 가져올 것이라고 경고했다. 케인스는 유럽 대륙의 최대 경제 대국인 독일의 경제를 감당할 수 없는 전쟁 배상금으로 망가뜨리는 어리석음을 비판했고, 결국 이 예언은 1939년 2차 세계대전의 발발로 적중했다. 2차 세계대전 후 본격적으로 시작된 유럽통합의 주요 원인 중의 하나인 '독일 문제'를 역사적 통찰로 꿰뚫어 본 그의 혜안이 놀랍다.

스승 러셀은 학생 비트겐슈타인의 책 출간을 도와주고 그의 독일어 원서도 유능한 학자를 찾아 영어로 번역 출판하게 하여 철학계에 널리 알렸다. 사제는 트리니티칼리지에서 철학을 토론했고 서로에게 비판도 서슴

| 옥스브리지 출신의 주요 인물 |

구분	이름	설명
케임브리지 동문	찰스 왕세자 (Charles, prince of Wales)	1967~1970년 트리니티칼리지. 인류학·고고학·역사 전공
	버트런드 러셀(Bertrand Russell)	1950년 노벨 문학상 수상
	에드워드 카(Edward H. Carr)	역사가
	프랜시스 크릭(Francis Crick), 제임스 왓슨(James Watson)	1962년 DNA 구조를 발견한 공로로 노벨 의학상 공동 수상
	아서 밸푸어(Arthur Balfour)	전 영국 총리(재임: 1902~1905)
	아이작 뉴턴(Isaac Newton)	1661~1665년 트리니티칼리지. 1667년부터 트리니티칼리지 펠로우
옥스퍼드 동문	데이비드 캐머런(David Cameron)	현 영국 총리
	마거릿 대처(Margaret Thatcher)	전 영국 총리(재임: 1979~1990)
	토니 블레어(Tony Blair)	전 영국 총리(재임: 1997~2007)
	스티븐 호킹(Stephen Hawking)	과학자
	존 톨킨(John R. R. Tolkien)	《반지의 제왕》 작가
	오스카 와일드(Oscar Wilde)	작가
	존 힉스(John Hicks, 1972), 제임스 미드(James Meade, 1977)	노벨 경제학상 수상
	클레멘트 애틀리(Clement Attlee)	전 영국 총리(재임: 1945~1951)
	존 로크(John Locke)	철학자. 1652~1656년 크라이스트처치칼리지

지 않는 막역한 사이가 되었다. 비트겐슈타인은 1929년에 트리니티칼리지에서 철학을 가르치기 시작했다. 그가 마지막 숨을 거둔 곳도 이 조그

만 대학 도시이다. 이 학교 도서관은 비트겐슈타인의 노트를 비롯한 여러 유품을 보관하여 세계 각국의 비트겐슈타인 연구자들이 찾는 곳이다.

교육의 평등주의와 능력주의의 딜레마

영국 사회는 전통을 매우 중시한다. 2차 세계대전 후 옥스브리지는 평등주의와 능력주의의 딜레마에 직면했다. 사회 안팎에서 평등주의의 요구는 더 거세어졌지만 옥스브리지가 대변하는 능력주의의 반론도 만만치 않았다. 옥스브리지는 비공식적으로 공립학교 졸업생을 달가워하지 않는다는 비판도 받았다. 전체 학생 수에서 30퍼센트도 되지 않는 이튼Eton 같은 유명 사립 중고등학교 출신들이 옥스브리지 입학생의 70퍼센트를 차지했기 때문이다.

옥스브리지의 이런 정책은 1997년 노동당의 토니 블레어Tony Blair 총리가 집권하기 전까지는 정부 차원에서 공식적으로 문제 제기가 없었다. 그러나 옥스퍼드대학 출신의 토니 블레어는 최대 정적이던 고든 브라운Gordon Brown 등 비非옥스브리지 출신 노동당원들의 상당한 압력에 직면했다. 스코틀랜드 에든버러Edinburgh대학 출신의 박사인 고든 브라운은 노동조합 운동에도 참여했고 대학 강사, 기자 출신이었다. 그는 토니 블레어 정부가 들어선 1997년부터 10년간 재무장관을 역임했는데, 옥스브리지 지원의 전제 조건으로 다양한 출신의 학생 입학을 비공식적으로 연계했다. 옥스브리지는 1997년 이후 해마다 입학생 가운데 공립학교 대 비공립학교 출신 비율을 공표해야만 했다. 대학 설립 초기부터 정책 결정의 자율성을 최대의 특권으로 여겼던 옥스브리지 교수들의 반발도 만만치 않았다. 당시 옥스퍼드대학의 한 교수는 "정부는 학교 잔디밭의 탱크를 철수하라"며 자치 기구인 대학에 왜 정부가 개입하는가를 성토했다. 그러나 정부의 연구지원금이 필요한 옥스브리지는 이런 비판에도 불구하고 해마다 공립 대 사립 학생의 비율을 발표했다. 입학생의 비율이 사립 70퍼센트, 공립 30퍼센트에서 최근에는 60퍼센트, 40퍼센트로 변했다. 즉 공립학교 학생들의 옥스브리지 입학 비중이 늘어난 것이다. 1990년대 말부터 두 학교는 공립 고등학교 학생을 대상으로 입학 설명회를 개최했다. 1997년 노동당 집권 이전에는 이런 행사가 없었다. 옥스브리지 하면 당연히 유명 사립 중고등학교 학생이 들어가는 곳이고 공립학교 학생들은 입학이 매우 힘든 곳으로 여기는 게 당연했다. 노동당의 지속적인 정책 덕분에 이런 일반적인 인식이 조금씩 변했다.

역설적이게도 토니 블레어의 노동당 정부는 1997년에 그동안 거의 무상이었던 대학 학비를 내게 했고 점차 그 상한선을 올렸다. 막대한 기부금을 바탕으로 대학교육의 품질을 제고해온 미국의 '아이비리그Ivy League'와 비교해 옥스브리지는 두뇌 유치 경쟁에서 떨어졌기 때문이다. 최근의 통계에 따르면, 영국 경제의 중추를 차지하는 금융 서비스 산업에 종사하는 고위 임원의 절반 정도는 아직도 옥스브리지 출신이라고 한다. 이처럼 교육의 평등주의와 능력주의는 여전히 양립할 수 없는 딜레마이다. 옥스브리지의 폐해와 평등주의의 관점에서 두 대학을 비판하지만 이 두 대학을 제외하고 영국사, 나아가 유럽사를 논의하기는 어렵다. 좋든 싫든 옥스브리지는 영국을 대표하는 하나의 브랜드와 제도가 되었고, 영국인들은 이를 지속적으로 갈고 닦아 발전시키려 한다. _안병억

프라하대학 : 정치 · 종교 · 민족 · 대학의 랩소디

1346년 카를 4세가 보헤미아 왕관을 상속받고 독일 왕으로 선출됨

1348년 프라하대학 창설. 카를대학을 교명으로 정함

1349년 카를대학이 제국대학으로 승인됨

1409년 쿠텐베르크 칙령 선포. 독일 학생들과 교수들 일부가 프라하대학을 떠나 라이프치히대학 창설

1415년 콘스탄츠 공의회의 결과 후스가 화형됨

1622년 예수회가 보헤미아 지역의 교육감독권을 가짐. 프라하대학은 가톨릭 대학이 됨

1654년 예수회대학과 합병. 카를페르디난트대학으로 개명

1784년 독일어가 프라하대학의 공식 언어가 됨

1882년 카를대학이 프라하독일대학과 프라하체코대학으로 분리됨

1918년 체코슬로바키아 창건

1920년 프라하독일대학이 카를대학의 법통을 상실

1939년 나치에 의해 프라하체코대학 폐교

1945년 프라하체코대학이 카를대학으로 다시 개교. 체코슬로바키아에 의해 프라하독일대학 영구히 폐교

프라하대학의 보헤미안 랩소디

보헤미아Bohemia는 지금의 체코 공화국이 차지하고 있는 지역의 이름이었을 뿐이며, 프라하는 보헤미아 지역을 대표하는 도시에 지나지 않았다. 그러나 우리 문학에서 '보헤미안Bohemian'이라는 단어는 속세의 관습이나

짙은 보헤미안의 정서가 배어 있는 프라하 전경

규율 따위를 무시하면서 방랑하는 자유분방한 삶의 양태 혹은 그런 삶을 살아가는 예술가의 의미를 가지고 있다. 아마도 보헤미아 지역의 평범하지 않았던 역사적 굴곡과 흔적들 때문에 이 같은 의미의 전환이 일어났을 것이다. 보헤미아를 대표했던 대학인 프라하대학도 역사의 풍파를 맞으며 부침하는 변천사를 겪었다. 프라하대학의 역사가 보헤미안 랩소디를 연상시키듯이 정치, 종교, 민족, 대학이라는 네 개의 악기가 연주하는 랩소디의 울림을 가지게 된 것은 역사의 아이러니라 아니할 수 없다.

현재 정식 교명은 카를대학(라틴어: *Universitas Carolina*)인 프라하대학은 체코 공화국에서 가장 규모가 큰 대학이다. 2011년 기준으로 총 17개의 단과대학을 가지고 있고, 학부생(1만 8,000명)과 박사과정을 포함한 대학원생(3만 2,000명)까지 더하면 총 학생 수가 5만 명을 넘어서고 있다. 그 수는 체코 공화국 전체 대학생 수의 6분의 1에 해당된다. 학생 수만으로도

카를대학 정문

프라하대학은 체코 공화국의 모든 대학을 대표하는 면모를 보여주고 있는 것이다. 그뿐만 아니라 교육과 탐구의 높은 질적 수준으로도 명성이 자자하다. 우선 전임 교원의 수만 4천 명에 이르고, 그 수는 박사과정까지 포함한 학생 열두 명 정도에 교수 한 사람이 배당되는 비율을 보여준다. 중동부 유럽 대학들 가운데 러시아의 모스크바대학 및 폴란드의 바르샤바대학과 최고의 자리를 놓고 경쟁하고 있으며, 전 세계의 대학을 기준으로 하면 상위 1.5퍼센트 대학에 속하고 있다. 2013년 세계의 여러 조사기관의 통계에 따르면 프라하대학은 세계 최고 500개 대학 중에서 중간 정도의 순위에 있다.

체코에서 최고의 명문 대학으로 간주되고 있는 프라하대학은 유럽의 역사에 어떤 흔적들을 남겼을까? 700년에 가까운 역사의 과정에서 프라하대학은 어떤 랩소디의 울림을 가졌고, 그 울림이 유럽사에 어떤 인상과 의미를 새길 수 있었을까? 일반적으로 독일인들은 프라하대학을 독일의 대학 가운데 가장 오래된 대학으로 간주하고 있고, 체코인들은 프라하대학을 체코에서 가장 오래된 대학으로 간주한다. 유치하기 짝이 없는 이 견해의 차이에 내재한 관점과 논점들은 유럽사 속에서 프라하대학이 가지고 있는 위상과 역사적 의미를 조명해주는 중요한 실마리가 된다. 왜냐하면 이 질문 속에는 정치와 종교 그리고 민족 문제를 둘러싸고 일어났던 역사의 소용돌이 속에서 프라하대학의 파란만장한 변화를 이끌어갔던 핵심적 문제의식이 고스란히 담겨 있기 때문이다.

프라하대학의 창설

1348년 4월 7일에 창립된 프라하대학은 알프스 이북 지역에서 파리의 동쪽에 생긴 중부 유럽 최초의 대학이었다. 창립자는 독일 왕이자 동시에 보헤미아의 왕이었고 1355년에는 신성로마제국의 황제로 대관한 카를 4세Karl IV였다. 대학은 창립자의 이름을 따라 카를대학이라는 이름을 가지게 되었다. 볼로냐대학, 파리대학 등 유럽 최초의 대학들이 학문적 공동체의 전통 혹은 지식을 탐구하는 열정 등에 이끌려 교수와 학생이 주체가 되어 아래로부터 자생적으로 형성된 것과 달리, 프라하대학은 신성로마제국의 황제라는 정치권력에 의해 창설됨으로써 시작부터 이전의 대학들과는 다른 성격 및 차별성을 가지고 있었다. 프라하대학의 창설은 카를 4세의 '제국 건설의 청사진' 속에 들어 있었다.

카를은 아버지Johann von Luxemburg로부터 1342년 보헤미아의 섭정 통치를

프라하대학의 창시자 카를 4세의 동상

위임받은 후부터 보헤미아와 그 수도 프라하에 특별한 관심을 드러냈다. 그는 1346년에 보헤미아를 상속받고 독일 왕으로 선출된 후에는 프라하를 신성로마제국의 중심지로 만들려는 계획을 하나씩 착수했다. 프라하대학의 창설은 이러한 제국 건설의 계획 속에서 이루어졌다.

카를의 관심을 받기 전 프라하는 낙후되고 허물어져가는 도시에 지나지 않았다. 카를의 전기에는 1344년 그가 보헤미아를 찾았을 때 받은 첫 인상이 다음과 같이 기록되어 있다. "이 왕국은 내가…… 거주할 만한 군주의 성을 찾을 수 없고, 도시의 여느 시민들이 살고 있는 주거지 외에는 내가 거주할 수 있는 다른 어떤 거처도 구하지 못할 만큼 황폐한 채로 나를 맞이하는구나. 프라하 성은 쇠락하고, 파괴되고, 무너져 내렸구나." 프라하를 신성로마제국의 중심지로 만들려는 계획은 그때부터 이미 시작되고 있었다. 독일 왕과 보헤미아 왕이 되기 전인 1344년에 카를은 프라하를 대주교구로 만들었다. 이로써 그는 프라하를 마인츠Mainz 대주교구가 관할하던 교회적 예속으로부터 해방시켜주었고 도시의 재건축 작업에도 착수했다.

그다음 카를 4세는 프라하를 제국의 수도로 승격시켰다. 황제의 수도는 교육의 중심지가 되어야 하므로 프라하에 대학을 창설한 것이다. 다시 말해서 카를 4세가 프라하대학을 창설한 것은 제국 정치의 일환이었다. 카를 4세는 1349년 1월에 특허장Stiftungsbrief을 통해 프라하대학에 나폴리대학, 볼로냐대학, 피렌체대학 다음으로 제국대학의 지위를 부여했다. 그러한 이유로 바흐만Adolf Bachmann은 프라하대학의 창설을 카를 4세 정부의 최초의 중요한 정치적 행위로 간주했다. "카를 4세는…… 프라하대학을 제국 전체와 제국의 범위 너머까지의 지적 활동의 중심지로 만들기를 원했다. 여기(대학)에서 국왕의 정치가, 재판관, 입법자, 관리 들이 배출되어야 하고, 국가와 사회에 지식인, 교사, 연구자, 의사 들을 공급해주어야 할 것이다." 이처럼 근대 국가권력이 대학에 관심을 가졌을 때 국가는 팽창하고 있는 행정에 봉사할 인재를 양성하고, 국가와 군주를 위한 이데올로기를 고안하는 데 대학이 기여할 것을 기대했다.

이러한 정치적 계획의 구체화와 함께 당시 프라하는 신성로마제국의 황제 카를 4세와 그의 아들 벤첼 4세Wenzel IV 치세기인 14세기 후반기에 도시의 역사에서 전무후무한 정치적, 경제적, 문화적 전성기에 도달했다. 바야흐로 프라하는 부흥기를 맞이했고 제국의 수도로서 프라하는 몇 년 이내에 서구에서 콘스탄티노플Constantinople과 파리 다음가는 세 번째로 큰 도시로 성장할 수 있었다. 1399년에 프라하를 여행했던 한 이탈리아 여행가가 기행문에서 "나는 다른 어느 곳에서도 이렇게 많은 사람들을 보지 못했고, 이렇게 부유하고 가능한 모든 상품들로 넘쳐나는 도시를 보지 못했다"고 기록하고 있을 정도로 프라하는 제국의 메트로폴리스로 성장했다.

제국대학으로서 프라하대학의 국제적 성격은 이미 대학의 특허장에 명시되어 있었다. 1348년 4월 7일에 대학 창설을 윤허한 황제의 특허장에는 프라하에 "스투디움 제네랄레studium generale"를 새롭게 창설하고 "이곳studium의 모든 학과Fakultät에서 박사, 석사, 학사가 배출될 것"이라고 적혀 있다. 이때 스투디움 혹은 스투디움 제네랄레는 '시설' 또는 '장소적 의미의 대학'을 가리키는 용어였다. 스투디움 제네랄레는 모든 과목을 가르치는 장소가 아니라, 모든 지역에서 온 학생들을 받아들이는 장소를 의미했다. 즉 스투디움 제네랄레는 특정한 나라나 지역에 국한되지 않고 유럽의 모든 지역으로부터 학생들을 모집할 수 있는 고등교육의 장소를 뜻했다. 실제로 프라하대학은 15세기 초반까지는 신성로마제국에서 가장 중요한 교육기관이 될 수 있었다. 제국의 거의 모든 지역의 학생들이 프라하로 모여들었으며, 심지어는 프랑스나 영국 그리고 이탈리아에서까지 공부를 하기 위해 프라하대학에 유학 올 정도였다.

카를 4세가 대학을 설립할 때 모범으로 삼은 대학은 파리대학이었다. 프라하대학의 교과과정은 파리대학을 따라 신학부, 법학부, 의학부, 철학부의 네 개 고전적인 학부로 나누어졌다. 철학부는 그곳에서 예술, 수사학, 수학 등의 과목도 가르쳤기 때문에 교양학부라고 불리기도 했다. 카를 4세가 제정한 프라하대학의 교칙 역시 파리대학을 모범으로 삼아 교수, 석사, 학생들을 네 개의 동향단으로 나누었다. 당시 프라하대학에는 보헤미아, 바이에른, 작센, 폴란드로 이루어진 총 네 개의 동향단이 있었다. 학생들과 교수들은 정확한 민족적 기준이 아닌 출신지의 대략적인 지리적 기준에 따라 이 동향단들에 가입되어 있었다. 대학회의에서 중요한 결정을 내릴 때 각각의 동향단은 한 표씩 행사할 수 있는 권리를 가지고 있었다. 프라하대학의 경우 보헤미아 동향단의 체코 학생들은 총 학생 중 약 20퍼센트에 못 미치는 비율을 가지고 있었고, 나머지 외국인 학생들로 구성된 동향단들에서 80퍼센트에 가까운 학생들이 독일어를 사용했다.

이와 같은 프라하대학 동향단의 구성은 동향단 문제가 중세적 민족의식 발현의 중요한 출구가 되고 이후 프라하대학에서 전개된 파란만장한 역사적 갈등의 추동력이 되게 만들었다. 일반적으로 동향단에 대한 소속감은 학부의 소속감보다 강했으며, 대학의 총장 선출, 강의 배정권, 교수 재임용권, 교과과정 개설 등의 중요한 결정들이 대학회의 등에서 동향단들의 표결에 의해 이루어졌다. 그래서 학교의 행정 및 교육과 관련된 이해관계의 대립은 동향단 사이의 갈등의 씨앗이 되었고, 심지어 폭력으로까지 발전했다. 프라하대학에서 종교 문제와 민족 문제를 둘러싸고 보헤미아 동향단과 그 외의 동향단 사이에 벌어졌던 갈등은 대학이 사실상 분열되는 계기가 되었던 것이다.

갈등의 시작과 프라하대학의 몰락

카를 4세의 통치기에 이미 위험한 사회적 · 민족적 긴장들이 프라하에서 불협화음을 내기 시작했다. 대부분 체코인이었던 도시의 프롤레타리아들은 프라하 지배계층의 대다수를 차지한 독일인들에게 불만을 가지고 있었다. 그러한 상황에서 종교가 갈등의 중요한 소재가 되었다. 위클리프의 종교개혁적 사고인 '실재론realism'의 바람이 옥스퍼드에서 프라하로 불어왔다. 당시 위클리프의 사상은 프라하대학의 체코인 교수들에게 많은 영향을 끼쳤다. 그러나 프라하대학의 독일인 교수들은 대부분 오컴의 '유명론nominalism'을 충실하게 지지했다. 이러한 종교적 사상에 대한 이견은 체코인과 독일인이라는 민족적 대립과 맞물려 카를 4세의 사후에 예기치 못한 폭발을 일으키게 된다. 불만을 가진 프롤레타리아들은 도시에서 소요 사태를 일으키면서 황제에게 독일 학생들과 교수들을 프라하에서 추방할 것을 요구했다. 그러자 죽음에 임박한 카를 황제는 단호하게 독일인과 체코인은 영원히 평화롭고 사이좋게 살아가야 한다고 대답했다. 그러나 황제는 1378년 11월에 사망했고, 황제가 희망했던 독일인과 체코인의 조화로운 공생은 그리 오래가지 않았다.

최초의 불화는 1384년에 일어났다. 체코인 교수들과 학생들이 카를 기숙사와 대학의 사회적 시설의 이용 규정을 보헤미아 동향단에게 유리하게 바꾸려고 했고, 독일인 총장과 다른 세 동향단들은 이에 항의했다. 그해 12월 체코인 학생들과 교수들이 도시의 프롤레타리아까지 동원하여 대학의 강의실에서 유혈의 폭력 사태를 일으켰다. 이때 독일인 총장을 비롯해서 많은 교수들이 구타를 당하는 사태가 벌어졌다. 이와 병행해서 대학에서는 독일인들을 '늑대', '음식에 붙어 있는 파리', '창녀' 등으로 비방하는 원색의 전단지들이 유포되었다. 이러한 사태는 대학의 갈등이 명백한 근대적 성격의 민족적 증오에 의해 유발되고 있었다는 사실을 보여준다. 결국 기숙사와 사회적 시설 이용 규정들이 보헤미아 동향단에 유리하게 개정되었다. 국왕 벤첼 4세가 대학과 도시에서의 평화를 회복해주기를 원했던 독일 교수들과 학생들의 요구는 묵살되었다. 결국 총장을 포함해서 24명의 교수와 많은 학생들이 최초로 프라하대학을 떠나는 결과를 낳았다.

프라하대학에서 일어난 두 번째 분열의 소용돌이의 중심에는 체코의 민족주의적 종교개혁가 얀 후스가 서 있었다. 후스는 1396년에 프라하대학에서 석사를 마치고 대학에서 학생들을 가르쳤다. 그는 1402년에는 체코의 토착적인 종교개혁의 중심지 중 하나인 프라하의 베들레헴 성당의 설교자로까지 임명되었다. 후스는 그곳에서 체코어로 행한 열정적인 설교들을 통해 오랫동안 프라하대학 교원들이 외면했던 보헤미아의 애국적 가치를 고양했다. 그는 곧 대학 밖에서도 거대한 대중적인 지지를 얻게 되었다. 후스가 교회의 영성 회복을 위해 가톨릭교회에 쏟아 부은 비판은 처음에는 윤리적 성격을 가졌지만, 역사의 발전은 후스를 슬라브 민족주의의 상징 인물이자 유럽의 사회혁명가로 만들게 된다.

후스가 대학에서 교편을 잡았을 때, 위클리프의 급진적 교회 개혁 사상이 발단이 된 프라하대학에서의 갈등은 국가권력, 종교, 민족 문제가 복잡하게 연루되면서 결국 유럽적 차원에서 역사적 파급력을 가지게 된다. 1403년 5월에 프라하대학에서는 위클리프의 사상을 가르쳐야 할지 금지해야 할지를 결정하는 회의가 열렸다. 교회 개혁을 외친 위클리프의 열렬한 추종자가 된 후스의 뒤에는 프라하대학의 거의 모든 체코 교수들이 서 있었다. 반면에 다른 세 동향단(바이에른, 작센, 폴란드)의 기득권을 가진 독일계 교수들은 기존의 질서를 위태롭게 만드는 위클리프의 사상을 배척했다. 표결 결과 프라하대학은 공식적으로 위클리프 사상의 보급을 금했다. 이 결정은 후스가 더욱 과격해지고 프라하의 정치사회에 입문하여 정치권력을 통해 신념을 관철하려는 노력을 하게 만들었다. 프라하대학에

얀 후스의 동상

서 이 갈등은 대학의 교과내용이 교회 개혁 문제와 연동되고, 단지 출신 지역을 기준으로 나뉘었던 동향단의 구성이 언어·민족적 대립으로 전환되는 양상 속에서 전개되어갔다.

당시 프라하대학의 갈등은 가톨릭교회의 대분열(1378~1417)과 그것에 반응하는 세속 정치를 통해 더욱 첨예화되었다. 1378년 교회의 대분열이 일어났을 때 보헤미아는 국왕 벤첼 4세와 함께 처음에는 로마 교황 그레고리우스 12세Gregorius XII를 지지했다. 그러나 보헤미아의 국왕 벤첼은 정치적 목적 때문에 입장을 바꾸어 경쟁 교황들 사이에서 중립 정책을 선포했고, 프라하대학도 자신의 편에 서서 중립을 지킬 것을 요구했다. 그러나 보헤미아 동향단을 제외한 프라하대학의 세 동향단은 국왕의 뜻에 따르지 않고 로마 교황을 계속 지지했다. 벤첼 4세는 격노했고, 보헤미아 동향단의 세력을 확장하기를 원한 후스는 이러한 상황을 정치적으로 이용하게 된다.

결국 후스는 벤첼 4세가 보헤미아 동향단의 편을 들어 1409년 1월 쿠텐베르크 칙령(쿠트나 호라)을 포고하게 만들었다. 쿠텐베르크 칙령에 의해 이전에 대학회의에서 한 표의 의결권만 행사했던 보헤미아 동향단에게 세 표의 의결권이 주어졌고, 총 세 표의 의결권을 가졌던 나머지 세 동향단에게는 합쳐서 한 표의 의결권만이 할당되었다. 그 와중에 심지어는 독일계 학생들이 시험을 치르고 있는 강의실에 체코 교수와 학생들이 무단 침입하는 유혈 폭력 사태까지 일어났다. 프라하대학 동향단을 지배하고 있었던 독일어를 사용하는 학생들의 동향단들과 체코어를 사용하는 보헤미아 동향단 사이의 갈등은 후스주의 운동을 통해 더욱 첨예화되었던 것이다. 독일 교수들과 학생들은 쿠텐베르크 칙령의 철회를 요구했으나 거절당했다. 이에 그들은 저항의 표시로 프라하를 떠나기로 결심했다. 1,500~5,000명 정도의 독일인 학생들과 교수들 및 독일 시민들이 1409년에 결국 프라하대학을 떠났고, 라이프치히에서 그들만의 대학을 창설하게 되었다. 그것이 지금 라이프치히대학의 기원이 되었다.

이와 같은 중세 대학의 동향단들의 갈등 속에서 근대 이후의 정치적 민족주의 운동의 원초적 형태가 배태되어 있었음을 확인할 수 있다. 중세 말 교회의 위기에 맞서 후스는 프라하대학을 본거지로 삼아 민족주의 운동과 결합된 교회 개혁 운동을 통해 가톨릭에 대응했고, 대다수 독일인들이 떠난 프라하대학은 이제 후스주의 운동의 정신적인 구심점이 되었다. 1409년에 후스는 프라하대학의 총장으로 선출되었다. 그러나 프라하에서 독일인이 떠난 결과는 참혹했다. 프라하대학은 학문적 타격을, 프라하

프라하대학의 인문대학 건물

는 경제적 쇠퇴를 맛보아야 했기 때문이다.

1414년에 개최된 콘스탄츠 공의회Council of Konstanz에서 후스주의는 이단으로 선언되고 1415년 7월에 후스는 화형을 당한다. 그러나 화형을 당한 후스는 보헤미아 민족의 영웅이 되었으며, 후스의 순교는 체코 지역에서 후스파와 가톨릭 사이의 긴장을 고조시켰다. 결국 1419년 7월 30일 프라하에서 후스파가 증오하던 시 참사회 의원들을 창밖으로 던지면서(제1차 프라하 창문 투척 사건) 혁명의 폭풍이 일어났다. 후스주의 전쟁으로 알려진 혁명은 1436년까지 보헤미아의 경계를 넘어 북유럽 일대를 황폐화시키는 결과를 낳았다.

1416년 콘스탄츠 공의회는 프라하대학을 이단으로 선포하며 휴교령을 내렸고 그 후 수여된 학위는 무효가 되었다. 그러나 후스주의자들은 굴복하지 않았고, 1417년 프라하대학은 후스주의의 신앙 고백을 공식적으로 수용함으로써 가톨릭이 지배하던 유럽의 지성계에서 더욱더 고립되어갔다. 이후 심지어 보헤미아 출신 대학생들까지 프라하대학을 떠났으며, 유럽에서 프라하대학의 학문적 역할과 중요성은 점점 줄어들게 되었다. 후스주의자들만 남게 된 프라하대학은 1419년부터 신학부, 법학부, 의학부가 폐쇄되는 지경까지 이르렀고, 17세기 초반까지 교양학부 하나만으로 운영되었다. 정치, 종교, 민족 문제가 어지럽게 얽힌 갈등 속에서 프라하대학은 제국의 대학으로서의 국제적 명성과 위상을 상실하게 되었고, 결국 작은 지방대학으로 몰락하고 말았다.

정치, 종교, 민족 문제를 둘러싼 갈등의 전개

프라하대학은 17세기 초반의 30년 전쟁(1618~1648)기에 또 한 차례 정치와 종교가 연루된 유럽사의 진통에 고스란히 노출된다. 반종교개혁의 물결 속에서 일어난 개신교와 가톨릭 사이의 30년 종교전쟁이 이른바 제2차 프라하 창문 투척 사건으로 인해 시작되었기 때문이다. 1618년 5월 보헤미아에서 황제 대리인들의 반종교개혁적인 조처들로 인해 탄압받았던 보헤미아의 프로테스탄트 귀족들은 프라하 성에 난입하여 황제의 대리인 두 명을 성의 창밖으로 던져버렸다. 황제의 대리인들은 목숨은 건졌지만 이 문제는 프로테스탄트와 가톨릭의 갈등으로 첨예화되어갔다. 1619년 3월 황제 마티아스Matthias가 죽자 보헤미아 귀족들은 정통성을 가진 왕위 계승자인 합스부르크가의 가톨릭 국왕 페르디난트 2세Ferdinand II를 보헤미아의 왕으로 인정하지 않았다. 그 대신 팔츠Pfalz의 프로테스탄트 선제후

프리드리히 5세Friedrich V를 보헤미아의 국왕으로 옹립함으로써 전쟁을 피할 수 없게 되었다.

1620년 빌라 호라Bílá Hora 전투에서 보헤미아가 가톨릭에 패했고 1621년 프라하 시청 광장 앞에서 피의 보복이 일어났다. 공개 처형된 스물일곱 명의 사망자 명단에는 혀가 잘리고 머리가 날아간 프라하대학 총장까지 끼어 있었다. 전쟁 패배 후 프라하대학은 자치권을 상실했고 프라하대학과 그 소유는 예수회로 넘어갔다. 1622년 9월의 제국 칙령은 보헤미아, 모라비아Moravia, 슐레지엔Schlesien 등에서 모든 교육 체제의 최고 감독권을 예수회 교단에게 부여했다. 후스주의자들의 대학이었던 프라하대학이 가톨릭 대학으로 변신하게 된 것이다. 1654년에 신성로마제국의 황제 페르디난트 3세Ferdinand III는 카를대학을 1562년부터 프라하에 있던 예수회대학과 합병했고, 그때부터 프라하대학은 카를페르디난트대학(라틴어: *Universitas Carolo-Ferdinandea*)이라는 이름을 가지게 되었다. 이때 비로소 프라하대학은 다시 네 개의 학부를 가진 완전한 대학으로 거듭날 수 있었다.

1781년 계몽전제군주였던 신성로마제국 황제 요제프 2세Josef II의 광범위한 대학 개혁을 통해 프라하대학은 비非가톨릭 학생들에게 다시 개방되었다. 학생들은 종파와 무관하게 대학에서 공부할 수 있게 되었으며, 비가톨릭 학생들도 의학과 법학 박사를 취득할 수 있게 되었다. 황제의 대학 개혁을 통해 마침내 대학이 세속화된 것이다. 또한 황제는 국가의 공용어로서 독일어를 합스부르크 상속 국가들에게 강요하는 중앙집권화 정책의 일환으로 1784년 독일어를 프라하대학 수업의 공식어로 선포했다. 이제는 교회가 아닌 국가권력이 대학의 정체성을 규정하게 된 것이다.

그러나 독일어를 대학의 공식 언어로 만든 결정은 보헤미아 민족주의를 부추기는 결과를 낳았다. 1848년 혁명 이후 유럽에서 민족주의 운동의 열기가 더해지면서 프라하대학에서도 체코인들이 독일인과 동등한 대우를 요구하면서 독일인과 체코인 사이의 민족적 갈등은 더욱 첨예화되었다. 교수직을 포함한 대학의 중요한 직책 분배와 언어 문제를 둘러싸고 독일 학생들과 체코 학생들 사이에서 수업이 어려울 정도로 끊이지 않고 유혈의 폭력 사태로 이어지는 싸움들이 벌어졌다. 이러한 갈등의 와중에 프라하대학을 두 개로 분리하자는 체코인들의 요구가 수용되어 1882년에 프라하대학은 마침내 체코대학과 독일대학으로 분리되었다. 1882년의 합의를 통해 프라하에 소재하는 두 대학이 모두 1348년에 창설된 카를대학의 법통을 잇는 대학으로 동등하게 인정되었다.

그러나 1918년 체코슬로바키아가 최초로 독립된 국민국가로 창건된 이후 여전히 해소되지 않았던 두 대학의 분열은 심화되었고, 프라하독일대학에 대한 탄압이 시작되었다. 10월 28일에는 독일대학이 군대에 의해 점거되었으며, 대학을 출입하는 교수들과 학생들에 대한 검문이 불법적으로 행해졌다. 동시에 독일대학의 강의실 칠판, 문, 벽 들이 군인들에 의해 파괴되고 짓밟히는 불상사가 일어났다. 이에 항거하면서 프라하독일대학 총장 네글레August Naegle의 주도로 외국의 언론에게도 전달된 1918년 10월 29일 프라하독일대학의 선언문은 프라하대학(카를대학)을 둘러싼 민족 문제의 실상을 적나라하게 드러내고 있다. "독일 민족의 이 같은 운명의 시간에 프라하독일대학은 정치적 변화와 무관하게 전체 독일 민족의 정신적인 단결이라는 이상을 고수하고 앞으로도 정신적 민족적 결속을 신실하게 보존하며 독일의 학문과 문화를 대변하기로 결의했음을 분명히 강조할 필요성과 의무감을 느낀다." 그러나 체코슬로바키아 정부에 의해 1920년 2월 19일 발효된 법률 135조에 의해 체코대학만이 카를대학으로 다시 개명하고 카를대학의 정식 법통을 잇는 대학으로 인정되었다. 이 법률에 의해 1882년의 합의, 즉 두 개의 카를대학이 모두 동등한 자격을 가진다는 조항은 무효화되었으며 독일대학은 카를대학의 법통을 상실하게 되었다.

프라하대학 역사의 소용돌이는 거기서 멈추지 않았다. 2차 세계대전이 발발하기 직전에 체코슬로바키아가 히틀러Adolf Hitler에게 점령당한 것이다. 나치 점령에 항거하면서 1939년 10월 28일 체코슬로바키아 건국 기념일에 벌어진 시위에서 카를대학 의대생 오플레탈Jan Opletal이 독일 경찰이 쏜 총에 맞아 사망했고, 시위는 더욱 과격해졌다. 결국 1939년 11일 17일 히틀러의 점령 치하에서 이제는 프라하체코대학(카를대학)이 폐쇄되는 역사의 굴곡을 경험해야만 했다. 나치는 대학을 중심으로 체코 민족을 이끌었던 지식인 계층의 힘을 무력으로 진압했지만 전 세계는 이날을 기억했고, 이 기억은 11월 17일을 '세계 대학생의 날'로 제정하게 만들었다.

1945년 히틀러의 패망과 함께, 폐쇄되었던 카를대학은 다시 문을 열었다. 체코슬로바키아 대통령 베네시Edvard Beneš의 1945년 10월 18일 칙령 112조를 통해 이번에는 프라하독일대학의 폐교가 선언되었다. 독일대학의 공식적 폐교일은 나치가 프라하체코대학을 폐쇄했던 1939년 11월 17일로 소급되어 적용되었다. 대통령의 칙령은 프라하독일대학이 "체코 민족에게 적대적인 교육기관"이기 때문에 "영구히" 폐교된다고 선언했다. 이 선언을 통해 1348년 창설된 이후 600년 가까이 정치, 종교, 민족 문제를 축으로 프라하대학에서 지속되었던 긴 논쟁이 마침내 종지부를 찍게 되었다. 이후부터 프라하대학은 여전히 카를대학이라는 이름을 가졌지만 온전한 체코의 대학으로만 거듭나게 되었다.

유럽사 속의 프라하대학

12세기경에 생겨나기 시작한 유럽의 대학들은 공통의 학문언어인 라틴어로 유럽적 차원에서 자유롭게 소통되는 학문적 공동체를 이루었다. 그리고 유럽 전역에 걸쳐 분포하게 되면서 유럽적 보편성을 담지하고 있는 중세 유럽 정체성의 중요한 부분을 구성하는 제도로 정착하고 발전했다. 이러한 맥락에서 막스 베버Max Weber는 대학을 유럽적인 창조물이라고 말했고, 대학을 가리켜 제신諸神들의 투기장이라고 지칭했다. 제신들의 투기장으로서의 대학은 각기 다른 교리나 종파, 사상과 이데올로기, 학문의 방법론 또는 학파가 서로 만나고 실험되고, 대립하거나 경쟁하면서도 서로 존중하며 소통되는 지식의 광장이 될 수 있었다.

중세 대학이 유럽의 보편성을 담지하고 있었다는 관점에서 볼 때, 서론에서 언급했던 프라하대학이 최초의 독일 대학인가 아니면 최초의 체코 대학인가 하는 민족주의적인 이해가 배경에 깔린 질문은 적어도 프라하 대학이 창설된 14세기 중반의 시점에서는 무의미한 질문이다. 왜냐하면 프라하대학의 창립자 카를 4세 스스로 민족적 혹은 민족주의적 관점을 가지지도 않았고 그러한 관점을 가지고는 설명할 수 없는 유럽적 차원의 휴머니스트였기 때문이다. 그뿐만 아니라 프라하라는 도시 역시 대학 창설 당시 보헤미아의 수도와 신성로마제국의 수도를 겸하는 일종의 이중 수도의 성격을 가지고 있었다. 따라서 당시 프라하대학은 보는 사람의 관점에 따라 최초의 제국대학(독일 대학)이기도 했고, 최초의 보헤미아 대학이기도 했다. 그러나 이 질문은 19세기 이후 유럽에서 민족주의가 분명한 정치적 색채를 가지게 되면서 유럽사에서 독일 민족과 체코 민족 사이에 전개된 갈등의 긴 역사를 조명하고 상징하는, 즉 과거를 소급하면서 의미를 부여하는 질문이 될 수 있었다. 중세 대학의 동향단이 이러한 19세기 민족주의자들의 문제 제기를 가능하게 만들었던 중세적 민족의식을 이미 배태하고 있었기 때문이다.

동시에 이 질문은 유럽사 속에서 지속적으로 변해온 유럽 정체성의 다양한 모습들을 거울에 비쳐주는 질문이기도 하다. 유럽은 보편적인 그리스도교 공화국이면서 국가 간 체제였고, 계몽사상의 소통장이면서 민족주의의 각축장이기도 했다. 이처럼 다양한 유럽사의 틀 안에서 정치·종교적 권력과 민족의 함수 관계를 둘러싸고 변화를 거듭한 유럽 정체성의 잔상들을 프라하대학의 변천사가 고스란히 반영하고 있기 때문이다. 유럽의 역사는 유럽에서 대학을 만들었고, 동시에 대학은 그 역사를 변화시키는 동력의 역할을 맡으면서 스스로 유럽사의 한 부분이 되어왔다. 프라하대학 역시 이러한 유럽 대학의 전형적인 모습에서 벗어나지 않으면서 오늘에 이르렀고, 그러한 이유로 프라하대학의 역사는 유럽의 정체성을 비추는 하나의 거울이 될 수 있을 것이다. _신종훈

---

* 이 글은 《서강인문논총》 41집(2014)에 게재되었다.

2부

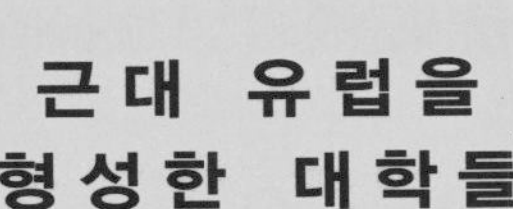

근대 유럽을 형성한 대학들

베를린훔볼트대학 : 근대 대학의 어머니

1810년 운터 덴 린덴 거리의 프로이센 하인리히 공의 궁전을 기증받아, 빌헬름 폰 훔볼트에 의해 베를린대학 창립

1828년 프리드리히빌헬름대학으로 개명

1829년 1727년에 설립되었던 프로이센 왕국의 구휼병원을 편입하여 최초의 대학 부속병원 설치

1856년 최초의 해부학 박물관을 슈만 거리(Schumannstrasse)에 설립

1881년 최초의 농업·원예대학 설립

1889년 1810년에 최초로 대학 부속기관으로 설치했던 독일에서 제일가는 자연사 박물관을 인발리덴 거리(Invalidenstrasse)로 이전

1908년 프로이센 지역에서 최초로 여대생 입학 허가

1934년 최초의 수의학대학 설립

1948년 소련의 강압적 정책에 반대하는 학생들의 요구로 서베를린에 '베를린자유대학' 개교

1949년 소련 점령군에 의해 훔볼트대학으로 개명

1990년 동·서독 통일 후 베를린훔볼트대학으로 개명

린덴 거리에 낭만주의의 감성으로 설립된 계몽주의의 이상

'베를린대학' 또는 '훔볼트대학'으로 널리 알려진 이 대학의 공식 명칭은 '베를린훔볼트대학Humboldt-Universität zu Berlin, 약칭 HU Berlin'이다. 이 명칭에서 보듯이 창립자인 훔볼트Wilhelm von Humboldt의 교육적 이상을 기리자는 뜻인데,

그 이름이 지금도 중요한 이유는 세계 대학의 역사라는 관점에서 볼 때 이 대학이 19세기 이후에 성립된 근대 대학의 이념과 구조를 대표하고 있기 때문이다. 중세에 기원을 둔 서구의 유서 깊은 전통적 대학들과 비교하면 훔볼트대학은 불과 200여 년의 역사만을 가진 신생 대학이라고도 할 수 있다. 그러나 훔볼트대학은 중세 때부터 이어져온 대학과는 전혀 다른 목적과 의도를 가지고 설립되었고, 19세기 이래 전 세계적으로 대학의 모델은 바로 이 대학에서 그 기원을 찾을 수 있다. 그래서 훔볼트대학은 '모든 근대 대학의 어머니'로 불리고 있다.

오늘날 대학이란 고급 지식의 창출과 확산을 위한 연구와 교육을 담당하는 종합적 학문 기관이다. 중세 대학은 무엇보다도 신학을 가르치려는 목적을 최우선으로 두었고, 그 보조 수단으로서 문법, 수사, 논리 등 이른바 인문 소양을 함양하기 위해 전적으로 교육 자체만을 한정적 목적으로 하는 교육기관이었다. 근대 초 과학혁명 시기 이래, 연구에 토대를 둔 학문과 지식의 발전은 개별 학자들의 사적인 서재와 실험실에서 이루어졌지, 오늘날처럼 대학이라는 기관의 체계적 관리하에서 이루어진 것이 아니었다. 그러나 훔볼트대학은 창립 시점부터 의도적으로 대학의 목적과 기능을 교육과 연구를 병행하는 데 두었다는 점에서 이전의 대학들과 뚜렷한 차이점을 보였다. 현대의 유수 대학들은 교육과 연구를 통합한 종합기관이라는 점에서 그 기원은 바로 훔볼트대학에서 시작되었다고 할 수 있다.

이 대학의 공식 명칭은 여러 차례 바뀌었는데, 그 변천사는 근현대 독일사의 굴곡을 그대로 보여주고 있다. 1810년 훔볼트에 의해 창립되었을 때 애초의 명칭은 '베를린대학Universität zu Berlin'이었고, 대학의 설립과 운영

운터 덴 린덴 거리에서 바라본 훔볼트대학 본관. 정문 양쪽에 창립자 빌헬름 폰 훔볼트와 그의 동생 알렉산더 폰 훔볼트의 동상이 나란히 서 있다.

은 계몽주의적 이상에 따르고 있었다. 그러나 1828년, 프로이센 왕국이 통일된 독일 제국을 꿈꾸며 성장하던 시기를 주도하던 왕들의 이름을 따라 '프리드리히빌헬름대학Friedrich-Wilhelms-Universität'이라는 국가주의적 명칭으로 개명되었다.

한편 이 대학은 당대의 낭만주의적 경향을 반영하는 별명으로 흔히 불렸는데, 운터 덴 린덴Unter den Linden이라는 대학 앞의 거리 이름 자체가 이 대학의 대명사가 되었다. 우리나라에서 '보리수'라고 번안되어 애창되기도 하는 낭만적 가사, "성문 앞 샘물터에 서 있는 린덴 나무, 나는 그 그늘 아래unter den Linden 단꿈을 꾸었네"라는 슈베르트의 유명한 가곡을 상기시킨다. 여름날이면 황홀한 향기를 내뿜는 이 나무의 가로수 길과 그 중심에 자리 잡은 대학을 당시 사람들이 같은 이름으로 불렀던 것은 독일을 풍미하던 질풍노도Strum und Drang의 시대적 정서를 반영하고 있었다고 볼 수 있을 것이다.

그 후 2차 세계대전의 결과 이곳 동베를린 지역에 소련 점령군이 들어와서는 1949년에 '홈볼트대학Humboldt-Universität'으로 개명했다. 당시 소련 점령군은 기존에 있던 이 대학을 다시 개교하는 것이 아니라 '새로운' 대학을 건설한다는 의도를 갖고 있었다. 그런데 사회주의식 이름을 사용하지 않고(예를 들면, 라이프치히대학은 카를마르크스대학으로 개명했다) 오히려 원초적으로 돌아가서 훔볼트의 저명한 이름을 빌려다 쓴 것이다. 그만큼 훔볼트라는 이름이 드러내는 교육적 혁신성이 높이 인정되고 있었다. 한편 이러한 소련의 점령과 그에 따른 강압적 대학 정책에 반대하는 젊은 대학생들은 "우리에게 '자유로운freie' 대학을 달라"는 요구를 하게 되었는데, 이것이 서베를린에 '베를린자유대학Freie Universität zu Berlin'을 건립하게 된 배경이었다.

급기야 1990년 동·서독이 통일되었을 때 이러한 굴곡진 역사를 통합하고 그 전통을 되살린다는 취지에서 다시 '베를린훔볼트대학'으로 이름을 최종적으로 바꾸게 되었다. 이 대목에서 우리나라가 미구未久에 통일된다면 평양의 '김일성대학'은 어떤 이름으로 바뀌게 될 것인가 자못 궁금해지기도 한다.

이 대학의 지리적 위치(운터 덴 린덴 거리) 또한 독일 역사의 심상치 않은 여러 면모를 반영하고 있기에 베를린을 방문하게 되면 필수적으로 돌아보는 관광 코스이기도 하다. 베를린 시 한가운데 위치한 중앙부Mitte라는 지역에는 프로이센 왕국 이래 독일 제국 및 현대 독일의 역사와 문화를 상징하는 중요한 건물들이 밀집되어 있다. 이 중앙부를 동서로 관통하는 중심 거리가 운터 덴 린덴 거리이며, 바로 이 거리 초입에 훔볼트대학이 자리 잡고 있는 것이다. 이 거리는 유명한 '브란덴부르크Brandenburg 문'으로

6·17 거리에서 바라본 브란덴부르크 문. 문 뒤 동쪽으로 뻗어 있는 길이 운터 덴 린덴 거리이며 그 길 끝에 공사 중인 훔볼트 포룸이 보이고, 바로 그 앞에 대학 본관이 위치해 있다.

이어지는데, 이 길을 따라 독일 역사박물관 등 주요한 문화적 기관의 건물들이 즐비하게 자리 잡고 있다.

이 길의 끝에는 독일 제국의 상징이었던 제국의회 건물이 2차 세계대전 당시 폭격의 흔적을 지우지 않은 채 현대사 박물관으로 쓰이면서 후세에 경종을 울리고 있고, 현 독일연방 의회는 그 옆에 새로이 건립되었다. 브란덴부르크 문을 지나면 서쪽을 향해 이 거리는 유명한 티어가르텐 Tiergarten 공원을 가로지르면서 '6·17 거리'로 이어진다. 소련 점령에 항거한 동독 최초의 노동자 저항 운동이 1953년 6월 17일에 일어난 것을 기념하기 위해 붙여진 이름의 거리에서, 극복하고 싶은 어두운 과거를 지양하려는 노력을 엿볼 수 있다. 또한 6·17 거리 초입에는 세계에서 가장 큰 규모로 유대인 학살을 반성하며 기리는 기념공원을 조성해놓고 있기도 하다. 그러나 아이러니하게도 이 거리는 1871년 프로이센-프랑스 전쟁

(보불 전쟁) 승전 기념탑에서 끝나고 있다. 이 탑은 전쟁에서 승리한 후 노획한 프랑스군의 대포들을 녹여 만든 거대한 탑으로 꼭대기에 있는 승리의 여신상은 독일 제국의 탄생과 영광을 웅변하고 있다.

한마디로 이 거리는 프로이센 왕국, 독일 제국, 나치 시대, 소련 점령기, 동독 사회주의에 이어, 통일된 독일의 민주주의와 독일 문화의 세계화를 위한 의지, 통일 후 유럽연합의 지도적 국가로 성장한 근현대 독일의 모든 역사를 아우르는 상징적인 거리이다. 또한 권위주의적 독일 제국 및 나치즘과 전쟁으로 고통받은 독일 민족의 상처를 딛고 통일되고 민주화된 독일을 압축적으로 상징한다. 이 거리의 초입에 자리 잡은 훔볼트대학이 통일 후 대규모의 자원이 투입되어 재건설되고 있는 것을 통해 이 대학이 독일 역사에서 차지하는 상징적 위상을 짐작해볼 수 있다.

훔볼트의 대학교육 이상과 과학 연구의 성취

이 대학의 창립자인 빌헬름 폰 훔볼트는 당대 낭만주의 학문의 총아였던 언어학philology을 전공했지만, 프랑스의 계몽주의를 적극 수용하여 전혀 새로운 학문과 교육과정을 이상으로 제시하면서 새로운 형태의 대학을 창설했다. 이 대학의 모토는 라틴어로 '*Universitas litterarum*' 인데 영어로는 'The Entity of Sciences'이고 '학문의 실체' 정도로 번역할 수 있다. 이는 오직 신에게 봉사하는 기관이었던 중세 대학의 위상을 계몽주의의 전통에 따라 재편하여 이성의 확대를 위해 교육과 연구를 통합하여 학생들에게 전인적 인문 교육을 제공함과 동시에 최고 학문 연구 기관으로서 대학을 운영한다는 철학적 전제를 담고 있다. 그는 인문학의 여러 분과와 낭만주의 문학, 민속학 등을 중시하여 각 분야별로 당대 최고 학자들을 영입하여 교수진을 구성했다. 1810년 창립 시에는 학생 256명, 교수 및 강사 52명으로 출발했고 법학, 신학, 의학, 철학 등 중세 이래의 전통을 따른 학부들을 설치했다.

그러나 곧이어 그의 동생 알렉산더Alexander von Humboldt와 함께 새로운 대학의 모델을 창출해나갔다. 이들은 자연과학 연구의 새로운 모델을 제시했으며, 19세기 전반에 걸쳐 자연과학의 여러 분과는 물론, 역사학 등 이전에 존재하지 않았던 새로운 학문 분야들을 파격적으로 신설했을 뿐만 아니라 새로운 방법론을 도입한 학문wissenschaft의 새로운 세계를 만들어나갔다. 특히 학문 분야로서의 역사학을 최초로 수립하기도 했는데, 그 초대 사학과장이 바로 랑케Leopold von Ranke이다. 훔볼트 형제는 이와 같이 새롭게 정의된 교육과 연구를 수행하는 대학을 '학문의 상아탑'으로 정착시켜 흔들리지 않는 위상을 구축해나갔다.

이 시기에 훔볼트대학은 미래형 종합대학의 면모를 차근차근 갖춰나갔다. 우선 베를린에 산재해 있던 각종 직업학교 및 대학 학부college들을 편입하여 종합대학 시스템을 구축했다. 또한 훔볼트대학은 시외에 위치한 프로이센 왕국의 구휼병원을 흡수하여 대학이 부속병원을 설치한 효시(1829)가 되었으며, 독일에서 제일가는 자연사 박물관을 최초로 대학 부속기관으로 건립했고(1810), 농업·원예대학(1881), 수의학대학(1934)을 세계 최초로 창설하기도 했다.

이렇게 새로운 대학을 지향해가는 전통은 독일 제국 시대(1871~1918)에 들어서도 계속되었다. 그러나 이 대학은 당시 눈부시게 발전하고 있던 서유럽의 나라들에 비해 늦게 출발한 민족국가가 압축적 성장 과정을 거

창립자 빌헬름 폰 훔볼트의 동상(왼쪽). 본관 정문 양쪽에 동생 알렉산더 폰 훔볼트의 동상(오른쪽)과 나란히 있다.

치게 되는 이른바 '독일 역사의 특수성'을 반영하고 있었다는 평가를 받을 수도 있다. 왜냐하면 이 대학은 제국을 위한 대학이라는 모델을 전 세계에 제시한 최초의 대학이기도 했기 때문이다. 한 가지 예로, 당시의 각종 도서관은 대학과는 별개의 국가기관이었는데, 이를 대학과 연계한 대학 부설 도서관의 효시로서 프로이센 왕립도서관을 설립했다. 이 제국 도서관은 1871년 독일 제국이 성립하자마자 최초의 역점 사업 중 하나로 건립되었으며, 1910년 당시 세계 최대인 80만여 권의 장서를 보유하고 있었다.

이 대학에서 연구했던 학자들 중 마흔 명의 노벨상 수상자가 배출된 것만 보더라도 이 대학의 수준과 성과를 짐작할 수 있다. 사실 이 대학은 세계에서 가장 많은 노벨상 수상자를 배출한 대학으로서, 애초에 훔볼트가 제시했던 이상을 실현하고 있다는 것을 웅변으로 증명한다고 볼 수 있다.

| 훔볼트대학의 역대 노벨상 수상자 |

이름	분야	수상 연도
야코뷔스 헨드리퀴스 반트 호프(Jacobus Hendricus van't Hoff)	화학	1901
에밀 아돌프 폰 베링(Emil Adolf von Behring)	의학	1901
에밀 헤르만 피셔(Emil Hermann Fischer)	화학	1902
테어도어 몸젠(Theodor Mommsen)	문학	1902
아돌프 폰 베이어(Adolf von Baeyer)	화학	1905
로베르트 코흐(Robert Koch)	의학	1905
앨버트 에이브러햄 마이컬슨(Albert Abraham Michelson)	물리학	1907
에두아르트 부흐너(Eduard Buchner)	화학	1907
파울 에를리히(Paul Ehrlich)	의학	1908
카를 페르디난트 브라운(Karl Ferdinand Braun)	물리학	1909
오토 발라흐(Otto Wallach)	화학	1910
알브레히트 코셀(Albrecht Kossel)	의학	1910
파울 폰 하이제(Paul von Heyse)	문학	1910
빌헬름 빈(Wilhelm Wien)	물리학	1911
막스 폰 라우에(Max von Laue)	물리학	1914
리하르트 빌슈테터(Richard Willstätter)	화학	1915
프리츠 하버(Fritz Haber)	화학	1918
막스 플랑크(Max Planck)	물리학	1918
발터 헤르만 네른스트(Walther Hermann Nernst)	화학	1920
알베르트 아인슈타인(Albert Einstein)	물리학	1921
구스타프 루트비히 헤르츠(Gustav Ludwig Hertz)	물리학	1925
제임스 프랑크(James Franck)	물리학	1925
리하르트 아돌프 지그몬디(Richard Adolf Zsigmondy)	화학	1925
아돌프 오토 라인홀트 빈다우스(Adolf Otto Reinhold Windaus)	화학	1928
한스 칼 아우구스트 시몬 폰 오일러켈핀(Hans Karl August Simon von Euler-Chelpin)	화학	1929

이름	분야	수상 연도
오토 하인리히 바르부르크(Otto Heinrich Warburg)	의학	1931
베르너 카를 하이젠베르크(Werner Karl Heisenberg)	물리학	1932
에어빈 슈뢰딩거(Erwin Schrödinger)	물리학	1933
한스 슈페만(Hans Spemann)	의학	1935
피터 디바이(Peter Debye)	화학	1936
아돌프 부테난트(Adolf Butenandt)	화학	1939
오토 한(Otto Hahn)	화학	1944
쿠르트 알더(Kurt Alder)	화학	1950
오토 딜스(Otto Diels)	화학	1950
프리츠 앨버트 리프먼(Fritz Albert Lipmann)	의학	1953
핸스 애돌프 크레브스(Hans Adolf Krebs)	의학	1953
막스 보른(Max Born)	물리학	1954
발터 보테(Walther Bothe)	물리학	1956
베르트 자크만(Bert Sakmann)	의학	1991
게르하르트 에르틀(Gerhard Ertl)	화학	2007

특히 랑케의 전통을 이은 사학과장 몸젠Theodor Mommsen 및 다른 한 명이 문학상을 받은 것을 제외하고는 모두가 예외 없이 자연과학 분야의 수상자들이다. 1901년 노벨상이 제정된 바로 그해부터 최초의 화학상과 의학상을 수상하기 시작하여 거의 매년 수상을 독점하다시피 했는데, 그들의 면면을 살펴보면 실로 세기적 대발견을 한 과학자들로서 아인슈타인, 하이젠베르크Werner Karl Heisenberg를 비롯하여 20세기 과학 세계를 대표하는 업적을 창출한 연구자들이다. 동독 사회주의 시절에는 그 나름의 이유에서 노벨상 수상자를 별로 배출하지 못하고 연구 능력이 쇠퇴했다. 그러나 통일

| 훔볼트대학에서 가르치거나 수학한 저명 교수 및 유명 지식인 |

이름	생몰 연대	설명
오토 폰 비스마르크(Otto von Bismarck)	1815~1898	독일 제국의 재상
디트리히 본회퍼(Dietrich Bonhoeffer)	1906~1945	나치에 저항하다 처형된 개신교 신학자
에른스트 카시러(Ernst Cassirer)	1874~1945	철학자, 사상사가
빌헬름 딜타이(Wilhelm Dilthey)	1833~1911	독일 사회학의 비조(鼻祖)
듀보이스(W. E. B. Du Bois)	1868~1963	미국 최초의 흑인 사상가
프리드리히 엥겔스(Friedrich Engels)	1820~1895	마르크스와 함께 활동한 혁명사상가
루트비히 안드레아스 포이어바흐 (Ludwig Andreas Feuerbach)	1804~1872	유물론을 주창한 철학자
요한 고틀리프 피히테(Johann Gottlieb Fichte)	1762~1814	'독일 국민에게 고함'을 선포한 민족주의 사상가
야콥 그림(Jacob Grimm)	1785~1863	동생과 함께 《그림 형제 동화집》을 펴낸 민속학자
빌헬름 그림(Wilhelm Grimm)	1786~1859	형과 함께 괴팅겐대학에서 축출된 자유주의 교수
게오르크 빌헬름 프리드리히 헤겔 (Georg Wilhelm Friedrich Hegel)	1770~1831	변증법의 철학자
하인리히 하이네(Heinrich Heine)	1797~1856	독일 낭만주의를 대표하는 시인
조지 프로스트 케넌(George Frost Kennan)	1904~2005	세계 공산주의 봉쇄 정책을 설계한 미국의 국무장관
카를 리프크네히트(Karl Liebknecht)	1871~1919	독일 사회민주당의 지도자
허버트 마르쿠제(Herbert Marcuse)	1898~1979	정치사상가
카를 마르크스(Karl Marx)	1818~1883	혁명사상가
레오폴트 폰 랑케(Leopold von Ranke)	1795~1886	근대 역사학의 비조
프리드리히 빌헬름 요제프 폰 셸링 (Friedrich Wilhelm Joseph von Schelling)	1775~1854	독일 관념주의 철학자
아르투르 쇼펜하우어(Arthur Schopenhauer)	1788~1860	염세주의 철학자
로베르 슈만(Robert Schuman)	1886~1963	유럽연합의 기획자
게오르크 지멜(Georg Simmel)	1858~1918	독일의 선구적 구조주의 사회학자
베르너 좀바르트(Werner Sombart)	1863~1941	독일 국민경제학파의 지도자

후 다시 전통을 이어가고 있는 것을 보면 훔볼트 교육 이상의 전통에서 비롯한 인류가 공유하는 지적 발전에 대한 이 대학의 기여를 다시 한 번 확인할 수 있다.

자연과학이 아닌 인문학의 분야에서도 훔볼트대학은 독일과 세계 지성사에서 특별한 위치를 차지하고 있다. 이는 헤겔 및 마르크스를 비롯하여 이 대학을 거쳐 간 실로 기라성 같은 지식인들의 열전만 일별해도 명백하다. 그 열전은 우리가 익히 알고 있는 당대 최고 지성들의 집합소라 해도 과언이 아니다. 훔볼트대학에서 양성된 새로운 철학과 새로운 학문분야의 지식은 그야말로 당대의 세계를 바꿨고, 다가오는 근대사회를 예고하고 준비한 것이나 다름없었다.

한편 긍정적인 의미에서는 물론이지만 부정적인 의미에서도 이 대학이 갖고 있는 지성사적 의의 또한 크다. 훔볼트대학은 독일의 제국주의적 맥락에서 볼 때 명백히 독일 과학과 함께 국가지상주의를 옹호했던 '독일 국가이성Staatsräson'의 산실로서 역할을 했다는 점도 아울러 지적되어야 할 것이다. 대학 본관 뜰에 세워진 몇 개 안되는 동상 중에 창립자인 훔볼트 형제의 동상이 서 있는 것은 너무도 당연한 일이지만, 독일 민족주의 역사학의 거장 테오도어 몸젠의 동상이 있는 것은 매우 흥미롭다. 노벨상에 역사학 분과가 없기에 그는 노벨 문학상을 수상했지만, 자연과학 분야의 쟁쟁한 수상자의 동상은 전혀 없는 것과 대비해볼 때, 이 대학이 독일 제국의 이념적 '브레인' 역할을 자부했다는 것을 짐작할 수 있다.

독일 제국주의의 성장과 함께한 훔볼트대학의 영광과 시련

오늘날 우리가 알고 있는 종합적 학문 기관으로서의 종합대학이라는 모델은 훔볼트대학에서 비롯한 것이 자명하지만, 다른 한편으로는 이 대학이 독일 제국주의의 성장과 함께했음을 간과해서는 안 될 것이다. 곧이어 서구 및 여타 지역이 국민국가를 건설하는 과정에서 이와 같은 제국 주도의 대학이 각국의 전범이 되어 제국주의의 각축이라는 시대적 과제를 대학이 앞장서서 담당하게 되었다는 사실을 주목할 필요가 있다. 물론 미국 등지에서는 단과대학들이 종합대학으로 확장되어가는 추세만을 보여주었지만, 다른 곳에서는 제국주의적 대학 모델이 매력적으로 작용하기도 했다. 이를 제일 먼저 수용한 예로는 프랑스의 국립대학 시스템이 있고, 그다음으로는 일본의 제국대학 시스템을 빼놓을 수 없다. 여기서 한 가지 특기할 것은 우리나라 국립대학의 씁쓸한 현실이다. 우리나라의 국립대학 시스템은 현재 환골탈태의 노력을 보여주고 있기는 하지만, 특히 행정적 관리 차원에서 아직까지도 식민지 시대에서 비롯한 일본 제국대학의 모델과의 유사성을 지적하지 않을 수 없다.

우리는 독일이 양차 대전을 일으켰고 또한 이 때문에 패망한 어두운 역사를 잘 알고 있다. 그러면서도 커다란 역사적 후유증 때문에 독일이 가진 저력에 대한 긍정적인 측면은 잘 보지 않는 경향이 있다. 19세기 유럽에서 상대적으로 뒤처진 후발 산업국가였던 독일이 어떻게 전 유럽 혹은 전 세계를 상대로 전쟁을 두 번이나 수행할 수 있었을까? 그러한 국력이 어디에서 왔을지 생각해볼 필요가 있다. 당대의 독일은 세계적으로 과학과 기술을 선도하고 있었고, 그러한 과학기술을 한 세기가 넘도록 체계적으로 축적할 수 있었던 배경에는 훔볼트대학이 있음을 부정할 수 없다. 물론 전쟁은 독일 제국주의 정치가들과 산업세력이 결탁한 군부가 주도한 것이고, 훔볼트의 과학자들은 꿈에도 전쟁을 준비하기 위해 과학 연구를 한 것이 아님이 분명하다. 또한 그들의 학문적 성과는 20세기의 찬란한 물질문명의 기초를 제공했다는 인류사에 대한 엄연한 기여를 기억해야 할 것이다.

이 대학의 지성적인 상징성과 지리적인 중심성은 독일 역사의 가장 어두웠던 과거와도 맞닿아 있었다. 1933년 집권한 나치들이 본색을 드러내기 시작했는데, 사회 통합을 위해 불순한 사상을 유포하는 위험한 책들을 제거한다는 명분으로 이 대학 도서관의 장서 중 2만여 권을 불태웠다. 이 나치판 분서갱유는 본관 건너편의 구도서관 앞 오페라 광장(Opernplatz. 현재는 베벨 광장Bebelplatz으로 이름을 바꾸었다)에서 자행되었다. 이는 아우슈

1933년 5월 훔볼트대학 구도서관 앞 오페라 광장에서 나치들이 책을 태우며 집회를 열고 있는 장면

본관 정문 앞 훔볼트의 동상 아래에서 주말마다 열리는 헌책 자유시장

비츠 가스실에서 피어오르던 연기의 전주곡이었다. 통일 후, 책을 불태웠던 바로 그 자리에 이 대학의 선배이기도 한 하이네Heinrich Heine가 1820년에 썼던 시구가 새겨졌다. "이는 서막에 불과했다. 책을 불태운 그 자리에 그들은 결국 인간을 불태울 것이다Das war ein Vorspiel nur, dort wo man Bücher verbrennnt, verbrennt man am Ende auch Menschen." 이 시구는 계시록처럼 실현된 것은 절대 아니지만 유대인 멸절이라는 비극적 사건보다 100여 년을 앞서 썼다고 믿기 힘든 놀랍도록 예언적인 시구이다. 이를 현장에서 읽고 있노라면 깊은 반성과 함께 감동의 전율이 밀려온다. 이 사건을 기억하는 취지에서 길 건너 본관 앞에서는 주말마다 헌책 시장이 자유롭게 열리고 있다. 책들이 불태워진 자리에 험난했던 독일 지성사의 상흔이 고스란히 남아 있고, 독일인들은 이를 영원히 잊지 않고자 하는 것이다.

나치 집권 시절 훔볼트대학 역시 당시 독일의 다른 모든 대학이 겪었던 시련을 감수해야 했지만, 이 대학의 상징적 지위로 말미암아 더욱 혹독한 시련을 겪어야 했다. '불온서적' 불태우기는 당시 독일 전역에서 이루어졌지만, 1933년 5월 10일 저녁, 오페라 광장에서 베를린대학의 책들을 태울 때 선전상宣傳相 괴벨스Joseph Goebbels가 직접 나타나 연설할 정도로 이 대학의 지성적 상징성은 손상을 입었다. 이어서 '공직 회복법'이라는 미명하에 이 대학에서 250명의 유대인 교수 및 직원들이 축출되었다. 유대인이 아니더라도 나치 통치에 저항하던 많은 지식인들이 또한 피해를 입었다. 이미 수여되었던 수많은 박사 학위가 '불순한 지식'으로 치부되어 회수되기도 했다. 나치 통치 기간 동안 학교에서 강제로 축출된 학생 및 교직원의 수는 전체의 3분의 1에 해당하는 정도였으니 이 대학에 가해진 정치적 탄압의 강도를 짐작해볼 수 있다.

홈볼트대학의 시련은 여기에 그치지 않았다. 소련 군정기인 1946년에는 이곳에 소련군 점령비가 세워졌으며, 군정 정부는 베를린대학의 재개교가 아니라 새로운 대학을 세우겠다는 취지하에 훔볼트대학으로 개명하고 250여 명의 교직원 및 박사과정 학생들을 축출했다. 또한 사회주의적 학문을 지향한다는 취지에서, 본관 입구 전실에 금박으로 마르크스의 유명한 '포이어바흐에 관한 제10테제'를 새겨 넣었다. "이제껏 철학자들은

본관 전실에 새겨져 있는 마르크스의 '포이어바흐에 관한 제10테제'

이 세계에 대해 이런저런 해석만 해왔다. 그러나 이제 철학자들이 이 세계를 변화시킬 때이다Die Philosophen haben die Welt nur Verschieden interpretirt, es kommt aber darauf an, sie zu verändern." 아이러니하게도, 통일 이후 사회주의적 요소의 탈색에도 불구하고 대학 본관 입구 그 자리에는 아직도 이 마르크스의 어구를 그대로 남겨놓고 세계를 변화시키고자 하는 지식인들의 영원한 좌우명으로서 기리고 있다.

미래를 선도하는 훔볼트대학

1827년 알렉산더 폰 훔볼트는, "이 대학은 머지않아 최초의 천문대, 최초의 화학연구소, 최초의 식물원, 최초의 초월함수 수학연구소를 갖게 될 것이다. 이러한 통합적 대학이 나의 필생의 목표이다"라고 천명했는데, 그의 이상은 19세기를 통해 명실공히 실현되었다고 평가할 수 있다. 오늘날 훔볼트대학은 신학부, 법학부, 의학부 외에도 철학부 I(철학과, 사학과, 유럽인류학과, 도서관정보학과), 철학부 II(문학과, 언어학과, 유럽어과, 고전어과), 철학부 III(사회과학과, 문화학과, 고고학과, 젠더학과), 철학부 IV(스포츠 재활학과, 교육학과, 교육경영학과), 자연과학부 I(생물학과, 화학과, 물리학과), 자연과학부 II(지리학과, 컴퓨터과학과, 수학과, 심리학과), 농업·원예학부, 경제·경영학부의 11개 학부 산하에 207개의 학과 및 교육 프로그램으로 구성되어 있다. 재학생은 약 3만 8,000명(학부생 2만 3,000명, 대학원생 1만 5,000명)이고 그중에 외국 학생이 10퍼센트 정도를 점하고 있으며, 재직하고 있는 교수는 약 2,500명이다.

통일 이후 독일 정부는 사회주의 시절 재직하고 있던 교수들을 계속 임용하지 않고 전원 재지원을 시켜 사회주의를 완전히 탈색한 교수진으로 대학을 재정비했다. 이 전환 과정을 주관한 학자가 역사가인 하인리히 빙클러Heinrich Winkler였다는 것은 이 대학의 개편을 통해 독일 역사를 재검토한다는 취지를 엿볼 수 있게 하는 의미심장한 일이었다. 2013년 현재 대학 총예산은 4억 유로(약 6천억 원) 정도이며, 독일 연방정부가 지정한 11개 엘리트 대학 중 하나로 선정되어 있다. 우리나라에서도 몇몇 언론 기관의 주도로 대학 평가 및 서열화가 유행하고 있는데, 같은 맥락에서 영국 대학 평가 기관인 퀘커렐리 사이몬즈Quacquarelli Symonds, QS가 매년 실시하는 세계적인 권위의 대학 평가인 'QS 세계 대학 평가'에서 2013년 기준으로 세계 126위, 독일 7위로, 또한 영국의 '타임스The Times 대학 평가'에서는 세계 94위, 독일 6위로 기록되고 있어서 세계적으로 뛰어난 대학 중 하나로 평가받고 있는 것은 사실이지만, 그렇다고 해서 과거의 영광을 충분히 이어가고 있다고 볼 수는 없다.

자국의 굴곡진 역사를 극복하고 미래의 역사를 지향하려는 독일인들의 이 대학에 대한 관심과 애정은 각별하다. 또한 과거의 영광을 다시 재현하기 위해 국가적 노력이 이 대학의 재건에 경주되고 있다. 한 예로, 2009년부터 막대한 국가 예산을 투입하여 훔볼트대학 본관 옆에 새로운 국립 도서관을 건설하고 있는데, 그 명칭을 '그림 형제 센터Jacob und Wilhelm Grimm-Zentrum'로 명명하면서 19세기 훔볼트대학이 배출한 위대한 지성을 강조하는 한편 미래 지향적 도서관의 비전도 제시하고 있다. 이 도서관은 이전의 650만 권의 장서를 더 좋은 시설에 유치한다는 개념에서 한 걸음 더 나아가 새 시대의 새로운 개념을 지향하는 종합적 학문의 전당으로서 새로운 도서관을 만든다는 취지에서 건립되고 있다.

1991년 이래, 본관을 위시하여 베를린 중앙부의 이곳저곳에 산재해 있던 대학의 여러 기관들은 미래의 발전 기획을 수용하기에는 너무 좁기에 새로운 캠퍼스가 필요하다는 논의가 시작되었다. 그 결과 시 서남쪽의 아들러스호프Adlershof 지역에 새로운 개념의 캠퍼스를 기획하여 '과학·산업 혁신 도시'의 개념으로 건설하고 있으며, 현재 5,000채의 주거와 3만 개의 일자리를 창출한 공원도시의 면모를 갖추어가고 있다. 특히 이곳에는 전통적 자연과학의 분야뿐 아니라 새로운 시대의 융합 학문을 선도하는 교육 프로그램 및 연구소들이 설치되고 있어서, 현대의 여러 대학들이 미래형 대학을 설계하는 데 있어 또 한 번 베를린훔볼트대학이 그 모범으로 벤치마킹되고 있는 상태이다.

이와 같이 베를린훔볼트대학은 어두운 과거를 딛고 일어서서 전면적인 개편을 통해 미래형 대학으로 다시 발돋움하고 있다. 그러한 노력 중 특기할 사항이 '훔볼트포룸 기획Humboldtforum Project'이다. 이 기획에 따라 대학 본관 건너편 운터 덴 린덴 거리가 시작하는 지점이며 바이마르 공화국의 정부 청사로 쓰이기도 했던 '프로이센 성'이 있는 자리에 매우 혁신적인 미래형 개념의 건물을 현재 짓고 있다. 이 건물은 전 세계에 유례가 없는 새로운 형태의 교육기관 모델을 제시하고 있다. 이는 과거의 역사적 전통과 현대의 혁신성을 통합한 미래의 박물관을 위한 실험적 모델이다. 즉 도서관 및 박물관 겸 개방형 대중 교육의 역할을 수행하는 장소로서, 다시 한 번 독일인들이 자신들의 문화의 특수성과 함께 세계성을 강조하는 대규모의 혁신적 문화 프로젝트이다. 이는 세 개의 기관, 즉 프로이센 성 재단Stiftung Berliner Schloss, 베를린 중앙도서관Zentral-und Landesbibliothek Berlin 및 베를린훔볼트대학 간의 합작 기획이다. '훔볼트포룸'이라는 이름의 상징성에서, 독일 문화의 세계화와 미래 비전을 강조하되 그 전통은 역시 독일의 전통적 특수성에 있음을 강조하고 있다는 것을 엿볼 수 있다.

한마디로 베를린훔볼트대학은 근대 학문을 제도화한 근대적 대학의 기원이었으며 그 모델은 오늘날까지 대체로 존중되고 있다. 지성사적으로는 낭만주의와 계몽주의를 결합하여 독일적 지성의 전통을 확립한 대학이었다. 과학사에서는 근대 물질문명의 이론적 기초를 제공한 다수의 기념비적 업적을 산출한 대학이었다. 그러나 제국주의라는 시대적 배경 아래에서 국가지상주의를 함양하는 지적 토대 마련에 기여한 대학이었다고도 할 수 있다. 이와 같이 독일사의 특수성에서 기원한 가장 독일적인 대학이면서도, 유럽사의 변곡점에서 긍정적이든 부정적이든 커다란 전환의 지적 토대를 제공했다는 점에서 유럽 역사의 굴곡을 극명하게 반영하는 대학이었다. 이제 다시 통일되어 경제적으로 번성하고 있는 독일인들과 그들을 둘러싼 유럽인들은, 또 한 번 유럽과 세계에 새로운 문화적 이상과 과학적 혁신을 제시하기를 기대하며 베를린훔볼트대학을 바라보고 있다. _임상우

---

* 이 글은 《서강인문논총》 42집(2015)에 게재되었다.

제네바대학 : 칼뱅 종교개혁의 성지

1559년 신학자 양성을 위한 칼뱅의 '제네바 아카데미'를 모체로 시작

제네바 아카데미 개교식을 통해 칼뱅의 수제자 베자가 초대 학장으로 추대됨

1565년 법학 교육 시작

17세기 프랑스에서 위그노 박해가 시작되면서 위그노들의 집결지가 됨

'프로테스탄트들의 로마'로 불리며 프로테스탄트 정신과 문화를 보급하는 구심점 역할을 함

1704년 수학과 교수직 설치. 베이컨 지식의 귀납법적이고 실험적인 방법 적극 수용

신학자만을 양성하는 종교적 성격보다 합리주의를 가르칠 수 있는 세속 학문 중심으로의 변화 모색

1722년 특별한 2년 과정의 인문학 과정 시작

1873년 의학부 창설. 신학대학의 전통을 버리고 종합대학으로 발전 시작

"우리는 지금 제네바로 간다"

"흘러간 세월 속에 묻어둔 사랑
레만 호숫가에서 만났을 때에
나는 울었네. 갈라진 나라를
말 못 할 사연을 나는 울었네."

— 〈레만 호에 지다〉*

* 1979년 KBS에서 방영된 특집극(한운사 원작)의 주제곡으로 패티김이 노래했다.

1980년대 사상과 분단의 벽을 넘은 사랑 이야기 〈레만Leman 호에 지다〉와 베트남 전쟁의 상처를 다룬 〈우리는 지금 제네바로 간다〉(송영수 감독의 1987년 영화)와 같은 영화에서 제네바와 레만 호는 지도상의 단순한 도시와 호수가 아니었다. 꿈과 희망을 찾아볼 수 없는 사방이 암울했던 시대, 우리에게 제네바는 자유의 또 다른 이름이었다. 레만 호 남서쪽 가장자리에 위치한 제네바는 이렇듯 '어둠 후의 광명Post Tenebras Lux'과 같은 피안彼岸의 세계를 의미했다.

유럽인들에게 제네바는 중세로부터 새로운 근대 세계를 이끈 구원의 도시로 기억된다. 저명한 프랑스 역사가 미슐레Michelet가 그의 저서 《프랑스사*L'histoire de la France*》를 통해 "제네바에 의해 구원된 유럽L'Europe sauvée par Genève"이라는 표현을 아끼지 않을 정도였다. 칼뱅이 일으킨 종교개혁의 거점이며 루소Jean Jacques Rousseau의 고향이었고 볼테르Voltaire의 피난처였던 제네바는 근대 개혁이라는 또 다른 기억의 장소이다. 종전 후, 연방주의자 루즈몽Denis de Rougemont이 새로운 유럽을 위해 유럽 각지에 흩어져 있던 연방주의자들을 칼뱅의 종교개혁 설교가 이루어진 '개혁의 장소la Salle de la Réformation'에 소집한 것이 우연의 일치만은 아니다. 즉 16세기 칼뱅의 종교개혁에서부터 20세기 유럽통합 연방주의자들에게 이르기까지 유럽인들에게 제네바는 국경을 초월한 유럽인들의 결집과 소통이 이루어진 상징적인 장소이다.

제네바대학을 품고 있는 바스티옹 공원Parc des Bastions의 '종교개혁 기념비Momument de la Réformation'는 조용하지 않았던 유럽 근대사를 증명한다. 16~17세기 유럽에서 근대 개혁을 이끈 선각자들이 어깨를 나란히 하고 있다. 30년 전쟁을 끝내고 독일 사회 개혁을 단행한 프리드리히 빌헬름Friedrich

제네바대학 본관을 정면으로 바라보고 있는 종교개혁 기념비. 왼쪽부터 파렐, 칼뱅, 베자, 녹스

Wilhelm, 프랑스 가톨릭 세력과 화해를 도모하고 1598년 낭트 칙령Édict de Nantes으로 프랑스의 종교적 관용을 이끈 앙리 4세Henri IV, 프랑스 개신교인 위그노Huguenot의 거장 가스파르 드 콜리니Gaspard II de Coligny, 미국의 종교적 관용과 자유의 정신을 설파한 로저 윌리엄스Roger Williams, 영국 청교도 혁명(1642~1651)을 통해 왕당파를 물리치고 공화국을 세우는 데 크게 이바지한 올리버 크롬웰Oliver Cromwell, 그리고 헝가리 영웅 이슈트반 보치코이István Bocskay와 같은 인물의 석상과 사건 부조들이 근대 유럽 개혁의 역사를 설명한다.

그 중심에는 제네바대학의 설립자인 칼뱅과 유럽 종교개혁의 선구자 세 명이 나란히 서 있다. 왼쪽부터 제네바에서 종교개혁을 처음 시작한 파렐Guillaume Farel, 그리고 칼뱅, 칼뱅의 후계자인 베자Théodore de Beza, 스코틀랜드 장로교회의 씨앗을 뿌린 녹스John Knox를 볼 수 있다. 이 선구적인 종교개혁가 네 명은 유럽 대륙의 종교개혁뿐만 아니라 유럽 민주주의 및 법

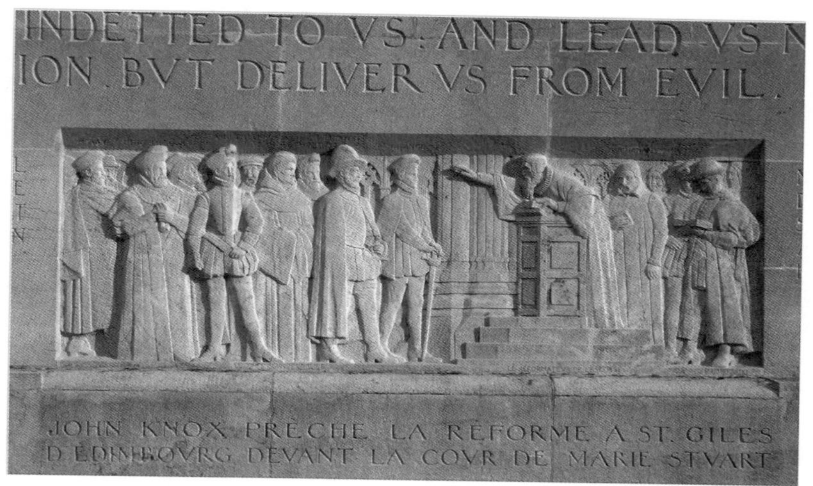

바스티옹 공원의 종교개혁 기념비 부조

치주의 발전에도 중요한 역할을 한 인물들이다. 이 기념비들을 마주하고 있는 제네바대학은 이러한 근대 개혁의 기억을 공유한다.

1559년 칼뱅의 '제네바 아카데미'를 모체로 하여 시작된 제네바대학은 종교개혁뿐만 아니라 근대 유럽 사회 개혁 의지가 실험된 개신교들의 문화적 거점이었다. 창설 초기부터 '프로테스탄트들의 로마'로 불리며 자유 및 개혁 정신을 유럽에 확산시키는 중요한 전진 기지였다. 또한 17~18세기에는 계몽주의자들이 그들의 철학을 실험한 장소이기도 했다. 몽테스키외Charles Louis de Secondat Montesquieu의 《법의 정신*De l'Esprit des Lois*》이 제네바대학의 법학 교수인 피에르Pierre Mussard와 법대 교수이며 동시에 목회자로 활동했던 자코브Jacob Vernet의 지지를 얻고 인쇄되었던 점이나, 루소가 그의 저서 《에밀*Emile*》과 《사회계약론*Contrat social*》 테제를 이곳 제네바대학 교수들과의 공방 속에서 발전시켰던 역사는 제네바대학의 큰 자랑거리이다.

즉 16세기 종교개혁가들의 '네트워크'의 메카로서, 그리고 17~18세기 프랑스 계몽주의 철학가들의 '지식의 전당'으로서 제네바대학은 근대 개혁 철학과 사상의 중심에 있었다.

이처럼 시공을 초월하여 제네바대학이 주목받는 이유는 이곳이 역사의 커다란 변곡점에서 자유와 개혁이 실현되었던 지식 네트워크의 중심지였기 때문이다. 제네바는 역사적으로 문화적 경계나 사상의 차이를 초월한 자유와 개혁의 정신으로 유럽을 하나로 연결하고 있다. 브뤼셀이 유럽 정치나 유럽 기구를 통해 유럽을 통합하고 있다면, 문화와 정신으로 유럽을 하나로 연결하고 있는 곳은 스위스 제네바이다. 국경을 초월한 지식의 소통과 교류가 이루어지고 개혁과 자유의 정신을 유럽에 전파한 제네바대학의 역사가 이를 증명한다. 오늘날에도 제네바대학이 학생들의 교류가 활발히 이루어진 국제 학교로서의 명성을 세계에 알리고 있는 것은 바로 이러한 역사적 전통에 기반하고 있기 때문이다. 지금부터 근대 자유와 개혁의 증거, 제네바대학으로 가보자.

근대 자유와 개혁의 증거, 제네바대학

게르만 국가와 지중해 국가가 만나는 접경지로 일찍부터 상업이 발달한 제네바 시의 사람들에 대해 18세기에 루소는 "자유와 확신을 소유한 사람들"로 묘사했다. 제네바 시가 다른 세계와 지속적으로 열린 교류를 하며 상업의 중심지로 발전할 수 있었던 것은 무엇보다 제네바 시를 관통하는 론 강이 프랑스로 연결되는 지정학적인 특수성에서 기인한다. 론 강은 게르만 세계와 지중해 세계가 만나는 상업적 활동의 장소일 뿐만 아니라,

스위스와 프랑스 간의 근대 유럽 지식의 교류와 소통에도 중요한 역할을 했다. 칼뱅은 프랑스 북부에서 태어났지만 스위스의 도시 제네바에서 종교개혁의 횃불을 밝혔고, 루소는 제네바에서 태어나 프랑스의 수도 파리에서 계몽주의 사상을 전파했다.

상업을 토대로 발전한 제네바 시의 열린 정체성과 제네바대학의 설립·발전은 밀접한 상관성을 보인다. 경제적 지위와 동등한 정치적 지위를 얻고자 열망했던 새로운 이익집단인 도시 상인 부르주아 계층은 법과 정치, 교회 조직, 교육, 예술 분야에 이르기까지 커다란 변화에 영향을 미쳤다. 제네바의 경우, 베버가 주장하는 "합리적인 이윤 추구를 정당화"했던 칼뱅주의와 칼뱅의 개혁을 도시 부르주아들이 지지했던 것은 자명한 사실이다. 이는 칼뱅의 아카데미 설립에 필요한 재정 문제가 어떻게 해결되었는지 살펴보면 더욱 분명해진다. 당시 제네바 아카데미 설립의 주요 수입원은 기부금과 후원 그리고 모금의 형태였다. 기부금은 주로 제네바 시민들이 남긴 유언으로 수령되었고, 그 밖의 모금과 후원이 제네바 시민들의 대대적인 참여에 의해 이루어졌다. 이러한 사실로 볼 때 제네바 시민들이 칼뱅의 개혁과 칼뱅의 교육기관을 적극 지지했다는 것을 알 수 있다.

근대 도시 제네바의 정치 및 종교적 자립의 완성은 칼뱅에 의한 종교개혁 및 사회 개혁을 통해 이루어졌다 해도 과언이 아니다. 중세까지 제네바는 도시 지배권을 둘러싼 부르고뉴족, 프랑크족, 신성로마제국의 각축장이었다. 실질적으로 제네바를 다스리는 이들은 제네바의 주교들이었고, 1124년 협정을 통해 주교가 도시 영주로서 정식으로 군림하게 되어 어느 정도 안정을 되찾았다고 볼 수 있다. 그런데 13세기 후반부터 사보이가Savoy家가 제네바에 영향력을 미치기 시작하자, 이 도시는 또다시 도시 군주와 주교의 긴 투쟁의 장소가 되었다. 도시 지배권을 둘러싼 혼란이 16세기까지 지속되었는데, 이러한 위기로부터 '개혁 공동체'를 통해 도시 구하기를 자처한 사람이 칼뱅이다. 1536년 제네바의 시의회는 칼뱅의 개혁주의를 받아들이고, 가톨릭 성직자 및 귀족의 지배권을 배척하며 주권을 가진 도시 공동체로서의 입장을 공표했다. 또한 제네바 시민들은 "개신교 법과 신의 천명"에 따르는 삶을 선포하는 등 칼뱅의 개혁을 수용했다. 그뿐만 아니라 "아이들을 학교로 보내 지식을 습득하게 해야 한다"는 칼뱅의 주장을 받아들였다. 이처럼 칼뱅은 새로운 교파를 만들어 교회의 제도뿐만 아니라 제네바 시의 정치 및 시민 생활에 이르는 사회 개혁을 단행했다. 그로부터 20년 후, 제네바는 '그리스도교 공화국République chrétienne'의 모델이자 유럽의 정신 및 지식의 중심지가 되었다. 스코틀랜드 종교개혁가 닉스가 1555년 12월 자신이 목격한 칼뱅의 제네바에 대해 "…… 생활과 종교가 그처럼 신실하게 개혁된 곳은 다른 어느 곳에서도 보지 못했다"고 평가할 정도로 칼뱅의 개혁은 종교적 차원뿐만 아니라 도시와 사회 개혁에까지 이르는 것이었다.

여기에 제네바대학이 갖는 특수한 국면이 있다. 역사가 보르조Charles Borgeaud가 "근대 최초 자유의 본거지"로 칼뱅의 개혁과 제네바 아카데미를 평가했듯이, 제네바대학은 제네바 시의 지배권을 장악하고 있던 주교의 권한으로부터 또는 영주의 관할로부터 도시의 자치와 자유를 위한 투쟁의 도구로 시작했다. 제네바대학이 왜 연구 기관 또는 가르치는 곳으로서의 교육기관의 역할과 목적을 넘어 도시와 사회 개혁을 위한 방편으로 설립되었는지에 대한 답도 여기에서 찾을 수 있다. 환언하자면, 제네바대학의 설립 배경 및 발전 동인은 학문적 동기나 지배 계층의 지배적 우위를 확보하고 훈련하기 위한 데 있다기보다, 제네바 도시 개혁의 필요성과 교육기관을 통해 근대 유럽 사회를 개혁하고자 했던 칼뱅의 개혁 정신과 밀접한 관련이 있다.

칼뱅의 시기, 제네바 아카데미의 교육과정

종교개혁가 장 칼뱅. 제네바에서 종교개혁에 성공하고 신정치 체제를 수립했다.

우선 칼뱅의 생애와 종교개혁을 간략히 정리하면 다음과 같다. 칼뱅은 1509년 파리 북쪽 지역에서 태어났다. 18세가 되었을 때 아버지의 권유로 당시 사회적 성공의 지름길이었던 법을 전공했고, 동시에 그리스어와 고전 및 인문학을 수학했다. 1533년 24세가 되었을 때 가톨릭을 비판했다는 이유로 스위스 바젤Basel로 추방되어 은신 생활을 하게 되었다. 그곳에서 《기독교강요基督教綱要, *Institutio Christianae Religionis*》 초판을 출판했는데, 이는 오늘날 개신교도들에게 성경 다음으로 널리 읽히는 고전으로 인식되고 있다. 그의 나이 26세 때의 일이다. 칼뱅은 당시 종교개혁가 파렐의 요청으로 제네바 종교개혁에 합류했다. 그러나 제네바에서의 첫 번째 종교개혁은 실패하고 또다시 스위스가 아닌 스트라스부르로 쫓겨나고 말았다. 당시 스트라스부르는 종교개혁의 박해로 피난 온 난민들이 많이 몰려드는 곳이었다. 1538~1541년에 이곳에서 결혼하고 사역을 하면서 《기독교강요》를 프랑스어로 출판했다. 1541년에는 다시 제네바로 돌아가 이때부터 그의 14년간의 종교개혁이 단행되었다. 그는 하나님의 말씀에 의한 교회 사역의 질서와 규율을 강조하고, 음주와 도박 그리고 춤을 금지하는 금욕적인 삶을 강요하며 사회 개혁을 단행하려고 했다. 그러나 칼뱅은 자신의 설교와 교리문답만으로 교회 교육과 개혁을 추진하는 데 한계가 있음을 인식하고, 더욱 효과적인 개혁의 방안을 위해 학교 설립에 관심을 갖기 시작했다.

스위스 제네바를 중심으로 펼쳐진 칼뱅의 종교개혁은 사실 사회 개혁을 목적으로 한 교육 개혁이라고 볼 수 있다. 칼뱅의 개혁에서 교회와 학교는 매우 중요한 기관이었고 특히 교육은 중요한 개혁 수단이었다. 무엇보다 칼뱅은 종교개혁을 위한 새로운 교육 방식과 교육기관의 설립을 강조했는데, 이는 교육에 대한 중세 가톨릭교회의 독점권을 종식시키는 결과를 가져왔다. 칼뱅은 가톨릭교회의 수도원적인 신비적 영성의 추구를 비판했을 뿐만 아니라 성경과 분리된 성령의 신비적 체험을 추구하는 영성주의자들을 비판했다. 그 대신 개인의 성서 읽기, 설교, 찬송, 기도(낭송) 등을 강조했으며, 그러므로 신자들은 반드시 교회 안에서 목회자들의 교육을 받으면서 성장해야 한다고 주장했다.

이와 같은 칼뱅의 노력은 1559년 6월 5일 제네바 아카데미 개교를 통해 성사되었다. 제네바 의회 의원들과 목회자들 그리고 교수들과 아카데미 회원 및 600여 명에 이르는 학생들이 성 베드로 교회에 모여서 '제네바 학칙'을 읽으며 개교식을 가졌다.

당시 대학의 성격이 무엇이어야 하는지를 놓고 칼뱅과 그의 수제자인 베자가 치열한 논쟁을 벌이기도 했던 것으로 기록된다. 1559년 설립 초기부터 사실 칼뱅과 베자는 학교 설립의 근본 목표에서 의견을 달리했다.

교육기관의 성격 및 역할과 관련하여 칼뱅은 근본적으로 프로테스탄티즘 및 사회 개혁에 입각한 선교사들을 양성할 신학교를 세우기를 원했다. 반면에 베자는 신학을 근간으로 하되 법과 의학 지식을 모두 포괄하는 완전한 종합대학의 설립을 원했다. "법과 의학을 교육하는 것, 그것은 신의 계시와 같은 행복한 실천을 이루는 일이 될 것이고, 이를 달성하는 것은 우리의 소명이다"라고 언급하며 베자는 칼뱅의 의견에 반대하기도 했다. 초기에는 칼뱅의 주장이 받아들여져 '아카데미'로 시작되었다. 그러나 점차 시간을 더하며 제네바대학은 베자의 설립 목표와 방향을 따라 '유니버시티'로 발전하게 되었다. 다시 말해 설립 초기 제네바대학은 칼뱅의 설립 정신과 베자의 교육관이 반영된 '제네바 아카데미'인 동시에 '제네바 대학'으로 그 정체성을 만들어가며 발전했다.

제네바 아카데미의 교육 운영은 칼뱅과 교회의 통제를 통해 이루어졌다. 각 교사는 엄격한 교회 규율의 규제를 받았으며 성직자들에 의해 임명되었다. 교사들은 '제네바 신앙고백서'에 서명해야 했고, 자신이 맡은 학생들의 신앙과 생활을 면밀히 감독했다. 학교는 학장에 의해 운영되며 그 임기는 2년이었다. 그리고 학감이 있었는데, 그는 학장을 도와 각 부처의 일이 잘 진행되는지를 관장하는 책임을 맡고 있었다. 학장 아래에 대학 수준의 학업을 지도하는 히브리어, 그리스어, 교양학 그리고 신학 교수들이 있었다.

제네바 아카데미의 교육제도는 크게 두 단계로 나누어졌다. 초등과정인 '스콜라 프리바타schola privata'와 두 번째 단계인 고등과정 '스콜라 퍼블릭schola public'으로 나뉘어 교육이 이루어졌다. 우선 중세 교육제도와 다른 눈에 띄는 점은 학년제의 도입이다. 학년제의 1학년부터 7학년까지(6~16

세에 해당)로 이루어진 초등과정에서는 그리스어와 라틴어를 읽고 배우며 변증법 및 그리스와 로마의 많은 고대 학자들의 글을 읽었다. 초등과정에서는 특히 이해력과 표현력을 강화하기 위한 교육에 집중되었다. 라틴어, 프랑스어, 그리스어 및 고전 지식이 강조되었고, 이뿐만 아니라 구문과 작시법, 수사학 등이 다양하게 교육되었다.

연장 교육으로 두 번째 단계인 고등과정에서는 신학, 히브리어, 그리스어, 문학, 변증학, 수사학, 물리학, 수학, 민법 등 더욱 다양한 교육이 제공되었다. 이 교육과정에서는 처음부터 고전이 강조되었고, 다른 중요 학문인 신학과 교양학을 배울 수 있었다. 칼뱅은 키케로Marcus Tullius Cicero를 모델로 해서 라틴어 회화와 작문 능력을 발달시키고자 했다. 제네바의 학생들은 라틴어로 유창한 연설을 할 수 있었기 때문에, 학생들이 마치 소르본 박사들처럼 말한다는 소문이 생길 정도였다. 교양학 교수는 자연과학과 수학을 가르치면서 동시에 아리스토텔레스의 학문을 주교재로 하고 키케로를 예증으로 삼아, 설교의 이론과 실제, 법적 변론의 문제를 설명했다. 이러한 교육은 목사가 설교를 하거나 법률가가 되어 변론을 할 때, 또는 행정가가 되는 일에 필요한 실제적인 훈련이었다. 따라서 칼뱅이나 그의 제자들이 볼 때 수사학은 가장 실용적인 학문이었다. 이후 법률과 의학이 첨가되었는데, 이는 학생들을 실제로 교회와 사회에 더 유익한 인물로 양성하기 위함이었다.

이와 같은 교과과정을 통해 알 수 있는 점은 '제네바 아카데미'에서 신학뿐만 아니라 고전에 대한 학습이 중요하게 강조되었다는 것이다. 또한 많은 교육 시간이 고전에 대한 철학과 이해를 위한 학습에 할애된 것을 볼 때 제네바 아카데미는 전형적인 르네상스 학교였다. 제네바 아카데미의 제1의 목표는 일반적인 지식인이 아니라 최고의 개혁 신앙을 가진 목사를 양성하는 것에 있었다. 물론 칼뱅에게는 신학이 모든 학문의 왕좌로서 문학과 철학, 과학은 이를 위한 준비 과목들이라 해도 과언이 아니었다. 그렇지만 칼뱅은 과학과 실제 기술에 관한 고대 서적을 그리스도교 신자들에게 가르칠 가치가 있다고 확신했다. 이를 통해, 칼뱅의 인문주의에 대한 분명한 관심과 입장을 알 수 있다.

칼뱅은 이미 1538년 '제네바 학교를 위한 시안'을 통해 인문 교육의 중요성을 강조한 바 있다. 그는 "인문학이 성경을 이해하는 데 도움을 줄 것이고, 제네바의 학교는 성직자 교육만이 아니라 시민 교육을 위해서도 필요하다"고 말하면서 성경과 인문 교육 그리고 시민 교육을 강조했다. 칼뱅 자신이 파리대학에서 학생으로 인문주의 운동에 참여했다는 점과 그가 인문주의 교육을 받으면서 수사학을 교육받은 사실은 잘 알려져 있다. 칼뱅의 인문주의에 대한 관심은 제네바 아카데미에서 키케로와 수사학 교육을 강조했던 것을 통해서도 알 수 있다. 칼뱅은《고린도전서 주석》에서 수사학에 대해 "이 기술이야말로 틀림없이 하나님께서 주신 훌륭한 은사恩賜이며, 우리는 이 은사를 인간이 값있는 일을 할 수 있도록 돕는 도구라고 부를 수 있다"고 강조하기도 했다.

다른 한편 칼뱅은 생활 교육을 통한 시민 교육을 강조했다. 그는 교회의 질서와 시민 생활의 질서를 강조하는 것을 교육의 기본으로 삼았다. 이러한 생활 교육은 그리스도인의 직업관과 연결되었다고 볼 수 있는데, 칼뱅에게 모든 것은 하나님의 영광을 나타내는 직업이며, 이는 청지기로서 그리고 소명으로서의 직업관으로 발전하게 되었다. 독일 사회학자 베버도 지적하고 있듯이, 이러한 칼뱅의 사상은 근대 자본주의 정신의 형성과 발전에 중요한 영향을 주었다고 볼 수 있다. "현세에서 이윤을 추구하며, 정직하게 세속에서의 의무stewardship를 다하는 것이 바로 신의 선택을 받았다는 증거"라는 칼뱅의 사상은 이후 네덜란드, 스위스, 영국, 스코틀랜드 및 북아메리카의 상업 활동 계층으로부터 강한 지지를 받았고, 근대 유럽의 자본주의 체제로의 전환에 중요한 영향을 미쳤다. 이처럼 신학과 경제 활동을 연결하는 교육 이론과 실제를 발전시켰다는 측면에서 그의 교육은 또한 실용주의적이었다고 볼 수 있다.

17세기, 개신교 네트워크의 중심 제네바대학

칼뱅은 '제네바 아카데미'를 세워 수많은 개혁주의 학자를 배출해 개신교의 가르침을 유럽 전역에 전파하고자 했다. 이러한 칼뱅의 의지가 실현된 제네바대학은 인접 국가들을 그물망처럼 연결하여 세계주의적인cosmopolite 지식의 교류와 소통의 중심이 되었다. 제네바 아카데미는 초기에 6명의 교수진과 162명의 학생으로 시작되었으나 5년 후에는 1,300명의 학생들로 채워진 스위스 최고의 대학으로 거듭 성장했다. 무엇보다 민족과 국경을 초월한 '그리스도교 공동체'를 설립하고자 한 칼뱅의 목표가 성취된 결과였다. 당시 제네바는 이러한 칼뱅의 의지가 실현된 종교적 거점뿐만 아니라 교육과 문화의 중심지로 성장했다. 1600~1699년 제네바 아카데미 학생의 출신 지역과 비율을 살펴보면 다음과 같다.

| 1600~1699년 제네바 아카데미 학생의 출신 지역과 비율 |

지역	학생 수(명)	비율(%)
제네바	124	14.5
스위스	197	23
프랑스	294	34.3
독일	89	10.4
네덜란드	39	4.5
영국	12	2.5
폴란드	17	2
이탈리아 북서부	16	1.9
덴마크	13	1.5
오스트리아	13	1.5
보헤미아	9	1
스웨덴	2	0.2
알려지지 않음	22	2.6

17세기에 제네바대학은 이미 유럽 전역의 개신교 네트워크를 연결하는 중심지였다. 특히 프랑스에서 루이 14세에 의해 낭트 칙령이 폐지되고 위그노에 대한 박해가 심해지자 프랑스로부터 많은 이주가 이루어졌다. 독일과 프랑스, 영국으로부터도 칼뱅의 개혁주의 신앙을 배우고자 많은 학생들이 모여들었다. 즉 종교적 이유에서건 또는 사회 개혁적 이유에서건 당시 제네바대학은 다양한 국적과 다양한 지역 인사들이 몰려든 칼뱅의 국제적 거점이었던 것이다. 제네바 교육기관을 통한 칼뱅의 계획은 제네바뿐만 아니라 더 나아가 전 유럽 세계를 개혁하는 것이었다. 이후 이러한 칼뱅의 교육 정신은 스위스 전역뿐만 아니라 국경을 넘어 프랑스, 네덜란드 및 스코틀랜드에 널리 전파되어 그곳의 종교개혁과 사회 개혁을

이끌었다. 특히 영국은 이러한 칼뱅주의를 토대로 한 39개조 신조를 만들었는데 이는 훗날 영국 청교도 운동에 적극 활용되었다.

| 1559~1564년 제네바 아카데미에서 교육받은 사람들이 졸업 후 선택한 다양한 직업(단위: 명) |

연도	행정 관료 · 교수	관료	변호사	의사	상인 · 장인	귀족	비서	알려지지 않음
1559	40	5	0	5	1	0	0	16
1560	24	3	1	0	1	1	0	22
1561	8	1	0	0	0	0	0	10
1562	6	0	0	0	0	0	0	16
1563	29	3	3	2	0	1	0	56
1564	38	3	0	0	0	0	1	42

위의 표를 통해 알 수 있듯이, 당시 제네바대학의 졸업생들은 본국으로 돌아가 목회자가 되거나 교육자 및 행정 관료로 활동했다. 이는 제네바 아카데미 졸업생들이 자신의 국가 및 사회에 끼친 변화와 영향을 짐작해볼 수 있는 부분이기도 하다. 한 가지 예로 '칼뱅의 아카데미'와 유사한 교육기관의 설립과 칼뱅주의 개혁 사상의 보급을 들 수 있다. 제네바대학은 이후 네덜란드의 아브라함 카위퍼Abraham Kuyper에 의한 자유대학 설립의 단초가 되었으며, 유럽은 물론 미국 그리스도교 학교 설립에 광범위한 영향을 미쳤다.

궁극적으로 칼뱅의 종교개혁은 교육을 통한 근대 유럽 사회의 개혁이었다. 그 영향은 제네바 및 스위스 전역뿐만 아니라 17세기 영국이 칼뱅의 영향을 받아 청교도 혁명에 이르렀던 것이나 아메리카 개혁과 독립의 정신적 기반이 되었던 점만을 강조해도 매우 크다고 볼 수 있다.

그중에서도 네덜란드는 이러한 칼뱅주의적 세계관과 교육관에 가장 큰 영향을 받은 국가다. 네덜란드는 부존자원이 없고 강대국에 둘러싸였으며 국토가 해수면보다 낮고 기후도 열악한 상황에서 세계 최대의 무역국으로 '17세기 황금시대'를 구가했다. 이는 칼뱅의 교육관이 적극 수용되었기 때문이다. 우선 칼뱅주의는 네덜란드가 에스파냐의 억압으로부터 독립하는 데 큰 공헌을 했다. 가톨릭을 앞세운 에스파냐 펠리페 2세Felipe II의 전제 정치에 맞서 80년간(1568~1648) 독립 전쟁을 치른 네덜란드는 1648년 베스트팔렌 조약과 함께 독립을 맞이하게 되었는데, 독립한 네덜란드 연방 공화국의 정체성은 바로 칼뱅주의적 개신교였다. 그뿐만 아니라 칼뱅주의는 성경적인 가치관과 규범적인 방향을 통해 네덜란드인들에게 큰 영향을 미쳤다. 그 결과 네덜란드는 비록 영토가 작은 나라지만 개혁주의적 세계관에 기초한 국제적인 기업인들이 많다. 여기서 주목할 사실은 당시 네덜란드의 해외 무역 활동가들 중 개신교도들이 많았다는 점이다. 직업을 '하나님의 소명'으로 보며 정직하고 성실하게 일할 것을 주장했던 칼뱅주의적 세계관은 네덜란드의 경제 발전을 더욱 촉진했다.

근대 종합대학으로의 변모

18~19세기 제네바대학은 중대한 전환기를 맞이했다. 새로운 변화의 위기와 도전에 맞서 제네바대학이 무엇으로 남아 있어야 하는가 하는 문제에 직면한 것이다. 즉 신학적이고 학문적인 전통 대학의 모습과 직업적이고 전문적인 대학으로의 변화 요구 사이에서 선택과 방향을 조율해야 했다. 오늘의 시각에서 보면 이는 바로 제네바대학이 부딪힌 정체성

의 위기라고도 볼 수 있다. 이러한 변화의 시점에서 제네바 아카데미가 선택한 방향은 교과과정을 대폭 개편하는 것이었다. 즉 신학자만을 양성하는 종교적 성격보다 합리주의를 가르칠 수 있는 세속 학문 중심으로의 변화를 모색하는 길이었다. 1704년에는 수학과 교수직을 설치하고, 베이컨 지식의 귀납법적이고 실험적인 방법을 적극 수용했다. 이후 법률학과 인문학에서도 교과과정의 변화는 계속되어 대학에서의 연구와 아카데미에서의 연구 사이의 중간적인 단계로서 그리스어의 필수 과목화가 승인되었다. 그리고 1722년에 이르러서는 특별한 2년 과정의 인문학 과정이 시작되었다.

1873년에는 시대적 변화에 조응하여 종교적인 직위를 아예 삭제했고, 동시에 의학부를 창설하면서 공식적으로 일반 학교가 되었다. 이러한 시대적 조율과 변화를 통해 오늘날 제네바대학은 스위스에서 취리히대학 다음으로 두 번째로 큰 대학으로 거듭 발전했다. 현재 제네바대학은 크게 과학·기술학부와 인문학부로 나뉘어 교육하는 종합대학이다. 과학·기술학부는 생물, 화학 및 생화학, 수학, 물리학, 제약학, 지구과학 및 환경학, 천문학, 컴퓨터학으로 나뉘어 교육이 이루어지고 있다. 인문학부는 의학, 문학, 사회과, 경제 및 경영학, 법학, 신학, 심리학 및 교육학 그리고 통·번역 학부로 구성된 종합대학으로서의 교육 시스템을 갖추고 있다. 스위스가 적은 인구 규모에 비해 노벨상 수상자를 많이 배출한 것은 무엇보다 다양한 국적 출신의 학자들이 열린 공동체 안에서 지식의 소통과 통합을 이룬 결과이며 제네바대학의 교육 전통의 결실이다. 다음은 제네바대학이 배출한 노벨상과 각 분야의 주요 상 수상자들이다.

| 제네바대학 출신 학생, 연구자 및 교육자의 수상 경력 |

이름	생몰 연대	분야	수상 연도
노먼 에인절(Sir Norman Angel)	1872~1967	노벨 평화상	1933
다니엘 보베(Daniel Bovet)	1907~1992	노벨 생리학 · 의학상	1957
군나르 뮈르달(Gunnar Myrdal)	1898~1987	노벨 경제학상	1974
베르너 아르버(Werner Arber)	1929~	노벨 생리학 · 의학상	1978
닐스 카이 예르네(Niels Kaj Jerne)	1911~1994	노벨 생리학 · 의학상	1984
모리스 알레(Maurice Allais)	1911~2010	노벨 경제학상	1988
본 존스(Vaughan Jones)	1952~	필즈상('수학의 노벨상'이라 불리는 상)	1990
에드먼드 피셔(Edmond H. Fischer)	1920~	노벨 생리학 · 의학상	1992
마틴 로드벨(Martin Rodbell)	1925~1998	노벨 생리학 · 의학상	1994
앨런 히거(Alan J. Heeger)	1936~	노벨 화학상	2000
코피 아난(Kofi Annan)	1938~	노벨 평화상	2001
스타니슬라프 스미르노프 (Stanislav Smirnov)	1970~	필즈상	2010
앙트완 바일리(Antoine Bailly)	1944~	보트린 루드상*	2011

근대 유럽의 역사에서 '자유'와 '개혁'이 실현되었던 제네바대학은 오늘날 '열린 지식 네트워크'로 거듭 성장하며 발전하고 있다. 16세기 창립 초기부터 오늘날까지 변하지 않는 제네바대학의 중요한 성격은 교육과 문화의 지식 네트워크의 중심지로서 유럽을 하나로 연결하고 있다는 점이다. 현 유럽위원회 위원장 조제 마누엘 두랑 바호주José Manuel Durão Barroso, 독일 정치인이며 유럽의회 위원장을 역임한 한스게르트 푀테링Hans-Gert

* 지리학의 노벨상. 16세기 학자인 보트린 루드(Vautrin Lud)를 기리기 위해 그의 이름을 따서 해마다 한 명의 연구자에게 상을 주고 있다.

Pöttering과 같은 유럽 정치 활동가들을 비롯하여 정치, 사회, 문화(방송) 등 다양한 분야와 국적의 인사들을 배출했다. 이처럼 제네바대학은 국경을 초월한 지식 공동체의 메카로서 다국적 출신의 학자와 인사들이 자유롭게 지식의 소통을 이루는 곳으로 정체성을 형성하며 오늘날까지 발전하고 있다.

열린 지식 공동체의 전통을 바탕으로 한 새로운 모색

제네바대학은 종교개혁이라는 커다란 역사의 대변혁기, 특히 제네바 도시가 놓여 있던 특수한 경제적, 정치적, 사회적 정황에서 등장한 개혁의 산물이었고, 동시에 당시 유럽 사회의 중심에서 근대 개혁에 영향을 미친 중요한 존재였다. 17세기 종교적 관용이나 18~19세기 근대 유럽사의 변곡점에서 다양한 민족과 문화를 연결하는 지식 공동체를 통해 근대 개혁의 중심에 있었다. 민족과 지역을 초월한 열린 지식 공동체로서의 제네바대학의 전통은 오늘날까지 계속 내려와 제네바에 소재하고 있는 수많은 국제기구와 함께 국제 관계, 법률 그리고 과학 연구의 중심 대학으로 그 명성을 세계에 널리 알리고 있다. 대략 1만 명의 학생이 재학하고 있는데, 그중 35퍼센트가 외국에서 온 유학생들이다. 교수도 35퍼센트 이상이 외국인으로 국제도시답게 국제화된 대학으로 명성을 세계에 알리고 있다. 제네바대학은 개신교의 문화적 거점에서 민족과 지역을 초월한 열린 지식 공동체로서의 정체성을 꾸준히 형성해왔다고 볼 수 있다. 이러한 전통은 오늘날 제네바대학이 국제대학으로서의 명성과 위상을 세계에 알리는 밑거름이 되었다.

현재 제네바대학은 종교개혁을 통한 근대 개혁 정신이 실현된 역사적 기억과 국경을 초월한 이해와 소통이 이루어진 교육 정체성을 바탕으로 유럽적 공간으로의 모색을 위해 더욱 노력하고 있다. 제네바대학은 분명 국경을 초월한 유럽적 공간의 창출을 통해 유럽 정체성을 확실히 보여주는 곳이라고 할 수 있다. 바로 이 점이 하나의 유럽을 만들어가는 유럽 공동체에 제네바대학이 주는 중요한 시사점이라고 볼 수 있다. 오늘날 유럽 통합 과정을 만남과 소통을 통해 새로운 유럽적 공간을 만들어가는 과정으로 볼 때 제네바대학의 역사가 보여주는 현재적 중요성은 바로 여기에 있다. _김유정

* 이 글은 《EU연구》 38호(2014)에 게재되었다.

괴팅겐대학 : 대학과 사회라는 유기적 공동체의 본보기

1586년 교회기숙학교 설립

1737년 대학 설립

1751년 괴팅겐 과학 학회 설립

1806년 프랑스식 시민법령 도입. 여자 대학 설립

1837년 괴팅겐 7교수 사건 발생. 대학과 도시 쇠락 시작

1866년 괴팅겐 시가 프로이센에 흡수됨. 대학과 도시 재기 시작

1938년 나치 출신 시장 선출. 대학 쇠락 시작

1945년 대학 강의 재개

1948년 막스 플랑크 협회 설립

1953년 추방되었던 학자들에게 명예 시민권 수여

2003년 대학 소유권이 공법상의 재단으로 변경

2010년 《타임스》 선정 2009/2010 세계 대학 순위에서 독일 최고의 대학으로 선정

만인을 위한 대학의 탄생

괴팅겐(Göttingen. 현지 발음은 '괴팅엔'에 가깝다)은 독일의 작고 한적한 도시이다. 괴팅겐은 덴마크와 연결되는 항구로 유명한 독일 서북쪽의 함부르크에서 기차로 두 시간 반 거리에 있는 하노버를 거쳐 다시 30여 분을 더 가야 도착할 수 있다. 이 도시의 인구는 13만 명 정도인데 그중 약 20퍼센

트를 대학생들이 차지한다. 그리고 이 학생들은 대부분 괴팅겐대학에 다닌다. 괴팅겐대학의 공식 명칭은 대학의 설립을 명령한 영국의 왕이자 하노버의 선제후인 조지 2세 아우구스트George II August의 이름을 기려 괴팅겐 게오르크아우구스트대학Gerog-August-Universität Göttingen으로 지어졌지만, 간단히 괴팅겐대학Die Universität Göttingen이라고 불린다. 게다가 괴팅겐대학 및 관련 연구소들의 직원과 연구원, 그 가족들, 그리고 이들이 먹고사는 데 관련된 업종에 종사하는 사람들까지 생각해보면 이 도시는 대부분 괴팅겐대학과 삶을 함께한다고 볼 수 있다.

그렇다면 어떻게 도시와 대학이 삶을 함께하게 되었을까? 미리 간단히 정리하자면, 근세에 영국의 왕이 왕비의 고향을 위해 '만인을 위해서In publica commoda'라는 모토를 가진 대학을 자유를 지향하던 도시에 설립했다. 그 후 이 대학은 훗날 독일의 민권을 상징하는 대학으로 도시와 함께 변신했고, 근대에 들어서는 대학을 포함한 도시 전체가 독일 과학의 상징으로 명성을 떨쳤지만, 나치의 인종 차별 정책에 동조하면서 그 명성이 퇴색되기도 했다. 그러나 설립 초기의 정신을 되살리며 부단히 노력한 결과 현재 괴팅겐대학은 독일 내 2위이자 전 세계 순위 32위의 대학(《타임스》 선정 2014/2015 세계 대학 순위, 물리과학 분야)으로 재기했고, 괴팅겐 시는 독일 과학의 상징적 도시로서의 명성을 되찾은 저력을 보여주고 있다.

괴팅겐 시의 성립과 성장

한 도시가 어떤 특성을 가진다는 것은 도시의 성격에 그 특성이 발전할 수 있는 기반이 내재되어 있고 도시를 구성하는 사람들이 특성을 표출하도록 부단한 노력을 기울였기 때문이다. 괴팅겐대학을 포함하고 있는 괴팅겐 시 역시 그러한 것으로서의 자유와 교육 그리고 시민들의 노력이 있었다. 괴팅겐 시가 처음부터 교육도시였던 것은 아니다. 그렇다면 어떻게 이 도시가 독일 최고의 대학을 보유하고 있는 교육도시가 되었는지를 괴팅겐 시의 도시 발전의 역사와 함께 살펴볼 필요가 있다.

괴팅겐이라는 지역은 선사시대부터 사람들이 살던 곳임이 고고학적으로 증명되기는 했지만, 이 지역이 역사에 처음 등장한 것은 935년에 독일 황제 오토 1세Otto I가 마그데부르크Magdeburg의 모리츠 수도원Moritz Cloister에 구팅기Gutingi라는 지역이 포함된 영지를 하사했을 때부터였다. 그 후 팔츠 그로네Pfalz Grone와 같은 괴팅겐의 주변 지역이 팔츠로 사용되기도 했다. '팔츠'는 왕이 머물던 행궁 역할을 하던 곳을 뜻하는데, 이 시기 독일의 왕들은 대부족들 연합의 수장의 일종이었기에 여러 지방을 순회하며 업무를 볼 때 팔츠에 머물렀다. 그러나 괴팅겐 자체에 대한 기록은 수세기 동안 나타나지 않았다. 다만 1229년경의 괴팅겐 시 공문서에 시의원에 대한 언급이 등장하므로 이때쯤에는 시의회가 존재했음을 알 수 있다. 확실한 것은 당시의 괴팅겐 시는 신성로마제국의 일부기는 했지만 황제가 다스리는 시는 아니었고 브라운슈바이크뤼네부르크Braunschweig-Lüneburg 공작이 관할하는 도시였다는 사실이다.

13~14세기에 접어들면서 독일의 도시들이 정치·경제적으로 급성장하자 위협을 느낀 권력기관들은 도시에 인접한 신시가지를 세워 그들의 권력을 지키려 했다. 괴팅겐 시 역시 이러한 과정을 겪었다. 즉 시민들에 의해 현재의 시청 구역이 성장하게 되자, 시민 세력에 대항하기 위해 이 지역을 관할하던 뚱보 공작 알브레히트Albrecht II가 1300년에 현재의 성 마

리아 교회 주변에 신시가지를 조성했다. 그러나 뚱보 공작은 성장하는 시민 세력을 감당하지 못해서 1319년에는 신시가지를 시의회에 팔아넘기게 되었고, 이후 괴팅겐 시는 시민들에 의해 급속하게 발전하게 되었다. 시민권은 규정에 근거해서 부여되었고 상인들은 특별한 권리들을 보유했기 때문에 장인들과 가내수공업자들은 상인들에게 의지해야만 했다. 또한 입법과 행정을 총괄하던 시의회는 매년 개선되기는 했지만 사실상 상인조합의 몇몇 유력한 가문들에 의해 장악되었으므로 초기에 괴팅겐은 상인들에 의해 발전했다고 볼 수 있다.

괴팅겐 시의 상인조합이 성장한 주요 이유는 지리적으로 괴팅겐 시가 직물의 남북 무역로의 중간에 위치했기 때문이었다. 이렇게 괴팅겐 시가 유럽의 무역 요충지였기 때문에 유럽 중북부의 주요한 무역 동맹이었던 한자Hansa 동맹으로부터 가입 제의가 있기도 했다. 그러나 괴팅겐 시는 15세기 초의 3년 정도를 제외하고는 동맹 가입을 거부하고 오랫동안 독립적으로 상업 활동을 했다. 또한 시민 세력은 이 지역을 관할하던 공작에게 대출을 해주거나 관공서를 사들이는 방식으로 세력을 확장했다. 결국 1378년에 이르러 공작의 정치 · 군사력을 넘어서는 힘을 갖게 되자 시민 세력은 군사적인 방법으로 오토 공작Duke Otto을 몰아냈다. 이렇게 도시의 역량이 성장하자 괴팅겐 시는 황제와도 맞대면할 수 있게 되었다. 황제 역시 괴팅겐 시와 공작 사이의 경쟁적 관계를 이용하여 공작을 통하지 않고 괴팅겐 시로부터 직접 이득을 얻으려 했다. 하지만 괴팅겐 시는 황제령의 도시가 되는 것조차도 거부하며 독립적인 지위를 유지했고, 점차 주변의 도시들을 사들이면서 세력을 확장하여 1400년에 이르러서는 독립적인 무역권을 확립하게 되었다. 그 결과 시민 세력은 괴팅겐 시의 신 · 구

괴팅겐 시를 감싸는 요새의 성벽(왼쪽)과 감시 초소(가운데). 이 초소는 성벽 밑을 흐르는 개천을 통해서 적들이 침투하지 못하도록 감시하는 역할을 했다. 비스마르크가 학생 시절 잠시 기거했던 장소로도 유명한데 지금은 괴팅겐대학 사학과가 사무실 겸 비스마르크 기념관으로 사용하고 있다.

시가지를 포함하는 요새를 구축하기도 했는데, 이 요새 성벽의 대부분은 아직도 남아 있다.

상인들이 권력을 장악한 뒤에도 1세기 정도 지속된 상인조합 주도의 도시 발전은, 1400년 대 말에 이르러 영국과 플랑드르Flanders의 뛰어난 기술로 생산된 고품질의 직물 상품에 의해 위기를 맞게 된다. 상인조합은 위기를 극복하고자 플랑드르와 베스트팔렌으로부터 새로운 모직 기술자들을 고빙雇聘하기도 했지만 괴팅겐의 경제는 기울어만 갔다. 기울어가는 경제 상황에서 부족해진 세수를 보충하고자 시의회는 세금을 올리려 했다. 이에 장인조합이 반발하여 1514년 6월에 시청을 점거하고 시 위원들을 감금하는 사태가 벌어졌다. 곧바로 에리히 1세Erich I 공작의 지원으로 위원회의 권력이 회복되기는 했지만 그 후로도 이런 종류의 반발은 계속되었다. 뒤이은 종교개혁 운동의 파급 과정에서 결국 도시의 지배권은 장인조합에게 넘어가게 된다.

독일 전역에서 종교개혁 운동이 활발했지만, 괴팅겐 시의 종교개혁이 처음부터 잘 진행된 것은 아니었다. 그 이유는 가톨릭을 신봉하는 공작의 후원으로 도시 지배권을 회복한 상인조합이 공작의 눈치를 보았기 때문이었다. 그러나 루터가 종교개혁을 주창한 뒤 20년이 지난 1529년에 이르자 종교개혁을 지지하는 시위가 장인조합의 주도로 일어났고, 신교 지도자의 주도가 없음에도 석 달 만에 루터 방식의 예배가 열렸다. 이렇게 장인조합 주도의 종교개혁이 진행됨에 따라 16세기 중반에 이르러서는 상인조합이 도시의 지배권을 완전히 상실하고 장인조합과 회사조합에게 지배권을 넘겨주게 되었다. 그러나 이런 장인조합 주도의 자치권 역시 1690년에 이르면 군주에게 넘어가게 된다. 도시 지배권이 군주에게 넘어가게 된 이유는 종교개혁과 상관없이 경제난이 계속되었고 상인조합과 장인조합 사이의 분쟁이 완전히 종식된 것도 아니었기 때문이었다. 결국 시 위원회는 군주의 행정기관으로 변했으며 군주에 의해 선출되었다. 그러나 장인조합의 대표는 그 후로도 계속 장인들이 스스로 선출할 수 있었다.

괴팅겐대학의 설립

종교개혁의 진행과 도시 지배권 변화의 결과 괴팅겐 시에서 교육제도와 교육기관이 등장하기 시작했다. 물론 괴팅겐 시에는 13세기부터 무역과 읽기 그리고 대학 입학을 준비하는 데 필요한 기본적인 교육을 위한 라틴어 학교Latin school가 있기는 했다. 그러나 종교개혁 이후에는 교육의 목적이 모든 그리스도교도들이 성경을 읽을 수 있게 하는 것으로 바뀌었다. 이를 위해 훗날 초등교육의 효시라 일컬을 수 있는 대중 교육이 시작되었는데 괴팅겐 시도 예외가 아니었다. 이러한 교육 개혁 과정에서 괴팅겐 시에는 처음으로 1593년에 여성을 위한 학교가 세워졌다. 그리고 1586년에는 라틴어 학교와 대학의 중간 단계에 해당하는 교회기숙학교Paedagogium도 세워져 훗날에는 라틴어 학교를 흡수했다. 이러한 교육 개혁 과정에는 시설과 자금이 필요했는데, 이를 위해 과거의 가톨릭 수도원의 건물과 재산이 이용되었다.

괴팅겐 시를 신성로마제국 내의 영지로 볼 때 영주가 자주 바뀌기는 했지만 1692년 레오폴트 1세Leopold I 황제 시절에 이르러서는 하노버 선제후Electorate of Hanover인 에른스트 아우구스트 공작Duke Ernst August의 영지인 칼렌베르크Calenberg의 일부가 되었다. 또한 하노버 선제후는 1714년에 영국 왕을 겸하게 되었다.

17세기의 유럽에서 가장 중요한 사건은 30년 전쟁(1618~1648)이라고 할 수 있을 것이다. 표면적으로는 신·구교 사이의 분쟁인 이 전쟁의 초기에 괴팅겐 시는 그다지 영향을 받지 않았지만, 1625년과 1632년에는 두 차례에 걸친 피습으로 도시가 크게 파괴되었고 경제적 황폐도 심해졌다. 또한 전쟁의 종식점이 된 1648년의 베스트팔렌 조약 이후로도 선제후들의 상비군 유지용 세금 수탈 등으로 인해 괴팅겐 시의 경제적 피폐는 가속화되었다. 무엇보다도 괴팅겐 시의 직물류 수출업이 완전히 몰락했기 때문에 무역 거점으로서의 지위를 완전히 상실하여 1400년에 6,000명이었던 인구가 1680년에는 3,000명으로 줄어들었다. 그러나 역설적이게도 바로 이 시기에 괴팅겐 시는 경제 회생의 기회를 잡게 되는데 그것은 바로 직물류의 군납을 통해서였다. 실제로 이 과정을 통해 괴팅겐 시는 초보적인 산업 생산 체제를 갖추고 이른바 '산업학교'라는 시설까지 성 마리아 교회에 설립했다. 이 학교에서는 빈민 자녀들에게 훗날 공장에서 일할 때를 대비한 간단한 기술들을 가르쳤다.

사그라져가던 괴팅겐 시의 경제적 회생에 가장 결정적 기회가 된 것은 1737년의 대학 설립이었다. 대학이 설립된 후 사실상 괴팅겐 시의 운명은 대학과 함께하게 된다. 그렇다면 주변의 큰 도시인 함부르크나 하노버가 아닌 괴팅겐에 대학이 설립된 이유는 무엇일까?

하노버 선제후는 명문 대학을 세우고 싶어 했는데, 괴팅겐 시는 이미 수준 높은 교육을 실행하는 교회기숙학교를 보유하고 있었고 지리적으로도 독일의 중심부에 위치하고 있으므로 다른 지역으로부터 학생들을 끌어들이기에 좋은 곳이었다. 그리고 한때 경제적으로 번성했던 도시가 몰락한 상황이었기 때문에 새로운 기관들을 설립할 때 비용이 적게 들 수 있었고 도시에서의 생활비 또한 다른 곳에 비해 저렴했다. 게다가 군주로서는 대학의 설립을 괴팅겐 시에 대한 경제 회생 정책으로 생색을 낼 수도 있었다. 시민들은 당연히 대학 설립을 환영했다.

이와 같은 조건 덕분에 괴팅겐 시에 괴팅겐대학이 설립되었지만, 괴팅겐대학이 명문 대학으로 빠르게 발전한 데는 또 다른 이유가 있었다. 바로 장기적인 안목을 가지고 실질적으로 대학의 설립 작업을 한 인물, 하노버의 국무장관이자 뮌하우젠의 남작인 게를라흐 아돌프Baron Gerlach Adolph von Münchhausen 덕분이었다. 뮌하우젠 남작은 괴팅겐대학의 설립 작업을 하면서 1694년에 설립된 할레Halle대학의 선례를 따르기는 했지만, 할레대

괴팅겐대학의 본부 건물

학보다 더욱 체계적인 방법으로 포괄적인 계몽에 힘쓸 수 있도록 괴팅겐대학의 체계를 만들었다. 할레대학의 경우에 지적인 자유는 교수들에게만 해당되었지만, 괴팅겐대학에서는 그 범위를 학생과 시민들에게까지 확장시켰다. 그 구체적인 예를 들어본다면 다음과 같다. 학문적 교육을 우선시하여 신학의 위상은 격하하고 과학적 연구는 종교적 검열을 걱정하지 않을 수 있도록 하면서 적극 권장했다. 교수직도 미래 지향적 과학 분야를 위해 체계적으로 마련되었으며 각 분야에서 최고의 교수들을 초빙했다. 또한 도서관을 학생들에게도 개방했는데 당시로서는 파격적인 조치였다. 게다가 괴팅겐 시를 문화 활동의 공간으로 만들고 후생 시설에도 관심을 기울여 괴팅겐 시를 교수와 학생 모두에게 매력적인 도시로 탈바꿈시켰다. 옛 수도원과 성당의 일부는 강의동과 병원 및 약국으로 개조했으며, 독일 최초의 여성 전용 병원도 설립했다. 또한 승마장이 포함된 바로크 양식의 건물을 짓고 과거에 요새 역할을 했던 성벽을 따라 산책로를 만들었다. 그뿐만이 아니라 도로를 정비하고 많은 건물들을 보수하거나 새로 지었다.

이러한 이상과 계획에 의해 설립된 괴팅겐대학에서 초기에 강의를 했던 인물들 중 일부를 언급하자면 의사이자 박물학자이자 시인인 할러Albrecht von Haller, 신학자이자 동양학자인 미카엘리스John David Michalelis, 고미술학자인 하이네Christian Gottlob Heyne, 물리학자이자 철학자이자 작가인 리히텐베르크Georg Christoph Lichtenberg, 평론가이자 역사가인 슐뢰제르August Ludwig von Schlözer 등이 있다. 이러한 명성은 괴테Johann Wolfgang von Goethe로 하여금 그의 회고록인 《시와 진실*Dichtung und Wahrheit*》에서 비록 아버지의 반대로 이루지는 못했지만 괴팅겐대학에서 공부하고 싶었던 아쉬움을 표현하게 만들 정도였다.

또한 1751년에 설립된 괴팅겐 왕립학회Akademie der Wissenschaften zu *Göttingen*와 두 학회지(《괴팅겐 왕립학회지》와 《괴팅겐 학술지》)는 괴팅겐이 유럽 과학의 중심적인 곳으로 발전하는 데 주요한 역할을 했다. 일반적으로 대학들이 연구소와는 별개로 교육에 치중한 반면에 괴팅겐대학은 처음부터 연구 기관들과 밀접하게 연계했다. 그 결과 1766년에는 학회에 미국의 벤저민 프랭클린Benjamin Franklin이 참석하고 회원으로 활동할 정도였다.

대학과 도시의 공생

교수와 학생들이 괴팅겐 시로 몰려들자 주택 소유주들과 장인들은 돈을 벌 기회를 잡게 되었고 금은 세공사, 와인 제조업자, 악기 제조업자, 가구 제조업자와 같은 호사품을 만드는 사람들도 호기를 누리게 되었다. 1735년에는 서점도 생겼다. 1800년에 이르자 괴팅겐 시는 최소한 독일 내에서는 가장 유명한 대학 도시가 되었고 인구가 8,000명인 도시 안에 700명의 학생들이 살고 있을 정도여서 "괴팅겐에서 살아가려면 돼지 세 마리와 학생 네 명은 있어야 한다"는 말이 생길 정도였다.

이처럼 대학과 도시는 밀접한 관계를 가지고 발전했지만, 교수와 학생 그리고 그에 관련된 하인이나 장인들은 시의회의 지배권으로부터 독립적이었기에 시의 법을 따르지 않고 대학의 법을 따랐다. 괴팅겐대학은 학생 감옥Karzer을 운영하고 있을 정도였다. 도시와 학생들 사이가 항상 좋았던 것은 아니어서 때때로 긴장 관계가 발생하기도 했다. 예를 들어 1790년에 목수들이 도로를 포장하는 사람과 사용하는 사람의 문제에 대해 학생들에게 책임을 묻자, 모욕당했다고 느낀 학생들은 숲으로 들어가 나오지 않았다. 학생들이 도시를 비우자 손해를 감당할 수 없었던 상인들이 학생과 시 행정가들 사이에서 중재를 하여 학생들의 요구 사항을 모두 들어주며 사태를 해결하기도 했다.

1789년의 프랑스 대혁명을 겪으며 변화된 국제 정세에 의해 괴팅겐 시는 1806년에 만들어진 라인 연방Rheinbund의 일부가 되었다. 이런 상황에서 프랑스식의 시민법령Code Civile이 괴팅겐 시에 도입되었고, 농민들에게 부과되던 봉건적인 세금도 없어지게 되었다. 1690년부터 운영되던 시 위원회는 프랑스식의 임명직 시장과 지방 위원회로 바뀌기는 했지만, 사실상 이것은 명칭만 바뀐 것이고 실질적인 기능은 과거와 달라지지 않았다. 이런 변화 과정에서 교육 개혁도 일어나 괴팅겐 시에는 1806년에 여자대학이 설립되었다. 이 학교는 이른바 상류층 여성들을 대상으로 프랑스어, 역사, 지리, 종교, 바느질, 서도 및 그림 등을 가르쳤다.

나폴레옹의 러시아 원정이 실패로 끝나자 독일에 대한 프랑스의 간섭도 사라지게 되어 괴팅겐의 행정 체제도 과거 양식으로 회귀되었다. 그러나 하노버 선제후령과 같은 과거 신성로마제국에 속했던 주state들이 이제는 왕국의 지위를 얻게 되어 느슨한 연합체인 독일 연방Deutsche Bund을 새로 구성하게 되었다. 이런 상황에서 통일 독일을 원하는 민족주의는 억압받았지만, 1830년에 일어난 파리의 6월 혁명의 여파로 자유주의자들이 봉기하여 1831년에는 괴팅겐에서도 혁명이 일어났고 시 조례는 시민 조례로 바뀌었다.

괴팅겐대학에도 변화가 생겼는데, 개교 100주년이 되던 1837년에 현재의 빌헬름 광장Wilhelmsplatz에 대학 행정을 총괄하는 새로운 건물을 짓고 맞은편에는 설립자 빌헬름 4세Wilhelm IV의 동상을 건립했다. 이러한 시기에 괴팅겐 7교수 사건이 일어났다. 괴팅겐 7교수 사건이란 새로운 왕인 에른스트 아우구스트 1세가 하노버의 자유주의적인 법체계를 전제주의적인 법체계로 바꾸려고 하자 괴팅겐대학에 재직 중이던 일곱 명의 교수들이 반발한 사건이었다. 그 결과 동화집의 저자로 잘 알려진 그림 형제를 포함한 일곱 명의 교수는 정직당하거나 퇴출당했다. 이러한 소식이 전 유럽으로 퍼져나가자 괴팅겐대학의 학생들도 반발하여 학교를 그만두고 다른 학교로 옮겨가 한때 학생수가 562명으로 줄어들었고 그 결과 대학의 명성도 쇠락해버렸다. 또한 다른 교수들도 후임 교수직에 지원하지 않는 방식으로 동조한 결과 대학 당국이 퇴출시켰던 교수들을 복직시킨 것은 유명했다. 이 사건은 독일 역사상 독일이 시민사회로 나아가는 길을 닦아놓은 사건으로 평가되고 있다.

괴팅겐이 포함된 하노버 왕국은 1866년에 프로이센에 흡수되고, 1866년에 발생한 오스트리아-프로이센 전쟁과 1870~1871년에 발생한 프랑스-독일 전쟁의 결과 독일 제국Zweites Reich이 만들어졌다. 이러한 정치적 변화를 겪으면서 도시의 독립성을 잃자 괴팅겐 시의 중산층은 반감을 가졌지만, 괴팅겐대학의 졸업생이기도 한 비스마르크Otto von Bismark는 새로운 변화에 잘 적응했고 그를 따르는 추종자들도 늘어갔다. 그 결과 괴팅겐 시는 프로이센 시기에 재빠른 발전을 할 수 있었고, 대학에 소속된 의료 시설과 문화 시설 덕분에 1920년대가 되면 퇴직한 고高연금 생활자들에게 인기가 높은 자칭 '대학정원university-garden 마을'이 되었다.

괴팅겐대학 역시 19세기 중반부터 과학 분야에서 엄청난 발전을 시작했다. 1807년에 가우스Johann Carl Friedrich Gauß가 강의를 시작한 이후 수많은 세계적인 과학자들이 괴팅겐대학에서 강의를 했다. 가우스는 대학의 천문대장으로 고빙되어 왔는데 이곳에서 그는 빌헬름 베버Wilhelm Weber와 함께 전자기적 방법을 이용한 전신기를 처음으로 실현했다. 이 장치는 지금도 가우스 천문대의 뒷마당에 전시되어 있다. 재미있는 사실은 당시에 도제로서 괴팅겐에서 생활하고 있던 로이터Paul Julius Reuter가 이 방식을 이용하여 훗날 그 유명한 통신사를 세웠다는 것이다.

20세기에 들어 괴팅겐대학은 독일뿐만이 아니라 전 유럽에서 과학의

가우스 천문대

메카로 불릴 정도였다. 그것은 수학자 클라인Felix Klein과 프로이센의 과학 행정가인 알트호프Friedrich Althoff가 괴팅겐대학을 자연과학 연구의 중심이 될 수 있도록 계획을 세우고 운영을 잘 한 덕분이었다. 1933년에 국가사회주의자들인 나치가 정권을 잡기 전까지 괴팅겐대학에서 강의한 학자들 중 노벨상을 수상한 교수들을 살펴보면 발라흐Otto Wallach(화학, 1910), 프랑크James Franck(물리학, 1925), 지그몬디Richard Zsigmondy(화학, 1925), 빈다우스Adolf Windaus(화학, 1928), 보른Max Born(물리학, 1954)이 있으며, 이 시기에 괴팅겐대학에서 공부한 뒤에 훗날 노벨상을 받은 이로는 하이젠베르크Werner Heisenberg(물리학, 1932)와 디바이Peter Debye(화학, 1936) 그리고 라우에Max von Laue(물리학, 1914) 등이 있다.

천문대 뒷마당에 전시된 가우스 전신기

1925년에는 현재의 막스 플랑크 동력학 및 자기조직화 연구소Max Planck Institute for Dynamics and Self-Organization의 전신인 카이저 빌헬름 유체역학 연구소Kaiser-Wilhelm Institute for Fluid Mechanics가 설립되었다. 이 시기에 괴팅겐대학에서 연구했던 다른 분야의 유명한 학자로는 철학자인 후설Edmund Husserl과 그의 학생이었던 슈타인Edith Stein, 역사가인 브란디Karl Brandi와 슈람Percy Ernst Schramm, 언어학자인 바케르나겔Jacob Wackernagel, 신학자인 바르트Karl Barth, 의학자인 코흐Robert Koch와 헨레Jacob Henle 그리고 엡슈타인Wilhelm Ebstein 등이 있다.

이렇게 대학의 과학 분야가 발전하자 정밀측정기 제작과 광학 및 전기 기술 역시 발전하게 되었고, 더불어 독일의 산업 발전 정책 덕분에 괴팅겐 시의 전통적인 직물 산업 역시 더욱 발전하게 되었다. 또한 1854년에 독일 전역에 건설된 철로 덕분에 교통의 중심에 위치한 괴팅겐 시는 산업 도시로 발전할 수 있는 중요한 기회를 잡게 되었다. 예를 들어 새롭게 건립된 철로 수리 공장Reichsbahnausbesserungswerk 덕분에 도시의 인구 구성에서 기술자가 차지하는 비율이 높아질 정도였다.

괴팅겐 시는 다른 도시와 마찬가지로 1차 세계대전을 겪으면서 도시의 성격이 급격히 변했다. 1918년 독일의 패배에 이어 잠시 민주적인 정치 체제인 바이마르 공화국Weimar Republic이 들어서기는 했지만 정치적으로 매우 불안했다. 그러한 불안을 야기한 것은 보수층만이 아니라 사회 각 분야의 지도층이었다. 이러한 계층들은 특히나 괴팅겐 시에 많았으므로 괴팅겐 시는 자발적으로 급격히 나치에 동조했다. 1938년에 이르면 괴팅겐 시에서 나치의 비밀경찰 출신의 시장이 선출되기에 이른다. 잘 알려진 대로 나치의 폭력적 인종 차별 정책으로 인해 괴팅겐의 유대인 거주지는 파괴되고 유대인들은 추방당했다. 이 과정에서 괴팅겐대학에서 강의와 연구를 하던 수많은 학자들 역시 추방당했다. 이때 추방당한 유명한 과학자로는 보른과 프랑크 그리고 수학자인 뇌터Amalie Emmy Noether가 있다. 이러한 사건은 다른 대학에서도 일어났지만, 특히 과학계에서 활동을 많이 하던 유대인들을 추방했기 때문에 괴팅겐대학으로서는 회복할 수 없는 '두뇌' 유출을 겪게 되었다. 그 결과 괴팅겐대학의 학문적 명성은 7교수 사건 이후로 또다시 쇠퇴하게 된다.

괴팅겐대학의 재부흥

1939년에 시작된 2차 세계대전 중에 해부학연구소와 도서관 등 일부 건물이 폭격당하기는 했지만, 전반적으로 볼 때 괴팅겐대학은 피해가 적은 편이었다. 오히려 우수한 병원 시설 덕분에 괴팅겐대학과 도시는 부상병과 피난민들로 북적거리는 곳이 되었다. 종전이 가까워지자 독일이 무조건적인 항복을 선언하기 한 달 전에 괴팅겐 시에는 별다른 유혈 사태 없이 미군이 진주하게 되는데, 이는 도시의 환경과 도시민들의 빠른 판단력 덕분이었다. 종전 후 괴팅겐 시는 영국 관할령에 속하게 되어 주로 사회민주당 소속의 행정가들이 활동하게 된다.

괴팅겐대학은 1945~1946년 겨울학기부터 강의를 재개하면서 학술적 인재의 보고 역할을 하게 된다. 예를 들어 당시에는 이미 노쇠했지만 플랑크Max Planck가 말년을 괴팅겐에서 보냈으며, 과거 20대 때 괴팅겐에서 강의를 했던 하이젠베르크도 돌아와 다시 강의를 하면서 과학의 메카로서의 부흥을 이끌려고 했다. 1948년에는 막스 플랑크 협회가 만들어져 초대 회장직을 노벨 물리학상 수상자인 한Otto Hahn이 맡았다. 같은 해에 과거 국가사회주의와 관련 없던 작가들이 모여 독일 펜 클럽PEN Club을 발족했는데 이 단체에는 카슈트너Erich kästner와 베허Johannes R. Becher가 포함되어 있었다.

한편 틸레Rolf Thiele와 아비히Hans Abich에 의해 괴팅겐 시에 영화사가 설립되었고, 1950년대에 100여 편이 넘는 영화를 제작하면서 괴팅겐 시를 독일 영화 산업의 중심지로 만들기도 했다. 1953년에는 도시 건립 천 년 기념식에서 과거 국가사회주의자들에 의해 추방되었던 학자들에게 명예 시

괴팅겐대학의 원경. 왼쪽 고층 건물이 학생회관이고 그 앞의 흰색 건물군은 도서관이다. 이 주변의 건물들은 인문학 분야의 건물들이고 사진의 가운데 하얀 건물들은 의학 관련 건물들이다. 멀리 언덕 아래쪽에 자연과학대학과 공과대학 그리고 두 개의 막스 플랑크 연구소가 있다. 이 건물군 외에도 도시 전역에 대학 건물들이 산재해 있다.

민권을 수여하면서 지난날에 대한 속죄와 화해를 이끌기도 했다.

냉전 기간 동안 괴팅겐 시는 동독으로 편입된 지역으로부터 이주해 온 독일인들과 독일의 산업 발전 과정에서 유입된 터키와 남부 유럽으로부터의 이주민들에 의해 인구가 꾸준히 늘었다. 괴팅겐대학의 학생 수도 전후에 4,680명에서 1990년대에는 3만 명으로 늘었다. 늘어난 학생 수에 따라 새로운 건물도 늘어났다. 예술과 사회과학 센터와 과학연구소 그리고 새로운 병원 등이 건립되었고 새로운 학생식당과 도서관도 지어졌다. 또한 지적 자유를 위한 전통도 꾸준히 이어져 니더작센Niedersachsen 주에 극우파 교육장관이 임명되었을 때 항의의 뜻으로 총장 등이 사임했으며, 독일 정부가 전략적 핵무장 정책을 추진했을 때 이에 반대하는 '괴팅겐 선언'이 발표된 것도 당대 최고의 핵물리학자였던 한과 하이젠베르크 그리고 바이츠제커Carl Friedrich von Weizsäcker가 주도한 것이었다.

괴팅겐대학은 1960~1970년대의 사회·정치적 혼란기를 거치면서 학문적 전통과 명성을 많이 잃었다. 1933년 이후 쇠락한 괴팅겐대학의 명성을 되살리려는 노력이 때때로 빛을 발하여 1967년에 아이겐Manfred Eigen이 노벨 화학상을 수상하기도 했지만, 과거의 명성을 되찾기란 쉽지 않았다. 그다음의 노벨상 수상은 20년이 훨씬 지난 1991년에 네어Erwin Neher가 의학 분야에서 수상한 것이었다.

1989년에 동·서독이 통일되고 유럽연합이 만들어지면서 괴팅겐 시는 다시 지리적으로 유럽의 중심이라는 위상을 갖게 되었다. 이에 괴팅겐대학 역시 과거 유럽 과학의 중심이라는 위상을 되찾으려는 노력을 기울였다. 2003년에는 주 정부 소유의 대학 소유권을 공법상의 재단이 소유하는 것으로 변경하면서 대학의 운영에 있어서 재단 이사회의 자유가 한층 배가되었다. 재단 소유의 대학이 되었지만 재원은 여전히 니더작센 주와 독일 최대 학문 진흥 재단인 폴크스바겐Volkswagen 재단의 지원을 받고 있다. 학생들의 수업료의 경우 2005년부터 니더작센 주의 개정된 예산법에 의해 학생들로부터 500유로 정도의 수업료를 받기 시작했지만, 최근의 소식에 의하면 지속적인 학생들의 반발에 의해 2015년부터는 다시 수업료를 받지 않기로 했다고 한다.

오래된 미래

괴팅겐대학은 현재 전형적인 종합대학으로서 철학과 의학, 법학과 경제학 그리고 신학과 수학 및 모든 자연과학 분야의 학문을 연구하는 일곱 개의 단과대학으로 구성되어 있다. 1933년 이후 쇠퇴한 괴팅겐대학이 근

괴팅겐대학의 협력 연구 기관 중의 하나인 막스 플랑크 태양계 연구소. 2014년 현재 혜성의 기원을 탐사하고 있는 로제타 (Rosetta) 탐사선의 운영을 총괄하고 있다.

래에 들어 다시 학문적 위상을 드높이게 된 것은 설립 초기의 체제, 즉 학교와 연구소 사이의 유기적인 관계를 재정립한 것에서 그 이유를 찾아볼 수 있다. 괴팅겐대학은 설립 초기에 대학과 시민은 물론 전 세계인들과의 학문적 자유와 교류를 지향하는 것을 이념으로 했기에 그 이념을 수행할 때에 대학이 발전할 수 있었다. 근래에 들어 그런 초심을 되찾아 노력한 결과 2006년에는 괴팅겐대학이 독일 우수 대학 육성 정책의 우수 클러스터cluster 지원 사업 분야에서 선택되어 대학과 수많은 연구 기관들 사이의 상호 발전을 주도적으로 이끌어가고 있다. 즉 2006년에 발족한 괴팅겐 연구회Göttingen Research Council, GRC를 통해 대학과 대학 밖의 여러 연구소들과 유기적인 관계를 지속시키고 있는데, 예를 들면 대학과 연구소들은 괴팅겐 학술전산처리원을 세워 데이터 처리를 함께하면서 전 세계의 효율적 학문 발전을 위해 공동으로 노력하고 있다.

괴팅겐대학과 괴팅겐 시의 역사를 살펴보면 사회와 대학의 유기적인 흥망성쇠를 알 수 있다. 또한 그 과정에서 대학과 사회의 구성원들의 생각과 행보가 이 두 유기체의 운명에 결정적인 역할을 한다는 것 또한 확인할 수 있다. 괴팅겐대학이 괴팅겐 시에 설립되기 전까지 괴팅겐 시의 시민들은 정치 · 경제적으로 독립 체제를 유지하려 노력했고 대중 교육의 기반까지도 준비했다. 이러한 조건들이 대학 설립이라는 기회를 잡는 데 큰 역할을 했고, 대학 설립 덕분에 쇠락하던 도시가 다시 일어설 수 있었다. 그러나 이러한 독립적 자유를 자양분으로 성장한 대학이 권력에 의해 억압받거나 대학과 사회의 구성원들이 잘못된 판단을 했을 때 그 대학과 함께하는 사회는 몰락할 수밖에 없었다. 이러한 사실은 괴팅겐대학과 괴팅겐 시의 역사에서 두 차례나 반복되었다. 스스로의 역사로부터 깨달음을 얻었기 때문인지 현재의 괴팅겐대학과 괴팅겐 시는 지적 공유와 협력을 바탕으로 또다시 새로운 명성을 일궈나가고 있다. _정영진

에콜폴리테크니크 : 프랑스 공학교육기관의 모델

1666년 파리과학아카데미(Académie des Sciences de Paris) 설립

1747년 왕립토목학교(École Royale des Travaux Publics) 창설

1783년 왕립광산학교(École Royale des Mines) 창설

1795년 에콜폴리테크니크로 교명 변경

1970년 에콜폴리테크니크의 법인화

1972년 최초로 여학생의 입학 허용

1976년 파리 근교 에손(Essonne) 도(道)의 팔레조로 캠퍼스 이전

1995년 최초로 외국인의 입학 허용

2000년 4년제로 학제 개편

2007년 파리 지역 공학 계열 11개 그랑제콜 연합체(파리테크ParisTech)의 일원으로 참여

프랑스의 엘리트 교육과 에콜폴리테크니크

1789년 7월 14일 바스티유Bastille 감옥의 함락으로 시작된 프랑스 대혁명은 프랑스인들의 기억 속에 영원히 각인되었다. 이후 매년 혁명 기념일인 7월 14일에 파리 샹젤리제Champs-Élysées 대로에서 군사 퍼레이드가 펼쳐지는데, 이때 프랑스 최고의 명문 고등교육기관인 에콜폴리테크니크École Polytechnique의 남녀 학생들이 선두에서 검은색 제복에 붉은색 띠, 이각모二角帽에 긴 칼을 차고 종대 행진을 벌이는 장면을 볼 수 있다.

매년 혁명기념일인 7월 14일에 개선문이 보이는 샹젤리제 대로에서 열리는 군사 퍼레이드에서 선두를 지키며 행진하는 에콜폴리테크니크 생도들

이런 광경은 우리에게 매우 낯설지만, 유럽사의 변곡점에 해당하는 주요 사건들을 배경으로 탄생하고 성장해온 에콜폴리테크니크의 역사를 알면 이해하기 쉽다. 프랑스는 대학까지 평준화한 '평등'의 나라로 알려졌으나, 사실 프랑스만큼 철저한 '엘리트' 교육 체제를 유지하는 나라도 없다. 프랑스 고등교육 체제의 정점에는 이른바 '대학 위의 대학'으로 불리는 그랑제콜Grandes Écoles이 자리 잡고 있다. 이런 이원 구조가 바로 다른 나라와는 확연히 구별되는 프랑스 고등교육 체제의 특수성이다. 현재 프랑스 대학의 수는 73개인 데 비해 그랑제콜의 수는 226개로 그중 약 80퍼센트가 엔지니어, 나머지는 행정·경제·경영·교육 부문의 엘리트를 양성하는 학교이다.* 과거 수차례의 고등교육 개혁에도 불구하고 오늘날까

* 프랑스의 고등학교 3학년생 약 80만 명이 치르는 대학 입학 자격시험(바칼로레아 Baccalauréat)의 합격률은 대략 80퍼센트로 이들은 거의 모두 대학에 진학한다. 그중 고등학교 3학년생의 8퍼센트에 해당하는 우수 학생들은 졸업 후 '프레파

지 여전히 그랑제콜과 대학 사이에 엄연한 위계가 존재하고, 곧 그것이 사회적 · 경제적 위계로 연결된다는 점은 프랑스 엘리트 교육의 특수성이자 곧 논쟁의 대상이기도 하다.

앙시앵 레짐부터 프랑스 대혁명, 나폴레옹 시대, 산업화 시대를 거쳐 현대에 이르기까지 프랑스의 그랑제콜은 중앙집권 체제의 강화를 위해 체계화된 국가 엘리트 양성의 필요에 따라 18세기 후반부터 국가 주도로 세워지기 시작했다. 18세기에는 주로 군사, 공학 분야의 기술 관료를 양성하는 것이 주목적이었으나, 19세기 이후 정치 · 행정 · 경영 등 각 분야별로 조금 더 세분화되고 전문화된 그랑제콜이 생겨났다. 그 가운데 엔지니어 양성을 위한 그랑제콜이 프랑스에서 가장 높은 위계를 차지하고 있는 점도 앙시앵 레짐 이래 지속된 뿌리 깊은 전통에 해당한다. 앙시앵 레짐 이래 엔지니어들은 고위 공직자 및 기술 관료, 공병 장교 등 국가 엔지니어단에 소속되어 높은 사회적 지위와 명예, 특권을 향유해왔을 뿐만 아니라 이성적 · 합리적 분위기가 팽배했던 계몽주의 시대에 높은 교육적 성취와 과학 지식으로 만인의 존경을 받으며 '엘리트 중의 엘리트'로 인식되었다. 그때부터 프랑스에서 공학 교육은 곧 엘리트 교육의 정점에 자리매김하기 시작했다.

에콜폴리테크니크는 창설 초기부터 과학 교육 및 연구 분야에서 커다란 명성을 획득하며 전 유럽의 과학자 및 공학자들과 우수 인재들을 끌어

(Prépa)'로 불리는 2년간의 그랑제콜 입시 준비반에 들어간다. 프레파에도 명문 그랑제콜 합격률에 따라 엄격하게 서열이 매겨지며, 프레파 과정을 마친 학생들은 희망하는 그랑제콜에 복수 지원할 수 있다. 그랑제콜 시험은 필기시험 1주일, 구두시험 1주일 등 총 2주일가량이 소요되며, 필기시험은 대개 수학 · 철학 · 역사 · 영어 등 6~7개 과목을 보고, 구두시험도 비슷하다. 이렇게 해서 최소 400 대 1의 경쟁을 뚫어야 국가가 인정하는 상위 그룹의 그랑제콜에 들어갈 수 있다. 또 그랑제콜 졸업자의 초봉은 3만 4,000유로로, 일반대학 졸업자(1만 7,000유로)에 비해 거의 두 배나 된다.

들였다. 에콜폴리테크니크 또는 재학생 및 졸업생들은 'X'라고 불렸는데, 'X'는 대수학에서 차용한 기호로 수학에 뛰어난 우등생들을 의미했다. 학교의 문장 역시 포병대의 상징인 대포 두 개가 X자로 교차하고 있는 모습을 나타내고 있다.

'모두 조국, 과학 그리고 영광을 위해'라고 쓰여 있는 에콜폴리테크니크의 문장

지금도 에콜폴리테크니크 도서관 현판에 "여러분은 X 없는 '탁월함'을 상상할 수 있습니까?Pouvez-vous imaginer eXcellence sans X?"라는 글귀가 붙어 있을 정도로 학교의 위상과 자부심이 묻어난다. 2000년 학제 개편réforme X2000으로 에콜폴리테크니크의 학업 연한은 3년제에서 8개월의 군사 및 인문 교육을 포함한 4년제로 바뀌었다. 현재 생물학·화학·컴퓨터·수학·응용수학·기계공학·물리학·경제학·인문사회과학·언어 및 문화의 열 개 전공 학과가 있으며, 1~2학년 때는 교양 수업 과정(1학년 때는 인문 교육과정, 2학년 때는 6과목의 다전공 교육과정), 3~4학년 때는 전공 심화 및 전문화 과정(3학년 때는 과학 심화 및 연구 실습 과정, 4학년 때는 전문화 과정)을 거쳐야 한다. 프랑스 국적의 학생들은 4년 중에 첫 3개월은 사관생도로, 나머지는 현역 장교로 복무하면서 국가가 지급하는 봉급을 받으며 공부하고 있다.

현재 대학 출신이 주로 중소기업 분야로 진출해 전체 취업 인구의 55퍼센트를 차지하고 있는 반면, 에콜폴리테크니크 졸업생들은 산업체(30

퍼센트), 행정 부처(25퍼센트), 연구소(15퍼센트), 금융 분야(13퍼센트), 엔지니어링 서비스 분야(9퍼센트) 등 다양한 분야에서 일하고 있다. 또 프랑스 증시에 상장된 50대 기업 중 절반 이상의 최고 경영자들—이를테면 세계적 항공 회사인 에어버스Airbus, TGV 제작사인 알스톰Alstom, 항공 우주 기업인 아리안스페이스Arianspace, 자동차 회사인 시트로엥Citröen과 르노Renault, 세계 최고의 럭셔리 기업인 루이뷔통 그룹Louis Vuitton Group, 라팔 전투기 제조사인 다소Dassault, 프랑스 최대 은행인 파리바 은행BNP Paribas 등—이 에콜폴리테크니크 출신이며, 프랑스가 항공 우주 산업·원자력 발전·초고속열차·제약 산업·금융공학 등에서 세계 최고의 경쟁력을 가진 것도 바로 이들의 힘이다.

한편 에콜폴리테크니크 출신으로 프랑스 역사에 족적을 남긴 대표적 인물은 수없이 많다. 먼저 정치 분야에서는 카르노Marie François Sadi Carnot, X1857, 르브룅Albert Lebrun, X1890, 지스카르 데스탱Valéry Giscard d'Estaing, X1944, 공화국 대통령을 세 명을 배출했다.

프랑스 제20대 대통령 발레리 지스카르 데스탱(1974~1981년 재임)

군사 분야에서는 프랑스의 군사 영웅인 당페르로슈로 장군Pierre Philippe Denfert-Rochereau, X1842, 포슈Ferdinand Foch, X1871와 조프르Joseph Joffre, X1869 장군, 유명한 드레퓌스 사건의 주인공 드레퓌스Alfred Dreyfus, X1878가 있다.

기업계에서는 시트로앵 자동차 회사의 창업주 시트로앵André Citroën, X1898, 다소 그룹의 최고 경영자 다소Serge Dassault, X1946, 루이뷔통 그룹의 회장인 아르노Bernard Arnault, X1969 등을,

유명한 학자로는 물리학자이자 화학자인 게이뤼삭Joseph-Louis Gay-Lussac, X1797, 수학자 아라고François Arago, X1803, 사회학의 창시자 콩트Auguste Comte, X1814, 1903년 노벨 물리학상 수상자 베크렐Henri Becquerel, X1872, 1988년 노벨 경제학상 수상자 알레Maurice Allais, X1931 등을 배출했다.

알프레드 드레퓌스

오귀스트 콩트

다른 한편 에콜폴리테크니크의 탁월한 명성은 유럽과 러시아, 북미의 유수 공학 교육기관의 모델이 되었다. 미국의 제3대 대통령인 토머스 제퍼슨Thomas Jefferson은 1802년에 에콜폴리테크니크 모델을 따라 '웨스트포인트 육군사관학교United States Military Academy at West Point'를, 러시아는 1810년 에콜폴리테크니크 모델을 따라 '통신로 엔지니어 전문학교Institut Korpusa inzenerov putej soobscennija'를 설립했다. 또 미국 매사추세츠공과대학Massachusetts Institute of Technology, MIT의 전신인 보스턴테크Boston Tech, 영국의 폴리테크닉Polytechnic, 독일의 고등기술학교Technische Hochschulen 등도 이에 해당한다. 일부 에콜폴리테크니크 졸업생들은 해외에서 에콜폴리테크니크를 그대로 모방한 교육기관을 설립했다. 이를테면 1812년 졸업생인 샤플리에Jean Chapelié 중령은 1832년 '벨기에 왕립군사학교École Royale militaire de Belge'를, 1839년 크로제Claudius Crozet 대령은 미국의 '버지니아 군사학교Virginia Military Institute'를 창설했다. 또 1873년 캐나다에서는 '몬트리올 에콜폴리테크니크École Polytechnique de Montréal'가, 1925년 파리에서는 여성만을 위한 '여성 에콜폴리테크니크École Polytechnique féminine'가 설립되었다. 이 밖에도 현재 에콜폴리테크니크의 이름을 딴 학교들을 미국, 알제리, 세네갈, 벨기에, 브라질, 스위스, 캐나다, 이탈리아, 폴란드 등의 나라에서 찾아볼 수 있다.

프랑스 대혁명과 에콜폴리테크니크의 탄생

16세기 초에 시작된 프랑스의 공학 교육은 18세기에 도약을 맞으면서 유럽에서 가장 먼저 공학의 제도화를 이루었다. 1747년에 창설된 토목학교를 비롯해 공병학교, 포병학교, 광산학교, 해군공병학교, 수로측량학교 같은 전문학교écoles spéciales를 설립하고 인재를 양성하는 등 다른 유럽 국가들에 공학 교육 체제의 모델을 제공했다. 귀족층의 자제들에게 입학이 허용된 전문학교의 지원자들은 경쟁이 치열한 입학시험을 통과한 후 과학과 수학, 그리고 전통적으로 귀족들에게 가르쳤던 라틴어·문화·역사·무도·승마·검술 등의 교육과정을 이수했다. 졸업 후에는 주로 과학자, 엔지니어, 경제 및 기술 관료로서 국가에 봉사했다.

그런데 막 부상 중이던 부르주아 계급의 자제들이 공학 교육을 배우고, 국가의 주요 직책에 도달할 수 있는 기회는 매우 제한적이었다. 실제로 학생들의 지식이나 능력보다는 혈통이 우선시되었던 입학 조건 때문에 교육은 국가의 잠재력을 발전시키기보다는 사회적 출세와 정치적 영향력을 얻기 위한 방편에 불과했다. 이러한 차별과 배제는 부르주아 계급으로 하여금 계몽주의 시대의 열망과 배치되는 군주제에 대한 불만과 비판으로 이어지게 만들었다. 또 18세기 말 기존의 종교 교육을 담당해온 예수회가 추방되자 '공교육'의 필요성이 제기되었다.

근대 공교육 제도의 틀이 마련된 것은 프랑스 대혁명 때였다. 당시 계몽주의 사상가들은 종교로부터 교육을 독립시키고, 이성적 시민을 양성하고 합리적 사회를 건설하는 데 필수적인 요건으로 공교육 제도를 강조했다. 이들은 새로운 사회의 근본이 되는 새로운 인간의 양성을 위해 공화주의 이념에 입각한 새로운 방식의 교육을 전제 조건으로 내세웠다.

1789년 프랑스 대혁명이 발발하고 영국, 네덜란드, 에스파냐 등의 유럽 국가와 혁명전쟁을 벌이는 상황에서 공학 교육 체제 개혁이 요구되었다. 혁명과 전쟁이라는 정치적 급변 속에서 과학과 기술의 융합을 지향하고 부르주아들의 참여를 통해 '과학의 민주화'를 이루려던 공화주의 국가 이념은 공학 교육 체제에도 고스란히 반영되었다. 과학과 기술의 유기적 결합이라는 새로운 담론은 기하학이 지배적인 분야에서 수학적 분석을 도입해 기술적 합리주의가 발전하는 계기를 마련해주었다. 이에 과학기술 분야의 공백을 메우고 외부의 위협으로부터 국가의 위급한 요구를 충족하기 위한 여러 개혁 조치가 취해졌다.

1791년 9월 3일 법은 새로운 사회의 근본이 되는 '새로운 인간', 즉 엔지니어 · 교사 · 의사 · 장교들을 양성하기 위한 무상교육제도에 관한 조항을 추가했다. 공교육의 필요성은 1792년 9월 21일 제1공화국 수립 이후까지 이어졌다. 혁명과 전쟁이라는 복잡하고도 혼란스러운 정국에서도 앙시앵 레짐의 전문학교들은 계속 운영되었지만, 혁명정부가 요구하는 국가와 공익을 위해 봉사하게 될 공익학교École des services publics의 성격과는 거리가 멀었다. 게다가 혁명전쟁으로 인해 우수한 학생들이 공병대에 차출되면서 학생 모집에 어려움을 겪게 되자 기존의 전문학교들을 위한 예비학교의 설립과 다기능 엔지니어들의 양성이 급선무가 되었다.

이에 1793년 국민공회는 프랑스에서 가장 뛰어난 과학자와 엔지니어 열여섯 명으로 구성된 과학자위원회를 조직하고 공학 교육 체제 개혁의 청사진을 내놓았다. 공포정치가 절정에 달하던 1794년 3월 11일 법에 따라 학생들의 출신 배경보다는 지적 능력과 수학 지식을 중시하고, 국가와 사회에 직접적·실질적 도움을 줄 수 있는 과학자와 엔지니어 양성을 목표로 하는 '공공사업중앙학교École Centrale des Travaux Publics'의 창설이 공표되었다. 또 이 법에는 공공사업중앙학교 학생들이 기초 과목인 화법기하학畵法幾何學과 화학을 중심으로 하는 다양한 과학 분야의 공통 지식을 습득한 뒤 자신의 과학 지식을 응용·실습하기 위한 응용학교écoles d'application로 진학해야 한다는 내용이 담겨 있었다.

테르미도르Thermidor의 반동 이후 온건공화파가 장악했던 국민공회의 자코뱅Jacobin 좌파는 이 학교가 앙시앵 레짐의 전문학교들처럼 특권층의 집합소가 될 소지가 있고, 이 학교 졸업생들만이 응용학교에 입학할 수 있다는 독점 조항이 혁명의 평등 정신에 위배된다는 점을 들어 이 계획안에 반대했다. 하지만 국민공회는 9월 28일 '혁명과 과학의 아들들'의 양성을 위한 공공사업중앙학교의 설립을 승인하고, 초대 교장으로 엔지니어이자 토목학교 교장을 역임한 람블라르디Jacques-Elie Lamblardie를 임명했다.

파리 5구의 데카르트 거리rue Descartes에 학교 문을 열고 전국에 걸친 첫 학생 모집이 이루어졌다. 파리와 지방의 22개 도시에서 16~20세에 해당하는 400명의 젊은이들이 선발 시험에 응시했고, 그중 396명이 합격했다. 교수진은 당시 유럽에서 명성이 높던 수학자, 물리학자, 화학자 등으로 구성되었고, 학업 기간은 3개월에서 2년으로 연장되었다. 1학년 때는 도면 그리기, 물리학, 화학, 기하학, 대수학, 미적분, 기초화학 및 기계화학, 2학년 때는 건축, 축성술, 절체법截體法, 역학 등의 심화 학습 과정을 거쳤으며, 1주일에 15시간 정도를 실험실에서 보냈다. 1794~1804년의 학생기록부를 보면 318명의 학생 가운데 32퍼센트가 부농 및 중소 농민, 31퍼센트가 고위 공직자, 9퍼센트가 변호사, 19퍼센트가 하층민, 9퍼센트가 기타 계층의 자제들이었다. 또 전체 학생의 반 정도가 파리 출신이고, 나머지는 지방 출신이었다. 초기의 에콜폴리테크니크는 학생들에게 무상교육을 실시하고 신입생들에게 2년 동안 장학금을 지급함으로써 명실공히 공화주의 이념에 입각한 부르주아 학교로 남았다.

1795년 8월 22일 총재정부 수립 이후 학교 조직에 변화가 생겼다. 9월 1일 법에 따라 공공사업중앙학교는 학생들이 공공사업 분야에만 한정되지 않고 민간 및 군사 부문에서 활용할 수 있는 다기능 엔지니어 경력을 익히고, 공익을 위해, 그리고 수학과 물리 지식을 필요로 하는 직업 분야에서 자유롭게 종사토록 하기 위해 교명을 지금의 '에콜폴리테크니크'로 바꿨다. 이어 10월 22일 에콜폴리테크니크 학생들만이 응용학교에 진학할 수 있다는 내용을 골자로 하는 '응용학교 재조직법'이 공표되었다. 이 법으로 에콜폴리테크니크 졸업생들은 앙시앵 레짐 때와 마찬가지로 응용학교 졸업 후 주로 군대와 고위 공직에 진출함으로써 국가 엔지니어로서의 독점적 지위와 특권을 계속 이어갔다.

나폴레옹과 에콜폴리테크니크의 군사화 · 엘리트화

에콜폴리테크니크와 그 응용학교 학생들의 엘리트화는 나폴레옹 시대를 통해 더욱 공고해졌다. 1799년 11월 9일 이른바 '브뤼메르Brumaire 18일의 쿠데타'로 통령정부를 수립한 나폴레옹의 집권 이후에도 프랑스는 여전히 유럽과 전쟁 중이었고, 군대는 다방면에서 활동할 더 많은 엔지니어를 필요로 했다. 과학기술의 진보를 중시하던 공학 전략가로서 나폴레옹은 맨 먼저 내무부 장관에 수학자 라플라스Pierre-Simon Laplace를, 그리고 에콜폴리테크니크 교장에 역시 수학자였던 몽주Gaspard Monge를 임명했다. 이어 12월 16일 에콜폴리테크니크 재조직법을 통해 나폴레옹은 신입생 정원을 400명에서 300명으로 줄이고, 입학 때 졸업 후 취업 분야를 미리 정하도록 했으며, 학생들의 군부서 지망을 포함대로까지 확대해 하루 98상팀centime의 봉급을 지불함으로써 특권과 안정을 유지해주었다. 총재정부와 통령정부를 거치면서 에콜폴리테크니크는 화법기하학을 교육의 중심에 두었던 몽주의 뒤를 이어 수학 분석과 추상 개념을 중시하던 라플라스의 영향 아래에 놓임으로써, 이후 고등수학을 중시하는 엘리트주의 교육 방식을 고수했다.

1804년 제1제정이 수립된 후 나폴레옹은 관료제 강화 및 행정 기구 재편을 통해 국가를 중앙집권화·군사화하면서 군대식 서열, 규율, 가치 등을 교육 현장에도 적용했다. 7월 16일 법에 따라 에콜폴리테크니크에 엄격한 규율을 강제하는 군사 체제가 적용됨으로써 학교는 병영화되었고, 학교 행정은 내무부가 아닌 국방부의 감독을 받게 되었다. 또 에콜폴리테크니크의 교장을 과학자로 임명하던 기존의 관행 대신 1804년 제10대 교장부터는 장성을 임명했다. 행정 직원은 장교로 대체했고, 학생들은 5개 중대로 구성된 1개 대대로 편성되었다.

이 같은 나폴레옹 시대의 군사화·엘리트화 유산은 오늘날까지 에콜폴리테크니크의 정체성을 잘 보여주는 주된 특징으로 남았다. 나폴레옹은

1815년 4월 25일 에콜폴리테크니크를 방문한 나폴레옹 1세

에콜폴리테크니크를 '황립École Impériale Polytechnique'으로 바꾸면서 제국사관학교의 지위를 부여하고 오늘날까지 사용하고 있는 교훈인 '모두 조국, 과학, 영광을 위해Tout pour la Patrie, les Sciences et la Gloire'를 하사했다. 또 군사 열병식이 열릴 때 에콜폴리테크니크 학생 대대가 교훈이 새겨진 교기를 들고 황제의 근위대 바로 뒤에서 선두로 행진하도록 했다. 이 행사는 오늘날까지 이어져 매년 혁명 기념일인 7월 14일 샹젤리제 대로에서 벌어지는 군사 퍼레이드에서 에콜폴리테크니크 학생 대대가 제일 선두에서 종대 행진을 벌이는 전통으로 자리 잡았다.

나폴레옹의 개혁은 신입생 모집 방식에도 영향을 미쳤다. 라틴어와 문학 등 고전 지식이 부활하면서 선발 시험은 더욱 어려워졌고, 프랑스 대혁명의 유산인 장학금 제도를 폐지하고 1,000프랑이라는 비싼 수업료를 물게 하는 등 특권층 자제들에게 유리한 조치를 취함으로써 에콜폴리테크니크는 부르주아 학교에서 귀족 학교로 회귀했다. 당시 학생의 52퍼센트가 상층 부르주아 계급에 속했다는 점에서 나폴레옹 개혁 이전과는 큰 차이를 보여준다. 졸업 후 학생들의 진로 분야도 과거와 달리 91퍼센트가

국가 엔지니어, 그중에서도 군대, 특히 포병대 61퍼센트, 공병대 17퍼센트가 다수의 졸업생을 흡수했다.

이처럼 초기 에콜폴리테크니크의 역사는 프랑스에서 국가 전략상 과학기술 정책 및 교육에 대한 국가 지도자나 정부의 강력한 의지가 어떻게 이공계 우대 전통을 확립하고 발전시켜나갔는지를 잘 보여준다. 공화주의적 이상과 제국주의적 이상 사이에 간극이 없지는 않았으나, 나폴레옹 시대의 군사화·엘리트화 유산은 오늘날까지 에콜폴리테크니크의 주된 정체성을 이루고 있다. 그 점에서 프랑스 첨단 과학기술 분야가 주로 전쟁 무기나 군사과학에서 발달한 것은 결코 우연이 아니다. 그러나 혁명기에 기존의 특권을 해체하고 새로운 교육 목표를 제시한 몽주 같은 과학자들의 노력에도 불구하고, 에콜폴리테크니크의 좁은 입학문과 난해한 교과목의 운용을 통해 '엘리트 중의 엘리트'를 배출하는 상층 부르주아 계급의 보루가 되었다는 세간의 비판을 피하기는 어려웠다.

나폴레옹 시대가 종식되고 부르봉Bourbon 왕가가 복귀하면서 1816년 9월 5일 루이 18세의 왕령에 따라 에콜폴리테크니크는 전쟁부에서 다시 내무부 산하로 이관되었다. 학생들은 제복을 벗고 민간복을 입게 되었으나 병영제는 그대로 유지되었다. 에콜폴리테크니크를 여전히 지배하고 있는 자코뱅주의와 공화주의, 그리고 보나파르트주의를 제거하는 것이 급선무라고 생각한 루이 18세는 1817년 1월 17일 에콜폴리테크니크를 '왕립École Royale Polytechnique'으로 바꾸고, 과학이 무신론의 도구이자 받침대가 아닌 '신, 왕, 그리고 조국을 위해' 봉사하는 부르봉 왕가의 정치·사회 철학을 심기 위한 개혁을 도모했다. 1830년 7월 왕정이 수립되자 에콜폴리테크니크는 내무부에서 다시 전쟁부로 이관되는 등 부분적 개편이 없지 않았으나 제2공화국, 그리고 제2제정에 이르기까지 에콜폴리테크니크의 명성과 학교 구조는 19세기 말까지 그대로 유지되었다.

산업화와 에콜폴리테크니크의 '마피아화'

정치적·사회적 격변을 초래한 프랑스 대혁명은 특권의 폐지와 함께 부르주아 계급이 주도하는 산업시대를 여는 데 영향을 미쳤다. 그러나 혁명은 길드를 폐지하면서 숙련된 장인들을 양성하던 도제 시스템을 약화시켰고, 그 결과 기계 관련 기술자와 기계공 같은 숙련 노동자들의 부족 현상을 심화시켰다. 특히 석탄업, 제철업과 같은 산업 분야에서의 노동력 부족은 엔지니어를 포함한 새로운 직업의 성장에도 영향을 미쳤다. 그뿐만 아니라 혁명전쟁 및 나폴레옹 전쟁도 프랑스 산업경제의 진보와 혁신에 걸림돌로 작용했다. 더욱이 1815년 나폴레옹의 몰락과 더불어 수립된 복고 왕정은 프랑스를 혁명 이전의 경제 구조로 되돌리면서 혁신적 기업들에 대한 투자를 위축시켰다. 당시 프랑스의 부르주아 계급은 엄청난 산업적 도약을 통해 세계적 상품 시장을 지배하고 있던 영국과 직면해 있었고, 고율의 관세를 통한 프랑스 국내 산업 보호 정책 역시 기술 변화를 위한 동기를 약화시켰다. 그 결과 19세기 초 프랑스 산업은 완만한 성장세를 보였다.

앞서 언급했듯이 산업화 이전 프랑스는 국가 엔지니어의 전통과 유산이 강한 나라였다. 19세기 초 산업시대가 열리면서 영국과 비교해 '지연된 산업화'에 대한 각계의 우려가 커지자, 정치경제학적 측면에서 새로운 엔지니어 양성을 위한 공학 교육 체제의 변화를 요구하는 목소리가 커졌다. 민간 분야에서의 경력을 폄하하던 국가 엔지니어들은 당시 성장 산업 분야에서 배제되었으며, 선도적인 기업가들 역시 지나치게 이론적이고 사무적인 국가 엔지니어들을 외면했다.

산업화가 진행되면서 민간 산업체에 종사할 다양한 인력 양성을 필요로 했고, 이러한 요구에 부응해 수학 위주의 이론 교육보다 실용적 응용 교육의 필요성을 충족시킬 새로운 엔지니어 양성 기관이 등장했다. 낭트 출신의 사업가이자 생시몽주의자였던 라발레Alphonse Lavallée가 여러 과학자의 도움으로 1829년 4월 25일에 프랑스 최초의 사립 공학학교인 '중앙공예학교École Centrale des Arts et manufactures'를 창설했다. 에콜폴리테크니크와 같이 수학 위주의 이론적·추상적 교육에 비판적이던 중앙공예학교의 설립자는 산업 연구와 개발을 위해 과학 및 수학의 응용을 통한 현장 위주의 실습 교육을 지향하고, 공학 전문 과학을 이해하고 통합하는 이른바 '산업학science industrielle'으로 불리는 다학제 간 교육 방식을 수용했다. 이 학교의 교과과정은 주로 강좌, 현장 공사, 프로젝트, 실험 실습, 연수 등으로 이루어졌다.

19세기 중반부터 에콜폴리테크니크의 독점을 위협하는 다양한 공학학교들이 설립되고 경쟁하면서 자신들의 권익을 도모하기 위한 동창회와 같은 단체들이 조직되었다. 1830년 당시 생시몽주의Saint-Simonisme의 영향을 받은 에콜폴리테크니크 출신 토목 엔지니어들을 중심으로 '폴리테크니크 협회Société Polytechnique'가 설립되었다. 다른 한편 19세기 내내 국가 엔지니어 집단에서 배제된 민간 엔지니어들 역시 자신들의 입지를 굳히기 위해 투쟁했다. 1848년 철옹성 같던 국가 엔지니어단의 독점에 맞서 중앙공예학교 출신의 에펠Gustave Eiffel을 중심으로 '프랑스 민간 엔지니어 협회Société des Ingénieurs Civils de France'가 설립되어 민간 엔지니어들을 결속시켰다. 이로써 국가 엔지니어 대 민간 엔지니어의 경쟁이 수면 위로 떠오르게 되었다.

제2제정기에 산업화가 가속화되면서 민간 산업 부문에서 종사할 인력에 대한 수요와 철도·건설·기계·화학 등의 민간 산업 부문에 진출하는 엔지니어의 수가 급증하자 엔지니어들 사이의 경쟁이 불가피해졌다. 에콜폴리테크니크 출신이 민간 산업체로 이직하는 현상과 맞물리면서 그들의 사회적 상승도 두드러졌다. 이때부터 에콜폴리테크니크는 과학 실험소보다는 '국가귀족'의 양성소이자 정치적·사회적 보수주의의 장이 되어 갔다.

프로이센-프랑스 전쟁(보불 전쟁, 1870~1871)과 파리 코뮌의 소용돌이 속에서 탄생한 제3공화국은 정치적 취약, 자본주의의 급성장, 산업 기술의 변화 등에 적응하기 위한 공교육 개혁의 필요성을 절감했다. 당시 우파 공화주의자들과 긴밀한 관계를 유지하던 보수주의적 경향의 에콜폴리테크니크는, 막 상승세를 타고 있던 사회 계층과 그 계층이 사회 이동을 위해 지렛대 삼을 교육 체제에 반대함으로써 개혁 세력의 공격 표적이 되었다. 특히 에콜폴리테크니크의 아성을 위협한 것은 역대 정부의 공교육 개혁의 일환이자 그랑제콜의 대항마로 등장한 대학 이학부facultés des sciences의 확대 조치였다. 1880년대 이후 제3공화국 역대 정부는 중등교육기관에서의 고전 교육을 지양하고 실용적 응용 교육에 입각한 대학 체제를 강화하고자 했다. 이러한 개혁의 성과들은 국가 경제의 미래를 산업화에 두었던 정부, 교육의 민주화를 통해 사회의 민주화라는 이상을 실현코자 했던 제3공화국의 개혁가들, 이러한 정부의 정책에 발맞춰 엔지니어 자격

증을 통해 사회적 상승의 꿈을 이루고자 했던 중·하층 부르주아 계급이라는 세 가지 요소가 어우러진 결과였다.

제3공화국 초기 정부는 에콜폴리테크니크를 대학 조직망에 편입시키고, 제3공화국의 민주주의적·실용주의적 교육 목적과 조화를 이루는 데 유리하도록 그들의 목표를 변화시키려는 운동을 벌였다. 개혁 지지자들 역시 고등교육 내 대학과 그랑제콜이라는 이원적 조직망에 반대하고, 에콜폴리테크니크와 다른 그랑제콜을 전부 대학 조직망으로 편입시켜 공교육부 산하에 둘 것을 요구했다. 또 이들은 에콜폴리테크니크의 교육이 학생들로 하여금 점점 과학 발명과 기술 혁신에 대한 흥미를 잃게 만들고, 졸업생들도 개인적 명성과 직업적·물질적 안정만 추구하게 되었다고 비판했다. 1890년 이후 프랑스의 과학 연구와 기술 경쟁력은 많이 향상되었지만 독일, 미국과 비교할 때 상황은 크게 나아지지 않았다. 특히 제3공화국 초기 에콜폴리테크니크의 위치는 한편으로는 상층 부르주아 계급의 보루이면서, 또 한편으로는 막 상승 중인 신흥 계층의 사회 이동의 매개 수단이 되었다는 점에서, 그리고 이러한 이중성이 프랑스 최고 엘리트의 양성이라는 고유의 역할을 계속 유지하도록 만들어준 주요 동기로 작용했다는 점에서 얼핏 역설적이다.

제3공화국 초기 공화주의 이념을 바탕으로 교육·사회·경제 민주화를 실현코자 했던 일련의 공교육 개혁은 에콜폴리테크니크를 대학 조직망 내로 편입시키는 데는 실패했지만 절반의 성공은 거뒀다. 이를테면 1880~1914년 에콜폴리테크니크 학생의 출신 성분에 현저한 변화가 나타났다. 상층 부르주아 계급의 보루였던 에콜폴리테크니크에 중·하층 부르주아와 민중층 학생들의 비율이 증가했고, 해마다 입학생의 57퍼센트에 해당하는 서민층 및 상층 부르주아 출신 학생들의 18퍼센트가 장학금을 받았다. 그러나 졸업 후 에콜폴리테크니크 출신들은 부의 창출을 가져오는 '생산적 노동'보다는 부와 직위의 점유에 더 초점을 둔 '정치적 노동'에 주로 관여하면서 교육과 기술이라는 '문화 자본'을 통해 전문 기술 능력을 통제하는 집단으로 남았다. 그 결과 에콜폴리테크니크의 '마피아화'는 더욱 공고해졌다.

엘리트 교육에 대한 비판과 다양화 요구

프랑스 혁명기 공교육 개혁의 일환으로 탄생한 에콜폴리테크니크의 역사는 제1공화국, 제1제정, 복고 왕정, 제2공화국, 제2제정, 제3공화국, 그리고 1968년 혁명에 이르기까지 혁명과 전쟁, 산업화 등 유럽사의 진행 과정에서 변곡점을 이루는 사건들에 직간접으로 영향을 받았다. 그때마다 에콜폴리테크니크는 교육 이념 및 전통적 가치들을 수호함과 동시에 시대의 변화에 따른 개혁의 목소리에도 귀를 기울여왔다.

2차 세계대전을 전후해 에콜폴리테크니크는 학교의 미래를 위한 장기적 개혁을 추진했다. 1935년 프랑스인으로 귀화한 지 8년 미만의 학생들을 위해 만들어진 'bis' 범주가 유대인 학생들에게로 확대되었다. 또 국가 경제의 새로운 요구에 부합하는 교육 조건의 개선을 위해 200년 동안 에콜폴리테크니크의 터전이었던 파리 5구 데카르트 거리에서 파리 근교의 팔레조Palaiseau로 이전할 계획을 세웠다. 1968년 혁명은 에콜폴리테크니크의 학교 구조에 크게 영향을 미치지는 않았으나 일부 교수와 학생들은 에콜폴리테크니크의 태만, 백과사전식 교육, 경직된 교육, 대학교육보다 더

뒤떨어진 교육을 비판하며 교육의 다양화를 요구했다.

1970년 7월 15일 법에 따라 에콜폴리테크니크는 국방부 산하에 그대로 남아 있으면서 법인화 길을 열었다. 특히 남성 중심적 학교 문화를 탈피하고 양성평등의 기치 아래 1972년 여학생의 입학을 허용했고, 마침내 1973년 일곱 명의 여학생이 최초로 입학했다. 1976년 팔레조의 새 캠퍼스가 문을 열면서 전문화·국제화를 위한 조치도 취해졌다. 1985년 에콜폴리테크니크에 박사 학위 과정이 신설되었고, 1995년 외국인 학생들에게도 입학의 문이 열렸다. 2004년에는 석사 학위 과정도 신설되었다. 또 2014년 에콜폴리테크니크는 팔레조 캠퍼스 근처에 미국의 스탠퍼드대학Stanford University을 모델로 하는 프랑스판 실리콘밸리Silicon Valley를 만들기 위해 과학기술 교육 및 연구 클러스터인 파리사클레대학Université Paris-Saclay의 창설을 주도하는 등 변신을 꾀하고 있다.

이같이 시대적 변화에 부응하기 위한 개혁 노력이 있었음에도 불구하고, 에콜폴리테크니크는 학교의 서열화가 곧 사회적·경제적 서열화로 이어지는 현실에 대한 비판과 교육의 다양화 문제에 있어서 자유롭지 못한 것이 사실이다. 이 점은 현재 심화되고 있는 한국 대학의 엘리트주의와 서열화에 대한 우려와 별반 다르지 않다. 2010년 6월 30일 《뉴욕타임스》 온라인은 "다양화를 요구받는 프랑스 그랑제콜이 평준화를 우려"한다는 프랑스 고등교육의 엘리트주의에 관한 기사를 게재한 바 있다. 이 기사에서 지적된 프랑스 엘리트 교육의 문제점은 한국 대학 입시 제도에 대한 비판과 매우 흡사하다. 첫 번째 제기된 문제점은 프랑스의 부유한 백인들만이 엄격한 대학 입시 제도를 통해 자신의 지위를 보호함으로써 부와 사회적 신분을 대물림한다는 것이다. 사실 경제적 여유가 있는 가정만이 자녀를 고등학교 졸업 후 프레파 과정을 거쳐 대학 입학시험을 준비하도록 충분히 지원해줄 수 있다. 따라서 서민층 또는 이민자의 자녀들이 그랑제콜에 입학한다는 것은 하늘의 별 따기나 다름없다. 두 번째 제기된 문제점은 프랑스 엘리트의 창의성과 도전성 부족을 꼽는다. 대학 입시만으로는 창의적인 인재를 선발하는 데 한계가 있으며, 명문 그랑제콜에 일단 합격하면 평생 지위가 보장되는 체제 아래에서 엘리트들이 새로운 것에 도전할 동기와 혁신이 부족하다는 점이다. 세 번째 문제점은 이민자 문제가 심화되고 있는 현 시점에서 그랑제콜 입학과 취업에서의 유색 인종 학생들, 특히 무슬림 이민자 학생들에 대한 차별을 꼽을 수 있다.

현재 프랑스 정부는 부유층과 백인에 편중된 그랑제콜 학생 구성을 다양화하기 위해 그랑제콜 학생의 30퍼센트를 저소득층과 유색 인종 장학생으로 충원할 것을 요구하고 있지만 그 결과는 미미한 편이다. 1980년대 말 프랑스의 유명한 사회학자 부르디외Pierre Bourdieu는 평등사상에 입각해 엘리트주의를 타파하고자 했던 공교육 실험이 이른바 '국가귀족Noblesse d'Etat'의 독점과 특권을 더욱 공고화했다는 비판을 내놓은 바 있다. 이러한 문제의식은 오늘날까지 프랑스 사회에서 교육의 다양화에 대한 거센 요구로 이어지고 있다. 그랑제콜 중심의 엘리트 교육이 부와 사회적 신분의 대물림으로 사회적 불평등을 재생산하고 있다는 비판과 프랑스 고등교육 체제가 갖는 특수성이 자칫 기회의 평등을 해칠 수 있는 '양날의 검'의 운명에서 자유로울 수 없다는 점은 우리 사회에도 많은 시사점을 던져준다.
_문지영

카를스루에공과대학 : 유럽 과학기술 교육의 선두

1825년 폴리테크닉(공업기술학교) 설립

1832년 고등교육기관의 면모를 갖춤. 다섯 개 전문학교를 합쳐 종합전문학교로 승격

1865년 공과대학에 준하는 새 규약(정관) 마련

1867년 석사 학위 도입

1868년 하빌리타치온(정교수 자격 논문) 도입

1885년 '공과대학'으로 명칭 변경

1888년부터 전문학교는 학과 단위로 명칭이 부여됨

1899년 디플롬엔지니어, 박사 엔지니어 학위 수여 권한을 받음

1943~1944년 공중 폭격으로 공과대학 대부분의 건물이 크게 파괴됨

1946년 2차 세계대전으로 문을 닫았던 공과대학이 재개됨

1948~1966년 공과대학은 자연과학 및 정신과학, 건축(토목), 기계공학이라는 세 개의 커다란 학부로 구분됨

2006년 50년 역사의 카를스루에 연구소와 181년의 역사를 가진 카를스루에대학이 통합하여 독일 최고의 연구 중심 공과대학으로 탄생

2009년 카를스루에 연구센터와 카를스루에대학이 합쳐져 현재의 카를스루에공과대학 탄생

산업혁명기 독일 기술 교육의 시작

독일은 산업화 시기에 후발 주자로서 등장했지만 19세기 중반기를 지나 20세기 초반에 이르면 유럽에서 산업화 속도가 가장 빠른 국가로 변모했

다. 이런 변화의 동력으로 여러 가지를 꼽을 수 있겠으나 교육 부문에서는 이론과 실기를 겸비한 직업 훈련 교육제도가 형성되고, 과학기술을 리드하는 공과대학이 설립되어 이 시기의 산업화 속도에 박차를 가했다고 볼 수 있다. 특히 이 시기에 오늘날의 경제 분야에서도 과학기술 발전을 선도하며 엔지니어와 과학자를 양성하는 공과대학의 설립에 주목해볼 수 있다. 독일 남부의 바덴뷔르템베르크Baden-Württemberg 주의 카를스루에Karlsruhe에 위치한 공과대학의 설립을 살펴봄으로써 이러한 시작을 추적해볼 수 있다. 카를스루에에 설립된 폴리테크닉공업기술학교, Polytechnische Schule은 이후 독일의 공과대학으로 발전하는 계기가 된다.

카를스루에공과대학의 로고

19세기에 설립된 공과대학의 뿌리는 유럽의 계몽주의 정신과 이를 바탕으로 한 수학 및 자연과학 이론들, 그리고 무엇보다 높은 기술 교육을 지향하는 국가와 시민들의 요구에 의해 형성되었다고 볼 수 있다. 카를스루에공과대학은 1825년에 발족한 폴리테크닉으로 시작했는데 전신은 프랑스 파리의 에콜폴리테크니크였다. 독일의 여느 지역과 달리 왜 남부 지역인 바덴Baden 지역에서 이런 출발점이 마련되었을까? 그 이유는 바덴이 다른 지역에 비해 프랑스와 이웃해 있는 지역이고, 역사적으로는 나폴레옹 시기에 라인 동맹 지역에 속하여 프랑스의 정치적, 경제적, 사회적 영향을 가장 인접하게 받은 곳이라는 데 있다. 당시 유럽 공학 교육의 모델이었던 에콜폴리테크니크의 영향을 가장 빠르게 받아들일 수 있는 지형

카를 벤츠의 동상. 카를 벤츠는 오늘날 메르세데스 벤츠(Mercedes Benz) 자동차를 발명한 사람이다.

적, 역사적 조건을 갖추었던 것이다.

이 학교는 1865년에 대학 설립 허가를 받은 뒤 1885년에 명칭이 기술대학Technische Hochschule으로 바뀌었고, 2009년 9월 30일까지 카를스루에대학Universität Karlsruhe이라는 명칭을 사용했다. 같은 해 10월 1일에 카를스루에 연구센터Forschungszentrum Karlsruhe와 카를스루에대학이 합쳐져 현재의 카를스루에공과대학Karlsruhe Institut für Technologie, KIT이 탄생했다. 현재는 수학대학, 물리대학, 자연과학대학, 인문·사회과학대학, 건축대학, 기계공과대학, 전자공과대학 등 12개 단과대학과 40개 학과로 구성되며 115개 학위 프로그램을 운영하고 있다. 이 같은 카를스루에의 명성은 미국 MIT(매사추세츠공과대학)의 명성과 비교할 수 있다. 2006년에는 50년 역사의 카를스루에 연구소와 181년의 역사를 가진 카를스루에대학이 통합하여 현재 독일 최고의 연구 중심 공과대학 가운데 하나로 인정받고 있다.

이곳의 역대 유명한 과학자로 화학 분야의 노벨상 수상자 프리츠 하버Fritz Haber와 전자파 연구로 유명한 하인리히 헤르츠Heinrich Hertz 등이 있었고, 이 학교를 졸업한 인물로 독일 자동차 회사 벤츠사의 설립자인 카를 프리드리히 벤츠Karl Friedrich Benz가 있었다.

카를스루에는 독일의 바덴뷔르템베르크 주에 속하며 라인Rhein 강 근처에 위치한 공업도시로서 슈바르츠발트Schwarzwald 삼림 지대 북쪽 가장자리에 자리 잡고 있다. 같은 주에 속한 슈투트가르트Stuttgart, 만하임Mannheim에 이어 인구가 세 번째로 많은 도시이며 이 도시에 독일 연방헌법재판소와 독일 연방재판소가 자리하고 있다. 도시는 원형 고리 모양을 한 32개의 거리들이 하나의 성Schloss을 중심으로 방사형으로 뻗어 나가고, 성의 북부에는 숲과 공원이 위치하고 있다. 이런 부채꼴로 펼쳐진 도시의 모양 때문에 이 도시는 '부채꼴 도시Fächerstadt'라고 불린다.

유럽의 과학기술이 발전하는 시기에 그 맥을 함께하여 오늘날 과학기술 분야에서 선두적인 역할을 하고 있는 카를스루에대학의 시작은 독일과 프랑스의 정치·경제·사회 및 문화적 배경과 떼어놓고 설명하기 어렵다. 특히 산업혁명 시기에 국가와 공과대학의 관계가 카를스루에공과대학 설립 배경에 지대한 영향을 끼쳤고, 이러한 모델이 생성된 뒤에는 이어서 독일 다른 지역의 공과대학 설립이 이루어졌다.

| 카를스루에대학의 역대 노벨상 수상자들 |

이름	생몰 연대	분야	설명	수상 연도
카를 페르디난트 브라운 (Karl Ferdinand Braun)	1850~1918	물리학	전파를 받아 영상으로 바꾸는 브라운관(Elektronenstrahlröhre/Braunsche Röhre) 발명	1909
프리츠 하버 (Fritz Haber)	1868~1934	화학	비료와 폭발물의 주원료인 암모니아의 합성법(Ammoniaksynthese) 개발	1918
레오폴트 루지치카 (Leopold Ružička)	1887~1976	화학	합성향료 폴리에틸렌과 테르펜에 관한 연구	1939
게오르크 카를 폰 헤베시 (Georg Karl von Hevesy)	1886~1966	화학	하프늄 발견. 엑스선 분석을 화학에 응용하고, 동위 원소의 생리학적 응용을 연구	1943
헤르만 슈타우딩거 (Hermann Staudinger)	1881~1965	화학	고분자 화합물 용액의 농도 · 점도와 그 물질의 분자량의 관계 연구	1953

공과대학 설립에 국가가 관여하다

18세기 프랑스에서는 기술 전문학교의 방향이 두 가지로 마련되었는데, 그것은 국가에 대한 군사적 복무와 국가 관리로서의 역할을 준비한다는 것이었다. 그래서 이런 목적을 위해 특수학교Spezialschule와 폴리테크닉이 생겨났다.

그러나 기술 분야에서 장교와 공무원을 양성하기 위해 설립된 특수학교와 폴리테크닉은 18세기 당시 절대국가ancien régime에 종속된 대학과 마찰을 빚었다. 이러한 현상은 프랑스뿐만 아니라 독일에서도 그러했는데, 그 이유는 기술 전문학교의 구상이 신인문주의 교육 구상과 김나지움Gymnasium의 일반교육과 어울리지 않는 교육 개념이었기 때문이었다.

그렇다고 하더라도 프랑스의 에콜폴리테크니크는 학문 수준이 매우 빠르게 발전해서 수학과 일반 자연과학(물리, 화학)에서 유럽의 선두적인 대학이 되었다. 이 학교 졸업생의 대다수는 높은 학문적 수준을 보유하여 기술 관련 군 직무 및 공무 직에 진입했다. 산업화 시기에 프랑스의 경제 발전과 이 대학의 관련은 매우 긴밀했고, 이를 통해 교육과 산업화를 직접적으로 연결해볼 수 있다. 아카데믹academic 교육을 받은 엔지니어들은 오랜 기간 동안 국가 기술 관련 공무에 진출했고, 실제 경제gewerbliche Wirtschaft 부문도 이같이 학문화된 산업 영역 안에서 그 변동을 경험했다.

프랑스의 에콜폴리테크니크는 19세기 전반기 동안 유럽 국가들과 미국의 교육 개혁을 자극했다. 당시 폴리테크닉Polytechnic이라는 용어는 프랑스의 모델을 시작으로 전 유럽에 보급되어, 영국에서는 공과대학 중 응용공학 분야, 첨단 분야를 집중적으로 육성하는 대학들을 지칭하게 되었다.

카를스루에 시의 중심에 위치한 카를스루에 성의 '정원 홀' 전경

미국에서도 영국의 전통을 모방해 캘리포니아폴리테크닉주립대학California Polytechnic State University, 조지아테크Georgia Institute of Technology, 조지아공과대학, 서던폴리테크닉주립대학Southern Polytechnic State University 등 여러 대학이 설립되었다.

독일 프로이센의 선구적인 문화정치가이자 학자인 알텐슈타인Karl Sigmund Franz Freiherr vom Stein zum Altenstein, 쥐버른Johann Wilhelm Süvern, 알렉산더 훔볼트Alexander von Humboldt 등은 에콜폴리테크니크의 탁월한 교육적 의미를 인정했다. 그들은 베를린의 폴리테크닉 대학 프로젝트를 만들어 김나지움의 졸업 시험인 아비투어Abitur 성적을 기준으로 입학 조건을 내고, 이 학교의 장으로서 물리학자인 가우스, 화학자인 미처리히Mitscherlich, 수학자인 크렐레Crelle를 초빙했다.

이처럼 19세기 독일의 학교 발전은 프랑스 교육기관의 발전 및 변화에 영향을 받은 특징이 있다. 이미 18세기 후반에 프로이센에서는 프랑스 모델에 따른 기술 국가공무직 특수학교가 설립되었는데, 그 학교들은 프랑스식 포병장교Artillerieoffizielle, 엔지니어장교Ingenieuroffiziere, 건축(토목)공무

카를스루에 성의 정원과 주변 전경

원Baubeamte 전문학교를 모방했다. 단지 광산Bergbau 분야에서만 독일이 전통을 보유하여 옛 교육 체계를 유지하고 있을 뿐이었다. 또 프랑스에서 1829년에 설립되어 1857년에 국가 소속이 된 기술·제조 학교École des arts et manufactures가 프로이센의 좋은 모델이 되었다. 이처럼 고등 수학 및 자연과학 기관으로서 에콜폴리테크니크의 교육 구상이 프로이센의 학교들에 반영되었다.

파리의 학교 모델을 따라 독일 지역 도시인 베를린, 빈, 카를스루에, 다름슈타트Darmstadt, 아헨Aachen에서 다양한 전문학교와 학과들이 생겨났다. 먼저, 수학 일반 및 자연과학 분야에서 프랑스의 에콜폴리테크니크 이후 베를린에서는 일반 기술학과(1860), 카를스루에의 폴리테크닉에서는 일반 수학 학급, 다름슈타트의 고등 실업학교에서는 일반 학급(1836), 아헨의 공과대학에서는 일반학교가 그 모델을 따랐다. 두 번째로 기술관료로서 군 엔지니어 양성에 있어서는 프랑스의 공병학교École du genie, 1748와 포병학교École d'artillerie, 1756의 모델을 따라 카를스루에 포병학교, 다름슈타트 포병학교 등이 설립되었다. 세 번째로 실제 경제 분야와 관련해서는 프랑스의 기술·제조 학교에 이어 카를스루에 고등 실업학교가 세워졌고, 다름슈타트에서는 실업 상급반이 신설되었다.

독일 지역에서 파리 식의 폴리테크닉이 최초로 설립된 곳은 카를스루에였다. 이미 이곳에서 빈 및 프라하에서처럼 1808년에 폴리테크닉을 세우려는 계획서를 작성하기도 했지만 반대와 재정 문제로 여러 번 좌초된 바가 있었다. 반대 의견은, 프랑스와 달리 영국에서는 이론적 지식을 배우지 않고도 산업화가 성공적으로 이루어지고 있다는 것이었다. 그래서 영국처럼 이론보다 실용적인 측면을 강화해야 한다는 주장을 내세웠다.

하지만 현장의 목소리는 달랐다. 당시 수공업자들과 작업 현장 관리자들은 수학과 자연과학에 바탕을 둔 지식을 전수해야 한다고 주장했고, 폴리테크닉 학교를 세워야 한다는 다른 목소리도 곳곳에서 끊임없이 제기되었다. 이때 바덴 지역에 지배적이었던 자유로운 정치적·경제적 분위기가 폴리테크닉 설립의 적극적 도입을 이끌어냈다. 나폴레옹 전쟁으로 인해 이 지역의 경제가 살아나고 근대화되면서 바덴은 독일 연방에서 "주권을 가진(독립적인)" 중부 국가의 역할을 하고자 했다. 그 추동력은 영국 상품이 독점하는 가운데 경제적 해방구를 찾기 위한 노력이었다. 위로부터의 '근대화'를 통해 100년 가까이 시간적으로 차이 나는 영국 산업 간의 격차를 줄여보고자 했다. 이러한 설립 취지는 1807년 카를스루에에 설립된 엔지니어 학교를 이끈 요한 고트프리트 툴라Johann Gottfried Tulla와, 18세기에 설립된 카를스루에 토목학교의 대표인 프리드리히 바인브렌너

카를스루에 중앙광장

Friedrich Weinbrenner의 노력을 통해 알 수 있다.

카를스루에의 폴리테크닉은 대공국 바덴Großherzog Baden의 기관으로 1825년에 설립되었다. 이 학교의 발전에서 결정적 역할을 한 사람은 내무부 관리였던 카를 프리드리히 네베니우스Karl Friedrich Nebenius였다. 1830년대 말 바덴 지역의 학교 문제를 총괄하던 그는 1818년 바덴의 헌법을 기초하는 등 정치적 영향력이 아주 큰 인물이었다. 그는 당시 산업이 부재했던 바덴 지역 주민들의 빈곤을 퇴치하기 위해 학교를 개혁하고 체계화하는 것이 급선무임을 자각했다. 이에 따라 기존에 있던 여러 기술학교를 한곳에 모으고 그것을 바탕으로 폴리테크닉을 세우기로 했다.

카를스루에폴리테크닉은 처음에 시장 광장의 교회의 남쪽 건물을 카를스루에 리세Lyceum와 공동으로 사용했다. 첫해의 학생 수는 알려지지 않고 있으나 100명을 넘었던 것으로 파악되었다. 교사는 처음에 12명이었고, 학생의 최소 연령은 13세였다. 이 학교는 '예비학교Vorschule'라고 알려진 '일반 반'과 '수학 반', '무역 및 영업 반'과 기술부와 상업부로 구분되어 있었다.

1825년에 설립된 이 학교는 1832년 개편을 통해 고등교육기관으로서의 면모를 갖추게 되었다. 곧이어 기계 제작 기술자를 양성하는 엔지니어 학교, 건축가를 배출하는 건축학교, 화학 및 광산업에 종사하는 기술자를 교육하는 고등공업학교, 또 산림학교 및 상업학교까지 모두 다섯 개 전문학교를 한데 모은 종합전문학교로 승격했다. 초기에는 관료나 장교 양성에 치중했지만, 이후에는 그것을 포기하고 일반 민간 기술자 양성을 중요한 목적으로 삼았다. 이처럼 파리의 에콜폴리테크니크나 베를린의 바우아카데미Bauakademie와 달리 카를스루에폴리테크닉은 관료뿐 아니라 민간 기술자 배출이 주요 목적이었다.

그 후 카를스루에폴리테크닉은 1841년 빈폴리테크닉 출신의 페르디난트 레텐바허Ferdinand Redtenbacher가 기계공학 교수로 부임하고 화학자 카를 벨치엔Karl Weltzien이 오면서 새로운 도약의 기회를 맞았다. 두 사람은 기계기술학교와 화학기술 전문학교의 두 파트를 담당했다. 레텐바허가 설립한 기계제작학교, 벨치엔의 화학기술학교와 함께 폴리테크닉은 1850~1860년대에 정점을 찍었고 학생 수는 800명 이상이 되었다. 1865년 폴리테크닉은 '공과대학Technische Hochschule'이라는 성격을 가진 새로운 규약(정관)을 만들었고, 그 후 석사 학위 졸업(1867)과 교수 자격 학위인 하빌리타치온habilitation, 1868 도입 가능성을 이끌어냈다. 1873년부터 학업은 연수年數대로 움직이는 것이 아니라 학기제로 나누어졌다. '공과대학'으로의 명칭 변경은 1885년에 이루어졌고, 1888년부터 전문학교는 학과Abteilung 단위로 명칭이 부여되었다. 1895년에 학장헌법 및 시정부헌법

Rektorats-und Senatsverfassung의 도입과 학과평의회Abteilungskollegien가 도입되는 등의 규정 개혁이 계속되어 대학 기관의 형태는 균등한 발전을 가져왔다. 그 후 프로이센의 학교 모델에 따라 카를스루에공과대학은 1899년 말에 디플롬엔지니어Diplomingenieur, 박사 엔지니어Doktor-Ingenieur 학위를 수여할 권한을 받았다. 그 학위는 처음에 건축학, 토목 엔지니어, 화학, 기계공학, 전자공학에서 수여되었다. 1902년에 이 학교는 바덴 대공작 프리드리히 1세로부터 지원을 받기에 이르렀다.

1차 세계대전 이후 현저한 변화가 나타났는데 1920년에 임업과Forstabteilung가 프라이부르크대학Universität Freiburg으로 옮겨 갔다. 1921년에는 토목(건축)학과의 건물이 지어졌다. 같은 해에 학생 기숙사와 학생식당 등이 건설되었다. 나치 시기에는 학생 수의 감소가 두드러지게 나타났으며 기계제도학과와 전자공학과는 1934년에 통합되었다. 1937년 이후부터 공과대학의 학과들은 제국에서 통일적으로 학부Fakultät로 명칭이 붙여졌다. 인종적이고 정치적인 핍박으로 대학은 명성을 잃었고, 박사 학위는 인종적 핍박에 따른 결과로 박탈당했다. 공중 폭격으로 공과대학 대부분의 건물이 1943년과 1944년 사이에 크게 파괴되었고, 대강당도 완전히 파괴되었다.

2차 세계대전으로 문을 닫은 공과대학은 전쟁 후인 1946년에 다시 열렸다. 1948년부터 1966년까지 공과대학은 자연과학 및 정신과학, 건축(토목), 기계공학이라는 세 개의 커다란 학부로 구분되었다. 그 후 1972년에 세부적으로 나누어져서 각각의 학부가 세워졌는데, 수학, 물리, 화학, 생물 및 지리학, 인문학 및 사회학, 건축학, 건축(토목) 엔지니어와 측지학, 기계공학, 화학공학, 전기공학, 전산학, 경제학이 그것이다.

카를스루에 모델을 따라 여러 학교들이 세워지다

1825년 카를스루에폴리테크닉은 공과대학으로서 선두적인 역할을 했다. 이 학교는 파리 모델을 따르면서도 독일의 전통적 실업학교인 레알슐레Realschule와 비슷한 교과로 시작했다.

그러나 앞서 언급했듯이 바덴 지역 실업학교의 아버지인 카를 프리드리히 네베니우스는 1832년에 카를스루에폴리테크닉을 재조직하고 다양한 과목(학과)을 도입해서 파장을 불러일으켰다. 당시 실업가들은 산업계의 요구에 따라 기술자를 양성해왔으며 결코 기술 훈련을 학문적 형태의 훈련으로 발전시키지 않았다. 네베니우스는 이 점에 주목했고, 카를스루에 학교를 계기로 독일 학교들에서 기술자가 정확하게 당시 기술언어를 이해하도록 가르치는 일이 중요하다는 것을 알았다. 그래서 이 학교는 1825년 출발 당시 전문기술학교보다 수준이 낮았으나 1832년 개편 작업을 거치면서 전문가를 양성하는 학교로 발돋움했다. 특이한 점은 오스트리아 빈의 학교와 마찬가지로 실습 교육을 강조해 1833년 실습이 가능한 작업장을 설치했다는 것이다. 이는 인근 공장과 작업장을 견학해 실습하는 교육을 중시하는 결과를 낳았고, 이후 독일 기술 교육의 특성으로 자리 잡았다.

미국 MIT의 설립자인 윌리엄 로저스William Barton Rogers는 카를스루에 학교에 대해서 다음과 같이 평했다. "카를스루에폴리테크닉은 독일의 모델이면서 유럽적 모델이다. 매사추세츠 기술연구소가 어떤 외국의 기관보다도 닮고자 하는 곳이다."

1840년대 이후 산업화가 본격적으로 진전되면서 전문 기술 인력에 대한 수요도 덩달아 증가했으며, 엔지니어에게 기대하는 기술 수준도 높아졌다. 이러한 요구에 부응해 전문기술학교의 교과과정과 수업 방식도 변화했다. 이때 드러난 변화의 내용은 기본적으로 입학 수준의 상승, 교과과정에서의 전문성 강화 그리고 수공업적 전통에서 비롯된 실습의 도입 등이었다. 이는 장차 1860년대 이후 고등기술학교로 전환하는 과정에서 더 뚜렷하게 감지할 수 있지만, 실제로는 그보다 앞선 1840년대부터 이미 시작된 것이었다.

독일에서 공과대학은 그 시작이 조심스러웠고, 기술 분야 지도 계층의 특정한 요구에 따라 이루어졌다. 당시 독일의 기술 교육 개념에서는 비판적인 능력을 키우고 자유롭고 자립적으로 사고하는 기술자를 생각할 수 없었으며, 신인문주의적 이상에 따른 '완전한 인간'을 구상하기 힘든 때였다. 기술 교육을 담당하는 학교들은 이후 부분적으로 대학으로 발전하거나, 고등전문학교로 남겨진 폴리테크닉이 되는 것 외에도 19세기 전반기에 전문학교Fachschule의 형태는 수없이 많았다.

교육 단계의 중간에 속하면서 동시에 옛 수학과 경제 위주의 실과학교와 비슷한 구조를 지닌 실업학교들로서 프로이센에서는 '지방실업학교Provinzialgewerbeschulen'가 있었다. 또 도제 훈련의 단계에서 19세기 초반부에 여러 학교들이 생겨났는데, 구舊 '종교적 일요학교' 외에 실업 일요학교들이 그것이다. 이 학교들은 민간 주도로 시작되었고, 독일 남부 지역에서는 국가의 지원하에 학교 설립이 이루어졌다. 뷔르템베르크Württemberg 지역에서는 실업 일요학교가 생겼고 이후 계속적으로 지원을 받아 그 명칭이 실업 보습학교로 바뀌었다. 이러한 발전은 슈투트가르트 실업협회의 장인 페르디난트 슈타인바이스Ferdinand Steinbeis에 의해 이루어졌다.

베를린을 제외하면 카를스루에를 필두로 1827년에는 뮌헨, 1828년에는 드레스덴, 1829년에는 슈투트가르트, 1831년에는 하노버와 카셀, 1833년에는 아우크스부르크, 1835년에는 브라운슈바이크, 그리고 다음 해인 1836년에는 다름슈타트와 켐니츠에 폴리테크닉이 건립되어 이른바 폴리테크닉 전성시대를 구가했다. 그렇지만 초기부터 모든 폴리테크닉이 '고등'기술학교였다고 보기는 어렵다. 카를스루에의 초기 모습처럼 원래는 고등교육기관이라기보다는 오히려 중등학교에 가까웠다. 그리고 다른 폴리테크닉도 전반적으로 전문기술학교와 중등학교 사이에 있었고, 상대적으로 후기에 생긴 브라운슈바이크와 켐니츠폴리테크닉 등만이 고등교육기관이라고 할 수 있다. 그렇지만 카를스루에 학교의 예에서 보는 것처럼 이 시기 폴리테크닉은 개교 후부터 역동적인 발전을 거듭했다. 이는 장차 '고등기술학교'로 나아가기 위한 출발이었다. 이 같은 공과대학으로의 움직임은 각 영방국가의 정부 소관이었고, 이것은 경쟁적으로 일어났다고 볼 수 있다.

1850년대부터 시작된 이들 기관의 변화 과정에서 두드러진 특징을 한마디로 요약하면 '학문화'였다. 폴리테크닉의 출현으로, 특히 1850년대부터 시작된 폴리테크닉의 '학문화 경향'으로 이들 기계 분야 엔지니어는 더욱더 많은 이론 수업을 받게 되었다. 따라서 이곳을 졸업한 '엔지니어'는 작업 현장에서 손기술과 기본적 지식만을 전수받는 실업학교 출신 '기술자'와 확연히 구분되기 시작했다. 이러한 차이는 졸업 후 이들이 사회에 진출하는 과정에서도 드러났다. 즉 실업학교 졸업생은 주로 현장에서 기계를 다루는 자리를 차지한 반면, 폴리테크닉의 졸업생은 관료가 되거나 소규모 공장 경영자 혹은 감독관 그리고 기계 제작 기술자 등 실업학교 졸업생보다 사회적으로 상위의 직종에 종사하게 되었다. 앞서 논의했듯이 독일의 폴리테크닉은 애초부터 민간 기업에 필요한 전문 인력 양성을 목표로 했고, 따라서 양성 과정에서 이론 교육뿐만 아니라 현장 경험도 중시했다. 이러한 폴리테크닉의 특징 때문에 이들 학교 졸업자는 영국의 경우와 달리 현장 경력 없이도 산업체에 진출했고 장차 새로운 엔지니어 집단을 형성할 수 있었다.

유럽 안에서 독일 공과대학의 의미 찾기

이 시기 프랑스의 영향을 받은 공과대학의 시초로서 폴리테크닉은 카를스루에를 시작으로 생겨났고 이와 비슷한 모델의 학교들이 독일 지역 전역에 세워졌으며, 이후에 본격적으로 공과대학으로 발전했다. 이런 관점에서 프랑스 모델을 중심으로 한 유럽적 공과대학 설립의 물결 안에서 독일의 카를스루에공과대학의 의미는 확실한 구심점이 되었다고 할 수 있다. 공학에 있어서는 가장 선두적이었던 프랑스적 모델을 유럽 모델로 하여 독일에서의 시작을 알린 카를스루에 학교의 시작은 분명 큰 의미가 있다. 그러나 독일 기술학교의 발전은 각 영방국가별로 다양하게 나타났기 때문에 각 지역의 폴리테크닉의 설립과 발전 과정을 개별적으로 살펴볼 필요도 있다. 뮌헨을 비롯한 각 지역의 학교 설립도 이 시기의 다양성을 찾아볼 수 있는 계기가 된다.

당시 공과대학의 태동 시기에 중요했던 것은 언어의 문제라고 할 수 있다. 일반 대학에서 사용하던 언어는 신인문주의의 영향을 받아 고전어(그리스어, 라틴어)가 중요했던 데 비해, 공과대학에서는 다른 언어, 즉 수학과 기계 학문에서 이해를 요하는 기술언어technische Sprache가 요구되었다. 일반 대학의 고전어에 맞서는 새로운 언어인 기술언어가 탄생한 것인데, 공과대학에서 이 새로운 언어가 어떻게 학문적으로 인정받느냐가 관건이었다. 여기에는 단순히 학문적인 성과가 인정되는 것 이전에 당시의 정치적, 경제적 상황과 요인이 중요했다. 또 기업가들의 정치계 입문과 전문기술단체의 활동, 학문화라는 것도 결국 새로운 언어를 매개로 하는 것이었다. 기술언어는 일반적 언어로 이해가 안 되기에 이에 필요한 훈련, 교육과정이 필요했다. 이런 새로운 언어가 기존의 방식이 아닌 에콜폴리테크니크의 새로운 방식, 즉 세미나 방식으로 교육된다는 것은 당시 독일의 기술자들에게 신선한 충격이었다. 당시 세미나라는 것은 일반 대학, 고전문헌학을 중심으로 진행되었기에 이런 방식을 기술학교, 공과대학에 적용한다는 것은 놀라운 일이었다.

이것이 곧 1850년대부터 시작된 이들 기관의 학문화 과정으로, 폴리테크닉을 졸업한 '엔지니어'는 작업 현장에서 실업학교 출신 '기술자'와 뚜렷한 차이를 보이기 시작했다. 당시 독일의 산업화라는 시장적 요청과 잘 부합되어 이들의 독자적 발전 경로가 마련되기 시작했다. 또한 카를스루에공과대학에서 학사, 석사가 아닌 박사 학위 수여는 당시 대학을 지배하고 있던 인문주의자들에게 커다란 도전이 되었다. 당시 대학의 목적은 교양계급Bildungsbürgertum이 되는 것이었으므로 공과대학의 성격상 전문가가 배출되는 것에 반대했다. 그래서 공과대학 각 학과 전공과 교양과목 추가를 조건으로 허가받을 수 있었다.

카를스루에를 시초로 한 독일에서의 유럽적 공과대학 모델의 설립은 오늘날 유럽통합에서 시사하는 바가 크다. 현재 독일 과학기술 분야에서

카를스루에공과대학의 환경 기체역학 연구실

는 굵직굵직한 연구소와 공과대학들이 존재하고 있다. 막스 플랑크 연구소, 프라우엔 호퍼 연구소, 헬름홀츠 센터, 라이프니츠 과학협회 등을 비롯하여 독일의 대표적인 아홉 개 공과대학, 즉 아헨공대, 베를린공대, 브라운슈바이크공대, 다름슈타트공대, 드레스덴공대, 하노버라이프니츠대학, 카를스루에 기술연구소, 뮌헨공대, 슈투트가르트대학을 TU9이라고 부르며, 이곳에서 공학박사의 60퍼센트가 배출되고 있다.

얼마 전 카를스루에대학의 호르스트 히플러Horst Hippler 총장은 기존의 연구소와 대학이 통합하여 고등교육의 새로운 모델로 탄생한 카를스루에 공대의 글로벌 수준의 핵심 인재 유치 전략, 학제 간 연구 방안 및 세계 수준의 연구 기관이 되기 위한 노력 등을 소개했다. 특히 학제 간

interdisciplinary 사고 및 초학제 간transdisciplinary 연계가 강조되고 있는 현실에서, 기존의 전공을 중심으로 한 학과 구분을 뛰어넘어 핵심 역량comepetence 영역과 분야를 중심으로 한 활발한 학제 간 교육과 연구 활동은 큰 시사점을 주고 있다. 현재 첨단 과학기술 분야의 여러 프로젝트들은 각국 간, 국제적으로 대학의 협력을 통해 이루어지고 있다.

유럽통합에서 과학기술의 발전은 경제 통합에 기여하고 있으며 그 아래에는 공과대학 및 엔지니어 교류 프로그램이 중요한 통합의 역할을 하고 있다. 유럽연합은 유럽 내외 수출 시장에서 계속적인 성공과 경제적 역할을 담당하기 위해 다양한 산업 분야에서 엔지니어 양성에 관심을 기울이고 있다. 카를스루에에서 과학기술 교육의 시작은 이런 관점에서 오늘날 유럽의 경제, 교육 활동에 어떤 기여를 하지 않았을까 하는 생각으로 글을 마친다. _유진영

---

* 이 글은 《통합유럽연구》 제5권 2집(통권 제9호, 2014)에 게재되었다.

브뤼셀자유대학 : 자유와 과학의 만남

1834년 교황과 벨기에 대주교의 가톨릭 대학 설립 결정에 반대해 '벨기에자유대학'이라는 교명으로 설립

철학·문학대학, 수학·자연과학대학, 법과대학, 의과대학 설치

1842년 '브뤼셀자유대학'으로 교명 변경. 그랑벨 궁으로 교사 이전. 약학대학 설치

1873년 엔지니어 양성을 위해 브뤼셀자유대학에 공과대학(École polytechnique) 설치

1880년 벨기에 최초로 여성에게 대학교육 허가

1899년 화학자이자 기업인이었던 에르네스트 솔베이(Ernest Solvay)의 후원으로 경제대학 설립

1902년 사회학연구원(Institut de Sociologie) 설립

1922년 솔보쉬 캠퍼스 공사 시작

1964년 유럽학연구소 설립

1970년 네덜란드어권 브뤼셀자유대학 분리 독립

1830년 혁명, 독립, 그리고 자유대학

브뤼셀자유대학의 설립은 네덜란드와 벨기에의 역사와 궤를 같이한다. 1831년 벨기에가 독립되기 전에 이 지역은 오스트리아와 에스파냐의 합스부르크가의 통치를 받았으며, 프랑스 혁명기에는 혁명군에게 점령당해 프랑스의 영토로 편입되기도 했다. 네덜란드-벨기에 지역은 1477년 부르고뉴 공작의 상속녀 마리 드 부르고뉴Marie de Bourgogne와 합스부르크가의 막시밀리안 1세Maximilian I의 결혼으로 합스부르크가가 통치하던 땅이었다.

1556년 에스파냐의 왕위를 계승한 카를 5세Karl V가 그의 아들 펠리페 2세에게 통치권을 물려주면서 에스파냐의 합스부르크가가 지배하게 되었다. 30년 전쟁이 종결되면서 베스트팔렌 조약(1648)으로 합스부르크가의 친가톨릭 정책에 반대하는 북부의 개신교도들이 독립하여 네덜란드 연방공화국이 성립했으나, 벨기에에 해당하는 남부 지역은 여전히 가톨릭의 영향 아래 합스부르크가에 속해 있었다. 합스부르크가와 부르봉가의 경쟁 관계로 인해 에스파냐 왕위 계승 전쟁(1701~1714)에서 루이 14세에게 적대적 태도를 취한 이래로 이 지역을 통치하는 귀족들은 북쪽에서 프랑스를 견제하는 역할을 수행했으며, 프랑스 혁명은 그 정점이었다.

1792년 입법의회Assemblée législative가 혁명을 수호하기 위해 왕비의 친정인 오스트리아와의 전쟁을 선포한 후 이 지역은 혁명군에게 점령당했다가 곧 오스트리아에 의해 수복되었다. 그러나 1795년에 다시 프랑스의 영향 아래 놓이게 된다. 결국 이 지역은 국민공회Convention nationale에 의해 아홉 개의 도로 나뉘어 프랑스 공화국에 편입되어, 1815년 나폴레옹 보나파르트의 패전 이전까지 프랑스가 통치했다. 그러나 나폴레옹의 실각 후 빈 회의의 결과에 따라 북부의 옛 네덜란드 공화국과 남부의 합스부르크령 네덜란드, 리에주 공국이 통합하여 네덜란드 연합왕국이 성립되었다. 당시 유럽의 세력들이 정치적, 군사적 완충지대 역할을 맡기기 위해 만든 이 연합왕국은 북부의 프로테스탄트계 네덜란드가 남부의 가톨릭계 벨기에를 지배하는 형태였다.

결국 19세기 전반기 민족주의와 자유주의의 확대로 인한 '혁명의 시대'의 도래는 네덜란드 연합왕국에서 메테르니히Metternich 체제가 오래 지속되지 못하는 요인이었다. 1830년 프랑스의 7월 혁명으로 민족주의와 자유주의 사상이 확대되면서 혁명기 프랑스의 영향 아래 있었던 네덜란드 연합왕국의 남부 지방에서도 혁명이 발생한 것이다. 1830년 8월 주요 도시에서 봉기가 시작되자, 프랑스의 7월 왕정은 네덜란드 연합왕국의 기욤 1세의 권위주의적이며 반가톨릭적 정치에 반대하는 자유주의자들이 벨기에 임시정부를 수립하는 것을 지원하고 남부를 독립시켜 왕정을 세웠다. 이로써 벨기에는 독립을 이루었으며, 1831년 독일의 작센코브르크고타의 레오폴드Leopold von Sachsen-Coburg und Gotha가 레오폴드 1세로 벨기에의 왕이 되었다. 그리고 7월 왕정의 성립으로 권좌에 오른 프랑스의 왕 루이 필리프Louis Philippe의 딸 오를레앙의 루이즈Louise d'Orléans와 레오폴드 1세의 혼인이 성사되었다.

벨기에가 독립했으나 새로운 수도인 브뤼셀에는 대학이 없었다. 당시 벨기에에는 네덜란드 연합왕국의 기욤 1세가 설립한 국가대학université d'Etat이 겐트Gent, 리에주Liège 그리고 뢰번Leuven, 프랑스어: Louvain 루뱅에 있었다. 그러나 신생 독립국 벨기에는 새로운 대학을 건설할 계획을 가지고 있지 않았다. 오히려 부족한 재정 문제를 해결하기 위해 세 개의 학교를 하나의 대학으로 통합하려고 추진하고 있었다. 그러던 중 1833년 벨기에의 주교들이 대주교구인 메헬런Mechelen에 가톨릭 대학université catholique을 만들기로 결정했다.

고등교육이 종교의 영향 아래 놓이는 것을 의미하는 가톨릭 대학 설립 계획은 브뤼셀의 자유주의자들을 자극했다. 당시 벨기에의 자유주의자들은 1798년에 브뤼셀에 설립된 프리메이슨Freemason 단체인 박애주의자 원우회Amies des Philanthropes와 깊은 관련을 맺고 있었다. 박애주의자 원우회는 빈민들에게 음식을 제공하는 등 구호 활동을 하는 자선단체로 베르하

브뤼셀자유대학의 공동 설립자 베르하겐의 동상

겐Pierre Théodre Verhaegen이 1833년부터 1862년까지 이끌었다. 베르하겐은 벨기에 자유주의 운동의 명망 있는 지도자로, 1848년에서 1852년, 그리고 1857년에서 1859년까지 자유주의자 의원들을 이끌면서 브뤼셀 의회 의장을 역임하기도 했다. 1834년 6월, 영향력 있는 프리메이슨이자 변호사인 베르하겐은 브뤼셀에 모인 박애주의자 원우회 집회에서 종교적 권위와 정치적 간섭으로부터 자유로운 대학의 설립을 제안했고, 그 자리에서 바로 기부금을 받기 시작했다.

오직 '과학적 사고'의 결과만을 중시하는 자유대학은 브뤼셀에서 메헬런의 가톨릭 대학보다 12일 늦은 1834년 11월 20일에 문을 열었다. 당시 벨기에에서는 가톨릭이 다시 국가의 종교로서 영향력을 회복하고 있었다. 이는 공교육보다 종교적 원리에 기반을 둔—신도들을 대상으로 한—교육 활동이 다시 강화됨을 의미했다. 이러한 상황에서 자유대학의 설립은 공적 공간에서 종교를 완전히 배제하는 라이시테Laicité의 원칙을 교육에 적용하는 중요한 전환점이었다. 자유대학은 철학·문학, 법, 과학, 의학으로 이루어진 네 개의 전통적 분야와 정치학과 행정학 교육 프로그램을 포함하고 있었다. 당시에 일반적인 대학교육은 변호사와 의사를 양성하는 것을 첫 번째 목표로 삼았다. 그와 다른 차별성을 가진 것이 바로 정치학과 행정학 교육이었다. 이 두 교과목은 여론을 주도하기 위한 식견 있는 시민을 양성하는 한편, 능력을 갖춘 시민의 정치 참여를 실현하는 것을 핵심 목표로 삼은 자유대학의 교육 이념을 담아내고 있었다. 이는 자유주의적 사상을 가진 설립자들의 의지를 반영한 것이었다.

1834년 가톨릭 대학과 자유대학의 설립으로 고등교육 구조 조정에 대한 논의의 방향이 바뀌게 되었다. 네덜란드어권의 겐트국가대학과 프랑스어권의 리에주국가대학이 위치한 두 지역의 타협을 통해 각 언어권에 하나의 대학을 남기는 대신, 법학과 의학 교육 시설을 갖추지 못한 뢰번국가대학이 폐쇄되었다. 역사와 전통을 내세우며 뢰번국가대학을 단일 대학으로 만들려던 당위성보다 네덜란드어권과 프랑스어권 간의 타협이 더욱 큰 정치적 의미를 갖게 되었던 것이다. 결국 메헬런에 설립된 가톨릭 대학은 자유대학 설립의 기폭제가 되었으며, 겐트와 리에주에 대학을 유지하는 내용을 골자로 하는 고등교육 조직법이 제정되는 데 결정적인 역할을 했다.

자유와 형제애의 대학

1834년 11월 20일, 불과 몇 년 전 독립한 벨기에의 수도 브뤼셀에 새로운 대학이 설립되었다. 이 학교는 정치권력으로부터 독립을 유지하고 교회의 권위로부터 탈피하기 위해 '자유libre'라는 이름을 달고 태어났다. 대학 탄생의 산파 역할을 한 오귀스트 바롱Auguste Baron은 개교 기념 연설에서 알레산드로 만초니Alessandro Manzoni, 프리드리히 실러Friedrich Schiller, 조지 고든 바이런George Gordon Byron 그리고 피에르장 드 베랑제Pierre-Jean de Béranger의 글을 통해 자신의 생각을 옮겼다.

바롱은 만초니의 1820년 비극 〈카르마뇰라 백작Il comte di Carmagnola〉에서 "우리는 모두 침해할 수 없는 계약으로 연결된 형제"라는 구절을 인용했다. 그는 다시 한 번 베토벤의 교향곡 9번(1824)의 가사로 널리 알려진 실러의 1785년 작품 〈환희의 송가An die Freude〉의 표현을 빌려 "모든 인간은 형제다"라고 강조했다. 그리고 그는 바이런Byron의 시를—비록 행을 바꾸어서 읽었지만—읊었다.

> 칼이 억압하던 시대는 지나갔네!
> 감성과 지성, 그리고 인류애의 목소리가
> 함께 교감하여 떠오른다네.
> 누가 이 자랑스러운 결합에 저항할 수 있으리오!

바이런의 시는 자유를 억압했던, 특히 네덜란드를 포함한 프랑스 북부 지역을 비롯한 유럽의 지배자로 등극했던 나폴레옹의 시대가 끝났다고

브뤼셀자유대학의 공동 설립자 오귀스트 바롱

이야기하고 있다. 바롱에게 워털루Waterloo 전투 이후 떠오른 '인류애의 목소리'는 실러와 만초니가 말하는 '형제'들의 요구였다. 그는 마지막으로 베랑제의 언어를 빌려 "용기로 평등해진 프랑스인, 영국인, 벨기에인, 그리고 러시아인, 즉 같은 부모 아래 태어난 형제들인 인민들이여, 신성동맹saint alliance을 맺어라"라고 강조했다.

오귀스트 바롱은 왜 '형제애'와 '인류애'를 강조했을까? 나폴레옹의 역설이 바로 이 질문의 실마리라고 할 수 있다. 나폴레옹은 자유Liberté, 평등Egalité 그리고 형제애Fraternité라는 프랑스 혁명 이념의 전파자인 동시에 프랑스 제국의 황제로 유럽을 억압한 압제자로 여겨졌다. 그러나 16세기 말 네덜란드 공화국이 합스부르크가로부터 독립하면서 이 지역은 오랫동안 자유의 땅으로 인식되던 곳이었다. 1581년 에스파냐 왕에 대한 충성을 거부하는 포고문에 "신민들이…… 노예처럼 왕을 모시기 위해, 신에 의해 창조된 것은 아니라는 것은…… 상식이다. 오히려 왕이 신민을 위해 창조되었다"라고 강조한 바에서 보이듯, 이곳은 유럽에서도 가장 빠르게 왕권신수설이 해체되고 자유로운 개인이 부각되던 곳이었다. 종교 문제 또한 자유사상이 확대되는 데 중요한 역할을 했다. 가톨릭이 주도하는 유럽 각국의 절대왕정 치하에서 종교의 관용은 정치적으로도 중요한 문제였다. 특히 종교적 탄압을 피해 네덜란드로 이주한 프로테스탄트에게는 종교와 사상의 자유가 보장되는 정치체제가 절실했다. 즉 네덜란드는 종교적 관용이 보장된 곳, 신앙생활의 자유가 보장된 곳, 그리고 자유로운 사상과 출판의 자유가 용인된 곳이었다. 결국 나폴레옹이 전파한 프랑스 혁명의 3대 원칙은 나폴레옹의 제국에 균열을 가져왔다. 이 과정에서 '형제애'와 '인류애'는 자유를 억압하는 압제에 저항하는 데 있어 중요한 무기이자 수단이었던 것이다.

1794년 파리에서 태어난 오귀스트 바롱은 오늘날 앙리 4세 고등학교 Lycée Henri IV로 불리는 나폴레옹 고등학교Lycée-Napoléon에서 고전을 공부한 후 고등사범학교École normale supérieure에 진학해 낭만주의 시인으로 활동하면서 브뤼셀에서 문학을 강의하던 지식인이었다. 그가 시민 강좌를 맡았던 브뤼셀 과학문학관은 브라반트 공작 장 4세Jean IV가 세운 뢰번대학Studium Generale Lovaniense, 프랑스어: 루뱅대학이 1797년에 폐쇄되면서 소장품을 브뤼셀로 옮겨 설립한 중앙학교École centrale에 뿌리를 두고 있었다. 고등교육의 근대화를 목적으로 설립된 중앙학교는 브뤼셀 중심에 위치한 오스트리아령 네덜란드의 총독 샤를-알렉상드르 로렌 공작Charles-Alexandre de Lorraine의 궁전에 설치되었다. 그러나 1806년 중앙학교는 제국대학Université Imperiale으로 전환되었다가 나폴레옹의 실각 후인 1817년에 문을 닫고 말았다. 이렇게 브뤼셀에 대학이 부재하자 1826년 로렌 공작의 궁전에 과학문학관을 열어 시민들에게 문학, 과학, 예술 강좌를 제공하고 있었다.

1833년 교황 그레고리오 16세Gregorio XVI와 벨기에 주교가 메헬런에 가톨릭 대학 설립을 결정하자, 브뤼셀 의회는 새롭게 태어난 벨기에의 수도에 정치와 종교에 대해 자율성을 가진 대학 설립을 의결하고, 과학문학관의 건물과 장서를 활용해 대학을 설립했다. 그리고 바롱은 과학문학관에서 강의를 하던 동료 교수 일곱 명과 함께 새로 설립된 대학으로 옮겨 갔다. 이 학교는 벨기에자유대학Université Libre de Belgique으로 불리다가 벨기에 대학의 구조 조정이 일어나면서 브뤼셀자유대학Université Libre de Bruxelles으로 교명을 바꾸게 되었다.

오귀스트 바롱은 1834년 벨기에자유대학 개교 연설에서 그가 스스로 "유럽의 첫 번째 자유"라는 의미를 부여하는 "플랑드르의 자유의 사원 앞에서" 다음과 같이 서약했다.

> 우리는 교육의 대상이 누구든지 학생들의 신분이나 의견, 국적의 구별 없이 모든 학생에게 모두가 형제인 인류의 사랑이라는 영감을 줄 것을 서약합니다. 또한 우리는 학생들이 그들의 사상, 성취물, 그리고 그들의 재능을 통해 인류와 시민의 행복과 번영에 이바지할 수 있도록 교육할 것을 서약합니다.

바롱의 서약은 고등교육 분야에서 보편적 시민 교육을 천명한 것으로 브뤼셀자유대학의 교육 이념으로 자리 잡았다.

자유와 과학의 만남: '자유실험'의 원칙

브뤼셀자유대학이 1834년 벨기에자유대학이라는 이름으로 문을 열었을 때에는 단과대학 네 개를 중심으로 38명의 교수와 96명의 학생이 있었다. 철학·문학대학에서는 그리스·라틴 문학, 철학, 고고학, 역사, 지리, 프랑스어, 동양어 등을 가르쳤다. 수학·자연과학대학에서는 수학, 기하학, 동물학, 식물학, 물리, 화학, 천문학 등의 과목이 개설되었으며, 법과대학에서는 법철학, 시민권, 상법, 형법, 관습법, 법의학 등의 강의를 비롯해 로마의 법 전통에 대한 수업이 이루어졌다. 그리고 의과대학에서는 해부학, 생리학, 병리학, 분만, 약학, 의학사 및 법의학(법과대학과 공동) 등의 과목을 배울 수 있었다. 대학의 조직 규정집에는 행정·정치과학대학의 설치를 규정하고, 그 교육과정에는 행정법, 통계학, 재정학, 정치경제학, 정치사, 외교 등의 과목이 포함되어 있었지만, 초기에는 독립된 단과대학으로 운영되지 않았다. 따라서 이 수업들은 법과대학에서 진행되었다.

현재 왕립도서관이 위치하고 있는 샤를 알렉상드르 로렌 공작의 옛 궁전에 자리 잡았던 벨기에자유대학은 1835년 고등교육 조직법으로 뢰번에 있는 국가대학이 폐쇄되는 등 일련의 변화가 일어나자, 1842년 브뤼셀자유대학으로 교명을 변경했으며 르네상스 시기에 지어진 그랑벨 궁Palais Granvelle으로 위치를 옮겼다. 이로써 겐트와 리에주의 국가대학, 뢰번의 가톨릭 대학 그리고 브뤼셀의 자유대학 체제가 갖추어졌다. 브뤼셀자유대학은 1920년대에 새로운 캠퍼스를 조성하면서 외적 발전을 이루었다. 브뤼셀 세계박람회(1910)가 열렸던 솔보쉬Solbosch에 새로운 캠퍼스를 조성하면서 발전의 기틀을 마련했던 것이다. 1922년에 공사를 시작하여 교사校舍를 확보했고, 1928년에는 학교의 상징인 본관과 시계탑이 완성되었다. 그리고 이 건물 앞에 1865년에 제작되어 그랑벨 궁의 정원에 세워져 있던 설립자 베르하겐의 동상이 옮겨져 자리 잡았다.

솔보쉬 캠퍼스의 확장이 브뤼셀자유대학의 외적 발전의 모습을 보여준다면, '자유'와 '과학'의 결합은 학문적 성장의 방향을 보여준다. 1844년 개교 10주년 기념식에서 공동 설립자 중의 한 사람인 베르하겐은 대학 설립의 진정한 의미를 되새겼다. 그것은 바로 "교육의 완전한 자유liberté entière d'enseignement라는 원칙이 어떤 집단이나 특정 의견 혹은 사회의 어떤 분파

솔보쉬 캠퍼스의 본관과 시계탑

의 독점을 보장하는 수단으로 간주되는 것이 아니라, 모든 사람에게 진정으로 주어진 권리이자 그들이 위험한 순간에 사용할 수 있는 권리로 여겨져야 한다"는 것이었다. 10년 후 베르하겐은 자유의 의미를 다음과 같이 강조했다.

> 정치적이거나 종교적인 권위를 떠나서 인간과 사회와 관통하는 모든 중요한 문제들을 관찰하기, 진리와 선의 원천을 자유롭게 탐구하기, 이런 것이 우리 대학의 역할이며 존재의 이유이다.

이러한 원칙은 철저한 사상과 사유의 자유로 이어진다. 1909년 브뤼셀 자유대학 개교 75주년 기념식에서 행한 프랑스의 수학자이자 천문·물리학자인 앙리 푸앙카레Henri Poincaré의 연설은 브뤼셀자유대학이 지향하는 바를 잘 보여준다.

> 사유는 어떠한 교리나 정당, 감정, 이해관계, 선입견 등 그것이 무엇이든, 사실 그 자체가 아니라면, 어떤 것에도 종속되어서는 안 됩니다. 왜냐하면 사유에 있어서 종속하기는 사유를 멈추는 것이기 때문입니다.

'자유'와 '과학'의 결합은 브뤼셀자유대학의 학문적 원천이라고 할 수 있다. 이러한 원칙 아래 브뤼셀자유대학이 추구한 '자유실험Libre examen'의 정신은 과학적 방법론을 구성하는 기초로 권위주의적 논리를 거부하는 것과 독립적 판단을 추구하는 것을 전제로 한다.

이러한 토대를 바탕으로 브뤼셀자유대학은 다섯 명의 노벨상 수상자를 배출했다. 수상자들의 면면은 브뤼셀자유대학의 교육 목표와 이념을 잘 보여준다. 1913년에 평화상을 수상한 앙리 라퐁텐Henri La Fontaine은 이 학교에서 법학 박사 학위를 받았으며 국제법 교수로 재직했다. 1919년 의학상을 수상한 쥘 보르데Jules Bordet는 1907년부터 세균학 교수로 일했으며, 1974년 의학상을 수상한 알베르 클로드Albert Claude는 1950년부터 1971년까지 브뤼셀자유대학에서 암종학癌腫學과 세포학 관련 연구소를 이끌었다. 러시아 출신 유대인으로 독일을 거쳐 벨기에에 망명한 일리야 프리고진Ilya Prigogine은 브뤼셀자유대학에서 화학을 공부하고 1950년부터 교수로 재직했으며, 1977년에 노벨 화학상을 수상했다. 2013년에 노벨 물리학상을 받은 프랑수아 앙글레르François Englert 또한 브뤼셀자유대학에서 수학했으며, 1964년부터 물리학 교수로 재직했다. 벨기에가 평화상 세 명과 한 개 단체, 의학상 네 명, 문학상 한 명, 화학상 한 명, 물리학상 한 명으로 총 열한 명의 수상자를 배출했다는 사실을 감안한다면, 기초과학과 의학 분야를 중심으로 발전한 브뤼셀자유대학의 교육 목표와 위상을 짐작할 수 있을 것이다.

오늘날의 벨기에와 유럽 속의 브뤼셀자유대학

'지식으로 어둠을 이겨라Scientia vincere tenebras'라는 표어 아래 현재 2만 5,000여 명의 학생들이 인문사회과학, 과학기술, 보건의료 분야로 나뉘어 솔보쉬를 비롯한 네 개의 캠퍼스에 분산되어 있다. 또한 네덜란드어를 모국어로 쓰는 9,000여 명의 학생들이 독립학교 법인인 네덜란드어권 브뤼셀자유대학Vrije Universiteit Brussel에서 수학하고 있다. 1834년 설립 당시 프랑스어를 중심으로 운영되던 브뤼셀자유대학은 1890년 법학을 시작으로 네덜란드어 수업을 시작하여 1960년대 초반에 이르러 거의 모든 전공에서 이중 언어 교육이 확대되었다.

그러나 네덜란드어권과 프랑스어권 사이의 언어 갈등은 벨기에의 고질적인 사회 문제였다. 1962년 언어 분쟁을 조정하기 위해 질송 법loi Gilson이 제정되면서 언어 사용 지역의 경계가 정해졌다. 이 법에 의해 네 개의 언어 권역이 확정되었다. 따라서 벨기에는 북쪽의 네덜란드어 사용 지역인 플란데런Vlaanderen, 남쪽의 프랑스어권 왈로니Wallonie, 독일어를 사용하는 동쪽의 아홉 개 코뮌, 그리고 네덜란드어 · 프랑스어 공용의 브뤼셀 지방으로 나뉘었다. 그리고 각 언어 권역의 경계 지역에 언어 편의 지역facilités linguistiques을 두어 프랑스어권에 네덜란드 언어 사용자가 많이 이주해 거주하고 있을 경우 혹은 그 반대의 상황에는 관공서 내부 업무를 제외한 일상생활에서 두 언어를 공용어로 사용하는 것이 용인되었다. 독일어 접경지역에서도 동일한 원칙이 적용되었다. 이것은 언어를 중심으로 한 문화적 정체성을 존중하기 위한 조치였지만, 각 지역에서 민족주의가 강화되는 결과를 초래했다. 이것은 이질적인 언어와 종교를 가진 다수의 민족이 결합되어 성립된 연방국가인 벨기에가 직면한 태생적 문제였다.

1967년 네덜란드어권에 위치한 뢰번의 가톨릭 대학에서는 네덜란드어 단일 언어 교육을 요구하며 프랑스어권 학생을 위한 수업을 반대했다. '왈롱은 나가라les Wallons dehors!'라고 명명되는 이 운동이 확대되면서 결국 1968년 뢰번의 가톨릭 대학에서 프랑스어권이 분리되었다. 결국 프랑스어로 '새로운 뢰번'이라는 의미를 가진 신도시 루뱅라뇌브Louvain-la-Neuve에 독립된 가톨릭 대학이 설립되었다. 이 영향으로 프랑스어 교육을 중심으로 설립된 브뤼셀자유대학에서는 1969년에 네덜란드어권이 분리되어 이듬해에 독립된 교육기관으로 정부의 승인을 받았다. 현재는 ULB(프랑스어권 자유대학)와 VUB(네덜란드어권 자유대학)라는 약어를 사용하는 두 개의 독립된 학교 법인으로 분리되었지만, 모두 1834년에 설립된 벨기에자유대학에 뿌리를 두고 있다고 천명하고 있다. 그러나 19세기에 만들어진 설립자의 동상과 1920년대에 건설된 솔보쉬 캠퍼스는 프랑스어권 브뤼셀자유대학에 그대로 귀속되었으며, 네덜란드어권 캠퍼스는 분리 후 새로 조성되었다. 즉 VUB는 대학의 역사성을 간직한 '공간'과 전통을 보여주는 '상징물'을 모두 ULB에게 양보하는 대신 언어적 독립을 선택한 것이다.

브뤼셀자유대학이 현대 유럽에서 가지는 가장 중요한 의미와 역할은

브뤼셀자유대학 전경

'유럽의 수도' 브뤼셀의 중심부에 위치한다는 것이다. 현재 브뤼셀에는 유럽평의회, 유럽위원회 등 80여 개의 유럽연합 기관 및 관련 국제기구가 자리 잡고 있으며, 약 10만 명에 달하는 각국의 대표들이 유럽의 새로운 미래를 모색하고 있다. 특히 솔보쉬 캠퍼스가 각국의 대사관이 모여 있는 프랭클린 루스벨트가에 위치하고 있다는 사실은 브뤼셀자유대학의 역할에 상징성을 부여하기 충분하다.

1957년 로마조약으로 유럽연합의 전신인 유럽경제공동체European Economic Community, EEC가 결성되자, 이듬해 벨기에의 브뤼셀이 임시 수도로 결정되었다. 유럽경제공동체의 회원국인 프랑스, 독일(당시 서독), 이탈리아, 벨기에, 네덜란드, 룩셈부르크로 이루어진 총 6개국은 자국의 이해관계에 따라 경제 공동체의 중심지를 결정하고자 했다. 유럽통합의 아버지인 장

모네Jean Monnet는 파리의 라데팡스La Défense 지역을 원했으나 독일의 거센 반발에 부딪혔으며, 이탈리아는 밀라노를, 베네룩스 3국은 벨기에의 브뤼셀을 지지했다. 결국 회원국 사이의 공식 합의가 이루어지지 않자 브뤼셀이 임시 수도의 역할을 하다가 유럽연합이 설립되는 1993년에 공식 수도로 확정되었다. 고속철도의 개통으로 프랑스의 파리와 네덜란드의 암스테르담에서 각각 1시간 30분이 소요되고, 독일의 쾰른과 영국의 런던과는 2시간 거리에 위치하고 있다는 지리적 여건은 브뤼셀의 가장 큰 장점이었다. 유럽연합의 의회가 위치한 스트라스부르가 독일과 프랑스의 화해를 상징한다면, 브뤼셀은 게르만 문화와 라틴 문화가 만나는 곳으로 유럽의 통합을 상징한다. 또한 벨기에 지역은 역사적으로 유럽의 강대국 사이의 완충지대 역할을 했던 곳으로 유럽의 평화를 상징하기도 한다.

이러한 역사성을 가지고 있는 '유럽의 수도'에 위치한 교육·연구 기관으로서 역할을 다하기 위해 브뤼셀자유대학은 1964년에 유럽학연구소Institut d'Etudes européennes를 설립했다. 이 연구소는 학교의 지리적 특성을 고려해 유럽이 안고 있는 문제에 대해 신속한 해법을 제시하고, "정신과학, 정치학, 경제학 분야에서 가장 통합된 유럽의 실현을 위해 제기되는 문제를 심도 있게 연구하기 위해" 만들어졌으며, 특히 유럽의 법 분야에 특화되었다. 현재 유럽 법률, 유럽 정치, 유럽 경제, 유럽의 역사 문화 등에 관한 교육·연구 프로그램을 운영하고 있으며, 2014년 개원 50주년까지 5,000여 명의 유럽통합 전문가를 양성했다.

1834년 개교 이래 브뤼셀자유대학은 모든 권위로부터 탈피한 자유로운 사고를 통해 기초과학을 발전시키는 데 기여해왔다. 특히 국가와 종교라는 초법적 권위에 맞서 온전한 사상의 자유를 추구하는 자유대학의 이념에 따라 벨기에 사회의 학문적, 정치적 균형추 역할을 하고 있다. 이렇게 19세기의 시대적 사명인 '자유'로부터 잉태되어 20세기 유럽 정치 무대의 중심에서 유럽통합의 이론적 정당성을 제공하는 데 앞장서고 있는 브뤼셀자유대학은 유럽의 수도에 위치한 명실상부한 지성의 요람으로 끊임없이 발전하고 있다. _신동규

3부

유럽의 미래를 만드는 대학들

빈대학 : 합스부르크 왕가의 빛과 그늘

1365년 합스부르크 왕가의 루돌프 4세가 설립. 법학부, 의학부, 교양학부의 세 개 학부로 출발

1384년 신학부 신설

1551년 페르디난트 1세가 대학을 예수회 소속 대학으로 전환

1623년 예수회가 신학 및 철학 교육을 책임지게 되면서 학생 수 급증

18세기 중반 마리아 테레지아에 의해 국가 교육기관으로 전환. 의사 및 공무원 교육에 집중

1778년 신교도 학생들에게도 대학 문호 개방

1782년 유대인의 법학부 및 의학부 입학 허용

1848년 빈대학 학생 혁명

1867년 오스트리아 국가기본법 제17조 "학문과 그 가르침은 자유다" 발효

1897년 개교 532년 만에 철학부에 한해 여학생 입학 허용

1938년 나치에 의해 2,700명이 넘는 대학 구성원이 대학에서 추방됨

2002년 대학법이 발표되면서 오스트리아의 모든 대학이 자립 대학으로 전환

2004년 의학부가 별도의 대학으로 독립

대학, 왕가의 빛이 되리라!

오스트리아는 독일과 같은 언어를 사용하고 역사·문화적으로 많은 동질성을 가지고 있다. 그러나 철저하게 지방분권적인 독일과는 다르게 정치·경제와 교육·문화 등 사회의 거의 모든 분야가 수도 빈Wien을 중심으

빈대학의 본관 입구 전경

로 움직이는 중앙집권적 형태를 보인다. 오랫동안 합스부르크 왕국 또는 오스트리아-헝가리 제국의 수도로서 동유럽 권역에서 빈이 차지하는 위상은 프랑스의 파리에 비견된다. 제국의 수도에 뿌리를 내리고 성장해온 빈대학 역시 그와 비슷한 위상을 가지고 있다. 빈대학은 캠퍼스가 따로 정해져 있지 않고 대학 건물이 빈 시내 전역 60여 군데에 분산되어 있다. 도시 곳곳에 분산 배치되어 있는 단과대학들이 독립성을 유지하면서 거대한 빈대학을 이루고 있는 것이다.

2015년에 설립 650주년을 맞이하는 빈대학은 동유럽권 최고의 역사와 학문적 전통을 자랑하는 대학이다. 유럽을 대표하는 명문가 중의 하나이며, 거의 모든 유럽의 왕실과 혼맥으로 연결되어 있던 합스부르크 왕가는 빈대학과 불가분의 관계에 있다. 설립자가 바로 합스부르크 왕가의 헤어초크 루돌프 4세Herzog Rudolf IV이며, 그는 1365년 3월 12일 파리소르본대학의 사례를 모범으로 삼아 빈대학을 세웠다. 같은 해 4월 12일 빈 시는 대학에 대한 지원을 약속했으며, 6월 18일 교황 우르바누스 5세Urbanus V가 빈대학의 설립을 인가했다.

앞서 1348년에 신성로마제국의 황제 카를 4세가 프라하대학을 세웠는데, 그는 루돌프 4세의 장인이었고 두 사람은 서로 경쟁 관계였다. 루돌프 4세는 한 나라에서 대학이 얼마나 큰 의미를 갖고 그 나라의 위상을 높이는 데 기여하는지를 잘 파악하고 있었다. 그는 파리대학이 프랑스 왕가의 영광을 반영하는 것처럼 수도 빈에 대학을 세워 그것이 합스부르크 왕가의 영광과 빛이 되기를 바랐다.

당시 많은 오스트리아 학생들이 다녔던 프라하대학은 빈대학과 경쟁 관계가 될 수밖에 없었다. 루돌프 4세는 대학 설립을 통해 오스트리아 학생들이 외국으로 유학 떠나는 것을 막고 동시에 자기 나라를 더 독립적으로 만들기를 원했다. 처음에는 교양학부Artes liberales, 훗날 철학부, 법학부 그리고 의학부와 함께 시작되었다. 소르본대학은 14세기까지 빈대학의 롤 모델이 되었고 그곳에서 교수들을 초빙하기도 했다. 의학부에서는 왕실 주치의로 초빙된 이탈리아 의사들이 강의를 했다.

그러나 1365년 7월 27일 루돌프 4세는 세상을 뜬다. 대학의 완성과 독립적인 대학촌 건설에 대한 그의 원대한 꿈은 실현할 수 없게 되었다. 재원이 부족했지만 우여곡절 끝에 대학의 교육 기능은 시작되었다. 이후 헤어초크 알브레히트 3세Herzog Albrecht III의 지원과 노력에 힘입어 1384년 교황이 빈대학에 신학부의 설립을 인가했다. 이로써 빈대학은 네 개 학부로 이루어진 대학의 완성된 체계를 갖추게 되었다.

중세의 대학 생활과 교육

1375년부터 1400년까지 3,600명의 학생이 빈대학을 졸업했으며, 학생 수는 지속적으로 증가했다. 15세기에 학생 수는 6,000여 명에 달했으며, 이는 신성로마제국에서 가장 많은 학생 수였다. 학생들은 다양한 사회 계층에서 나왔으며, 오스트리아를 넘어 남부 독일 그리고 동유럽권 출신도 많았다. 귀족과 상위층 출신은 문법, 수사, 논리학, 산수, 기하학, 천문, 음악을 가르치는 7학예과Artistenfakultät에는 거의 없었고, 등록 학생의 20퍼센트는 군인으로 분류되었다. 그리고 학생들의 나이는 오늘날보다 훨씬 어려서 14세에서 16세 사이에 이미 7학예과에 등록할 수 있었다고 한다. 입학을 위해서는 충분한 라틴어 지식이 있어야 했고, 학교에서 라틴어를 사용하도록 규칙으로 정해져 있었다.

중세 대학의 네 개 학부 사이에는 위계질서가 있었다. 신학부의 위상이 가장 높았으며 다음으로 법학부, 의학부 그리고 7학예과의 순서였다. 신학부, 법학부, 의학부의 학생들은 종종 7학예과 또는 현지 일반 하급 학교의 선생으로 활동했다. 대학의 교원들은 사회 지도층보다는 대부분이 시민 계급의 중산층 출신이었고 농부 출신도 있었다. 따라서 당시 대학교육은 사회적 신분 상승의 경로를 만들어주는 역할을 했다.

대학의 자율은 보장되었고, 대학에 소속되어 있는 사람들은 세금을 면제받았을 뿐만 아니라 이후에는 병역까지 면제를 받았다. 대학 사회는 독자적인 재판권을 가지고 있었고 대학 총장과 대학 총회의 판결에 복종했다. 대학의 특별재판권은 1783년에 와서야 비로소 폐지되었다. 그때까지 대학 총장은 총장의 상징물Zepter과 칼을 그의 행정과 재판권에 대한 권위의 상징으로 휴대하고 다녔다. 대학의 하급 직원들은 경찰과 간수의 역할을 했고, 대학의 형벌 구치소Karzer는 18세기 후반까지 사용되었다.

교수와 학생들의 공동체 생활은 기본 원칙이었고, 이것은 그들이 공동 기숙사에서 생활하는 형태로 실천되었다. 학교 기숙사는 대학 직원들의 통제와 감독을 받았다. 학생들은 매주 숙박비와 급식비를 지불해야 했는데, 대부분 경제적으로 넉넉하지 못해 소수의 학생들만이 교재를 구입할 능력이 있었다고 한다. 공동 기숙사에서 살지 않고 일반 가정집에 세를 얻어 살려는 사람은 총장의 허락을 받아야 했다.

중세의 대학들은 기본적으로 강의 중심 교육기관이었다. 연구는 거의 이루어지지 않았고 강의를 통한 지식 전달이 우선이었다. 공인된 권위를 가진 텍스트들을 강독, 주석 또는 논평을 하는 형식이었다. 학생이나 교수 모두에게 독자적인 학문적 텍스트를 생산하는 일들은 요구하지도 않았다. 대학 공부의 초기에는 7학예과를 수강했다. 그곳에서는 라틴어 학교에서처럼 자유 교과를 가르쳤는데, 이는 오늘날의 인문계 고등학교인 김나지움과 비슷한 수준이었다. 대부분의 학생들은 7학예과 과정을 2~3년 수학한 후에 졸업했고, 그 후에야 비로소 법학, 의학, 신학 전공을 할 수 있었다. 이 과정은 대략 5~7년이 걸렸으며, 학업 기간이 15년 정도 되는 것도 드문 일이 아니었다고 한다.

15세기부터는 인문주의 사상이 대학에 새로운 바람을 불러일으켰다.

15세기와 16세기 초반 대학에서는 고전 학문과 예술을 장려했고, 특히 고전 번역과 수학 및 천문학에 몰두했다. 종교개혁과 오스만 제국의 침공 과정에서 빈대학은 침체기를 맞으며 신망을 잃게 되었다. 황제 페르디난트 1세Ferdinand I에 이르러서야 개혁을 통해 빈대학은 다시 회복의 길로 들어서게 된다. 이러한 개혁 조치는 재정적 안정 장치를 마련하고 많은 교수를 확보하는 계기가 되었다. 그러나 다른 한편으로 이는 대학에 대한 군주Landesfürst의 영향력이 커지고, 이후 대학이 국가의 통제를 받기 시작하는 계기가 되었다.

17세기 초반에 철학부와 신학부가 합스부르크 왕가의 가톨릭 복권 조치의 일환으로 예수회 소속으로 이관되었다. 예수회 가톨릭 교단의 통제를 받게 된 빈대학은 반反개혁 기구의 중요한 일원이 되었다. 합스부르크 왕가의 대규모 지원은 새로운 대학 건물 건립과 화려하고 웅장한 대학 교회의 모습으로 나타나게 되었다. 오늘날 존재하는 빈 도심의 대학 구관의 전체적인 모습은 초기 바로크 건축의 전성기에 속하는 것들이다.

17세기부터 교육기관의 국유화가 점점 증가하기 시작했다. 예수회 교단의 강의 방법은 비판을 받게 되었고, 특히 세속적인 학부에 대한 차별이 문제가 되었다. 마리아 테레지아Maria Theresia의 재위 시절(1740~1780)에 대대적인 개혁이 있었는데, 이 개혁은 대학의 모든 본질적인 사안에 국가의 영향력을 강화하는 방향으로 진행되었다. 대학의 교육 연구는 국가의 수요에 맞춰 이행되었고, 국가와 정치에 집중하게 되었다. 개혁의 수혜자는 당연히 의학부와 법학부가 되었으며, 신학부와 철학부는 홀대를 받았다. 이러한 과정을 거치면서 대학에 대한 종교적인 영향력은 쇠퇴하고, 국가가 대학과 학문 영역에 대한 통제를 넘겨받게 되었다.

학문과 그 가르침은 자유다!

빈대학 650년의 역사에서 1848년은 큰 획을 긋는 이른바 '혁명의 해'이다. 프랑스 대혁명과 19세기 초반 나폴레옹의 동유럽 원정의 결과는 오스트리아의 시민 계층의 성장에도 큰 영향을 미쳤으며, 빈대학 역시 그 역사의 흐름을 비껴갈 수 없었다.

빈대학의 질적 수준과 위상은 황제 프란츠 1세Franz I와 2세의 집권기에 다시 쇠퇴의 길로 접어들었다. 학생 수가 적었을 뿐만 아니라 정치 제도와 대학의 환경에 대한 대학 구성원들의 불만이 늘어났다. 그들은 대학의 열악한 환경에 대해 정부와 대립하며 항거했으며, 많은 사람들이 적극적으로 1848년의 혁명에 가담했다. 가르침과 배움의 자유를 요구했고 정신적 삶에 대한 억압을 끝내고자 했다.

1848년 3월 저작 및 출판의 자유를 요구하는 대학생들의 탄원서가 황제 프란츠 2세에게 전달되었으며, 며칠 뒤에 군대와 학생들 사이에 충돌이 일어났다. 이 사건의 여파로 메테르니히Metternich가 퇴진했으며, 학문의 자유를 기본법으로 보장한다는 궁정의 확약도 받게 된다. 이로써 학생들의 3월 혁명은 승리를 거두게 되었으나, 이후에도 학생들의 혁명적인 운동은 바리케이드의 날Barrikadentag, 5월 26일 그리고 프라터 전투Praterschlacht, 8월 23일 등과 같은 굵직한 사건들을 일으키며 계속 진행되었다. 빈대학의 강의는 이미 5월부터 중단된 상태였다.

이러한 학생 혁명은 성난 군중에 의해 전쟁 장관인 라투어Latour가 살해된 1848년 10월 6일을 계기로 큰 분기점을 맞게 된다. 황제의 군대는 반란 세력을 강경하게 진압하기 시작했고, 반란 세력이 장악했던 빈은 10월

빈대학 사회과학대학 현관에 새겨진 오스트리아 국가기본법 제17조 "학문과 그 가르침은 자유다"

31일 황제의 군대에 의해 완전히 진압되었다. 이후 신속하고 피비린내 나는 단죄가 뒤따랐다. 학도 의용군은 해체되었고, 일부는 헝가리로 도망가서 그곳의 혁명 세력에 합류했다. 포로가 되어 감옥살이를 하게 된 학생들은 이탈리아 군대로 강제 징병되기도 했다. 대학에는 군대가 주둔했고 1849년 3월에야 비로소 다시 강의가 시작되었다. 그러나 강의는 시내 곳곳에 분산되어 이루어졌는데, 군중 시위를 우려한 정부가 대학생들이 한 장소에 밀집하는 것을 원하지 않았기 때문이었다.

1848년 학생 혁명의 요구 사항 중에서 배움과 가르침의 자유만 남게 되었으며, 이후 대규모 교육 개혁 과정을 거치면서 빈대학은 독일의 사례를 모범으로 삼아 발전하게 된다. 대학생들의 혁명적 저항과 노력은 1867년 드디어 국가기본법 제17조에 다음과 같은 조항을 결의하게 됨으로써 그 성공적인 결실을 맺게 되었다. "학문과 그 가르침은 자유다Die Wissenschaft und ihre Lehre ist frei." 당시 교육부장관 툰 호엔슈타인Leo Graf Thun-Hohenstein은 교육과 대학 제도를 근본적으로 개혁했으며, 수많은 교수들을 빈대학으로 초빙했다.

1848년과 1867년은 빈대학의 역사에서 잊을 수 없는 해가 되었고, 국가기본법 제17조의 내용은 오늘날까지 대학 사회의 중요한 모토가 되고 있다. 빈대학은 이 조항을 사회과학대학 현관 벽에 새겨두고 있으며, 그것이 지니는 의의를 후세에 널리 알리고 있다.

오스트리아학파와 비엔나 서클

19세기 후반과 20세기 전반 사이 빈대학은 오스트리아학파Austrian School와 비엔나 서클Vienna Circle, Wiener Kreis이라는 이름을 통해 후대에 세계적 영향력을 미치는 학문 이론의 발상지가 된다.

경제학 분야의 오스트리아학파는 생산과 소비의 경제 활동 과정에서 소비자 개인의 중요성과 선호를 강조하며, 생산물의 가치를 결정하는 데 있어 그 생산물에 대한 최종 소비자의 효용 가치가 중요하다고 했다. 19세기 말 빈대학 교수로 활동하던 카를 멩거Carl Menger의 경제학 이론이 시발점이 되었다. 그는 한계효용 가치설을 체계적으로 발전시켰고, 비저Friedrich von Wieser, 뵘바베르크Eugen von Böhm-Bawerk 같은 학자들이 이를 계승하여 하나의 학파를 이루었다.

이들은 상품의 가치를 그 상품의 소비로 생기는 주관적인 한계효용으로 설명하고, 나아가서 직접 소비되지 않는 상품의 가치도 소비재의 가치에 귀속되는 것이라고 보는 주관가치설을 체계화했다. 따라서 오스트리아학파를 한계효용학파라고 부르기도 한다. 뵘바베르크에 와서는 자본론, 이자론, 분배론 등의 분야에서 마르크스 경제학과 대립되는 논쟁을 벌였다. 그는 장차 생길 재화보다 현재의 재화 쪽이 더 큰 효용과 가치를 가진다는 점과, 우회 생산으로 다량의 재화가 생산된다고 하는 우회 생산의 이익에서 자본 이자가 생기는 근거를 밝혀 독자적인 자본 이론을 제창하여 근대 경제학의 자본 이론에 큰 영향을 끼쳤다.

후대에 이러한 자본 이론을 계승한 미제스Ludwig von Mises, 하이에크Friedrich Hayek와 같은 경제학자들을 신新오스트리아학파 또는 빈학파라 부르기도 한다. 이 학파는 개인주의적 또는 자유주의적 사상을 신봉하고, 사회주의적인 계획경제보다 자유경쟁의 우위성을 주장했다. 국가가 경제에 개입하면 합리적인 가격 결정을 하지 못하게 되어 전체주의의 길로 들어서게 된다고 주장하며, 사회주의도 케인스 이론도 부정하는 극단적인 자유주의 경제학이 발생하게 되었다. 이러한 경제 이론은 2차 세계대전 후의 국제 사회 정세 변화에 힘입어 큰 영향력을 행사했으며, 오늘날까지 그 여파가 미치고 있다.

빈에서 활동하던 철학자 및 과학자들의 학술 모임인 비엔나 서클은 20세기 초반 빈대학의 학문적 전통을 대표하며, 논리적 실증주의Logischer Empirismus라는 당시 철학계에서는 새로운 학문적 사조를 일으키며 세계적으로 이름을 알리게 된다. 비엔나 서클은 이 새로운 철학적 아이디어를 홍보하는 데 적극적인 활동을 했으며, 베를린 서클과 함께 인식론과 과학철학에 관한 여러 학회를 주관했다.

비엔나 서클은 1922년부터 1936년까지 철학자이자 물리학자인 모리츠 슐리크Moritz Schlick가 주도했고, 그가 학문적으로 영향을 받은 에른스트 마흐Ernst Mach의 실증 정신을 계승하기 위해 만든 학술 모임인 에른스트 마흐 협회가 그 시발점이 되었다. 비엔나 서클은 루돌프 카르나프Rudolf Carnap,

오토 노이라트Otto Neurath, 허버트 파이글Herbert Feigl, 필리프 프랑크Philipp Frank, 빅토르 크라프트Victor Kraft, 프리드리히 바이스만Friedrich Waismann, 한스 한Hans Hahn 등과 같은 유명한 학자들이 회원으로 활동했으며, 루트비히 비트겐슈타인과 칼 포퍼Karl Raimund Popper 같은 학자들도 정식 회원은 아니었으나 이 모임의 구성원들과 많은 접촉을 하며 학문적 교류를 했다.

비엔나 서클의 회원 대부분은 나치즘이 기승을 부릴 시기에 인종적 핍박을 피해 또는 학문의 자유를 찾아 오스트리아를 떠났다. 많은 학자들이 영국, 미국 등으로 이주했고 그곳 대학의 강단에서 활동을 계속했다. 반면에 비엔나 서클의 리더였던 모리츠 슐리크는 끝까지 빈에 남아서 활동했지만, 그마저도 1936년 자신의 제자에게 빈대학 구내에서 살해당했다. 이후 오스트리아에서 비엔나 서클의 활동은 막을 내리게 된다.

철학자 칼 포퍼는 비엔나 서클에 공식적으로 참여하지 않았음에도 불구하고, 슐리크가 죽은 후 중단된 모임을 영국의 런던대학에서 계속 이끌어나갔다. 포퍼는 이를 통해 비엔나 서클의 논리적 실증주의와 논쟁하며, 때로는 그것과 선을 그으면서 비판적 합리주의라고 하는 그의 학문적 이론을 발전시켰다.

20세기 철학의 학문적 사조에 비엔나 서클이 미친 영향은 지대하며, 이러한 학문적 전통을 기록하고 계승 발전시키기 위해 1991년에 비엔나 서클 연구소Institut Wiener Kreis가 설립되었다.

여성과 빈대학

빈대학과 인연이 있는 유명한 여성으로는 2004년 노벨 문학상 수상자인 엘프리데 옐리네크Elfriede Jelinek가 있다. 그녀는 빈대학에서 예술사와 연극 이론을 공부했지만, 불안장애라는 병 때문에 학업을 중단해야만 했다. 이후 그녀는 부모의 집에서 스스로 고립되어 생활했으며, 이 시기에 병 치료의 일환으로 본격적인 문학 작업을 시작했다.

빈대학 본관 건물 회랑에는 대학의 유구한 역사와 전통을 증언하고 있는 교수들의 흉상, 부조들이 있다. 이들 앞에 서면 누구나 한 번쯤 석학들에 대한 존경의 마음과 빈대학의 학문적 전통에 대한 경외감을 가지게 된다. 이곳은 사시사철 사람들의 발길이 끊이지 않는 빈대학의 관광 명소라고 할 수 있다. 그런데 여기에 조성해놓은 교수들의 부조와 흉상에 불만을 품는 사람들이 있다. 바로 여성들이다. 말굽 모양의 긴 회랑을 차지하고 서 있는 수많은 교수 중에 왜 여자는 하나도 없느냐는 것이다. 나름 일리 있는 지적이다. 그곳에 서 있는 인물들은 거의 19세기 또는 20세기 전반기의 인물들인데, 사실 그 시대에는 여자 교수뿐만 아니라 여대생도 찾아보기 힘들었다.

1884년 빈대학의 재학생 수는 5,721명에 달했으나, 그때까지는 한 명의 여학생도 없었다. 1878년에 처음으로 여성들이 임시 청강생의 신분으로 대학에 발을 들여놓게 되었으며, 개교 532년 만인 1897년에야 비로소 여성들이 정규 학생으로 등록할 수 있었다. 철학부에서 처음으로 여대생을 받아들였으며, 다음으로 1900년에 의학부, 1919년에는 법학·정치학부, 가장 보수적인 가톨릭 신학부는 1945년에 와서야 비로소 여성들의 입학을 허용했다. 1차 세계대전 이전까지 여학생 등록자는 소수에 머물렀으나 그 후 1922, 1923학년도에 빈대학의 여학생 비율은 18퍼센트를 기록하며 그 수가 급속도로 늘어났다.

이러한 현상은 1차 세계대전을 기점으로 유럽 사회에서 여성의 사회 진출이 일대 전환기를 맞이하는 것과 맥락을 같이한다. 1차 세계대전은 인류 최초의 전 세계적 규모의 전쟁인 동시에 탱크, 비행기, 화학 무기 등 현대적 의미의 무기 체계가 본격적으로 등장하는 등 인류 문화사의 중요한 분기점이 되는 시기였다. 이 비극적인 전쟁은 아이러니하게도 양성평등 사회를 향한 첫걸음을 내딛는 계기가 되었다고도 할 수 있다. 전쟁 부상자 치료를 위한 간호사, 보급품과 군수 물자의 원활한 조달을 위해 동원된 여성 노동자 등, 전쟁에서 희생된 남성들을 대체하기 위해 사회의 각 분야에서 여성들이 전면에 나서게 되었고, 그와 더불어 여성의 사회적 역할과 책임이 점점 더 증가했기 때문이다.

개교 600주년이 되는 1965년에는 여학생의 비율이 약 30퍼센트에 이르렀으며, 1980년대 초에는 재학생의 반 이상이 여학생이었다. 빈대학 최초의 여자 박사 학위 수여자는 에렌탈Gabriele Possanner von Ehrenthal이었다. 그녀는 1897년 4월 2일 의학 박사 학위를 받았는데, 사실 이는 그녀의 두 번째 박사 학위였다고 한다. 그녀는 1894년에 이미 스위스 취리히대학에서 의학 박사를 받은 경력이 있음에도 불구하고 빈에서 개업의로 활동하는 데 수많은 반발과 방해가 있었다. 이를 극복하기 위해 그녀는 빈대학에서 의학 박사 구두시험Rigorosum을 다시 치를 수밖에 없었다고 한다.

여대생의 급속한 증가에 비해 학계의 최고 권위를 지닌 교수직에 오르는 사람은 극히 드물었다. 소수의 여성 박사 학위 취득자 중에서 빈대학의 역사적 인물이 된 사람은 바로 엘리제 리히터Elise Richter이다.

리히터는 로만어문학을 전공했으며, 1905년 오스트리아 여성 최초로 빈대학 철학부에서 교수 자격 학위Habilitation를 취득했다. 1907년에 대학 강사로 활동하기 시작하여 1921년에는 학교 안팎의 반발에도 불구하고 빈대학 최초로 원외 교수außerordentliche Professorin로 임용되었다. 1922년부터 1930년까지 그녀가 결성한 오스트리아 여성학자 협회의 회장으로서 활동했다. 그러나 이후 그녀는 유대인이라는 이유로 나치의 앞잡이들에 의해 1938년에 교수직에서 해고되었으며, 1942년 영문학자인 여동생 헬레네와 함께 나치에 의해 테레지엔슈타트Theresienstadt 강제수용소로 보내졌고 그곳에서 생을 마감했다.

엘리제 리히터(1865~1943)

오늘날에도 빈대학 본관 건물의 한 강의실은 엘리제 리히터 홀Elise-Richter-Saal이라고 이름을 지어 그녀를 추모하고 있다. 빈대학 최초의 여자 정교수Ordinaria는 1956년에 와서야 비로소 물리학자인 베르타 카를리크Berta Karlik가 임명되면서 실현되었다.

나치의 그늘

파시즘과 나치즘이 유럽 전역을 지배한 1938년부터 1945년 사이를 빈대학은 이른바 제국대학Reichsuniversität의 시기라고 부른다. 개교 이래 정치·사회적 격랑 속에 여러 번 어려움과 위기를 맞았지만 이 시기의 빈대학은 지우고 싶지만 지울 수 없는, 그리고 현재까지 생생히 남아 있는 상처를 입었다. 1938년 3월 나치주의자들이 권력을 장악하고 난 후 빈대학뿐만 아니라 오스트리아 전체의 학문 세계가 황폐화되는 끔찍한 결과가 벌어졌다.

빈대학 역시 정치적 어용 세력들이 장악하기 시작했고, 특히 유대계 교수와 학생들에 대한 핍박이 심각했으며, 2,700여 명의 유대계 대학 구성원들이 추방되었다. 나치 정권의 시기에 빈대학 교수와 강사의 45퍼센트가 정치적 또는 인종적 차별을 받고 해고되었다. 그중 많은 사람들은 강제수용소에 감금되어 생을 마감했고, 일부는 외국으로의 이민을 통해 살 길을 찾았다. 물론 나치 정권하에서는 학문적 연구와 일할 기회를 가질 수 없다는 생각으로 스스로 빈을 떠난 학자들도 있었다. 학자들의 이러한 대규모 추방 또는 탈출이 오스트리아에 얼마나 많은 손실을 입혔는지는 이루 말할 수 없을 정도였다. 물리학자이자 노벨상 수상자인 에어빈 슈뢰딩거Erwin Schrödinger를 비롯하여 총 322명의 학자들이 나치를 피해 빈을 떠났다고 한다.

수많은 유대계 학자 또는 반反나치주의자들이 대학을 떠났으니 교수진이 모자라는 것은 당연한 귀결이었으며, 그 자리는 나치 정권에 동조하는 어용학자들의 차지가 되었다. 그 대표적인 인물로 1973년 노벨 의학상 수상자인 콘라트 로렌츠Konrad Lorenz와 빈대학 총장을 지낸 에두아르트 페른코프Eduard Pernkopf를 들 수 있다.

인체해부학 분야에서 유명한 학자인 페른코프는 1921년 빈대학에서 교수 자격 논문이 통과된 뒤, 1927년부터 해부학 교수로 활동하게 된다. 그는 1933년 빈대학 해부학 교실 정교수가 되었고, 같은 해 나치당Nationalsozialistische Deutsche Arbeiterpartei에 가입했다. 이후 나치 정권의 부역자 노릇에 충실하면서 대학 내 요직을 차지했고, 1943년 마침내 정교수 취임

10년 만에 빈대학 총장이 되었다. 1945년 나치의 몰락과 함께 총장직에서 물러났으며, 이후 연합군에 체포되어 3년간 감옥살이를 했고, 1955년 해부학도서Anatomieatlas 제4권을 집필하던 중에 생을 마감했다.

1937년에서 1960년 사이에 발간된 그의 해부학도서는 그래픽 형상을 이용하여 해부학 교재의 새로운 기준을 만들었다는 평가를 받고 있으며, 오늘날에도 전 세계적으로 사용되고 있다. 그러나 나치의 몰락 이후 그가 집필한 해부학도서는 수많은 나치 희생자의 시신들을 표본으로 삼아 만들었다는 비판이 쏟아졌다. 1998년 빈대학은 진상 규명 위원회를 통해 얼마나 많은 나치 희생자들이 표본으로 사용되었는지 증명할 수 없지만 그러한 사실이 있었다는 것을 인정하고 공식적으로 발표했다.

1933년 사진 속에서 나치 제복을 입고 강단에 서 있는 자는 교수 데뷔 첫 강의를 하러 온 사람이며, 그가 바로 페른코프다. 정교수 취임 공개 강의Antrittsvorlesung라면 나치식 인사를 하는 참석자들도 대부분 교수나 강사

1933년, 빈대학 강의실에서 나치식 경례를 하는 모습

2014년, 빈대학 중앙도서관 모습

들이라고 보면 된다. 오늘날에 보면 믿기지 않는 섬뜩한 장면이 아닐 수 없다. 이 사진과 빈대학 중앙도서관에서 열심히 공부하고 있는 풍경의 2014년 사진은 너무나 대조적이다. 80년이라는 시간의 차이가 있지만 같은 학교의 건물 안에서 일어난 일이라고 상상하기 어려운 모습이다. 1933년 사진 속의 사람들도 바로 옆의 중앙도서관에서 저렇게 열심히 공부했을 것이다. 지성인의 사회적 책무 또는 학자적 양심과 지조를 지키는 것이 얼마나 중요한가를 잘 대비시켜 보여주고 있다.

사상과 정치적 소용돌이 속에서 희생된 비엔나 서클의 리더 모리츠 슐리크는 페른코프와 대비되는 인물이다. 슐리크는 1936년 빈대학 구내에서 한스 넬뵈크Hans Nelböck라는 청년의 총에 맞아 숨졌는데, 이 살해범은 바로 슐리크의 박사과정 제자였으며 1931년에 박사 학위를 받은 사람이었으니 이는 참으로 비극적인 사건이 아닐 수 없다. 범인은 체포된 후 슐리크의 학문적 경향에 동의할 수 없었고, 그의 이론이 자신을 도덕적 또는 사상적 혼란에 빠뜨렸다며 범행 이유를 강변했으나, 사실 그 배후에는 나치의 검은 그림자가 도사리고 있었다. 넬뵈크가 재판에서 10년 형을 받았음에도 불구하고, 1938년 불과 범행 2년 만에 나치에 의해 석방된 사실이 이를 반증하고 있다.

모리츠 슐리크의 추모 표지석.
"1936년 6월 22일 비엔나 서클의 핵심 인물 모리츠 슐리크가 이곳에서 살해되었다. 인종 차별과 불관용에 중독된 영적 풍토가 범행을 저질렀다."

슐리크가 살해된 장소는 빈대학 본관 건물의 철학부로 들어가는 오른쪽 계단 위였다. 오늘날 이 비극적인 범행 현장에는 그 사건을 기록해놓고 인종 편견과 이념적 광신자들의 폭력에 대한 경종을 울리고 있다.

빈대학의 인물

빈대학 본관 건물의 안마당에 들어서면 다른 대학에서는 보기 드문 장면이 펼쳐진다. 바로 이 대학이 자랑하는 수많은 석학들의 흉상, 두상, 부조들을 만날 수 있기 때문이다. 이들은 안마당을 둘러싼 건물 회랑 벽 쪽을 장식하고 있는데, 커피 한 잔과 시간적 여유를 가지고 교수 개개인의 전공과 이력들을 구경하는 재미가 쏠쏠하다. 회랑의 깊숙한 모퉁이 후미진 벽면에는 페르디낭 드 소쉬르Ferdinand de Saussure, 로만 야콥슨Roman Jakobson 등

빈대학이 자랑하는 석학들의 전시장, 본관 회랑

과 함께 20세기 초 현대 언어학의 대표적 인물로 꼽히는 니콜라이 세르게예비치 트루베츠코이Nikolai Sergeyevich Trubetskoy가 자리 잡고 있다.

트루베츠코이는 현대 언어학의 음운론을 개척하고, 언어학과 철학 분야에서 '구조주의'라는 말과 함께 항상 등장하는 학자이다. 로만 야콥슨과 더불어 '프라하학파'를 대표하는 트루베츠코이는 모스크바대학에서 박사 학위를 받았다. 이후 시대의 운명 때문에 러시아를 떠나 소피아대학을 거쳐, 빈에 정착했고 1922년부터 빈대학 슬라브학과 교수를 지냈다. 석학이었던 그는 시대의 암울함을 외면하지 않았다. 나치주의를 비판하는 글을 썼다는 이유로 비밀경찰의 표적이 되어 수사를 받는 등 고초를 겪다가 1938년 48세의 나이에 심장마비로 요절했다.

빈 태생의 물리학자 루트비히 볼츠만Ludwig Boltzmann은 빈대학뿐만 아니라 베를린과 하이델베르크Heidelberg에서도 대학을 다녔다. 그는 1867년에 빈대학의 강사로서 대학 경력을 시작한 후 빈대학뿐만 아니라 그라츠Graz, 뮌헨, 라이프치히 등에서 물리학 또는 수학 분야의 교수로서 활동했다. 기체의 분자 속도에 관한 맥스웰-볼츠만 분포를 포함한 기체분자운동론에 관한 연구, 볼츠만 상수 그리고 볼츠만 운송방정식 등이 그의 대표적인 업적으로 꼽힌다.

경제학자인 카를 멩거는 1859년에 빈대학에서 법학과 정치학 전공을 시작하여, 이후 프라하대학에서 학업을 계속 이어갔으며, 1867년 크라카우Krakau대학에서 박사 학위를 받았다. 1872년에 빈대학에서 교수 자격 논문을 통과한 후 그곳에서 정치경제학 교수로 활동했다. 멩거는 경제학 분야에서 유명한 오스트리아학파 또는 한계효용학파를 주창한 학자로 평가받는다.

위인의 반열에 오르는 정신분석학자 지그문트 프로이트Sigmund Freud는 빈대학에서 의학을 전공했으며, 1885년 신경병리학Neuropathologie과에서 교수 자격 논문을 통과했다. 이후 그는 정신병 연구에 몰두했으며, 1909년에 원외 교수가 되었고, 1919년부터 정교수로 활동했다. 그러나 빈대학에서 교수로서의 권한은 1934년 나치에 의해 정지되고, 이민을 강요당한다. 프로이트는 1934년 불과 49세의 나이로 생을 마감했으며, 그가 오랫동안 살던 빈 시내의 집은 지금 프로이트 박물관으로 운영되고 있다.

빈대학을 대표하는 학자들 중에 이색적인 경우가 카를 뷜러Karl Bühler와 샬로테 뷜러Charlotte Bühler 부부이다. 1924년 카를 뷜러는 빈대학 철학부의 정교수로 초빙되어 왔고, 부인 샬로테는 그보다 1년 먼저 강사 신분으로 빈대학에 와 있었다. 샬로테는 1927년부터 심리학부의 원외 교수로 활동했으며, 카를 뷜러는 언어학과 창의성 분야의 연구를 통해 프로이트와 함께 20세기 전반기 심리학의 발전에 결정적인 기여를 했다. 1938년 그는 나치 정권에 의해 부인 샬로테와 함께 추방되었으며, 이후 미국에서 학문 활동을 계속했다.

1974년 노벨 경제학상을 수상한 하이에크는 케인스주의에 대항하여 자유시장을 옹호하고 신자유주의를 설파한 경제학자이다. 하이에크는 빈대학에서 1921년에 법학 박사, 1923년에 정치학 박사를 받았다. 그는 경제에 대한 국가의 개입은 최소한에 머물러야 하며, 특히 국제 금융은 규제를 완화하고 시장의 자율에 맡겨야 세계 경제가 안정적으로 성장할 것이라는 신자유주의적 경제 이론을 주장했다. 스스로는 신자유주의라는 용어를 사용한 적이 없음에도 불구하고 그는 밀턴 프리드먼Milton Friedman과 함께 신자유주의를 주장하던 시카고학파의 대표적인 인물로 통한다.

빈대학을 수료한 칼 포퍼(1902~1994)는 20세기 가장 영향력 있는 과학철학자로 꼽힌다. 반증주의 또는 합리주의를 대표하는 그는 인종이나 혈통에 따라 사람을 분류하는 데 극도의 반감을 가졌으며, 스스로 유대인임에도 불구하고 나치즘과 시오니즘 모두를 반대했다. 1937년 나치 정권을 피해 뉴질랜드로 이주했으며, 2차 세계대전 종전 후에는 주로 런던에서 활동했고, 1994년 사후에는 고향 빈에 묻혔다.

빈대학에서의 연구와 교수 경력을 가진 유명한 학자들은 노벨상 수상자들의 면면을 통해서도 살펴볼 수 있다. 로베르트 바라니Robert Bárány 의학상 1914년, 율리우스 바그너야우레크Julius Wagner-Jauregg 의학상 1927년, 한스 피셔Hans Fischer 화학상 1930년, 카를 란트슈타이너Karl Landsteiner 의학상 1930년, 에어빈 슈뢰딩거Erwin Schrödinger 물리학상 1933년, 빅토르 프란츠 헤스Viktor Franz Hess 물리학상 1936년, 오토 뢰비Otto Loewi 의학상 1936년, 콘라트 로렌츠Konrad Lorenz 의학상 1973년, 그리고 앞에서 소개한 경제학상 수상자 하이에크를 포함하여 빈대학은 총 아홉명의 노벨상 수상자를 배출했다.

도나우 강의 메트로폴과 빈대학

21세기의 빈대학과 그 미래상은 오스트리아의 수도 빈의 국제적인 위상과 역할이 투영되는 측면이 강하다. 이는 인구 약 260만 명의 광역시 권역의 유일한 종합대학이자 10만 명에 달하는 대학 구성원이 이 도시에서 차지하는 비중을 보더라도 짐작할 수 있다. 빈은 또한 국경을 초월하여 남부 독일, 오스트리아, 헝가리를 가로지르는 도나우 강 유역의 정치·경제·문화의 중심지이다. 20세기 중반 이후 한때 쇠퇴했던 도시의 위상이 21세기에 EU 회원국으로 편입되면서 동유럽의 관문인 동시에 과거 영화로웠던 제국의 수도와 비슷한 역할을 하고 있다. 그에 상응하여 빈대학의 위상 역시 점점 높아지고 있다. 빈대학은 체코, 슬로바키아, 헝가리, 우크라이나, 슬로베니아, 크로아티아, 세르비아 등 인접 동유럽 국가 젊은이들이 더 넓은 세계로 나가는 꿈을 찾아 진학하는 희망의 대학이 되고 있다.

1989년 베를린 장벽의 붕괴는 동·서 냉전 시대의 종말을 고했다. 물론 냉전 시대에도 오스트리아는 냉전의 완충 지대였다. 자본주의와 사회주의의 벨트 사이에서 중립적인 태도를 취하며, 어느 한쪽의 체제를 고수하거나 배척하지도 않았다. 이러한 중립적인 국가의 수도는 국제 정치의 중요한 활동 무대가 되었으며, 유엔 소속의 여러 국제기구가 빈에 자리 잡게 된 중요한 이유 중의 하나였다. 다른 한편 빈은 스파이의 천국이라는 이름까지 듣는 국제정치의 배후 세력들의 각축장이었다.

국제정치에서 차지하는 도시의 위상은 빈대학의 경쟁력과 밝은 미래를 뒷받침해주고 있다. 빈에는 유엔 소속의 원자력기구, 무역법위원회, 공업개발기구, 마약범죄사무소 등 각종 국제기구가 도나우 강변에 '유엔시티'를 형성하며 자리 잡고 있다. 이들을 중심으로 매년 수많은 국제 규모의 회의 및 다양한 행사가 열린다. 이러한 배경에서 빈대학의 국제정치학, 경제학, 경영학 분야는 유엔시티와 상호작용하여 전망이 밝다고 할 수 있다. 의학 분야 또한 전통이 깊고 세계적으로 유명하며, 2004년 하나의 대학으로 독립할 만큼 규모가 크다. 커피의 도시, 음악의 도시, 예술의 도시 등으로 불리며 찬란한 역사와 문화유산을 배경으로 한 세계적인 문화관광 도시로서의 위상 또한 대학 발전의 훌륭한 자양분이 되고 있다.

대학과 도시의 이러한 발전은 사회 각 분야의 개방성과 다양성에 대한 존중을 전제로 한다. 이는 2014년 현재 빈의 인종 구성, 언어 사용, 문화예술 등의 분야에서 피부로 느낄 수 있다. 역사적으로 오스트리아-헝가리 제국 시절에도 그랬지만, 특히 2000년대 이후 빈은 정치 · 문화적으로 개방성과 다양성이 확보된 국제도시로서 동유럽권 메트로폴métropole, 중심지의 위상을 확실하게 굳히고 있다. 이러한 시점에 빈대학은 수도 빈뿐만 아니라 세계 속으로 도약하는 오스트리아를 이끄는 기관차 역할을 하고 있다. _신용민

베를린자유대학 : 냉전, 1968년, 베를린자유대학

1948년 베를린자유대학 개교

1951년 동유럽연구소 설립

1954년 대강당과 중앙도서관이 있는 헨리 포드관 개관(헨리 포드 재단에서 재정 지원)

1955년 아메리카 연구소(Amerika-Institut) 설립(1963년 존 F. 케네디 연구소John-F.-Kennedy-Institut로 개칭)

1959년 정치학과 설립

1961년 베를린 장벽 설치로 동베를린 학생 입학 불가능

1963년 케네디 미국 대통령 자유대 방문

1967년 자유대 독문과 재학생 오네조르크, 팔레비 국왕 반대 시위 중 경찰이 쏜 총에 맞아 사망

1968년 자유대의 행사 불허로 베를린 공대 대강당에서 국제 베트남 회의 개최

학생운동을 이끈 자유대 사회학과 재학생 두치케에 대한 암살 기도

1970년 라틴아메리카연구소(Lateinamerika-Institut) 설립

1991년 재학생 수 6만 명의 독일 주요 대학으로 성장

2013년 Times Higher Education 선정 우수 대학 중 독일 4위, 세계 86위 기록

자유대의 모태, 냉전

독일 역사에서 분단과 통일은 각별한 의미를 갖는다. 19세기에, 독일의 통일은 유럽에게는 위기를, 독일에게는 번영을 의미했으며 반대로 분단은 독일에게는 낙후를, 유럽에게는 평화를 의미했다. 이것이 발칸 위기와

베를린자유대학의 독문과와 역사학과 건물인 '로스트라우베(Rostlaube)'. '녹슨 정자'라는 뜻으로 건물 외부가 철판으로 마감되어 붙여진 이름이다.

함께 19세기 유럽 국제정치의 난제인 '독일 문제Deutsche Frage'였다. 그러나 '독일 문제'는 인간의 결단으로 해결 불가능한 난제는 아니었으며, 독일은 1871년 비스마르크Otto von Bismarck의 주도하에 마침내 '보통 국가'가 되었다.

도시 베를린의 영욕의 역사는 독일 통일과 함께 시작되었다. 독일 통일을 주도한 프로이센의 수도 베를린은 통일 이후 일약 독일 제국의 수도로 유럽의 메트로폴리스가 되었으나, 2차 세계대전 패전 후 독일의 재분단과 함께 도시가 양분되었다. 패전국 독일에게는 더는 정치적 결정권이 허락되지 않았으며, 분단 도시 베를린은 바야흐로 미국과 소련의 체제 경쟁을 실감나게 보여주게 될 라이브 무대 역할을 충실히 수행해야 했다. 냉전이 한창이던 1963년 6월 서베를린을 방문한 미국 대통령 케네디John F.

Kennedy는 시민들 앞에서 다음과 같이 연설했다. "세상의 많은 사람들이 이해하지 못하거나 알지 못한다고 말합니다. 자유세계와 공산세계의 가장 큰 쟁점이 무엇인지를요. 그들에게 베를린에 와보라고 합시다." 과거 런던이나 파리와는 다른 자신만의 색깔과 정신세계를 구축했던 베를린은 이제 더는 존재하지 않았으며, 워싱턴과 모스크바가 조종하는 대로 움직이는 인형이 되었다.

서베를린이 해야 할 역할은 자유의 우월함과 위대함을 보여주는 것이었다. 서방의 동쪽 최전방에 위치한 이 도시는 과거 이슬람과 맞서 싸웠던 그리스도교의 전초기지 빈Wien과 마드리드Madrid처럼 자유 · 자본주의를 수호하는 데 그치지 않고 동구와의 체제 경쟁에서 승리해야 하는 신성한 임무를 부여받았다. 더구나 나치즘에 대한 기억이 아직 생생한 전후 독일에서 자유의 의미는 각별했으며, 소련 점령 지역 동베를린의 현실은 자유가 허락된 유일한 프로이센 땅 서베를린에게 부여된 이 역할에 특별한 자부심을 느끼게 해주었다.

도시의 좌우 사이에서 벌어지던 갈등은 상아탑이라고 예외일 수 없었다. 소련 군정청은 1946년 자신의 관할 지역 내에 있는 베를린대학의 강의 재개를 허가했으나, 교과과정 구성에서 대학의 자율성을 인정하려 하지 않았다. 군정청의 정치적 간섭은 당연히 학생과 교수의 반발을 불러일으켰다. 급기야 1948년 여름학기 시작과 함께 세 명의 학생이 강제 퇴학 조치를 당했고, 4월 23일에는 이에 항의하는 대규모 학생 시위가 벌어졌다. 당시의 상황에서 유일한 해결책은 대학 역시 동서로 나누는 것이었으며, 4월 말 미군정 사령관 클레이Lucius D. Clay는 서베를린에 새로운 대학을 설립하는 것을 검토하도록 지시했다.

운명 공동체였던 서베를린과 자유대

처음에는 단순히 연합국의 영토 분배 정도로 이해되었던 베를린의 분할은 시간이 흐를수록 미국에 유리하게 작용했다. 냉전의 쇼윈도였던 서베를린은 체제 경쟁에서 우위에 있던 미국과 서독의 입장에서 볼 때 이데올로기 공세를 위해 더할 나위 없이 유용한 수단이었던 반면, 소련이나 동독에게는 눈엣가시를 넘어 동구 자체를 위험에 빠뜨릴 수도 있는 잠재적 위협으로 인식되었다. 서베를린을 서독에 통합하겠다는 의지의 표현으로 화폐 개혁이 단행되자, 소련은 이에 대한 대응으로 1948년 6월 서베를린을 봉쇄했다. 최초의 열전熱戰이 우려될 정도로 긴장이 고조되었으나, 다행히 전쟁의 폐허가 아직도 정리되지 않은 종전 직후의 상황에서 무력 충돌로까지 악화되지는 않았다.

베를린 위기는 서베를린만의 대학 설립을 기정사실화했다. 서구는 독재로 정의된 동구와 대비되는 자신의 이미지를 자유로 규정했으며, 자유대학이라는 다소 촌스러운 이름은 이렇게 유래되었다. 1948년 7월 23일에 발표된 자유대학 설립 선언문은 다음과 같이 말하고 있다. "오직 진리만을 위해 기여하는 자유로운 대학의 설립이 시급하다. 그곳에서는 모든 학생이 진정한 의미의 민주주의하에서 자유롭게 자아를 실현할 수 있으며, 일방적인 선전의 대상이 되지 않을 것임을 알고 있다." 그러나 서구가 내세우는 자유를 허구라고 본 동독은 1989년 베를린 장벽이 붕괴될 때까지 '이른바 자유대sogenannte Freie Universität'라는 수식어가 붙은 명칭을 고집하며 비아냥댔다. 게다가 동독은 12월 4일 티타니아 극장Titania-Palast에서 자유대 개교기념식이 개최된 다음 달인 1949년 1월에 베를린대학을 창시자

1948년 12월 4일 베를린 슈테글리츠 티타니아 극장에서 개최된 베를린자유대 개교 기념식

의 이름을 따 훔볼트대학으로 개칭함으로써 대학의 정통성이 동쪽에 있음을 대외적으로 과시했다. 이처럼 베를린자유대는 냉전의 산물이었다.

개교 첫 학기였던 1948·49년 겨울학기는 베를린 남쪽 달렘Dahıem에 위치한 빌헬름 황제회Kaiser-Wilhelm-Gesellschaft 연구소에서 조촐하게 시작했으나, 저명한 역사학자 마이네케Friedrich Meinecke가 1948년 11월 10일 베를린대학에서 자유대로 적을 옮기면서 학교는 활기를 띠기 시작했다. 이어서 나치 시대에 망명을 떠났던 저명한 학자들이 속속 귀국해 신생 자유대로 향했다. 정치학자인 뢰벤탈Richard Löwenthal과 프랭켈Ernst Fraenkel, 철학자 바이셰델Wilhelm Weischedel, 사회학자 슈타머Otto Stammer, 중세문헌학자 드 보어

Helmut de Boor, 역사학자 헤르츠펠트Hans Herzfeld, 법학자 하이니츠Ernst Heinitz, 서독 신문방송학의 창시자인 도피파트Emil Dovifat 등이 자유대의 시작을 함께한 학자들이었다.

냉전이란 자유대의 모태였을 뿐만 아니라 성장의 원동력이기도 했다. 미국 정부의 재정적 지원은 초기에 자유대의 발전에 절대적으로 중요했다. 현재 중앙도서관과 대강당Audimax이 있는 헨리 포드관Henry-Ford-Bau, 슈테글리츠 구區에 위치한 대학병원Uniklinikum Steglitz 등은 미국이 기부한 초기 대학 시설들이다. 한국전쟁으로 냉전이 절정에 달한 1950년대의 정치적 상황과 서베를린의 지리적 조건은 자유대 내에서 동유럽 연구를 촉진했으며, 이미 대학 설립에 많은 지원을 한 미국은 계속해서 재정 지원에 적극적으로 나섰다. 포드 재단은 동유럽연구소Osteuropa-Institut 건립과 미국 연구에 100만 달러를, 록펠러Rockefeller 재단은 마르크스-레닌주의 연구에 13만 3천 마르크를 쾌척했다. 자유대 역시 이러한 지원에 대해 충실하게 보답했으며, 1959년 여름학기에 설립된 정치학과Otto-Suhr-Institut는 1950년대 분위기의 산물이었다. 1963년 케네디 대통령이 베를린을 방문했을 때,

베를린자유대를 방문한 케네디 대통령

자유대는 서베를린과 미국의 끈끈한 관계의 상징으로 공식 방문 일정에 당연히 포함되었다. 물론 이는 1·2차 베를린 위기를 겪은 후 서베를린을 절대 포기하지 않겠다는 미국의 단호한 제스처 중 하나였다.

한편 동구의 위기의식에서 비롯된 베를린 봉쇄는 서베를린 시민은 물론 서독 및 미국 정부에게도 적지 않은 위기감을 불러일으켰다. 동독의 한가운데에 있는 섬 같은 도시의 지리적 위치는 봉쇄가 언제든지 재발할 수 있음을 의미했다. 봉쇄의 효과를 맛본 소련은 이제 서베를린을 위험으로만 보지 않고 서방을 압박하는 효과적인 수단으로 활용할 수 있는 가능성으로 여기는 듯이 보였다. 당시 소련의 공산당 서기장이었던 흐루쇼프 Никита Сергеевич Хрущёв는 서베를린을 포기하지 않으려면 그만한 대가를 치러야 할 것임을 경고했다. "베를린은 서방의 급소이다. 서방의 비명을 듣고 싶다면, 베를린을 쥐어짜면 된다." 1958년 11월 27일 발표된 '흐루쇼프 최후통첩 Chruschtschow-Ultimatum'은 서베를린을 비무장화하고 자유 도시로 만들며, 필요할 경우 서독-서베를린 간의 육로와 항공로의 통제권을 동독에게 위임하겠다고 선언했다. 이에 대해 케네디는 세 가지 권리(연합국의 서베를린 주둔, 자유로운 도시 방문, 서베를린 시민의 자유로운 선택)를 내세워 거부 의사를 명백히 했다.

그러나 서베를린의 존재가 소련에게 대서방 압력 수단이라기보다는 체제에 대한 위협의 성격이 짙다는 사실이 시간이 흐를수록 가시화되었다. 갈수록 커져가는 동서독의 경제적 격차는 동독 인민의 21퍼센트에 해당하는 360만 명(절반이 25세 이하)의 동독 이탈자로 표현되었으며, 국가의 존속을 위협할 정도의 대규모 이탈은 결국 1961년 8월 물리적인 차단 장벽의 설치를 가져왔다. 그로 인해 자유대 재학생의 3분의 1에 달하던 동독 출신 학생들의 입학도 중단되었으며, 이제 신입생은 서독에서 충원되어야 했다.

장벽의 설치는 서베를린이 서방의 우위를 보여주는 쇼윈도로서의 기능을 상당히 제한받게 되었음을 의미했으며, 봉쇄에 대한 기억과 함께 서베를린에서 고립무원의 정서Wagenburgmentalität를 확산시켰고, 서독으로부터의 인구 유입을 크게 위축시켰다. 서베를린의 생존에 필요한 시급한 조치가 필요했으며, 이를 위해 도시에 대한 다양한 지원책이 모색되었다. 서베를린에 소재하거나 진출하려는 기업과 개인에게는 세금 특혜가 주어졌고, 도시에 생동감을 불어넣기 위해 서베를린을 문화의 중심지로 만들려는 여러 지원 정책이 실시되었다. 장벽 설치로 주요한 충원 집단을 상실한 자유대는 공대와 함께 병역 면제라는 강력한 유인책으로 반전反戰에 관심이 있거나 병역을 꺼리던 학생들을 유혹했으며, 이는 훗날 자유대의 발전에 중대한 영향을 끼치게 된다.

냉전을 거부한 자유대

학문의 자유와 민주주의를 모토로 출범한 자유대의 대학법은 망각되어버린 훔볼트의 창학 정신인 '교수와 학생의 공동체Gemeinschaft von Lehrenden und Lernenden'의 부활로, 서독에서는 대학 행정의 최종 결정권이 주 정부에 있었던 반면, 자유대에서는 평의회와 총장에게 있었다. 더욱 놀라운 사실은 총 열여덟 명으로 구성된 평의회에 학생 대표 두 명과 대학 강사 두 명의 참여를 허용함으로써 그야말로 진정한 민주주의의 구현을 시도했다는 점이다. 이는 나치 치하 대학에 대한 반성과 독일의 제도를 불신한 미군 수

뇌부의 의중이 작용한 결과였다. 1969년에 제정된 서베를린대학법은 역사상 최초로 대학위원회에서 교수를 소수파로 만들었으며, 사회학과 조교인 크라이비히Rolf Kreibich는 1968년에 학과장으로 임명된 후 이듬해에 교수 신분이 아닌 상태에서 자유대 총장으로 선출되었다. 이념적 억압이 지배하던 훔볼트대학과 비교할 때 가히 '자유'대학이라 할 만했다. 그러나 자유란 마냥 좋은 것만은 아니며 그 대가를 감수해야만 한다는 사실을 깨닫는 데는 그리 많은 시간이 필요하지 않았다. 자유대에게는 '지루한 50년대Boring Fifties'가 가고 '노호하는 60년대Roaring Sixties'가 다가오고 있었다.

민주적인 의사결정 과정은 대학 내에서 항상 잡음을 동반했고, 학생들의 민주 의식과 요구는 갈수록 더 적극적으로 표현되었다. 급기야 요구와 비판은 학내 문제를 넘어 냉전으로 확장되어 초기 이슈인 대학 정책 외에 비상조치법, 베트남전쟁, 코뮌Kommune운동 등으로 확대되었다. 냉전의 산물인 자유대는 점차 냉전과 멀어지기 시작했는데, 이러한 현상은 베를린의 특수성과 관련이 있었다. 주지하다시피, 1961년 8월 장벽 설치 이전까지 동·서베를린 간의 왕래가 허용되었으며, 이는 훔볼트대학과 자유대 학생들 간의 교류와 사적인 접촉 또한 가능했다는 것을 의미한다. 양교 학생들은 체제와 이념을 놓고 밤새도록 토론했으며, 그 결과 상대 체제의 가능성에 대해 귀를 열었고 반대로 자기 체제의 한계를 인식하기도 했다. 또한 자유대 학생들은 동베를린에서 사회주의 서적이나 연극 등을 쉽게 접할 수 있었고, 마르크스Karl Marx나 브레히트Bertolt Brecht 같은 대가들은 자본주의 비판에서 여전히 아우라를 뿜냈다. 그로 인해 그들은 부정적인 동구 이미지에 익숙한 서독 학우들보다 개방적이었다.

자유대 학생운동은 마침내 반反베트남전 운동과 함께 화살의 시위를 미국을 향해 당겼다. 물론 동구권에 대한 거부가 반드시 친미일 필요는 없었지만, 그래도 베트남전 반대 운동의 중심이 자유대였다는 것은 논란이 되기에 충분했다. 케네디를 열광적으로 맞이한 지 불과 2년 반 만인 1965년 12월에 헨리 포드관에서 독일사회주의학생연맹SDS이 개최한 반베트남전 전시회는 보수 세력이 보기에 배은망덕에 다름 아니었다. 독일의 분단이라는 현실을 고려할 때, 학생들의 행동은 환상을 좇는 청년들의 치기 어린 행동으로 여겨지거나, 시대의 변화를 외면하려 했던 19세기의 '낭만주의적 퇴보' 정도로 간주되었다. 그러나 자유대가 자신을 낳아준 냉전을 비판하는 데 앞장선 '부도덕함' 속에는 학문과 권력의 관계에 대한 중요한 의미가 내포되어 있다. 즉 자유대의 반전운동이 거부한 것은 이데올로기적으로 채색된 순수하지 않은 '자유'로, 학생들이 보기에 미국과 서방이 입버릇처럼 말하는 '자유'란 냉전적 사고를 강요하는 정치적 수사修辭에 불과했다. 학문이 후원자의 허위와 권력을 비판하는 것은 윤리적 차원의 문제가 아니라 자신의 본분에 충실함을 의미했다.

반미 학생운동은 1968년에 절정에 달했다. 1968년 벽두에 시작된 북베트남의 대대적인 구정 공세Tet-Offensive는 베트남 민족독립운동의 정당성과 신념에 대한 세계의 주의를 환기시킨 반면, 불리해진 전황은 미국의 개입에 대한 의구심과 비판을 확산시켰다. 구정 공세는 특히 베트남전을 적대시했던 학생운동에게 호재였으며, 자유대를 중심으로 한 서독의 학생운동은 1968년 봄 유럽의 반전운동 확산에 주도적인 역할을 했다. 1968년 2월 17~18일에 서베를린 공대 대강당에서 국제 베트남 회의가 SDS 주도로 개최되었으며, 행사에는 14개국 44명의 대표와 5,000여 명의 청중이 참석했다. 행사는 원래 자유대에서 개최할 예정이었으나 학교 측이 장

1968년 2월 베를린 공대 대강당에서 개최된 '국제 베트남 회의'에서 연설 중인 두치케

소 사용을 불허함으로써 공대로 변경되었다. 이날 학생들은 인도차이나의 작은 농업 국가를 상대로 '자유'를 명분으로 19세기 유럽이 하던 제국주의에 뒤늦게 열을 올리던 미국을 비판했다.

안보에 극도로 예민한 서베를린이 자유대의 반미 학생운동을 바라보는 시선이 고울 리 만무했으며, 학생운동은 점차 고립되어갔다. 그러나 1967년 6월 2일 자유대 독문과 학생 오네조르크Benno Ohnesorg가 친미 부패 정권의 상징인 이란 국왕 팔레비Rizā Shāh Pahlevi의 서베를린 방문 반대 시위에 참여했다가 진압 경찰의 총에 맞아 숨지고, 1968년 4월 자유대 사회학과 학생으로 SDS 의장이었던 두치케Rudi Dutschke가 암살되는 사건이 발생하자 (머리와 어깨에 세 발의 총탄을 맞아 중상을 입은 두치케는 장시간의 수술 끝에 목숨은 건졌으나, 후유증을 이기지 못하고 1979년 성탄절 전날 39세의 나이로 영면했다) 학생운동은 더욱 급진화되었다. 학생운동은 암살범 바흐만Josef Erwin Bachmann 배후에 보수 우익 언론 재벌인 슈프링어Axel Caesar Springer가 있으며, 암살을 정당화하는 분위기를 조성한다고 비난했다. 그러나 암살 사건을 슈프링어의 영향이라고 보기에는 학생운동의 적대 세력이 상당히 광범위했다. 국제 베트남 회의 폐막 3일 후 쇠네베르크 시청Rathaus Schöneberg 앞 케네디

광장에서 개최된 반대집회는 서베를린 시정부가 주도했으며, 집회가 두치케를 '공적公敵 1호'로 선언한 것을 보면, 자유대 학생운동에 대한 적대적인 분위기가 적어도 서베를린에서는 보수 우익 진영에만 국한된 현상은 아니었던 것으로 보인다.

일간지 《타츠(*taz*)》 본사의 건물에 설치된 빌트지 편집장 디크만의 풍자 부조

그럼에도 불구하고 SDS를 중심으로 한 학생운동의 좌경 급진화를 부추기는 중심 세력은 보수 언론 재벌 슈프링어였다. 당시 언론의 3분의 1을 장악한 슈프링어 그룹은 지나쳐버릴 수도 있는 학생운동의 외침을 증폭시키는 확성기 역할을 했다. 일간지 《빌트*Bild-Zeitung*》를 위시한 슈프링어 산하 언론은 운동의 일거수일투족을 비난하고 사회에 알렸으며, 이를 통해 학생들을 자극했다. 국제 베트남 회의에 대한 슈프링어 언론의 보도에 등장하는 어휘들은 도발적이었고 악의적이었다. '서베를린의 멍청이들', '학생 시위 지원하는 사통당SED, 동독공산당'(《베를리너 모르겐포스트*Berliner Morgenpost*》), '우리 베를린의 수치!'(《베를리너 차이퉁*Berliner Zeitung*》), '창피스러운!', '근시안적인'(《빌트》) 등. 양자의 적대 관계와 증오는 오네조르크 사망 사건에 대한 슈프링어의 왜곡 보도와 함께 두치케 암살범 바흐만이 빌트의 충실한 독자라고 밝힘으로써 극에 달했다. 말하자면 SDS와 슈프링어는 일종의 적대적 공

생 관계에 있었던 셈이다.*

냉전의 쇼윈도로 탄생한 서베를린은 역설적이게도 냉전에 대한 피로감을 가장 먼저 느꼈다. 무려 9년(1957~1966) 동안 서베를린 시장을 역임한 브란트Willy Brandt는 연방 외무장관과 수상으로 재임하며 미국의 베트남전을 지지하기도 했지만, 1968년 이후 쇠퇴한 학생운동과는 다른 방식으로 탈냉전의 기치를 내걸었다. 대립이 아닌 '접근을 통한 변화Wandel durch Annäherung'를 추구한 동방 정책Ostpolitik은 극한으로 치닫던 냉전을 최전방에서 치열하게 겪은 정치가의 선택이었다는 점에서, 서베를린은 냉전의 변증법이 실현된 공간이었다. 물론 이러한 변증법적 운동은 자유대 학생운동에서 시작되었다. 동방 정책과 데탕트détente가 학생운동의 영향을 받았는지 여부는 알 수 없지만, 냉전을 가장 급진적이고 지속적으로 비판한 것이 학생운동이었다는 점은 분명한 사실이다.

---

* 양자 간의 감정의 골은 여전하다. 2008년 4월 30일 베를린 코흐슈트라세(Kochstraße) 동쪽 구간 중 악셀-슈프링어-슈트라세와 만나는 일부 구간이 루디-두치케-슈트라세로 개명되었다. 변경 안은 좌익 성향의 일간지 《타츠》가 두치케 사망 25주년에 즈음해 2004년 말 추진했는데, 코흐슈트라세에 위치한 슈프링어 출판사를 비롯한 보수 진영과의 수년에 걸친 법정 공방 끝에 관철되었다. 또한 2009년에는 슈프링어 출판사와 가까운 거리에 있는 5층 건물인 《타츠》 사옥 전면에 빌트의 편집장 디크만(Kai Diekmann)의 나체 조형물이 설치되었다. 슈프링어의 미망인 프리데(Friede Springer)가 부는 인도의 코브라 피리에 맞춰 디크만이 자신의 성기를 하늘 높이 발기시키는 민망한 이 조형물은 조각가 렌크(Peter Lenk)의 작품으로 'Friede sei mit Dir(프리데가 자네와 함께 하길)'이란 이름을 갖고 있는데, 종교적 인사인 'Friede sei mit dir(평화가 함께 하길)'을 패러디한 것이다. 조형물의 또 다른 이름인 'Der Pimmel über Berlin(베를린 위의 남근)' 역시 발음이 비슷한 벤더스(Wim Wenders) 감독의 영화 〈베를린 위의 하늘(Der Himmel über Berlin)〉을 패러디한 것이다. 조형물은 가슴을 드러낸 여성 사진을 1면에 게재하는 황색 신문의 상징 빌트의 편집장이자 마초로 유명한 디크만을 비판적으로 풍자한 것이었다. 디크만은 명예훼손으로 소송을 했으나, 법정은 원고의 직업상 소송이 명예훼손에 대한 고발보다 신문의 상업적 이익을 의도한 것으로 보고 피고의 손을 들어줬다. 물론 이는 표현 및 예술의 자유를 중시한 판결이기도 했다. 대통령을 허수아비와 닭으로 묘사했다고 광주비엔날레에서 작품을 내리라고 요구하는 한국과 독일 사이에는 자유에 대한 이해에서 여전히 커다란 간극이 존재한다. 서구에서 공인(公人)이란 풍자나 조롱과 동의어이다.

허구적 자유와 권위적 국가에 저항한 자유대

1970년대에 들어 냉전의 폐해는 갈수록 가시화되었다. 혹자는 냉전이 세력 균형의 유지를 통해 열전을 막음으로써 평화에 기여했다는 점을 강조하지만, 이는 주로 냉전의 주역인 미국과 소련에게만 해당되는 말이다. 주변부에서 발발한 열전은 차치하더라도, 무의미하고 무모하기 짝이 없던 미국과 소련의 핵무기 경쟁으로 전 세계에 야기된 심리적 긴장과 불안의 폐해는 전쟁을 방불케 했다. 군비 경쟁은 마치 두 강대국이 인류의 운명을 좌지우지한다는 인상을 주었으며, 그것은 20세기 전반까지만 하더라도 세계 정치를 주무르던 서유럽에게는 불쾌함과 모욕감을 자극하는 것이었다.

그러나 냉전이 유발한 더욱 근본적이고 보편적인 폐해는 다른 곳에 있었다. 냉전은 개인이나 사회의 의식 속에서 적에 대한 경계심과 증오를 강화했으며, 그로 인해 서방에서 금과옥조로 여기는 자유나 민주주의에 대한 부단한 감시나 비판적 성찰은 간과되기 일쑤였다. 이러한 분위기는 미국에서 매카시즘McCarthyism으로, 영국, 프랑스, 서독에서 보수주의 정권의 부상으로 나타났다. 스탈린주의로 인해 더욱 탄력을 받은 동구에 대한 적대감은 체제 내부 문제에 주목하는 데 요구되는 에너지나 명분을 고갈시키기에 충분했다. 우민화愚民化의 위험성을 내포한 냉전 논리는 사회 전체를 장악할 만큼 막강했으며, 냉전화의 경향은 유권자의 표를 먹고사는 정당에서 특히 두드러졌다. 서독 사민당이 좋은 예였다. 냉전의 전염성에 면역력을 지닌 유일한 집단은 비판적 사유에 익숙한 대학이었으며, 냉전이 절정에 달했던 1960년대에 68운동이 일어난 것은 결코 우연이 아니었다.

'불가능한 것을 요구하라!'는 68운동의 구호는 운동의 급진성과 이상주의적 성격을 보여주는 증거로 흔히 인용된다. 그러나 학생운동이 추구한 자유와 민주주의가 초현실적이고 불가능한 것으로 간주된다는 것은, 보기에 따라서는 자유주의의 본질적인 모순을 의미한다. 권력은 자유의 실현을 약속하면서 자유의 양도를 요구하는데, 이는 위선이자 자가당착이다. 자유의 양도에서 비롯되는 권력은 본질적으로 자유와 양립할 수 없다. 이러한 모순은 고전적 자유-권력론에서도 찾을 수 있다. 양도된 개인의 자유에서 탄생한 권력은 홉스Thomas Hobbes의 경우 절대왕권이었으며, 로크John Locke의 경우 사유재산의 보호를 지상과제로 여기는 부르주아 국가였다. 냉전과 안보는 자유를 제한하려는 자유주의에게 전가의 보도였으며, 내세우는 구호는 항상 '자유의 수호'였다. 학생운동은 자유주의적 자유의 이러한 허구를 드러낸 설득력 있는 시도였지만, 냉전이라는 효율적인 수단을 통해 동원되는 여론의 시선을 권력으로부터 빼앗는 데는 실패했다.

냉전은 자유의 억압을 감지하는 신경을 마비시키는 일종의 마취제 역할을 했다. 긴급조치법Notstandsgesetze 입법은 냉전의 이러한 약효를 잘 보여주는 사례이다. 1968년 5월 사민당SPD, 사회민주당의 참여하에 연방의회를 통과한 긴급조치법은 서독 사회가 냉전과 안보라는 현실을 절대적 가치인 민주주의보다 우선시한다는 증거였다. 이 법은 자유주의 체제가 실제로는 이러저러한 구실로 자유의 제약과 유보를 당연시한다는 사실을 보여주었다. 자본주의와 일정한 거리를 두고 사회주의와는 일정한 관계를 유지하는 데서 정체성을 찾으며, 전횡적 자유주의에 의혹의 눈초리를 거두지 않았던 사민당은 보수정당 기민연CDU, 기독교민주연합과의 대연정에 참여하고 법안에 동의했다. 이것은 젊은 세대의 체제에 대한 불신을 더욱 심화시켰다. 결국 학생운동의 눈에 비친 서방의 자유란 한편으로 생산수단의 소유 형태를 둘러싸고 분열된 진영 중 하나를 가리키는 명칭이자, 다른 한편으로는 미국과 소련을 중심으로 새롭게 재편된 국제정치 질서를 표현하는 명칭에 불과했다.

자유주의와 공화정을 거부하고 나치즘을 선택한 적이 있는 독일에서 자유의 투명성에 대한 감시는 각별한 의미를 가질 만했다. 따라서 자유대 학생운동은 전후 사회와 국가의 환골탈태 여부를 확인하는 과정이기도 했다. '영의 시점Stunde Null'(전후 독일 사회가 나치 과거와 철저하게 단절하고 완전히 새롭게 시작한다는 의미를 내포하는 표현으로 문학에서 처음 사용되었다)은 단순한 수사에 불과했으며, 권위적 국가가 냉전의 마스크를 쓴 채 은밀하게 부활하려는 조짐을 지적한 것은 학생운동의 업적이라 할 만했다. 서독의 68운동은 1968년을 넘기지 못한 채 점차 약화되었는데, 쇠퇴의 가장 큰 이유는 운동을 지속할 만한 사회적 불안이나 불만이 그리 크지 않았다는 점을 들 수 있다. 그런데 이러한 현상은 서독 사회의 보수화로 이해될 수 있고, 보수화는 국민이 지배 권력의 권위를 인정한다는 것을 의미했다. 이러한 상황에서 학생운동은 독일 역사의 콤플렉스인 부재한 시민계급의 역할을 대신했다고 자부할 만했다.

1950년대 서독의 경제 성장은 라인 강의 '기적'이라 할 만큼 대단한 것이었고, 그래서 불법적인 정권 찬탈을 정당화할 수 있는 유일한 수단을 경제 개발에서 찾으려 한 박정희에게 부러움의 대상이자 모델이었다.* 더

* 한국과 서독 정부 차원에서 합의된 광부 취업이 시작된 지 1년 만인 1964년 12월 서독을 방문한 박정희는 전후 서독의 눈부신 경제 성장에 지대한 관심을 나타냈으며, 귀국 후 경제 개발에 박차를 가했다. 당시 서독 수상 에르하르트(Ludwig

구나 서독의 경제적 성공은 동독과의 체제 경쟁으로 더욱 빛을 발했다. 냉전은 눈부신 경제 성장과 함께 체제 결속과 국내 정치적 안정을 공고하게 해주는 기제로 작용했고, 성장을 이끈 보수정당 기민연은 이러한 요인들 덕분에 서독의 건국부터 무려 20년 동안 집권에 성공했다. 마지막 집권기인 1966~1969년에는 정부의 재정 적자를 세금 인상으로 해결하는 데 반대한 자민당FDP, 자유민주당의 연정 탈퇴로 사민당과의 대연정이 이루어졌다. 물론 기민연의 장기 집권은 유권자가 합법적인 선거에서 유능한 정당을 선택한 결과였지만, 민주주의의 발전이라는 측면에서 볼 때 긍정적인 현상만은 아니었다. 게다가 비스마르크 이래로 독일에서 유능한 국가란 권위적 통치와 동의어였다. 국가에 대한 신뢰는 대개 국가 권위의 강화로 이어지며, 전후 서독 역시 예외가 아니었다. 이러한 권위주의의 부활에 경보를 울린 것이 학생운동이었다.

| 베를린자유대학 출신 노벨상 수상자 |

이름	분야	수상 연도
에른스트 루스카(Ernst Ruska)	물리학	1986
라인하르트 젤텐(Reinhard Selten)	경제학	1994
게르하르트 에르틀(Gerhard Ertl)	화학	2007
울리히 쿠바쉬(Ulrich Cubasch)	평화	2007
헤르타 뮐러(Herta Müller)	문학	2009

Erhard)는, 쿠데타로 집권했다는 이유로 1961년 미국 방문 시 케네디에게 냉대를 받은 박정희에게 진영의 논리에 입각해 경제 성장을 통한 승공(勝共)을 조언했으며, 역시 같은 진영에 속한 일본과의 조속한 관계 정상화를 촉구했다. 따라서 6개월 후 체결된 한일협정은 박정희의 서독 방문과 무관하지 않았을 것으로 추측된다. 박정희에 대한 서독의 환대는 빈곤한 동맹국에 대한 부담을 서독에게 분담시키려는 미국의 요구 때문이었지만, 전후 서독 경제 재건에 결정적인 역할을 한 것으로 평가되는 한국전쟁 특수(Korea-Boom)로 인한 마음의 빚이 일부 작용했다고 볼 수도 있다.

| 베를린자유대학 출신 라이프니츠상(독일 최고 권위의 연구상) 수상자 |

이름	분야	수상 연도
볼프람 잼어(Wolfram Saenger)	생화학	1987
폴커 에르트만(Volker Erdmann)	생화학	1987
란돌프 멘첼(Randolf Menzel)	신경생물학	1991
이르멜라 히이야-키르슈너라이트(Irmela Hijiya-Kirschnereit)	일본학	1992
위르겐 코카(Jürgen Kocka)	역사학	1992
요한 물처(Johann Mulzer)	유기화학	1994
페터 셰퍼(Peter Schäfer)	유대학	1994
에모 벨츨(Emo Welzl)	전산정보학	1995
온노 온켄(Onno Oncken)	지리학	1998
레지네 헹에-아르노이스(Regine Hengge-Aronis)	미생물학	1998
요아힘 퀴퍼(Joachim Küpper)	로만어문학	2001
귄터 마티아스 치글러(Günter Matthias Ziegler)	수학	2001
헬렌 에스나울트(Hélène Esnault)	수학	2003
루퍼트 클라인(Rupert Klein)	수학	2003
가브리엘레 브란트슈테터(Gabriele Brandstetter)	연극학	2004
귀부르크 울만(Gyburg Uhlmann)	고전문헌학	2006

| 베를린자유대학 출신 막스 플랑크상 수상자 |

이름	분야	수상 연도
클라우스 뫼비우스(Klaus Möbius)	실험물리학	1992
에모 벨츨(Emo Welzl)	전산정보학	1992
귄터 슐츠(Günter Schulz)	생리학	1994
헬가 하프텐도른(Helga Haftendorn)	정치학	1995
에케하르트 쾨니히(Ekkehard König)	영문학	2002
토마스 리세(Thomas Risse)	정치학	2003

베를린자유대와 유럽

1960년대 베를린자유대와 학생운동은 유럽사적 차원에서 어떠한 의미를 가질까? 먼저 1970년대에 접어들어 현저하게 약화된 냉전의 분위기는 자유대의 반냉전 운동과 무관하지 않다. 물론 진영 논리에 깊숙이 빠져 있던 1960년대 서유럽 사회에서 냉전 비판은 허공을 향한 외침 정도로 보였다. 인류의 종말을 연상시키는 핵무기 경쟁으로 절정에 이른 냉전 논리는 모든 것을 삼켜버리는 블랙홀만큼 강력한 것이어서, 학생운동은 시종일관 고립을 면치 못했고, 불과 3~4년(1965~1968년) 정도 지속되다가 막을 내렸다. 운동은 보수 진영에서는 젊은 시절의 낭만적 반항 정도로 폄하되기도 했지만, 미국과 소련의 양자택일을 거부하고 적은 우리 안에도 있음을 보여준 깨어 있는 지성으로 평가되기도 했다. 자유대 학생운동은 냉전의 두터운 외투로 속내를 가린 채 패권을 추구하던 미국에 대한 유럽 사회의 주의를 환기시키는 데 중요한 역할을 했다. 1970년대의 데탕트와 미국의 베트남전 패전 등은 그들의 주장이 황당무계한 것이 아니었음을 보여준다.

동·서구의 체제 경쟁은 자유·자본주의가 자기 확신에 집착하는 데 결정적인 역할을 했다. 19세기에 본격화된 산업화는 자본주의를 통해 엄청난 동력으로 비약적인 성장을 했다. 그 결과 20세기 후반 서구 사회는 인류 역사상 유례가 없는 물질적 풍요를 구가했으며, 동구와의 체제 경쟁에서 서구의 우위는 갈수록 분명해졌다. 그렇다고 모든 문제가 사라진 것은 아니었다. 빈곤을 풍요로 바꾼 구세대의 업적과 자부심은 특권 의식과 아

68세대가 대안적 삶의 형태로 추구한 코뮌의 모습

집으로 변질되었고,* 빅토리아 시대(빅토리아 여왕이 다스리던 1837~1901년)의 숨 막히게 하는 절대 복종의 문화가 다시 부활하는 듯했다. 빈곤에 대한 기억과 구세대의 업적을 그들만큼 존중하지 않았던 신세대에게 그러한 현상은 불편하기 짝이 없는 것이었다. 능력을 보여준 아버지 세대는 권위를 내세웠고, 아들 세대는 그러한 권위에 저항하는 데서 존재의 이유를 찾았다. 아버지 세대가 돈과 성공을 중요한 가치로 보았다면, 아들 세대는 자유와 해방에서 그것을 찾았다. 게다가 독일에서는 나치 과거가 세대 간의 골을 더욱 깊게 만들었다.

스스로를 신좌파로 규정한 일단의 학생운동은 세대 갈등의 성격이 짙은 일상에서의 문화혁명을 추구했다. 68운동에 앞서 사회운동의 성격을 띤 세대 갈등으로는 세기 말의 '반더포겔Wandervogel' 운동과 바이마르 공화국 시대(1919~1933)의 '청소년동맹Bündische Jugend' 운동 등이 있었다. 대립은 19·20세기 전환기 유럽에서 볼 수 있었던 전통과 혁신의 갈등을 연상

* 이러한 현상은 오늘날 한국 사회에서도 목격된다. 즉 경제 개발 세대가 합리성을 결여한 한국적 보수의 논리를 맹목적으로 추종하는 의식의 저변에는 한국전쟁에 대한 기억과 더불어 개발의 공로를 의식한 일종의 특권의식이 자리한다는 것이 필자의 소견이다. 이러한 의식에 내재된 위험성은 변화나 변화된 현실을 부정한 채 과거에 집착한다는 데 있다.

시킬 만큼 격렬했다. 짧고 단정한 머리와 정장을 원하는 아버지는 더벅머리에 데님을 고집하는 아들과 갈등했다. 성性은 사적이고 절제되어야 한다고 보는 아버지가 아들에게는 위선자로 보였으며, 코뮌에서의 프리섹스를 추구하는 아들이 아버지에게는 난잡해 보였다. 엄격하고 무료한 일상적 규범으로부터 일탈하는 데 유용한 약물이 아들에게는 알코올 정도로 여겨졌으나, 아버지에게는 육체를 병들게 하는 마약일 뿐이었다.

그러나 차이와 몰이해에서 비롯되는 갈등은 고통스러운 충돌 과정을 거치고 나면 관용과 이해로 발전하며, 이를 통해 삶을 풍요롭게 해주기도 한다. 학생운동이 추구한 문화적 일탈은 물질이나 그리스도교 윤리에 의해 주조된 유럽인의 단조로운 삶에 자극을 주기에 충분했다. 오늘날 유럽에서 목격되는 안정된 의회민주주의, 학문의 자유, 권위주의적인 자녀 교육의 소멸, 다양한 시민운동으로 표현되는 풀뿌리 민주주의, 여성의 지위 향상, 문화적 관용과 다양성 등은 상당 부분 68운동의 덕분이라는 사실을 부정하기는 어렵다. 물질적 풍요를 실현한 유럽은 정신적 풍요를 필요로 했으며, 자유대 학생운동은 냉전의 최전선 서베를린에서 강력한 반대와 저항을 무릅쓰고 이러한 시대적 요구에 부응하고자 했다. _윤용선

파리8대학 : 68혁명과 파리8대학의 출현

1968년 뱅센실험대학 설립(뱅센 캠퍼스)

1971년 뱅센실험대학이 파리8대학이 됨

1980년 대학 이전(생드니 캠퍼스)

1982년 대학 출판사 개업

1998년 신도서관 설립

2008년 오베르빌리에(Aubervilliers)에서 콩도르세(Nicolas de Condorcet) 프로젝트 개시

2012년 낭테르대학과 연구 교육 축 구성(Pôle des recherche et d'enseignement supérieur, PRES)

'68혁명'과 대학 그리고 대학생

2차 세계대전 이후에는 그 어느 때보다도 대학생의 중요성이 부각되었다. 이는 2차 세계대전 이후 중요한 사회적 특징이 된 베이비붐과 밀접한 관련을 가진다고 볼 수 있다. 또한 전쟁 전과 비교할 때, 전후에는 젊은 층의 인구가 30퍼센트 정도 증가했을 뿐 아니라, 생활수준이 향상되어 고급 인력에 대한 사회적 수요도 동반 상승했다는 점을 빼놓을 수 없을 것이다. 이러한 사회적 정황 속에서 대학생의 수는 급증할 수밖에 없었고, 2차 세계대전 이후 대표적 학생운동 혹은 사회운동이라고 할 수 있는 '68혁명'의 배경으로 대학의 문제점이 부각되고, 그 구성원인 대학생이 '운동'의 주인공이 된 것은 어쩌면 필연적이라고도 할 수 있겠다.

1968년 당시 부유하든 가난하든, 유럽이든 아시아든, 거의 모든 국가에서 학생들은 급진적 변화를 꾀하던 전 세계적 운동의 최전선에 서 있었다. 1968년 이래로 학생들은 사회를 개선하기 위해 앞장서서 대중을 이끌어왔다. 학생들은 생명을 바치고, 투옥을 각오하고, 젊음을 포기하면서까지 이러한 행동에 나섰다. 그렇게 함으로써 상당수 체제가 전복되었고, 그 사회는 이전에 누리지 못했던 자유를 획득할 수 있게 되었다. 68에 관한 저명한 저술가 조지 카치아피카스Georgy Katsiaficas도 국가에 관계없이 대학과 대학생들이 현실 사회에 무관심하지 않고 늘 관여해왔다는 점을 강조하고 있다.

이러한 측면에서 1960년대 학생운동을 언급할 때, 많은 사람들이 프랑스만을 상기하는 것은 부당할 수도 있다. 1968년 권위적 사회에 대한 학생의 저항운동은 전 세계적 차원에서 일어났기 때문이다. 이 운동이 프랑스만이 아니라 독일, 이탈리아, 체코, 미국, 일본, 심지어 파키스탄에서까지 전개되었다는 사실을 누구도 부인하지 않는다. 그럼에도 불구하고 여전히 많은 연구들이 프랑스에서의 68에 초점을 맞추고 있는 것은, 바로 이곳에서의 학생운동이 프랑스 더 나아가 다른 국가의 대학생들에게 커다란 영향을 미쳤기 때문일 것이다. 주지하다시피, 전 세계 최초로 1968년 '5월의 사건들'에 불씨를 제공한 이들이 파리 외곽에 위치한 낭테르대학Université de Nanterre의 대학생들이었고, '혁명'의 본거지가 된 곳도 바로 파리대학이었다. 그뿐만 아니라 1968년 '5월의 사건들'은 사회 변혁뿐만 아니라, 교육기관 특히 대학에 미친 영향 또한 적지 않았다. 특히 프랑스 대학의 체계는 철저한 변화를 겪게 되었다. 이러한 이유로 그 결과의 향방에 관계없이 1968년 '5월 혁명'은 현대 프랑스 사회 변화에 하나의 중요한 변곡점이 되었음에 틀림이 없고, 대학 및 대학생이 이 사건의 주요한 주체이자 대상이 되었음 또한 부인할 수 없다.

그러면 프랑스 대학의 개편이 가져온 가장 극적인 변화는 무엇인가? 아마도 그것은 '새로운 파리대학'의 출현일 것이다. 1968년 '5월의 사건들'이 잠잠해진 후 혁명의 주체였던 기존 파리대학의 개편은 많은 사람의 예상을 뛰어넘었다. 중세 이래 지속된 소르본을 위시한 파리대학의 개편이야말로 드골 정권이 의도했든 혹은 의도하지 않았든 간에, 700년 넘게 지속된 보수적 학문 틀에 대한 가장 강력한 개혁 조치였다고 말할 수 있을 것이다. 이로 인해 1968년 7월과 1969년 1월 사이에 26개 이상의 대학이 새로 생겨났는데, 그 기간에 뱅센Vincennes대학, 도핀Dauphine대학 등 '새로운 파리대학들'이 출현했고, 그 덕분에 파리대학의 학문적 다양성은 그 폭을 확대할 수 있었다. 프랑스뿐만 아니라 유럽의 대학사적 관점에서 볼 때도 이는 68 이전과 이후를 분명하게 구분하는 하나의 전환점이 될 수 있었다.

뱅센대학의 출현은 당시 드골Charles De Gaulle 정권이 의도하지 않았던 대학 개편의 부산물이었다. 하지만 이 대학의 설립은 이후 프랑스 대학의 역사뿐 아니라 프랑스 지식계의 향방을 결정할 만큼 현저한 위상을 차지하게 되었다. 우리는 뱅센대학의 출현을 68이 남긴 유산 가운데 프랑스 사회에서 가장 실천적 역할을 하고 있는 것으로 평가하고자 한다. 이러한 내용을 이해하기 위해 우리는 먼저 68혁명 이후 새로 생겨난 대학 구조 개혁에 대해 간단히 논의한 후, 오늘날 파리8대학이 된 뱅센대학의 출현에 대해 살펴볼 것이다. 파리대학에서 뱅센대학의 출현이 어떠한 의미를 갖고 있으며, 향후 이 대학이 프랑스 학계 및 사회에 미친 영향은 어떠했

초창기 뱅센대학의 모습

는지, 특히 기존 소르본대학에 대한 '혁신과 파괴'를 중심으로 고찰해볼 것이다.

파리대학의 체제 개편

프랑스의 1968년 '5월의 사건들'은 대학에서 시작되었고, 대학생들에 의해 주도되었다. 또한 이 사건에 의해 대학 자체도 커다란 영향을 받게 되었다. 이 사건의 진원지라고 할 수 있는 파리대학이 커다란 구조 개혁을 겪게 된 것이다.

'68혁명'의 주요 배경이라고도 할 수 있는 프랑스 대학의 전반적 위기는 어디에서 비롯되었을까? 1960년대 서구 산업국가에서 한결같이 시행된 고등교육기관 확대에 힘입어 프랑스의 대학생 수는 1960년 20만 명에서 1968년 58만 7,000명으로 급격히 늘어나게 되었다. 이는 유럽의 교육 통계상 최고 기록이었다. 중등교육기관의 사회 개방으로 교육을 통한 사회적 신분 상승을 꿈꾸며 대학 문턱을 밟은 중산층 및 소시민 출신 학생

68혁명 당시 공장 점거를 독려한 포스터(왼쪽)를 패러디하여, 글귀로 '공장 점거, 예스!' 대신 '민중 대학, 예스!'를 넣었다.

이 크게 증가한 것이었다. 이로 인해 대학생들의 기대치가 상대적으로 높아진 반면 실제 보장된 기회는 줄어들었다. 대학교육은 이제 유망한 직업을 자동으로 보장해주는 디딤돌이 아니었다.

더 구체적인 사례로 소르본대학의 위기를 거론할 수 있다. 소르본대학은 1950~1960년대 이전까지만 해도 프랑스 학문의 권위와 보수의 상징이었다. 중세 이래로 서구 학문의 중심지였으며 르네상스 시기 그 명성이 절정에 다다른 소르본대학의 자부심은 20세기 중반까지도 지속되고 있었다. 하지만 1968년 '5월의 사건들'은 이를 파괴했다. 이미 소르본대학은 외부, 내부적으로 많은 문제를 가지고 있었는데, 외부적으로는 공간 문제가, 내부적으로는 학문의 경직성과 폐쇄성이 그것이라 할 수 있다. 1960년대 학생 수의 증가는 필연적으로 대학 내에 심각한 공간 문제를 낳았다. 소르본대학은 넘쳐나는 학생들로 인해 '혼잡', '질식', '초과' 같은 단어로 표현되었다. 정부는 학생을 수용하기 위해 새로 대학을 세웠고, 이로 인해 낭테르대학이 1963년에 개교하게 된 것이다.

당시 프랑스 대학이 안고 있던 문제점을 더 직접적으로 살펴보기 위해서는 대학 주체 가운데 한 축인 대학생들이 작성한 보고서를 토대로 하는 것이 적절할 것이다. 프랑스 교육노동조합의 대폭적인 지지를 얻은 학생들의 1968년 5월 대학 개혁 요구는 '1968년 5월 대학 선언'을 통해 어느 정도 파악될 수 있다. 이 선언은 파리대학 법경대, 파리 정치학고등연구소, 파리 의대, 파리 인문사회대, 파리 동양어대학 등 다양한 대학 및 고등학교의 학생회가 대학 개혁의 구체적인 방안을 적시한 것이다.

'모두에게 열려 있는 뱅센대학'

드골 정권의 교육부에서 이러한 요구 사항은 일정 부분 수용되기도 했으며, 추후 이야기할 뱅센대학에서 어느 정도 실현되었다고 볼 수도 있다. 하지만 이러한 외적 문제만이 대학의 구조 개혁을 압박하지는 않았다. 대학, 특히 파리대학의 핵심인 소르본 역시 학문적으로 너무 경직되어 있어 시대의 변화를 따라잡지 못했다는 평가를 받아왔다. 20세기 프랑스의 새로운 담론을 주도한 많은 학자들, 뤼시앵 페브르Lucien Febvre, 페르낭 브로델Fernand Braudel, 클로드 레비스트로스Claude Lévi-Strauss, 루이 알튀세Louis Althusser, 롤랑 바르트Roland Barthes, 자크 라캉Jacques Lacan, 미셸 푸코Michel Foucault, 피에르 부르디외Pierre Bourdieu, 질 들뢰즈Gilles Deleuze, 자크 데리다Jacques Derrida, 폴 리쾨르Paul Ricoeur, 장 보드리야르Jean Baudrillard, 장프랑수아 리오타르Jean-François Lyotard 중 어느 한 명도 소르본의 교수 자리를 얻지 못했다는 것이 우연일까? 푸코의 예를 들어보자. 조금은 과장되었다고 하더라도 많은 사람들이 푸코 없는 1968년 5월은 생각할 수 없다고 말해왔다.

하지만 정작 푸코는 그해 5월에 파리에 없었다. 푸코는 1966년에 출간된 《말과 사물*Les Mots et les Choses*》이 마치 '빵처럼 팔려나가는 대성공'을 거두면서 학계와 문화계의 스타가 되었지만, 자신이 그토록 원했던 소르본에 자리를 얻지 못했다. 그는 하는 수 없이 프랑스를 떠나 튀니지의 한 대학에 자리를 얻었을 뿐이다.

이는 단지 교수들만의 문제가 아니었다. 학생들은 개설된 과목 가운데 자신의 적성과 흥미에 맞는 강의를 제대로 들을 수 없었다. 학생들은 점차 소르본의 과목을 포기하고 파리대학이 아닌 학교들, 예를 들면 사회과학고등연구원의 전신인 고등연구원, 사범대학인 에콜노르말, 혹은 대중강연을 하는 콜레주 드 프랑스 등을 찾아 나서게 되었다. 시대적 변화를 무시하고 있던 소르본 학교 당국과 학생들 사이의 갈등은 점점 깊어졌고, 이는 1968년 '5월 혁명'이 왜 파리의 대학에서 일어났는지 간접적으로나마 그 이유를 설명해준다고 하겠다.

그러면 68의 결과 파리대학은 어떻게 되었는가? 우선 체제의 개편을 언급할 수 있을 것이다. 드골은 1968년 '5월의 사건들' 이후, 대학에서 '이 분쟁자들(시위 학생들)'을 배제하고자 했다. 드골은 독일 점령기 동안 자신을 수행했던 에드가 포르Edgar Faure를 공교육 장관으로 임명했다. 포르는 법학 교수의 경력을 가졌기에 교육계의 사정을 어느 정도 파악하고 있었으며, 그러한 이유로 가능한 한 학생들의 요구 사항을 반영하려 애썼다. 포르는 '5월의 사건들' 동안 새로이 선출된 소르본대학 학장인 레몽 라스 베르냐스Raymond Las Vergnas가 고안하고, 파리대학 교수회가 제시한 실험대학Centre expérimental의 제안에 흥미를 느꼈다. 포르 장관과 라스 베르냐스는 급진사회당 배경을 공유한 오랜 지기였기에 이러한 조치들이 무난히 이루어졌다고도 볼 수 있다. 자연스레 포르는 앞서 언급한 '1968년 5월 대학 선언'의 핵심적인 내용, 대학의 독립 및 자율과 관련된 항목을 일부 받아들였다. 이를 바탕으로 그가 마련한 '고등교육 기본법안'은 하원에서 거의 만장일치로 통과되었고, 이 법안에 따라 대학의 구조 개혁이 시행되었다. 한편 이 시기 그랑제콜의 교장들이 장관에게 그러한 법의 확장 적용을 거부한다는 것을 공식적으로 밝힘으로써, 법은 오직 일반대학과 대학 부설 기관들에만 적용되었다.

고등교육 기본법에 따라 1968년 이전의 대학 체제가 단과대학별 즉 'faculté'였다고 한다면, 이후에는 종합대학 즉 'université' 체제가 도입되었다. 즉 나폴레옹 제국과 제3공화국부터 내려오던 기존의 대학 체제가 개편되었는데, 단과대학으로 분리되어 있던 느슨한 체제의 파리대학은 여러 단과대학이 합쳐진 종합대학으로 재편되었다. 이 개편으로 말미암아 600개의 '학과Unités d'Enseignement et de Recherche, UERs'가 생기게 되었는데, 이는 1969년과 1971년 사이에 60여 개의 학제적이면서도 자주적인 대학으로 통합되었다. 포르 법이 담고 있는 세 가지 원칙(자율, 참여, 다학문성) 가운데 다학문성pluridisciplinarité으로 인해 이와 같은 UER 체제가 구성되었고, 그로 인해 일부 단과대의 명칭이 바뀌기도 했다. 예를 들어, 문과대는 '문학과 인문과학 대학', 법과대는 '법학과 경제학 대학' 등으로 바뀌게 되었다. 포르 장관은 기존의 단과대학 대부분이 유지하고 있던 독립된 영역을 단위로 하는 방식은 지식의 발전을 저해하는 것은 물론이거니와 학문 자체의 요구에도 부합하지 않는다고 생각했다. 다학문성은 본질적으로 같은 기관에 여러 학문 집단과 교수진을 통합하여 공동 프로젝트를 수행토록 하기 위한 것이었다. 하지만 문학, 법학부처럼 일부 이러한 추세에 호응한 단과대학도 있었지만, 대부분의 단과대학은 종래의 제도를 유지했다.

한편 소르본Paris-Sorbonne을 포함한 일부 대학은 'Sorbonne'이라는 이름과 파리대학의 역사적 중심 지역의 이름을 간직했는데, 소르본은 기존에 문학부와 과학부에만 귀속되던 이름이었다. 교수들은 정치적 색깔에 따라 우선적으로 자신들이 원하는 곳으로 헤쳐 모였다. 특히 1968년 '5월의 사건들'에 직면해서 그러했다. 파리소르본대학에는 '우파' 교수들이 모였고, 파리1대학Panthéon-Sorbonne에는 '좌파' 교수들이 모였다. 이처럼 파리대학은 대체로 1970년대 초에 이르러 총 13개 종합대학으로 재구성되었는데, 이는 1971년 3월 포르 장관의 대학조직법 공표로 확정되었다. 즉 구舊파리대학은 여덟 개의 독립된 대학으로 분열되었고, 뱅센대학을 포함한 다섯 개의 새로운 대학이 창설되었다. 예를 들어, 1대학은 팡테옹 소르본, 2대학은 팡테옹 아사스, 3대학은 소르본 누벨, 4대학은 소르본, 10대학은 낭테르대학으로 파리 외곽 지역까지 파리대학으로 흡수 통합되었다. 그 결과 포르 법안을 기점으로 1972년까지 프랑스에는 총 57개의 종합대학과 8개의 대학 분교Antille-Guyane, Avignon, Chambéry, La Réunion, Le Mans, Perpignan, Toulon, Valenciennes가 설립되었다. 그 후 설립된 대학까지 합치면 2014년 현재 총 73개의 대학이 문을 열었다. 각 대학 앞에 숫자가 붙는 것은 '68혁명'이 남긴 평등의 유산이라고 하겠다. 즉 권위주의를 타파하고 대학의 우열을 없애 교육의 평등을 지향하기 위한 의지의 소산인 것이다.

‘새로운 파리대학’의 출현

이러한 파리대학의 개편에서, 68의 의미를 특별하게 실현한 것이 후에 파리8대학이 된 뱅센대학이라고 할 수 있다. 파리8대학의 역사는 1968년 ‘5월의 사건들’ 이후 그해 가을에 만들어진 뱅센실험대학Centre universitaire expérimental de Vincennes에서 시작되었다. 개교 당시 학생 수는 8,000여 명이었고 교수는 240명 정도였다. 뱅센대학은 다른 두 개의 실험대학과 함께 창설되었는데, 그 하나는 마르세유에 위치한 마르세유뤼미니Marseille-Luminy대학으로 자연과학 중심 대학이고, 다른 하나는 파리에 위치한 도핀Dauphine대학으로 응용경제 및 경영학 중심 대학이다. 뱅센대학은 이 두 대학과 달리 인문학, 사회과학, 예술 중심의 교육기관이라고 할 수 있다.

최초에 이 대학들은 오늘날의 우리 관점에서는 ‘개방대학’ 혹은 ‘사회교육원’ 등과 비슷한 의미의 대학기관이라고도 볼 수 있었다. 이는 1968년 ‘5월의 사건들’ 동안 제기된 사회적 소외 문제를 극복하기 위한 하나의 시도였기 때문이다. 하지만 특기할 것은 이 대학의 설립자들이 이 기관을 또 하나의 소외된 기관으로 만들지 않기 위해 성인 재교육을 위한 ‘사회교육원’ 등으로 만들지 않고 일반대학의 형태로 만들었다는 점이다. 바꾸어 말하면, 뱅센실험대학은 대학 입학의 문호를 일반 직장인들에게까지 크게 확대했지만, 일반대학들과 동일한 체제로 운영되었다는 점에서 특별하다고 할 수 있다. 이 대학에서는 일정 정도의 직장 경력이 있으면 비록 대학 입학 기준에 미달하더라도 다른 학생들과 동등하게 학위 과정을 밟을 수 있었다. 자연히 교수진에도 진보적 좌파 지식인들이 많이 모여들었다. 뱅센대학이 ‘공산당 대학’으로 불리게 된 것도 소외된 계층에 대한 이러한 배려 때문만이 아니라 교수진의 성격, 그리고 공산당원으로 활동 중인 많은 노동자들이 이 대학에 입학했기 때문이라고 할 수 있다.

이 대학 창설의 책임자는 앞서 언급한 소르본의 학장 라스 베르냐스였다. 그 보좌역으로 나중에 뱅센대학의 학장이 된 인물은 당시 소르본의 부학장이자 국제관계사로 유명한 역사가 장바티스트 뒤로젤Jean-Baptiste Duroselle이었는데, 그가 초기 교수 채용에 주로 관여했다. 그는 대학과 그랑제콜을 잘 아는 인물이었으며, 자신이 에콜 노르말 출신이었을 뿐만 아니라 하버드대학에서의 강의 경력도 있었다. 미국 시스템을 잘 아는 뒤로젤은 뱅센대학을 현대사 고등연구센터Center for Advanced Study in Contemporary History로 만들고자 했으며, 그 결과 초기에 채용한 교수 39명 중 7명을 역사학 전공 교수로 뽑았다. 뒤로젤 이외에도 라스 베르냐스에게 압력을 가하는 세력은 더 있었다. 학생들의 요구 사항도 있었지만 미국문학 전공자인 피에르 도메르그Pierre Dommergues, 제임스 조이스로 최연소 국가박사를 받은 영문학자 엘렌 식수Hélène Cixous 그리고 유럽학 전공자 베르나르 카상Bernard Cassen 등이 라스 베르냐스에게 가한 압력도 만만치 않았다.

도메르그와 식수, 카상은 미국 대학 시스템을 찬양하며 영어연구소Institut d'Anglais를 함께 운영했는데, 이들은 프랑스에서 지금까지 소홀했던 교수와 학생의 긴밀한 접촉뿐만 아니라 자유로운 지적 토론을 꿈꾸었다. 라스 베르냐스는 장관에게 이들의 생각을 전했다. 특히 카상은 개인적 친분이 있는 역사가 기 부아Guy Bois를 통해 뱅센대학을 공산당과 연계하는 데 결정적 역할을 했다. 이들 셋은 좌파적 관점을 공유하는 사람들이었지만, '새로운 대학'에 대해서는 일부 생각을 달리하기도 했다. 그럼에도 불구하고 이들이 뱅센대학에 대해 공통적으로 생각하는 점은, 이 대학이 소르본의 부속 대학이 아닌 그 자체로서 하나의 대학이 될 필요가 있다는 점이었다. 라스 베르냐스가 뱅센대학에 대해 생각한 것은 이 대학의 위상을 단순한 교육센터 혹은 엘리트 연구소 정도로 제한하는 것이었다. 하지만 기 부아와 카상의 노력으로 상당수의 공산당 강사들이 채용되었고, 이는 결국 라스 베르냐스의 계획안을 무산시키는 원동력이 되었다. 이들의 목표는 "반反소르본을 창설하는 것"이었다.

엘렌 식수 같은 경우 철학과 문학, 심리 분석 등의 교수 채용에 상당한 역할을 했다. 식수는 절친한 친구인 철학자 자크 데리다의 조언을 들어, 정신분석학의 자크 라캉, 문학이론가 롤랑 바르트, 과학철학자 조르주 캉길렘Geoges Canguilhem 그리고 예술비평가 프랑크 포페르Frank Popper와 같은 유명한 사상가들을 뱅센대학으로 오게 했다. 한편 식수는 튀니스Tunis대학을 막 떠난 미셸 푸코를 초빙하여 뱅센대학의 최고 지성의 상징이 된 철학과를 설립했다. 푸코는 소르본에서 가르쳤던 보수적인 철학자가 아니라 실

파리8대학 교수들의 저서를 한 데 모아 찍은 사진. 촘스키, 라캉 등 유명인들의 저서가 눈에 띈다.

천철학을 하는 혁신적 사상가를 구했다. 그 결과 이 대학에 초창기부터 몸담은 철학자로서 알랭 바디우Alain Badiou, 에티엔 발리바르Etienne Balibar, 자크 랑시에르Jacques Rancière, 과학철학자 미셸 세르Michel Serres 등의 이름이 올랐다. 푸코 자신은 얼마 안 있어 콜레주 드 프랑스로 자리를 옮겼지만, 곧 질 들뢰즈와 장프랑수아 리오타르 등이 합류하여 정년까지 가르쳤다. 이 외에도 주요 교수진 및 연구자들로는 역사가 장 부비에Jean Bouvier, 그리고 지리정치학자 이브 라코스트Yves Lacoste 등이 있었다.

이들의 학문 경향은 자신들의 학문이 사회·정치적 현실 문제와 무관하지 않다는 점을 강조하는 것이었다. 이러한 맥락에서 이 실험대학은 교수와 학생의 전통적 관계를 다시 생각해보게 했을 뿐만 아니라, 대학과 외부 세계의 관계 또한 다시 생각해보게 했다. 앞에서 언급했듯이, 이 대학은 고등학교 미졸업자에게도 개방되었고, 특히 야간 강좌가 개설되어 있어서 이미 사회생활을 하고 있는 사람들도 강의를 들을 수 있을 뿐만 아니라 외국인에게도 대학 문이 널리 열려 있었다.

한편 이 대학의 교육은 기존의 대학과 비교할 때 매우 혁신적이었다. 뱅센대학은 처음으로 다음의 전공들을 시도했다. 영화학département de cinéma, 정신분석학psychanalyse, 조형미술학arts plastiques, 연극théâtre, 도시공학urbanisme, 하이퍼 미디어학hypermédia, 인공지능학intelligence artificielle 등이 그것이다. 식수 또한 프랑스 최초의 '여성 및 젠더 스터디 프로그램', 즉 여성학 연구소Centre d'études féminines를 창설하여 오늘날까지 가르치고 있다. 사실 오늘날 한국 대학의 현실에 비춰보아도 이러한 선택은 혁신적이었다. 그리고 오늘날 대학의 이수 단위라 할 수 있는 시수Unité de Valeur, UV를 처음으로 대학에 도입했는데 당시로서는 매우 앞선 조치였고, 이는 프랑스의 다른 모든

| 파리8대학 관련 주요 인물 |

이름	전공	설명
장프랑수아 코페 (Jean-François Copé)	경제학 · 재정학	정치인. 대표적인 우파 정치인이며, 대중운동연합의 당 대표 역임
엘렌 식수 (Hélène Cixous)	영문학	대표적인 페미니즘 비평가. 주요 저서로 《새로 태어난 여성》, 《메두사의 웃음/출구》 등
베르나르 카상 (Bernard Cassen)	유럽학	언론가. 세계화 반대운동의 선구자
자크 드로즈 (Jacques Droz)	역사학	역사학자. 독일사와 정치사의 대표적 인물. 주요 저서로 《프랑스 정치 독트린의 역사》, 《오스트리아사》, 《독일》 등
자크 라캉 (Jacques Lacan)	정신분석학	대표적인 포스트모더니즘 정신분석학자. 정신분석학에 구조언어학을 적용. 주요 저서로 《에크리》, 《욕망이론》 등
롤랑 바르트 (Roland Barthes)	문학이론	철학자이자 비평가. 구조주의 기호학의 개척자 중 한 명. 주요 저서로 《신화론》, 《텍스트의 즐거움》 등
조르주 캉길렘 (Georges Canguilhem)	과학철학	인식론과 과학철학으로 유명한 프랑스의 물리학자 · 철학자. 주요 저서로 《삶의 지식》 등
프랑크 포페르 (Frank Popper)	예술비평	예술비평가이자 역사학자. 움직임을 표현하는 설치미술인 키네틱 아트와 비주얼 아트를 이론화한 인물
미셸 푸코 (Michel Foucault)	철학	철학자. 합리적 이성과 독단적 논리성에 대한 비판으로 유명함. 주요 저서로 《감시와 처벌》, 《언어와 사물》 등
알랭 바디우 (Alain Badiou)	철학	철학자. 주요 저서로 《존재와 사건》, 《윤리학》 등
에티엔 발리바르 (Etienne Balibar)	정치철학	철학자. 알튀세의 제자. 주요 저서로 《우리, 유럽의 시민들?》, 《대중들의 공포》 등
자크 랑시에르 (Jacques Rancière)	정치철학	철학자. 주요 저서로 《민주주의에 대한 증오》, 《미학 안의 불편함》 등
미셸 세르 (Michel Serres)	과학철학	철학자이자 저술가. 프랑스 과학철학의 대표적 인물. 프랑스 한림원 회원
질 들뢰즈 (Gilles Deleuze)	철학	철학자. 주요 저서로 《앙티 오이디푸스》, 《천 개의 고원》

이름	전공	설명
장프랑수아 리오타르 (Jean-François Lyotard)	철학	철학자. 포스트모더니즘 사상가. 주요 저서로 《차이》, 《포스트모던의 조건》 등
장 부비에 (Jean Bouvier)	역사학	마르크스주의 역사학자. 현대사의 개척자. 주요 저서로 《프랑스의 제국주의》, 《로스차일드 가문》 등
노암 촘스키 (Noam Chomsky)	언어학	미국의 언어학자. 사회운동에 적극적으로 참여. 대표 저서로 《변형분석》, 《지식인의 책무》 등
이브 라코스트 (Yves Lacoste)	지리정치학	프랑스의 대표적인 지리정치학자. 주요 저서로 《프랑스의 지리정치학》, 《지리정치 백과사전》 등
슬라보예 지젝 (Slavoj Žižek)	철학·정신분석학	동문. 파리8대학 정신분석학 박사. 슬로베니아 출신으로 현대 정신분석학의 대표적 인물. 주요 저서로 《이데올로기의 숭고한 대상》 등
뤼시앵 페브르 (Lucien Febvre)	역사학	아날학파를 대표하는 역사학자. 대표 저작으로 《필리프 2세와 프랑슈 콩테》, 《역사를 위한 투쟁》 등
페르낭 브로델 (Ferdinand Braudel)	역사학	아날학파의 역사학자. 주요 저서로 《물질문명과 자본주의》 등
클로드 레비스트로스 (Claude Lévi-Strauss)	인류학	인류학자. 대표적 저서로 《슬픈 열대》, 《신화와 의미》 등
루이 알튀세 (Louis Althusser)	철학	마르크스주의 철학자. 주요 저서로 《마르크스를 위하여》, 《자본을 읽자》 등
피에르 부르디외 (Pierre Bourdieu)	사회학	사회학자이자 참여 지식인. 주요 저서로 《언어와 상징권력》, 《구별짓기》 등
자크 데리다 (Jacque Derrida)	철학	철학자. 주요 저서로 《해체》, 《마르크스주의와 해체》 등
폴 리쾨르 (Paul Ricoeur)	철학	현상학을 중심으로 신학을 연구한 철학자. 대표적 저서로 《해석에 관하여》, 《타자로서의 자기 자신》 등
장 보드리야르 (Jean Baudrillard)	철학	철학자. 대중과 대중문화, 미디어와 소비사회에 대한 이론으로 유명. 대표적 저서로 《시뮬라크르와 시뮬라시옹》, 《사물의 체계》 등

대학들이 채택하게 된 참신한 조치였다. 또한 대학의 규정이 어떠하든 교수들 간 업무의 엄격한 평등(조교수와 정교수 간 동등한 업무)도 당시 상황을 고려한다면 매우 개혁적이라고 할 수 있겠다. 그뿐이 아니었다. 뱅센대학은 일부 학과 평가 및 교수 평가 시스템 등을 폐지하는 것 또한 주저하지 않았다. 학생들에게도 전통적 의미의 시험examination 대신에 수업 시간마다 지속하는 '계속 평가continuous assessment'가 부과되었으며, 수업도 대형 강의 대신 소규모 그룹별로 시행되었다. 교육 혁신 가운데 가장 뚜렷한 것 가운데 하나가 학제 간 교육(다학문성)이었는데, 이는 철학, 사회학, 수학, 문학 그리고 역사 등 다양한 학문의 교수 및 연구자들 사이의 협력을 가능하게 했다. 오늘날 우리 대학의 체제를 고려한다 해도 이러한 시도는 시대를 앞선 것이라 할 수 있겠다. 하지만 이러한 조치가 갑자기 생겨났다고 생각하기는 어렵다. 뱅센대학에서 이러한 조치를 취할 수 있었던 것은 앞서 언급한 대로 교육부 장관 포르가 그 기반을 닦아놓은 덕분이었다.

이와 같은 대학의 구조 혁신만이 뱅센대학(파리8대학)의 특성은 아니었다. 파리8대학의 매우 뚜렷한 특징 가운데 하나는 이 대학의 강한 정치적 성향이었다. 공산주의자, 마오이스트maoist, 트로츠키스트trotskyist 등의 좌파들이 여러 학과에 섞여 있었다. 특히 철학과와 사회학과가 그러했다. 이는 교수와 학생의 관계, 학과 사이, 즉 교수와 교수 사이의 관계, 대학과 교육부 간의 관계 그리고 심지어는 교육 내용(특히 철학과 인문학)에 대해서도 커다란 영향을 끼쳤다.

이러한 학교의 특성은 학교 부지의 이전에도 영향을 끼쳤다. 1977년에 우파인 자크 시라크Jacques Chirac가 파리 시장에 선출되자, 파리 시정부는 시유지인 뱅센 숲에서 '공산당 대학'을 이전하기로 결정했다. 이에 대학은 레몽 바르Raymond Barre 정부하에서 1980년 8월 전통적으로 공산당이 강세였던 파리 북쪽 생드니Saint-Denis로 이전해 명칭을 생드니대학(파리8대학)으로 개칭했다. 파리 북부 지역, 즉 이민자와 노동자의 거주지인 방리유 루즈banlieue rouge, 붉은 교외의 핵심 도시인 생드니로 이전해서도 이 대학은 여전히 소외된 이들을 위한 교육기관으로서의 역할을 훌륭히 수행했으며, 지금도 서구 인문학의 흐름을 선도하는 이론들을 생산하고 있다.

이처럼 1968년 '5월의 사건들' 이후 이루어진 뱅센대학의 개교는 '68혁명'의 가시적 성과 가운데에서도 매우 탁월한 성과라고 할 수 있겠다. 1968년 11월 고등교육 기본법은 5월의 목소리 가운데 '참여와 자율을 수용'한 것으로 볼 수 있을 것이다.

뱅센대학 출현의 의의

지금까지 '68혁명' 시기 파리대학의 구조 개편과 기존과는 완전히 차별화된 '새로운 파리대학'의 출현에 대해 살펴보았다. 뱅센대학의 새로움은 한편으로는 보수적인 기존의 소르본 및 파리대학에 대한 혁신이었고, 다른 한편으로는 미국 대학 시스템을 꿈꾸는 일부 교수들의 프랑스 대학 제도에 대한 파괴였다. 기존 사회질서에 대한 반발을 보여주는 '68혁명'과 같이 기존 대학 시스템에 대한 '혁신과 파괴'가 뱅센대학의 성격을 잘 말해주는 상징일 것이다.

역사적으로, 그리고 현재까지도 대다수의 대학 제도는 상당히 위계적이지만, 뱅센대학은 그렇지 않았다. 일반적으로 프랑스의 대학들은 정부가 지명한 학장들doyens에 의해 운영되었다. 이와는 대조적으로 뱅센대학의 총장, 학장들, 그리고 운영위원회는 모두 선거로 선출되었는데, 여기에는 모든 교수, 직원, 그리고 학생들이 참여했다. 심지어 교수와 함께 수위, 학부 학생들, 구내식당 직원들도 전적으로 새로운 모델의 대학 조직을 만들어내기 위해 함께 노력했다. 그뿐만 아니라 뱅센대학의 초기 창립자들은 이 대학이 또 다른 고립된 상아탑이 되기보다는 그 문을 사회에 활짝 열어젖히기를 원했다. 앞에서도 언급했듯이 나이든 사람, 고등학교를 졸업하지 않은 사람에게도 문호가 열려 있었을 뿐 아니라, 단순 청강생들도 언제든지 환영받는 대학이 되도록 했다. 상당한 비율의 수업이 노동자들이 참석하는 데 어려움이 없도록 야간에 개설되었으며, 입학을 원하는 학생이라면 그가 비록 이민자 신분이라 할지라도, 심지어 외국인 학생일지라도 입학이 가능하게끔 문호가 개방되었다. 단적으로 말해서 뱅센대학은 반反소르본이었다. 교수진부터 건물 디자인까지, 교육철학부터 대학 본부의 평등주의 스타일까지 '새로운 대학'의 모든 면이 기존 소르본의 대규모 강의실, 교문에서 신분증을 체크하는 모자 쓰고 제복 입은 수위 등과 대조되었다.

이러한 혁신적 대학 운영에도 불구하고, 오늘날의 파리8대학은 여러 가지 이유로 어려움에 처해 있는 것 또한 사실이다. 일단 다른 대학들과 마찬가지로 절대적인 예산 부족이 대학 발전의 발목을 잡고 있다. 건물은 낡고 행정 직원은 한심할 정도로 수가 적기에 대학의 사기는 땅에 떨어져 있다. 게다가 파리8대학은 2008~2009년에 니콜라 사르코지Nicolas Sarkozy 정부가 공표한 급격한 대학 개혁에 반대하느라 파업에 너무 많은 에너지를 소모하기까지 했다. 창립 초기부터 유지해온 자율적인 대학으로서의 파리8대학의 미래는 암울하지만, '모든 이를 위한 교육'이라는 원칙 위에 세워진 뱅센대학의 이상은 확실히 오늘날에도 우리가 기념할 만한 것으로 평가할 수 있을 것이다. 그러한 면에서 이 대학의 설립은 '68혁명'의 커다란 유산이자 대학사에 각인될 만한 사건이라고도 할 수 있을 것이다. _박단

시앙스포 : 프랑스 권력 엘리트의 산실

1870년 프로이센-프랑스 전쟁에서 프랑스 패전

1871년 파리 코뮌

1872년 독일 베를린대학을 모델로 파리에 사립 정치과학자유대학 창립

1895년 시앙스포를 모델로 영국 런던정치경제대학 설립

1906년 창립자 부트미 사망

1912~1936년 데슈탈 총장 시대

1936년 인민전선 정부에서 국립행정연수원 설립 법안 통과

1944년 나치 독일로부터 해방

1945년 파리정치대학으로 개편 및 공립화. 파리정치대학과 별개로 국립행정연수원 설립

1945~1978년 샵살 총장 시대

1985년 프랑스 공립 '우수기관'으로 격상

1989년 엘리트 교육을 비판하는 부르디외의 《국가귀족》 출판

1996~2012년 드쿠앵 총장 시대

1999~2001년 학제 개편 및 혁신적 입시 제도 도입

시앙스포의 유럽적 기원

프랑스 권력 엘리트의 산실이라고 할 수 있는 시앙스포Sciences Po, 파리정치대학의 설립은 유럽의 역사와 밀접한 관계를 맺고 있다. 이 학교가 만들어진 것은 1872년 프랑스가 프로이센과의 전쟁에서 패한 뒤였다. 또한 제2제

정이 무너지고 파리 코뮌이라는 끔찍한 내란의 비극을 경험하고 난 뒤였다. 프랑스 대혁명 이후 유럽의 중심이자 인류의 역사를 주도해나가는 세계의 중심을 자부하던 프랑스의 입장에서 전쟁에서의 처참한 패배와 국토의 상실, 체제의 붕괴, 내전의 충격 등은 엄청난 역사적 트라우마라고 할 수 있었다. 특히 독일은 프랑스가 오래전부터 우월감을 가지고 바라보던 후발 주자였고 문명의 수혜자 역할을 해왔기 때문에 충격은 더욱 심했다. 이런 콤플렉스를 자극하기라도 하려는 듯 독일은 자국의 민족 통일 선포식을 프랑스 베르사유 궁전에서 거행했다.

19세기 말의 세계관에서 독일의 승리와 프랑스의 패배는 해당 국가 엘리트의 책임이었다. 당시 프랑스에서는, 독일이 프랑스보다 국력이 앞선 것은 베를린대학이 키워낸 엘리트가 국가와 행정을 책임지고 효율적이고도 능률적인 방식으로 주도했기 때문이라는 인식이 팽배했다. 흥미로운 사실은 19세기 초 독일이 베를린대학을 세울 때의 논리가 바로 프랑스의 훌륭한 고등교육 체계를 답습하려는 의도가 있었다는 점이다. 이 책의 9장에서는 카를스루에공과대학 역시 프랑스의 에콜폴리테크니크를 모델로 만들어졌다는 점을 소개한다. 그만큼 대학의 유럽은 지속적인 네트워크의 상호 강화 과정을 통

에밀 부트미. 1872~1906년 정치과학자유대학 총장. 에밀 부트미는 교육 사업가로 민족 부흥을 위해 시앙스포를 설립한 뒤 30년 이상 총장으로 학교의 기반을 다졌다.

해 만들어지고 유지된다는 사실을 알 수 있다.

프랑스가 패전과 체제 붕괴의 충격을 딛고 일어서기 위한 무엇보다 핵심적인 과제는 국가를 이끌 수 있는 훌륭한 엘리트를 양성하는 것이었다. 이 점을 내세우면서 설립된 학교가 바로 파리정치과학자유대학이다. 이 과제를 어젠다agenda로 내세운 교육 사업가는 에밀 부트미Emile Boutmy라는 인물이었다. 그는 이미 민간 중심 교육 사업에 관심이 있었고, 인문사회과학의 다양한 지식을 가르친 경험이 있었으며, 특히 파리 부르주아 계층에 깊고 넓은 네트워크를 보유하고 있었다. 설립 당시 학교의 명칭은 정치과학자유대학École Libre des Sciences Politiques이었다.

자유대학이라는 명칭은 유럽에서 다양한 의미로 사용되었는데, 파리정치과학자유대학의 경우 국립이나 공립이 아닌 시민사회의 주동으로 설립된 대학이라는 점이 강조되었다. 국가 자체가 패배의 원인이었기 때문에 시민사회의 힘을 동원하여 새로운 교육기관을 자립적으로 세워야 한다고 인식했던 셈이다. 당시 국가 예산은 독일에 전쟁 관련 배상금을 지불하는 데 집중되었고, 일반대학은 오랜 전통을 지켜온 기존 학문의 기득권과 폐쇄성으로 인해 새로운 교육을 시도하는 데 적합하지 않았다. 역사학자 뱅상Gérard Vincent의 표현에 의하면 새 대학을 지지한 시민사회 세력은 '자유주의 및 공화주의 상류 부르주아지'였다. 특히 프로테스탄트 부르주아지가 핵심적 역할을 담당했다. 일간지 《르탕*Le Temps*》의 셰레르Edmond Scherer, 크레디리오네 은행Credit Lyonnais을 설립한 제르맹Henri Germain, 최초의 백화점 봉 마르셰Bon Marché의 부시코 가문, 유태계 로스차일드 가문 등이 주요 주주로 참여했다. 주식의 양은 많지 않았지만 개혁적 성향을 가진 정부의 고관들이 참여했고, 또 사회경제학회Société d'economie sociale, 정치경제학회

Société d'économie politique, 비교법학회Société de législation comparée 등 당시 새로운 학문을 대표하는 학회들이 동참했다.

또한 19세기 후반까지 프랑스에서 복수로 정치과학sciences politiques이라 표현한 것은 20세기 미국을 중심으로 복수로 사회과학social sciences이라 불린 것과 유사한 표현이라고 할 수 있다. 국가가 중요한 역할을 한 프랑스에서 새로운 학문을 정치과학이라 부르고, 사회가 더 강한 미국에서 이들을 사회과학이라 불렀다는 점은 흥미롭다. 그리고 미국식 명칭이 세계적으로 일반화되었다.

소통의 교육

결국 민간을 중심으로 학교가 설립된 것은 국가의 상황이 여의치 않았던 점도 있지만, 새로운 고등교육을 기존의 틀에서 벗어나 실천하기 위해서는 자율성과 독립성이 필요했기 때문이었다. 이제 실질적 교육이라는 차원에서 그 특징을 살펴보겠다. 근대적 교육이란 상아탑이라는 표현이 보여주듯이 대학의 울타리에 갇혀 있는 교육이 아니라 실제 사회를 이해할 수 있는 교육이다. 창립자 부트미의 주장은 "학생들이 인류 지식의 그 어떤 부분도 이방인으로 대하지 않고, 교양인답게 자신의 시대를 아는 사람"이 되어야 한다는 것이다. 부트미가 말하는 '자신의 시대를 안다'는 것은 상대적으로 일반대학에서 오랫동안 다뤄온 과거의 역사와 철학, 문학은 물론, 현재를 규정하는 새로운 지식과 방법을 함께 포괄한다는 뜻이다. 그리고 하나의 학문의 틀이 아니라 학제적 교육을 하겠다는 의미였다. 초기 교과과정은 이러한 의지를 잘 반영하고 있다. 즉 지리학과 인류학, 유럽의 외교사, 유럽의 군사사, 경제 이론의 역사, 농업·상업·산업 발전의 역사, 재정사, 비교헌법사, 비교민법, 행정법과 제도, 유럽 사회의 사회학 등이다. 현재를 이해하기 위한, 새롭게 등장하는 다양한 학문들을 당시 '정치과학'이라 불렀던 것이다.

당시 파리정치과학자유대학이 새롭게 제시한 교육의 모델은 과거와 같은 일방적 주입 교육이 아니라 교육자와 학생이 서로 영향을 미치는 쌍방형 교육이었다. 기존 일반대학의 교육 형식은 교수가 수업하면 많은 학생들이 수동적으로 듣고 느끼고 필기하고 배우는 식이었다. 그러한 방식은 학생들이 집중적으로 지식을 배운다기보다는 음악회에 가는 것과 마찬가지였다. 새로운 방식에서는 소수의 학생을 모아 현실적 쟁점과 문제에 대해 토론하고 의견을 주고받는 교육이 도입되었다. '방법 강의conférences de méthodes'라는 다소 생소한 명칭의 교육은 21세기까지 지속되는 매우 독특한 시앙스포의 교육 방식이다. 현실을 포착하고 분석하고 이해하는 방법에 대해 배우고 논의하는 강의라는 뜻이다. 이런 종류의 교육을 실시하기 위해서는 기존 대학보다 많은 교육자를 필요로 한다. 따라서 많은 강사를 두게 마련이고, 이들은 대개 현장에서 일하고 있는 공무원, 법관, 은행가 등 다수의 사회 엘리트들이다.

마지막으로 신교육 모델에서 무척 중요하게 등장한 부분은 소통의 능력이다. 19세기 후반은 프랑스에서 제정이 무너지고 새로운 공화정을 시도하는 시기였다. 대중에 기초한 정치가 부상하면서 연설이 필요하고 소통이 중요한 시대가 왔다는 의미일 것이다. "현실에 대해 정리하고, 소개하고, 설명하고, 해설하기, 이것이야말로 고등교육의 가장 핵심적인 네 단어다." 언어를 통해 소통하는 과정이 고등교육에서 새롭게 중심으로 등장한 셈이다. 민주화 시대의 리더가 필요로 하는 소통의 능력을 교육에 도입하는 것이었고, 따라서 구두시험이나 발표는 파리정치과학자유대학의 특징과 전통 가운데 하나로 자리 잡게 되었다.

정치과학자유대학은 첫해에 100명 이하의 학생으로 시작했으나 점차 양적인 성장을 했다. 20세기로 넘어오면서 500여 명의 학생으로 불어났고, 1920년대에는 1,000명 이상으로 증가했으며, 1938년에서 1939년 사이에 무려 1,767명까지 늘어났다. 예를 들어 1906년에는 경제재정학과에 180명, 경제사회학과에 24명, 일반학과에 56명, 행정학과에 66명, 외교학과에 156명 등이었다. 그리고 이들 가운데 10~15퍼센트 정도가 외국인이었을 만큼 이미 국제화된 학교였다. 특히 행정학과 및 외교학과의 학생들이 제3공화국의 고급 관료로 대거 진출하면서 학교의 명성을 높이기 시작했고, 경제재정학과는 민간 기업에 경영 인재들을 제공했다.

1912년부터 1936년까지 학교를 맡았던 데슈탈Eugène d'Eichtal 총장은 특히 졸업생들이 국가 행정직뿐 아니라 다양한 사회의 분야로 진출하도록 노력했다. 대표적으로 은행이나 금융과 같이 20세기 전반기에 발전하기 시작한 분야의 전공을 만들어 다양성을 강화했다. 게다가 국제화의 중요성을 인식하여 외국어 교육을 강조했다. 특히 유럽 언어인 영어, 독일어, 이탈리아어, 에스파냐어를 통해 국제적 감각과 소통 능력을 갖도록 강조했다.

파리정치과학자유대학을 통해 만들어진 권력 엘리트 고등교육은 국제적 영향력을 발휘했다. 그 대표적인 사례가 1895년 페이비언 협회Fabian Society에 의한 영국의 런던정치경제대학의 설립이다. 물론 프랑스의 학교가 상류 부르주아 계층에 의해 만들어졌고, 영국의 경우 점진적 사회주의 개혁 세력에 의해 설립되었다는 차이가 존재한다. 그러나 두 학교의 창립

시앙스포는 20세기 초 전통적인 학문 영역에서 더욱 실용적인 분야로 교육을 확대했다. 위는 1917년 1차 세계대전이 한창일 때 도서관에서 정장 차림으로 공부하는 학생들의 모습이다.

시기에는 20여 년이라는 차이가 존재한다. 1870년대 정치과학자유대학 설립 세력은 당시의 제정 상황에서는 매우 혁신적인 공화주의 정치세력이었고, 이러한 개혁성은 드레퓌스Dreyfus 사건에서 부트미 총장을 비롯해 학교 주요 세력이 친드레퓌스파였다는 사실에서도 드러난다.

국가와의 타협

2차 세계대전은 프랑스의 오랜 제3공화국의 붕괴를 가져온 역사적 단절의 시기였다. 프랑스 사회의 수많은 제도와 마찬가지로 엘리트 고등교육도 중대한 변화를 경험하게 되는데, 사립 파리정치과학자유대학이 공립 파리정치대학Institut d'Etudes Politiques de Paris으로 국가에 포섭되었다. 제도적인 변화와 함께 20세기 엘리트 고등교육기관은 교육에서 연구로 활동 범위를 확산시켰다. 이는 다양한 사회와 국제적 추세를 반영하는 움직임이었다. 다른 한편 제5공화국으로 넘어오고 과거 권위적 제도에 대한 도전이 강해지면서 파리정치대학의 엘리트 교육에 대한 비판도 거세졌다.

패전과 제3공화국의 붕괴, 비시Vichy 정권의 나치 협력, 그리고 드골의 자유 프랑스 등 1940년대 해방 정국은 현대 프랑스의 새로운 시작을 알리는 거대한 변화의 시기였다. 드골과 공산당, 반나치 정치세력 등이 주도하는 해방 정국에서 개혁은 최대의 시대정신이었고, 국가가 스스로 변화하고 사회를 주도해 새 시대를 이끌어나가야 한다는 것은 좌우 정치세력이 모두 공유하는 어젠다였다. 이 과정에서 파리정치과학자유대학의 개혁이 핵심적인 과제로 떠올랐다. 좌파의 입장에서 보았을 때 국가 엘리트를 형성하는 학교가 민간 부르주아 계급의 손에 놓여 있다는 것은 어불성설이었다. 국가가 사회를 주도해야 한다는 강한 국가주의 사상의 드골에게도 이러한 현실은 정상이라고 보기 어려웠다. 따라서 해방 정국에서는 어떤 방식으로든 파리정치과학자유대학을 국가기관으로 만들어야 한다는 과제가 주어졌다.

이미 제3공화국하에 자유대학을 국가의 품으로 안으려는 시도는 존재했다. 예를 들어 1881년 페리Jules Ferry 수상이 이런 계획을 수립한 바 있다. 또한 1936년 좌파 정부 인민전선의 제Jean Zay 교육장관은 이 대학을 국립행정연수원École Nationale d'Administration, ENA* 으로 전환하려는 계획을 세웠

* 국내에서 국립행정학교 또는 국립행정대학원으로 번역되어 왔으나 학위를 수여하는 학교가 아니라는 점, 이미 행정 외무 사법고시에 해당하는 시험에 합격하여 연수를 받는 기관이라는 점, 그리고 연수기간에 공무원의 신분을 갖는다는 점 등을 반영하여 국립행정연수원으로 번역하는 것을 제안하고 이 글에 사용한다.

으나 당시 상원의 반대로 법은 추진되지 못했다. 그러나 이 학교가 프랑스 고급 공무원 대다수를 배출하는 엘리트 산실로 발전한 뒤 민간의 손에 남아 있을 경우 그 계급적 성격이 문제가 되었다. 1945년 2월 프랑스 공산당은 자유대학을 몰수하는 한편 학교를 국영화하는 법안을 제출했다.

시앙스포는 생기욤 가(街) 27번지라는 주소로도 잘 알려졌다. 이 사진은 1950년대의 모습인데, 21세기에도 같은 장소, 같은 모습이다.

자유대학은 드골 정부와 협상에 들어갔다. 자유대학이 비시 정권이나 나치 독일과 적극적으로 협력한 사실이 없었기 때문에 재산 몰수와 학교의 단순한 국영화는 무리라는 논리를 학교 측에서는 내세웠고, 최대한 자율성을 보장받기 위해 노력했다. 그 결과 국립행정연수원은 국립으로 새롭게 설립하고, 파리정치대학은 공립기관의 형식으로 전환하며, 파리정치대학을 운영하는 민간의 국립정치과학재단Fondation Nationale des Sciences Politiques을 설립한다는 세 가지 타협안을 마련했다. 부연하자면 혁명적인 해방 정국 아래 파리정치과학자유대학은 사립에서 공립으로 위상이 새롭게 정리되었고, 기존의 민간 세력과 정부가 공동으로 운영하는 재단을 통해 국가가 사회를 포섭하는 형식으로 귀결되었다.

이상과 같은 제도적 변화는 여러 가지 의미를 가진다. 우선 프랑스적 정치 문화에서 가장 포괄적인 엘리트를 사립 교육기관이 담당하던 비정상적인 상황을 공립화를 통해 정상화한 셈이다. 그러나 정치대학의 성격이 변했다고 말하기는 어렵다. 기존의 학교 운영진이 변하지 않고 지속적으로 같은 철학과 방법으로 엘리트 교육을 지속했기 때문이다. 샵살Jacques Chapsal 총장은 1945년부터 1978년까지 학교를 운영하면서 자유대학에서 정치대학으로의 전환을 주도했다. 그는 학교와 분리된 재단을 설립함으로써 제도적으로 민간과 정부의 관계를 창조적으로 기발하게 정리했다.

제도적 타협의 일환으로 만들어진 재단은 파리정치대학이 교육의 기능뿐 아니라 연구의 기능까지 갖추는 계기로 작동했다. 프랑스는 고등교육과 연구의 기능이 이원화되어 있는 체제다. 전통적으로 교육은 일반대학을 중심으로 진행되었고, 연구는 국가가 중앙화하여 국립과학연구센터CNRS라는 체계를 갖추고 있다. 이 센터는 1만 명이 넘는 연구 인력을 관리하며 1천 개가 넘는 연구소 또는 연구실을 통해 운영되는 거대한 공룡 기구이다. 이런 고등교육과 연구의 이원화는 세계 대학 랭킹에서 프랑스가 선두에 진입할 수 없는 이유이기도 하다. 이 부분에서 파리정치대학은 국립정치과학재단FNSP을 통해 연구 기능을 발전시킬 수 있는 행운을 얻었다. 특히 1950년대부터 FNSP 산하에 다양한 연구소들이 만들어지면서 인문사회과학 연구의 중심으로 부상할 수 있었다.

'국가귀족'의 재생산

앞서 이야기했듯 파리정치과학자유대학은 상류 부르주아 계급을 기반으로 한 민간 주도로 설립되었기에 그 계급적인 편향성이 비판받아왔다. 해방 정국에서 공립으로 전환한 중요한 이유는 계급적 중립성을 확보함으로써 더욱 민주적인 엘리트 교육을 실현하겠다는 의지였다. 실제로 국립행정연수원의 주요 목표 역시 엘리트 충원의 민주화라는 커다란 방향을 따랐다. 그러나 시간이 지나면서 파리정치대학으로의 전환과 국립행정연수원의 설립에도 불구하고 여전히 이들 엘리트 고등교육기관이 계급의 재생산에 기여한다는 비판이 강력하게 제기되었다.

이와 같은 비판을 주도한 사람이 피에르 부르디외다. 그는 파스롱Jean-Claude Passeron과 함께 쓴 《상속자들》(1969)에서 프랑스 교육제도가 공교육의 공정한 경쟁을 통해 능력주의를 실천한다고 주장하지만 사실은 계급 재생산에 기여하고 있다고 비판했다. 그는 특히 1989년에 출간한 《국가귀족》에서 프랑스의 그랑제콜 체계가 엘리트 형성을 담당하면서 과거 앙시앵 레짐(구체제)의 법복귀족과 유사한 역할을 한다고 주장했다. 부르디외는 또 장의 이론을 그랑제콜 체계에 적용하여 파리정치대학과 국립행정연수원은 엔지니어 계층의 기술technique 엘리트 계열과는 구분되는 자유전문직professions libérales의 전문 지식technocratique 엘리트 계열을 형성한다고 분석했다. 부연하자면 구두 교육이나 글쓰기의 스타일 등을 중시하는 인문사회교육의 특성상 파리정치대학과 국립행정연수원 등은 계급적 성격이 더욱 강한 엘리트 코스라는 분석이다. 조금 더 평등한 이공계의 경쟁에서 노력이 중요한 역할을 한다면 정치대학에서는 계급적 문화와 습관이 더 강하게 작용한다는 말이다. 부르디외의 이러한 분석은 사회적으로 확대되어 정치대학이 부르주아의 온실로 인식되었다.

사회적 재생산과는 다른 측면에서 정치대학에 대한 비판은 가장 미국적 교육 또는 방법론의 학풍이라는 지적이다. 앞에서 살펴보았듯이 정치대학과 그 연구소들은 미국에서 진행되는 사회과학의 변화를 가장 앞장서서 받아들였고, 프랑스에 접목하는 데 적극적이었다. 프랑스가 외교사에 중심을 두고 연구할 때 정치대학에서는 미국의 국제정치학을 흡수하려 했고, 비교정치 분야에서는 행태주의 혁명을 받아들여 여론 조사를 통한 현대 정치 분석에 나섰다. 기존의 대학에서 기존 학문의 전통에 따라 변화가 느렸다면, 정치대학은 자율성과 유연한 인적 관리 가능성 등을 토대로 새로운 학문적 방법과 시도를 게을리하지 않았다고 볼 수도 있다. 게다가 역사적으로 보면 정치대학은 19세기부터 기존의 전통적 방식을 선호하기보다는 새로운 학문과 문제의식, 영역에 대해 항상 호기심을 가지고 접근해왔다.

정치대학에 대한 마지막 비판은 1980년대 이후 신자유주의적 이데올로기를 확산하는 데 기여했다는 지적이다. 예를 들어 시장의 원칙을 사회의 다양한 분야에 확산하는 경제 중심의 사고를 교육을 통해 확산했다는 것이다. 그리고 세계화, 경제 발전, 경쟁력 강화 등을 중심으로 사회를 이끌어가려는 음모를 가졌다고 비난한다. 정치대학의 교육이 창조적인 해결책을 추구하기보다는 획일적 사고를 고착시키는 역할을 한다는 의미다. 이에 대해서는 프랑스 사회 내에서 많은 논란이 일었다. 실제로 그랑제콜의 교육에서 신자유주의적 성향이나 내용을 발견할 수는 있지만, 그것이 일반대학보다 더 강한 것인지, 그리고 프랑스 사회의 변화에 얼마나 기여했는지는 더 상세한 연구가 필요할 것이다. 파리정치대학에게 사회적 재생산, 친미적 성향, 신자유주의적 편향 등은 사실 여부를 떠나 어떤 방식으로든 해결하고 대응해야 하는 과제라고 할 수 있다.

민주적 개혁

2차 세계대전 이후 새롭게 태어난 파리정치대학에 변화의 바람을 일으킨 것은 1980년대 중반의 다양한 경향이다. 당시 1981년 미테랑Francois Mitterrand의 사회당 및 공산당 정부의 등장은 파리정치대학이라는 엘리트 양성 기관에 변화의 바람을 일으켰다. 위기의 시기라고 할 수 있었지만 파리정치대학은 졸업생 네트워크를 최대한 활용하여 오히려 학교의 이상을 높이는 계기로 활용했다. 1985년 사바리Alain Savary 교육장관은 다양한 교육 개혁을 시행하면서 파리정치대학을 콜레주 드 프랑스Collège de France나 고등사범대학École Normale Supérieure 등과 함께 프랑스를 대표하는 '우수기관grand établissement'으로 법으로 지정했다. 1998년에는 국립정치과학재단과 파리정치대학이 시앙스포라는 하나의 유기적인 단위를 형성하는 교육, 연구, 자료, 출판 기관이라는 사실을 법으로 확실하게 통과시켰다. 의회에서 통과시킨 법을 통해 민간 재단과 공립학교가 하나의 단위로서 인정받았다는 사실은 국가 예산의 혜택을 보면서도 자율적인 재정 정책을 추진할 수 있는 기반이 되었다. 또한 학교의 미래를 준비하는 과정에서 교육부로부터 커다란 자율성을 확보받은 셈이었다.

학교의 재정적 자율성을 확보하기 위한 노력은 1986부터 1996년까지 총장을 역임한 랑슬로Alain Lancelot 시절부터 시작되었다. 그는 시앙스포의 학생들이 대부분 부유한 계층의 자녀라는 점, 동시에 학교의 예산은 국민 전 계층에서 납부하는 세금으로 충당된다는 점을 지적하면서 결국 가난한 계층이 부유한 계층의 자녀 교육을 담당하는 비민주적 구조라고 분석했다. 따라서 시앙스포는 학비를 점진적으로 늘려 자율적 재정을 확보하는 것이 바람직하다는 논리를 내세웠다. 학생운동과 좌파 측에서는 학비 증가가 서민층 자녀에 대한 장벽이 될 것이라는 반론을 폈고, 랑슬로 총장은 장학금 수혜 비중을 늘리면 해결된다고 답했다. 실질적으로 일반대학과 유사하게 무료에 가깝던 시앙스포 학비는 1980년대부터 서서히 증가하기 시작했다.

매우 중요한 제도적 변화는 입학 제도의 다양화를 통해 교육의 민주화를 시도했다는 점이다. 시앙스포 입학시험이 논술을 중심으로 치러지기 때문에 부르주아 계층의 자녀가 유리하다는 점은 부르디외를 비롯한 사회학자들로부터 비판을 받았다. 1980년대에 시앙스포는 바칼로레아에서 '최우수 등급mention Très bien'을 받은 학생은 시험을 치르지 않고 입학할 수 있는 길을 열었다. 이과 학생들도 인문사회 중심의 입학시험을 치르지 않고 입학할 수 있다는 의미였다. 2000년대에는 일명 '교육 우선 지역'이라고 불리는 열악한 환경의 고등학교와 협력하여 잠재력이 높은 학생을 선발하여 엘리트 교육을 받을 수 있는 제도를 실행했다. 2001년 17명의 학생이 입학했고, 그 수는 점차 증가하여 2012년에는 138명까지 증가했다. 이 학생들은 학비를 전액 면제받는 것은 물론 대부분 5년간 매년 6,200유로(약 720만원)의 장학금을 받으며, 기숙사의 혜택을 누릴 수 있다. 가난한 환경에서도 엘리트로 성장할 수 있는 기회를 주기 위한 민주화의 정책이자, 시앙스포의 계급적 편향에 대한 비판에 맞서는 대응책이라고 볼 수도 있다.

엘리트 교육기관에서 학생과 학교의 규모는 무척 중요하다. 프랑스의 그랑제콜 체계에서 학교와 학생의 규모는 매우 작은 편이다. 이공계 최고의 학교인 폴리테크니크의 입학생 수는 매년 수백 명에 불과하고 고등사범대학은 수십 명 수준이다. 대학이라고 보기는 어렵지만 국립행정연수원 역시 100명 이하의 고급 관료 후보를 선발한다. 2000년대 중반 시앙스포의 1학년 입학생은 약 1,000명, 전교생의 수는 7,000여 명에 달하게 된다. 1990년대 중반에 학생 수가 4,000여 명이었던 것에 비하면 두 배 가까이 증가한 것이다. 1996년에 학교를 맡은 드쿠앵 총장에 의하면 적어도 런던정경대나 프린스턴대학 정도의 학생 수준에 도달해야 규모의 경제와 효과를 모두 볼 수 있다는 주장이다.

그러나 학생 수가 급격하게 증가함에 따라 선발된 학생의 능력이나 교육의 질이 떨어질 수밖에 없다는 우려의 목소리도 강력하게 제기되었다. 앞에서 언급한 민주적 입학제의 도입에 대한 반발은 이러한 우려를 가장 상징적으로 표현했다. 우파 학생 조직인 전국총대학연합Union Nationale Interuniversitaire, UNI은 시앙스포의 개혁이 학교의 질을 낮추는 것은 물론, 미국식 '소수 지원 제도affirmative action'는 프랑스의 전통인 선발 규칙의 평등 원칙을 훼손하는 것이라며 파리 행정법원에 입학제 무효 소송을 제기했다. 그러나 이러한 정치적 의도가 담긴 소송이 아니더라도 학생 수의 급격한 증가가 교육의 질을 저하시킬 수 있다는 비판은 상당히 현실적이었다. 특히 도심의 대학을 지향하는 시앙스포의 경우 학생이 늘어나도 쉽게 교육 시설을 늘릴 수 없는 한계를 안고 있기 때문이다.

이에 대한 학교 측의 대응은 지방 캠퍼스로 학생을 분산하는 것이었다. 시앙스포의 핵심이라고 할 수 있는 대학원 과정은 파리에 두면서 학부 과정을 지방 도시에 분산하여 파리라는 브랜드를 살리면서 교육의 질을 유지하거나 향상시키겠다는 대응이었다. 지방 분교의 철학과 목표는 프랑스식 그랑제콜 준비반의 교육제도와 미국식 아이비리그의 수월성을 접목

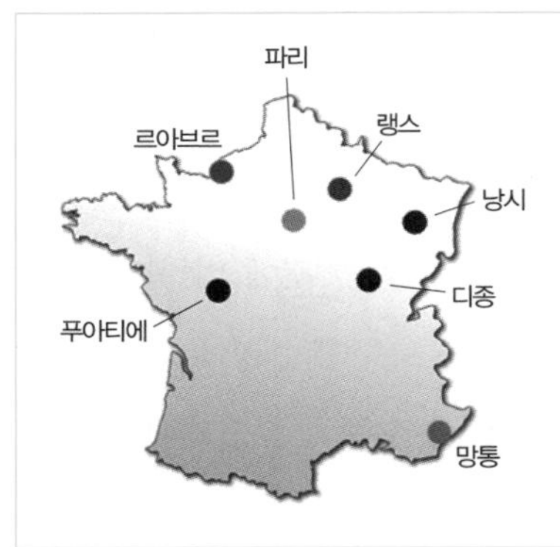

시앙스포 분교 제도. 시앙스포의 학부 과정은 세계 지역별로 프랑스 각 지방 도시에서 진행된다.

하겠다는 것이다. 분교는 모두 여섯 개인데 마치 세계를 시앙스포에 모아놓기라도 하려는 듯 각각 지역 대표성을 갖는다. 디종Dijon에는 중·동유럽, 르아브르Le Havre에는 아시아, 망통Menton에는 중동과 지중해, 낭시Nancy에는 독일, 푸아티에Poitiers에 라틴아메리카, 랭스Reims에 미국 등이며, 아프리카는 파리에 있다. 실제로 각 지역 출신 외국인 학생들은 학부를 해당 도시의 분교에서 다닌다. 이와 같은 분산 정책은 매우 프랑스적인 특성을 반영하는 것이다. 다른 국가의 경우 학부가 무척 중요한 역할을 하지만, 프랑스에서는 대학원 급의 학위가 제일 결정적이기에 학생들은 학부가 지방에 있더라도 대학원이 파리에 있는 이상 크게 개의치 않으며, 또 대학원까지 진학하여 다니는 것을 자연스럽게 생각하기 때문이다.

국제화 전략

시앙스포가 학생 수를 급격하게 늘린 중요한 이유 가운데 하나는 규모를 키워 국제적 경쟁력을 갖도록 한다는 계획이었다. 그만큼 세계화 시대에 국제적 명성과 위상을 확보하는 것이 무척 중요한 요소로 등장했다는 의미이다. 특히 프랑스 고등교육은 매우 선별적인 선발 과정과 높은 교육의 질에도 불구하고 국제 고등교육 시장에서 커다란 호응을 받지 못하는 상황이 도래했다. 과거 프랑스 제국의 국가들이 여전히 프랑스로 우수한 학생을 보냈지만, 세계화는 이들마저 영미권 국가로 향하게 만들었다. 시앙스포는 위에서 지적한 자율성과 유연성, 그리고 상당한 규모 등 특수대학과 일반대학의 중간에 위치한다는 전략적 위상을 활용하여 국제화를 선도적으로 이끌어갔다.

국제화에서 가장 중요한 첫 걸음은 학제의 개편이었다. 자유대학 시절 시앙스포는 2년제로 시작했고 그 뒤 3년제로 오랫동안 유지되었다. 시앙스포는 1999년이 돼서야 3-5-8제 개혁을 단행했다. 처음 3년은 학부로 학사 수준의 교육을 실시하고, 그 뒤 2년은 석사과정을 통해 본격적인 전문 교육을 시행하는 한편, 박사과정은 3~5년 동안 학위를 획득하도록 하는 개혁이었다. 과거의 3년제는 사실 1년의 준비반Année préparatoire과 2년의 석사과정에 준하는 교육으로 운영되었다. 그리고 박사과정으로 이어졌다. 1999년 개혁의 핵심은 1년의 준비반을 사실상 3년 과정으로 대폭 늘리는 것이었다. 이런 변화는 매우 선별적이던 학생 선발을 더욱 늘리고 대중화하되, 장기간의 교육을 통해 균질적 수준의 학생을 만들겠다는 의도를 반영했다. 그리고 이 개혁을 통해 미국의 학사-석사-박사 교육과 자연스러운 연결 체제를 갖추게 되었다.

시앙스포 국제화의 가장 핵심적인 변화는 학제에서 3학년을 외국에서 보내도록 의무화한 것이었다. 물론 유럽에서 에라스뮈스 프로그램(유럽연합 회원국 간의 학생 교환 프로그램) 등을 통해 적어도 고등교육 기간 중 1년을 다른 유럽 국가에서 수학하도록 장려하는 정책을 시앙스포에서 체계적으로 실시한 것이기도 하다. 더욱 중요한 것은 이를 제대로 실천하기 위해 학제까지 변경했다는 점이다. 학부를 3년으로 늘리면서 그중 1년을 해외

시앙스포 강의실. 최근 국제화가 본격적으로 진행된 시앙스포에는 다양한 국적의 학생들이 함께 학습하는 것이 일상화되어 있다.

에서 수학하도록 하는 것이 훨씬 수월해진 것이다. 동시에 많은 유럽 학생들을 받아들임으로써 유럽통합의 고등교육을 선도적으로 수행해나간 셈이다. 앞에서 언급한 캠퍼스 중에서 디종, 망통, 낭시는 유럽 출신 학생들이 주로 집중되는 분교들이다. 시앙스포의 국제화 노력은 유럽에 그치지 않고 세계적으로 확산되었다. 랭스, 푸아티에, 르아브르는 다른 대륙을 향한 국제화 노력의 일환이다.

2014년 현재 시앙스포에는 1만 2,000여 명의 학생 가운데 46퍼센트가 외국인일 정도로 국제화가 깊게 진행되었다. 그만큼 국제적 인지도와 명성이 높아졌을 가능성이 높다. 특히 대학원 과정에는 35개의 학위가 해외 대학과 공동으로 수여되는 과정이다. 미국의 컬럼비아대학이나 펜실베이니아대학, 독일의 베를린자유대, 영국의 런던정경대, 중국의 푸단復旦대

| 시앙스포 출신 주요 인물 |

이름	직함(재위 기간)
프랑수아 미테랑(François Mitterrand)	프랑스 대통령(1981~1995)
자크 시라크(Jacques Chirac)	프랑스 대통령(1995~2007)
니콜라 사르코지(Nicolas Sarkozy)	프랑스 대통령(2007~2012)
프랑수아 올랑드(François Hollande)	프랑스 대통령(2012~현재)
파스칼 라미(Pascal Lamy)	세계무역기구(WTO) 총재(2005~2013)
미셸 캉드쉬(Michel Camdessus)	국제통화기금(IMF) 총재(1987~2000)
도니미크 스토로스칸(Dominique Strauss-Kahn)	국제통화기금 총재(2007~2011)
크리스틴 라가르드(Christine Lagarde)	국제통화기금 총재(2011~현재)
부트로스 부트로스갈리(Boutros Boutros-Ghali)	유엔 사무총장(1992~1996)
알파 콩데(Alpha Condé)	기니 대통령(2010~현재)
폴 비야(Paul Biya)	카메룬 대통령(1982~현재)
에드바르트 베네시(Edvard Beneš)	체코슬로바키아 대통령(1935~1938)
조제 소크라테스(José Socrates)	포르투갈 총리(2005~2011)
피에르 베르너(Pierre Werner)	룩셈부르크 총리(1959~1974, 1979~1984)
피에르 트뤼도(Pierre Trudeau)	캐나다 총리(1968~1979)
하비브 부르기바(Habib Bourguiba)	튀니지 초대 대통령(1959~1987)
찬드리카 쿠마라퉁가(Chandrika Kumaratunga)	스리랑카 대통령(1994~2005)
모하마드 모사데크(Mohammad Mossadegh)	이란 총리(1951~1953)

학, 일본의 게이오대학 등 명문 대학들이 그 대상이다. 시앙스포는 또 영어만으로 학위를 받을 수 있는 다수의 대학원 과정을 개설함으로써 국제적 경쟁력을 확보하려는 정책을 펴고 있다. 물론 이런 정책은 프랑스 고등교육의 정체성을 포기하는 것이라는 비판에 직면해 있기도 하다.

유럽을 만드는 시앙스포

시앙스포는 프랑스 사회가 안고 있는 패러독스를 대변한다. 이 학교는 국가의 최고 엘리트를 양성하는 학교임에도 불구하고 민간에서 설립한 기관이다. 나중에 공립화가 되었지만 국가 중심의 나라에서 시민사회의 역할을 보여주는 셈이다. 또한 가장 부르주아적인 교육이라는 비판을 받았지만 프랑스에서는 최초로 '긍정적 차별' 제도를 시행한 혁신적 기관으로 비판과 변화의 변증법을 잘 나타낸다. 끝으로 프랑스 민족 부흥을 꾀하기 위해 만들어졌지만 가장 유럽적이고 국제적인 교육기관으로 발전했다. 발 빠른 변화와 개방성이 성공적 진화의 열쇠임을 보여주는 사례인 것이다.

시앙스포가 유럽을 만드는 데 기여한 부분은 적어도 세 가지 차원에서 말할 수 있다. 우선 역사적으로 시앙스포는 기원과 발전이 모두 유럽 지식 네트워크의 중심적 역할과 연결되어 있다. 프랑스 고등교육은 독일의 베를린대학을 낳았고, 베를린대학은 다시 시앙스포를 잉태했으며, 시앙스포는 영국 런던정경대의 모델이 되었다. 정치 및 행정 분야의 엘리트를 전문적으로 양성하는 특수학교의 모델은 20세기 들어 유럽의 엘리트를 교육하는 유럽칼리지 및 유럽학대학으로 확산되었다.

둘째, 시앙스포는 유럽을 이끌어가는 엘리트를 직접 교육하고 양성하는 데 기여했다. 즉 유럽 엘리트 네트워크의 중심에 자리 잡고 있다는 말이다. 주지하다시피 프랑스는 유럽통합의 아이디어를 제시하고 독일과 함께 유럽을 만들어온 가장 중요한 나라이다. 앞에서 보았듯이 프랑스의 권력 엘리트는 거의 독점적으로 시앙스포에서 만들어진다. 독일에는 비슷하게 상응하는 학교가 없다. 영국의 옥스브리지나 런던정경대가 비슷한 역할을 하지만 영국은 유럽통합에 적극적이지 않다. 결국 시앙스포는 자연스럽게 유럽연합의 주요 엘리트의 중요한 산실이 되었다. 파스칼 라미의 개인적 경력은 이 부분을 상징적으로 보여준다. 그는 시앙스포와 국립행정연수원에서 교육받았고, 1984년부터 1994년까지 들로르 집행위원장의 비서실장을 역임하면서 유럽통합을 이끄는 역할을 담당했다. 1999년부터 2004년까지는 프로디 집행위원회에서 통상 담당 집행위원을 역임했다. 그리고 2005년부터 2013년까지 세계무역기구 사무총장을 담당했다. 따라서 시앙스포는 프랑스 엘리트뿐 아니라 유럽 엘리트, 그리고 세계 엘리트의 산실이기도 하다.

셋째, 1990년대 이후 시앙스포는 유럽 교육 국제화의 모델로 부상했다. 학교 과정에서 반드시 1년을 외국에서 연수하는 방식은 시앙스포에서 체계적으로 구현되었다. 또한 외국인 학생을 대거 받아들여 재학생의 절반에 가깝게 늘렸다는 것은 아마 세계에서 찾아보기 힘든 모델일 것이다. 덧붙여 시앙스포만큼 외국 대학과 공동 학위 제도를 광범위하게 늘린 사례도 드물다. 이는 결국 프랑스의 엘리트를 양성하지만 동시에 코즈모폴리턴cosmopolitan, 세계주의적 교육의 새로운 양식을 열어가는 데 있어서 선구적 역할을 한다는 뜻이다. 이처럼 시앙스포는 역사적으로 유럽 네트워크를 활성화하고 유럽의 엘리트를 직접적으로 양성하여, 유럽적 국제화 교육 모델이 되었다는 점에서 그 위상과 의미를 이해할 수 있다. _조홍식

---

* 이 글은 《유럽연구》 32권 3호(2014)에 게재되었다.

런던정치경제대학 : 영국식 진보적 지성의 요람

1895년 페이비언 협회 회원 네 명이 런던정경대 설립 기획

1897년 런던정경대 학생회 조직

1900년 런던대학 연합에 가입

1902년 런던대학 명의의 학위 수여 시작

1919년 베버리지 경, 런던정경대 학장 취임. 법학과 신설

1931년 경제학과 하이에크 교수와 케임브리지 케인스 교수 간의 논쟁

1939년 2차 세계대전 발발로 케임브리지로 캠퍼스 이전

1949년 주간학보 《더 비버》 창간

1974년 하이에크 교수, 노벨 경제학상 수상

1991년 유럽연구소 설립

1997년 《제3의 길》 저자 앤서니 기든스, 학장 취임

1999년 유로화의 아버지 로버트 먼델, 노벨 경제학상 수상

2012년 크레이그 칼훈 교수, 학장 취임

런던정치경제대학의 약사

한때 대영 제국의 영광을 누렸고 현재도 50여 개국의 영연방을 거느리고 있는 영국! 그 수도인 런던 중심부에는 영국 의회 민주주의의 요람이자 '빅벤Big Ben'이라는 별칭으로 더 유명한 웨스트민스터Westminster 국회 의사

당이 위치하며, 이로부터 서북쪽 방향으로 불과 10분 남짓 거리에 다우닝가 10번지 총리 관저와 영국 여왕이 거처하는 버킹엄Buckingham 궁이 위치하고 있다. 전 세계에서 모여드는 수많은 관광객은 영국의 심장이자 관광명소가 되어버린 이곳을 한 번에 둘러보기 위해 오늘도 어김없이 런던의 명물인 빨간색 이층버스 11번을 탄다. 그러나 같은 버스를 타고 반대 방향으로 가면 불과 10분 거리에 오늘날 영국을 움직이는 브레인의 산실인 런던정치경제대학에 도착한다는 사실을 아는 관광객은 그다지 많지 않은 것 같다.

런던정치경제대학(이하 런던정경대)은 1895년에 설립되었으며 런던대학 소속인 단과대학으로 사회과학 분야를 전문적으로 연구하고 교육하는 기관이다. 경제학, 법학, 정치학, 사회학, 국제관계학 등 20여 개의 다양한 사회과학 학문 분야를 연마하기 위해 지금도 전 세계 유수한 인재들이 이곳으로 몰려들고 있다. 2014년 현재 140여 개국 9,500명의 학생들이 재학 중이며 3,000여 명의 교직원이 이들을 가르치며 관리하고 있다. 캠퍼스에서 사용되는 언어는 100개가 넘으며, 런던정경대를 졸업한 16만 명의 동문들은 전 세계 190개국에서 활약 중이다. 31명의 영국 하원 의원과 42명의 상원 의원이 런던정경대 출신이고, 34명의 전·현직 글로벌 리더들이 런던정경대에서 수학했거나 교수직을 역임한 바 있다.

런던정경대는 학문적인 성과에서도 세계적인 위상을 자랑한다. 총 열여섯 명의 노벨상 수상자를 배출했는데, 특히 역대 노벨 경제학상 수상자의 4분의 1이 런던정경대 출신이다. 이것만 보아도 런던정경대가 얼마나 학문적 위상과 파급력에 있어서 세계적으로 독보적인 위상을 차지하고 있는지를 알 수 있을 것이다.

| 런던정경대를 거쳐 간 전 · 현직 글로벌 리더들(출처: LSE 홈페이지) |

국가	이름	과정(시기)	직책
중국	양제츠(Yang Jiechi)	일반 과정(1975)	중화인민공화국 외교부장(2007~2013)
덴마크	마르그레테 2세(HM Queen Margrethe II)	청강생(1965)	여왕(1972~현재)
그리스	게오르기오스 파판드레우(George Papandreou)	사회학 석사(1977)	총리(2009~2011)
	콘스탄티노스 시미티스(Konstantinos Simitis)	연구 과정(1961~1963)	총리(1996~2004)
이탈리아	로마노 프로디(Romano Prodi)	연구 과정(1962~1963)	총리(1996~1998, 2006~2008), 유럽집행위원회 위원장(1999~2004)
일본	아소 다로(Taro Aso)	청강생(1966)	외무대신(2005~2007), 총리(2008~2009)
폴란드	마레크 벨카(Marek Belka)	여름학교(1990)	총리(2004~2005)
싱가포르	고켕쉐(Goh Keng Swee)	경제학 학사(1951), 경제학 박사(1956)	재무장관, 국방장관, 교육장관, 부총리(1959~1984)
태국	타닌 끄라이위찌엔(Thanin Kraivichien)	법학 학사(1953)	총리(1976~1977)
영국	클레멘트 애틀리(Clement Attlee)	행정학 교수(1912~1923)	총리(1945~1951)
미국	존 F. 케네디(John F. Kennedy)	일반 과정(1935)	대통령(1961~1963)

런던정경대의 위상은 다양한 객관적 지표에서도 입증되고 있다. 영국 대학 평가 기관인 퀘커렐리 사이몬즈Quacquarelli Symonds, QS 사가 매년 실시하는 QS 세계 대학 평가에 따르면, 2014년 현재 런던정경대는 미국의 하버드대학 다음으로 사회과학 분야에서 최고의 대학으로 평가받고 있다. 또한 오늘날 기업이 가장 선호하는 세계 4대 대학 중의 하나이자, 졸업생들

| 런던정경대 출신 역대 노벨상 수상자 |

이름	분야	수상 연도
조지 버나드 쇼(George Bernard Shaw)	문학	1925
랠프 존슨 번치(Ralph Johnson Bunche)	평화	1950
버트런드 러셀(Bertrand Russell)	문학	1950
필립 노엘베이커(Philip Noel-Baker)	평화	1959
존 힉스 경(Sir John Hicks)	경제	1972
프리드리히 하이에크(Friedrich Hayek)	경제	1974
제임스 미드(James Meade)	경제	1977
윌리엄 아서 루이스 경(Sir William Arthur Lewis)	경제	1979
오스카르 아리아스(Óscar Arias)	평화	1987
머튼 밀러(Merton Miller)	경제	1990
아마르티아 센(Amartya Sen)	경제	1998
로버트 먼델(Robert Mundell)	경제	1999
조지 애컬로프(George Akerlof)	경제	2001
로버트 엥글(Robert F. Engle III)	경제	2003
레오니트 후르비치(Leonid Hurwicz)	경제	2007
폴 크루그먼(Paul Krugman)	경제	2008
크리스토퍼 피사리데스(Christopher A. Pissarides)	경제	2010

의 취업이 가장 잘되고 있는 영국 대학으로도 손꼽히고 있다. 특히 은행, 회계, 개발 협력, 국제기구 영역에 진출하기를 희망하는 런던정경대 졸업생들에 대한 수요는 유로존Eurozone 재정 위기 이후 더욱 두드러지고 있다. 그러면 이토록 전 세계적으로 놀라운 활동과 성과를 보이고 있는 런던정경대는 어떠한 배경에서 설립되었고, 영국 사회를 비롯한 유럽 전체에 어떠한 영향을 끼쳐왔는가?

영국식 진보주의 산실의 등장

런던정경대의 설립 배경과 역사적 전통은 19세기 후반 이후 영국 내 근현대적 정치·경제 이념의 변천 과정을 그대로 반영한다. 근현대적 경제·사회 체제로서 등장한 자본주의는 영국에서 비롯된 산업혁명을 계기로 전 세계로 확산되어 세계를 크게 바꾸어놓기에 이르렀다. 자본주의가 전개되는 과정에서 자유주의와 사회주의라는 기본적인 정치·경제 이념이 등장했는데 이들은 시대적 상황에 따라 다양한 형태로 구체화되면서 유럽 사회를 급속하게 변화시켰다. 영국은 19세기 초 세계 최초로 산업혁명을 이룬 직후 세계 최고의 산업 기술과 광대한 식민지를 바탕으로 세계 최대의 경제 대국으로 부상했고, 영국 정부는 애덤 스미스Adam Smith가 주장한 자유방임주의laissez-faire에 입각한 경제 정책을 실시했다. 그러나 시간이 흐르면서 19세기 후반에 이르자 경제 발전을 통해 소수 자본가 계층은 엄청난 물질적인 혜택을 누리게 되었지만, 대다수 노동자 계층은 낮은 수준의 임금과 열악한 노동 조건으로 인해 빈곤한 생활을 벗어나기 어려워지는 등 산업혁명의 부작용이 등장했다.

런던정경대의 설립은 바로 자유방임주의를 비판하면서 등장한 페이비언 사회주의Fabian Socialism와 직접적인 관련이 있다. 페이비어니즘Fabianism이라고도 불리는 페이비언 사회주의는 1884년 조직된 '페이비언 협회'에서 비롯되었다. 이 협회는 사회자유주의의 영향을 받아 스코틀랜드 철학자인 토머스 데이비드슨Thomas Davidson이 만든 '신新생활회The Fellowship of New Life' 에서 독립한 단체이다. 이 협회의 핵심 멤버인 사회운동가 시드니 웨브Sidney Webb와 비어트리스 웨브Beatrice Webb 부부, 페이비언 협회 리더 그레이엄 월러스Graham Wallas, 극작가 조지 버나드 쇼George Bernard Shaw가 바로 그로부터 10여 년 후인 1895년에 런던정경대를 설립한 주인공이다.

시드니 웨브와 비어트리스 웨브 부부

1894년 8월 4일 영국 남부 서리Surrey 지방의 버러Borough 농장에서 아침 식사를 하고 있던 웨브 부부와 월러스, 쇼는 그들이 속해 있던 페이비언 협회의 열렬한 후원자인 헨리 헌트 허친슨Henry Hunt Hutchinson의 사망 소식을 접한다. 그는 2만 파운드(오늘날의 백만 파운드에 해당)를 유산으로 남기면서 페이비언 협회와 사회주의의 발전을 위한 용도로 '지속적이면서도 즉각적으로' 집행할 것을 당부했다. 이 일이 바로 이듬해 런던정경대 설립의 직접적인 계기가 되었다.

시드니 웨브는 런던정경대 설립이 가시화되기 전부터 이미 연구 중심의 해외 유수 대학들을 보고 많은 영감을 받은 바 있다. 미국 산업화의 영향으로 1861년 설립된 매사추세츠공과대학Massachusetts Institute of Technology, MIT을 방문했을 때 크게 고무된 바 있으며, 프랑스 파리정치대학École libre des sciences politiques과 유사한 대학 기관을 런던에 설립하되 학교 이름에 '런던London'과 '경제학Economics'을 추가하여 '런던정치경제대학London School of Economics and Political Science'으로 명명할 것을 이미 염두에 두고 있었다. 경제학을 학교명에 명시하고 경제 관련 과목을 중점적으로 가르치는 학교를 설립한다는 것은 그 자체만으로도 매우 진보적인 생각이었다. 경제학은 당시 유럽의 대학에서 독립적인 학문으로 인정받지 못했고, 주로 법학의 한

중앙도서관인 라이어널 로빈스(Lionel Robbins) 건물. 런던정경대 경제학과 학과장을 역임한 로빈스 교수의 이름에서 유래한다. 공식 명칭은 영국정치경제도서관으로 영국 최대 규모의 사회과학 도서관이다.

분야로 다루어지는 데 그쳤기 때문이다. 이는 장기적인 계몽과 개혁을 통한 이념 실천을 강조한 페이비어니즘적 시각을 그대로 반영한 것이다.

이러한 설립 이념으로 인해 개교 당시 런던정경대는 기존의 대학들과 다른 몇 가지 특징을 가지고 있었다. 남녀 누구에게나 입학의 기회가 동일하게 주어졌고, 학생들이 다양한 직종에 종사하는 노동자임을 감안하여 수업은 저녁 6시부터 9시까지 진행되었다. 이런 점에서 런던정경대는 영국 최초 야간대학의 형태로 시작한 대학이라 할 수 있다. 학기는 3학기제이나 특정 학위 과정을 개설한 것은 아니었고 등록금은 학기당 3파운드였다. 개설 과목으로는 경제학(이론과 경제사 포함), 통계학, 상업(역사, 지리, 유럽 관세 체계, 운송 수단 포함), 은행업과 화폐 및 재정, 통상 및 노동법, 정치학(행정학 포함)의 여섯 개 과목이 개설되었다. 첫 수업은 1895년 10

월 10일 가을학기Michaelmas Term 시작과 동시에 진행되었다. 약 200명의 학생이 모집될 것으로 기대했으나 매우 인기가 높아 개교 첫해에 이미 300명이 넘는 학생들이 몰려들었다.

학생들의 수가 많아지면서 시드니 웨브를 비롯한 설립자들은 도서관 설립과 교사校舍 확보에 우선적으로 역점을 두었다. 그러다가 아일랜드 출신의 부유한 상속인이자 페이비언 협회 회원이었던 샬럿 페인톤젠드Charlotte Payne-Townshend의 도움으로 그가 거주하던 아델피 테라스Adelphi Terrace 10번가 건물을 개조하여 학교 건물과 도서관으로 사용할 수 있게 되었다(후에 페인톤젠드는 조지 버나드 쇼와 결혼했다). 특히 이때 세워진 런던정경대 도서관은 샬럿 페인톤젠드가 후원한 1,000파운드를 비롯한 학교 설립자들의 후원, 그리고 기타 후원금 등으로 설립될 수 있었는데, 학교의 건학 이념에 맞춰 당시 가장 첨예한 정치적인 이슈들(국민투표권, 주류 판매 등)에 대해 학생들에게 사실을 전달하고 계몽할 수 있는 사회과학 전문 도서관으로 설립되었다. 1925년 영국정치경제도서관British Library of Political and Economic Science, BLPES으로 공식 명명되었고 런던정경대의 중앙도서관이자 오늘날 영국 최대 규모의 사회과학 도서관으로 자리 잡았다.

개교 당시 다소 산만했던 체제는 해를 거듭하면서 점차 체계를 갖춰갔다. 특히 1900년 런던정경대가 런던대학 체제에 편입되면서 런던정경대의 교과과정이 공식적인 대학과정으로 인정받았으며, 교수진도 정식 대학교수로 인정받았다. 영국의 대학 체제는 미국 대학과 다른 독특한 시스템을 가지고 있는데, 유니버시티university라는 종합대학 안에 여러 단과대학이 공존하는 것이 아니라 처음부터 단과대학(college 또는 school)으로 설립되어 독자적으로 운영되는 체제이다. 따라서 재정 및 행정은 단과대

중앙도서관 내부. 2001년에 새로 단장하여 재개장했으며, 4백만 권 이상의 장서와 3만 5,000여 권에 이르는 저널을 소장, 구독하고 있다. 환경 친화적이면서도 미(美)를 살린 디자인으로 평가받고 있다.

고유의 권한으로 독자적으로 운영되며, 런던대학University of London은 독자적으로 운영되는 이들 대학 및 연구 기관들의 연합체라고 할 수 있다. 런던대학 연합에 편입된 런던정경대는 1902년 사회과학 분야에서는 최초로 대학 학위를 수여할 수 있었으며 학위는 런던대학 이름으로 수여되었다.

진보주의를 표방하는 대학답게 구성원인 런던정경대 학생들 또한 적극적인 정치적인 활동을 통해 사회 변혁과 정의 구현을 실현하는 데에 앞장섰다. 1897년에 조직된 학생회는 영국 대학 중 가장 먼저 조직된 학생회이다. 학생들은 2주마다 한 번씩 정치적인 사안에 대해 논쟁하는 시간을 가졌으며, 이 논쟁은 대학이 위치한 클레어 마켓의 이름을 따서 '클레어 마켓 의회Clare Market Parliament'로 불렸다. 또한 《클레어 마켓 리뷰*Clare Market Review*》 저널을 영국 대학 학생회 중 최초로 발간하여 다양한 사회 이

올드빌딩(Old Building)이라는 명칭에서 알 수 있듯이 런던정경대 건물 중 가장 오래된 건물이다. 국내외 저명인사 공개 강연이 이곳에서 개최되며 강의실과 구내식당도 이 건물에 위치하고 있다.

슈에 대해 문제를 제기하고 깊이 있는 논의를 시도했다. 이 밖에도 주간 학보《더 비버 *The Beaver*》를 창간하여 학생들에게 학교 소식을 널리 전파하고 있다.

이러한 적극적인 학생회의 행보는 1960년대에 처음으로 전 세계 언론의 주목을 끈 바가 있다. 1967년 학부 학생회 회장 데이비드 아델스타인 David Adelstein과 대학원 학생회 회장 마셜 블룸 Marshall Bloom은 월터 애덤스 Walter Adams 경이 학장으로 지명된 것에 불만을 갖고 이를 반대하는 시위를 벌였다. 역사학자이기도 한 월터 애덤스가 과거에 영국 식민지 로디지아 Rhodesia, 오늘날의 짐바브웨에서 식민지 고등교육을 위한 대학 간 위원회 Inter-University Council for Higher Education in the Colonies의 사무총장 직을 역임하면서 소수 백인을 우대하는 성향을 보였기 때문에 다인종 학생들이 수학하는 학교

올드빌딩에 새겨진 런던정경대의 모토와 로고. 베르길리우스의 〈농경시(Georgics)〉의 한 구절인 '근원에의 탐구(Renum cognoscere causas)'가 런던정경대 모토이며, 사회적 습성이 강한 부지런한 동물로 알려진 비버가 이 대학의 로고이다.

의 수장이 되는 것은 적절치 않다는 주장이었다. 시위 진압 과정에서 수위가 심장마비로 사망하기까지 하여 큰 이슈가 되었다. 이들은 학교 당국으로부터 징계 처분을 받았으나 런던정경대 학생들이 단식 투쟁을 함으로써 수일 만에 이들의 징계가 번복되는 해프닝을 겪기도 했다. 그러나 대학원 학생회 회장이었던 미국 국적의 마셜 블룸은 베트남전 참전 통지를 받자 결국 자살했다. 이 일련의 사건들은 전 세계 언론에 대서특필되었다.

최근인 2011년에는 런던정경대가 리비아의 최고 지도자 무아마르 카다피Muammar Gaddafi의 아들이자 런던정경대 출신인 사이프 이슬람 카다피Saif al-Islam Gaddafi가 운영하는 재단으로부터 재정적인 후원을 받아 150만 파운드(약 25억 원)를 리비아 학생들에게 장학금으로 지원한 사실이 드러나면서, 학생회에서 런던정경대와 카다피 정권의 유착설을 제기하면서 시위를 벌인 적이 있다. 시위 과정에서 학생들은 학장실까지 점거했고 결국에는 하워드 데이비스Howard Davies 학장이 사퇴하는 결과를 초래했다. 런던정경대 학생회는 오늘날에도 건학 이념에 충실하게 사회의 불의에 굴하

2014년 10월에 새로 오픈한 학생회관. 3천 5백만 파운드를 투자하여 건립한 이 건물은 인터넷 카페, 펍(pub), 피트니스 센터, 미디어 센터, 기숙사, 커리어 센터 등 최첨단 학생 편의 시설이 들어서 있다.

지 않고 맞서 싸우는 진보적 태도를 견지하면서 학생들의 편익을 도모하고자 노력하고 있다. 학교 당국으로부터 3천5백만 파운드(약 6백억 원)의 지원을 받아 2009~2014년의 긴 공사 끝에 새로운 학생회관 건물이 완공되어 그 어느 때보다 학생들이 쾌적한 환경에서 자치 활동을 할 수 있는 제반 여건이 마련되었다.

런던정경대와 영국 의회 정치

페이비언 사회주의는 20세기 동안 영국 노동당 창당과 운영의 기본 이념으로 활용되어 영국 의회 민주정치에 큰 영향을 미쳤으며 21세기에 들어선 오늘날까지도 그 영향력이 지속되고 있다. 이런 점에서 페이비언 협회 회원들이 설립한 런던정경대야말로 바로 사회 변혁을 위한 실천적 교류와 논쟁의 장이라 할 수 있다. 1900년 2월 영국 노동당 창당 대회Labour's Founding Conference에 페이비언 협회는 70여 개 노동조합 단체들과 함께 참가했고, 당의 정책 노선과 이념을 담은 노동당 당헌 또한 런던정경대 설립자인 시드니 웨브에 의해 기초되었다. 당시 페이비언 협회에 등록된 회원은 861명이었다.

초기에 '노동자대표위원회'라는 이름으로 출범한 노동당은 창당 당시 집권하고 있던 자유당과 긴밀히 협력하여 노동자 계층을 보호하는 정책을 다수 입안했다. 파업 중에 발생한 손해에 대해 노조에게 손해배상을 요구할 수 없다는 내용의 1906년 '노동쟁의법Trade Dispute Act'과 연봉 160파운드 미만의 16~70세 노동자들이 의무적으로 국민의료보험에 가입하도록 한 1911년 '국민의료보험법' 등이 대표적인 노동자 보호 입법이었다. 노동당은 창당 직후 10월 선거에서 2석을 진출시킨 후 1906년 2월 총선에서 29석으로 약진했고, 이 시기 영국에서 사회주의 이념에 대한 사회적 관심이 증가하여 페이비언 협회에 가입하는 회원 수가 1908년 기준 2,500명으로 세 배나 증가했다. 1916년 자유당이 분열된 틈을 타서 발흥하여 1922년에는 자유당을 제치고 제1야당의 자리를 차지하게 되었고, 1924년 처음으로 집권당이 되었다. 그 후 노동당은 보수당과 함께 양대 정당으로서의 지위를 줄곧 유지해오고 있다.

양차 대전 후 유럽 복지국가의 전형으로 등장한 영국 복지국가의 모델은 1차 세계대전 직후 런던정경대 학장을 역임한 윌리엄 베버리지William Beveridge 경의 주도하에 1942년 발간된 《베버리지 보고서*Beveridge Report*》에 근거했다. 이 보고서는 국가 재건을 위해 결핍, 질병, 무지, 불결, 나태의

5대 악을 극복해야 한다고 강조하면서 국민 개개인은 국가가 보장하는 국민 최저 수준 이상을 준비할 수 있도록 자발적으로 노력해야 하고, 국가는 개인의 이러한 활동을 남겨두는 선에서 사회보장을 해야 한다는 내용을 골자로 하고 있다. 영국 정부는 이러한 기본 전제하에 6대 원칙(포괄성의 원칙, 급여 적절성의 원칙, 정액 갹출의 원칙, 정액 급여의 원칙, 행정 통일의 원리, 피보험자 분류의 원칙)과 3대 전제 조건(가족수당, 포괄적인 보건서비스, 완전고용)을 포함한 사회보장 체계를 마련했다. 이는 정치적으로는 2차 세계대전 직후인 1945년 총선에서 노동당이 처칠이 이끌던 보수당을 누르고 승리하는 데에 결정적인 계기를 제공했다.

보수당이 베버리지 보고서의 내용이 현실성이 없다고 판단한 반면, 노동당은 복지국가의 청사진을 선거 공약으로 제시함으로써 중산층과 노동자 계층의 전폭적인 지지를 얻었다. 총선 결과 단독 정부를 구성하게 된 노동당 정부는 영국을 복지국가로 만들고자 총력을 기울였다. 특히 1945년 '가족수당법Family Allowance Act', 1946년 '국민보험법National Insurance Act'과 '국민보건서비스법National Health Service Act' 그리고 1948년 '국민부조법National Assistance Act'은 베버리지 보고서에 근거하여 마련된 것으로 영국의 복지국가 체계를 확립하는 데 중요한 역할을 했다. 이를 계기로 영국은 '요람에서 무덤까지from the cradle to the grave'를 표방하는 복지국가로 탈바꿈했을 뿐만 아니라 프랑스, 서독 등 다른 유럽 국가들에게도 상당한 영향을 미쳤다.

흥미로운 사실은 당시 노동당 당수는 클레멘트 애틀리Clement Attlee였는데, 베버리지 경이 런던정경대 학장으로 재임하던 시기(1919~1937)에 애틀리도 런던정경대에서 교수 신분으로 학생들에게 강의를 하고 있었다는 사실이다. 애틀리는 1912년에 강의를 시작했지만 1차 세계대전 기간 동안 소령으로 전쟁에 참여했고, 1919년 다시 복귀하여 1923년 정계에 입문하기 전까지 런던정경대에서 후학을 양성했다. 베버리지가 기초한 복지체계의 틀을 실행에 옮긴 주인공이 바로 애틀리 수상이라는 사실만 보더라도 런던정경대가 현 영국의 복지 정책과 얼마나 밀접한 관련이 있는지를 알 수 있다.

런던정경대는 설립 취지와 사상적 이념이 노동당 정책과 부합했지만, 사회 변혁을 추구하는 최고의 교육기관으로서 반대되는 사상과 이념도 함께 논의하는 포용성도 갖추었다. 라이어널 로빈스 교수는 경제학과 학과장으로 재직하면서 당시 영미 경제학을 지배하던 케인스주의에서 벗어나 다양한 시각을 학생들에게 알리고 연구할 필요가 있다고 판단하여, 오스트리아 경제학자 프리드리히 하이에크Friedrich Hayek를 런던정경대 교수로 초빙했다.

1931년에 부임한 하이에크는 고전적 자유주의의 신봉자로 국가 경제 활성화를 위해 정부 지출을 늘려야 한다고 주장한 케인스의 주장에 정면으로 반박했다. 그는 민간 투자를 활성화하는 것이 오히려 더 효율적인 방안이라고 주장하면서 이에 관해 학생들에게 강의한 내용을 모아 《가격과 생산*Prices and Production*》(1931)으로 출판했다. 《타임스》에 게재된 케인스와 하이에크의 논쟁은 당시 매우 유명했고 케임브리지와 런던정경대 간의 논쟁으로도 상징성이 있었다. 1974년 노벨 경제학상을 수상한 하이에크는 이후 보수당의 경제 정책 방향에 크게 영향을 끼쳤다. 1975년 마거릿 대처가 보수당 당수로 선출된 직후 보수당 정책연구소를 방문한 자리에서 하이에크 교수가 저술한 《자유헌정론*The Constitution of Liberty*》(1960)을 꺼내 들고 참석자들 앞에서 "이 책에서 주장하는 내용이 앞으로 우리가 추구해야 할 바이다"라고 언급한 사건은 잘 알려져 있는 일화이다.

지나친 국유화 조치로 인해 1951년 총선에서 패한 후 줄곧 야당의 지위에 머물러 있어야 했던 노동당은 1997년 총선에 승리함으로써 비로소 재도약의 시기를 맞았다. 토니 블레어Tony Blair 수상은 과거 노동당의 낡은 이미지에서 벗어나고자 '신新노동당New Labour'을 표방했으며, 정책 노선에 있어서도 새로운 노선을 모색하기에 이르렀다. 블레어 수상은 집권 시기에 마침 런던정경대 학장으로 재직 중이던 앤서니 기든스Anthony Giddens 사회학 교수가 주장한 《제3의 길*The Third Way*》을 노동당의 정책으로 삼았다. '요람에서 무덤까지'를 표방한 사민주의적 정책 노선을 '제1의 길'로, 대처리즘으로 표방되는 신자유주의적 사상을 '제2의 길'로 본다면, 제3의 길은 '제1의 길'과 '제2의 길'의 한계를 극복하기 위해 등장한 새로운 노선이다. 효율을 높이면서 동시에 복지도 추구하자는 것이 목표였다. 신노동당의 정책도 이에 따라 영국 내의 금융 개방성을 높이고 동시에 복지 정책을 복원하되, 복지를 상당 부분 시장에 맡겨 효율성을 높이는 방향으로 수립되었다.

이에 따라 채택된 실용주의 노선은 '블레어리즘Blairism'으로 회자되면서 유럽 중도좌파 정치인들이 많이 채택하는 정치이념이 되었다. 그러나 퇴임 이후 후임인 고든 브라운Gordon Brown 수상 때 금융 위기가 닥치면서 영국은 다시 한 번 위태로운 시기를 맞았다. 데이비드 캐머런David Cameron 보수당 정부가 들어서면서 유럽연합EU 탈퇴를 주장하는 극우 정당이 부상하기에 이르렀으며, 제3의 길에 대한 회의론이 팽배해 있는 상황이다.

유럽 속의 영국과 런던정경대

오늘날 유럽연합으로 대변되는 유럽 내에서 영국이 취하는 입장에 대해 종종 '어색한 동반자'라는 평가가 내려지고 있다. 영국은 유럽연합 가입부터 대륙 국가들과 순탄치 않은 관계를 보였다. 처음 프랑스를 위시한 6개국(프랑스, 서독, 이탈리아, 벨기에, 네덜란드, 룩셈부르크)이 1950년대 초 유럽석탄철강공동체ECSC를 설립하여 유럽통합의 초석을 다져나갈 때 영국은 유럽의 초국가적 통합 움직임에 무관심했다. 초국가적 정부 자체를 받아들일 수 없었기 때문에 보수당과 노동당 모두 대륙에서 벌어지는 통합 움직임에 참여할 의사가 전혀 없었다. 그러다가 전후 냉전 시대 미국과 소련이 핵무기를 개발하여 세계 최강국으로 등장하자 영국은 종전의 독자적 위상을 유지하는 데에 한계를 느꼈다. 또한 경제적으로도 무역수지가 계속 악화되어 영국 제품의 세계 시장에서의 점유율이 1950년 25퍼센트에서 1960년 16퍼센트로 급감했다. 유럽경제공동체EEC 회원국들이 같은 기간 동안 높은 수출 증가율을 보이자, 영국은 생존을 위해 유럽 대륙과의 결속과 유대가 필요함을 깨달았다. 1961년 영국은 유럽연합의 전신인 유럽경제공동체 가입을 희망하여 신청서를 제출했다. 그러나 영국 가입 시 자국의 위상이 약화될 것을 우려한 프랑스 드골 대통령의 반대로 무산되었고, 1967년의 재신청도 받아들여지지 않았다. 결국 1969년 드골이 사임한 후 1973년에 가서야 유럽경제공동체에서 발전한 유럽공동체EC의 일원이 될 수 있었다.

영국의 가입 결정은 급변하는 세계정세에 부응하고 악화되어가는 경제 상황을 타개하기 위한 방법으로 취한 것이었으나, 보수 성향이 강한 영국 언론들은 영국 정부의 선택에 대해 깊은 우려를 표명했다. 그러나 자국 내 보수적 목소리를 반영이라도 한 듯, 영국은 유럽통합 과정에서 공동체 차원의 결정이 필요할 때마다 자국의 주권과 이익을 가장 우선시하는 입장을 고수해왔다. 영국은 비자 면제 협정인 솅겐 조약Schengen Agreement에도 가입되어 있지 않을 뿐만 아니라 유럽연합의 단일화폐인 유로Euro도 사용하고 있지 않다. 유럽통합을 가장 피부로 느낄 수 있는 솅겐 협정과 유로화를 도입하지 않고 있기 때문에 영국 시민들은 유럽 시민들에 비해 유럽통합에 대한 체감 정도가 매우 낮다.

그러나 영국이 유로화를 채택하고 있지 않음에도 불구하고 유로화 도입 배경에 런던정경대가 있다는 사실은 아이러니하다. 1999년 노벨 경제학상을 수상하고 '유로화의 아버지'로 불리는 캐나다 출신의 로버트 먼델Robert Mundell 교수는 1950년대에 런던정경대에서 수학한 동문이다. 그가 1961년 주장한 최적 통화 지역Optimal Currency Area 이론은 유로존 국가들의 경제 구조가 유사하여 단일 통화 사용 시 비용보다 이득이 더 많다는 내용으로 유로화 탄생의 직접적인 이론적 배경이 되었다. 먼델 교수는 유로화의 전망에 대해 매우 낙관하여 2010년까지 유럽 50개국이 모두 유로화를 사용할 것이라고까지 전망했지만, 2009년부터 시작된 유로화 재정 위기로 인해 유로화에 대한 신뢰가 많이 떨어진 상태이다.

런던정경대의 유럽통합 연구는 다른 사회과학 분야에 비해 다소 늦게 시작되었다. 1991년 집행위원회로부터 백만 파운드(약 17억 원)에 가까운 금액을 지원받아 유럽연구소European Institute를 설치한 것이 그 시작이라 할 수 있다. 유럽연구소는 법학, 사회학, 국제관계학, 지리학, 정치사회학, 정치학, 정치경제학, 철학 등 다양한 전공 분야와 연계하여 석사과정과 박사과정을 운영하는 학제 간 연구소로, 유럽성Europeanness에 대한 개념을 비롯하여 유럽 및 유럽연합의 정치, 경제, 사회에 관해 깊이 있게 다룬다. 현재 교과과정에서 가장 중점적으로 다루고 있는 주제는 유럽의 사상과 정체성, 유럽의 정치경제학, 유럽연합 거버넌스governance, 유럽 사회의 문제 등이다. 그러나 유럽연구소는 어디까지나 영국적인 시각에서 유럽연합을 조망하고 있다. 유럽 정체성European identity에 관한 연구의 시각에서도, 기본적으로 유럽 정체성은 민족주의로 인해 유럽 차원의 단일한 정체성 형성이 어렵다는 것을 전제로 하고 있다. 실제로 민족주의의 영향력을 강조한 저명한 학자들 중 하나인 크레이그 칼훈Craig Calhoun 교수는 2012년부터 런던정경대 학장직을 맡고 있다.

21세기를 위한 과제: 유럽주의? 세계주의?

21세기의 급변하는 국제 정치·경제 패러다임 속에서 자존심 회복과 생존을 위한 영국의 계산은 더욱 복잡해졌다. 영국은 지리적으로는 유럽에 가까우나 정서적으로 미국과 가까운 영연방이기에, 온전히 유럽에만 또는 미국과 영연방에만 의존할 수 없는 모호한 입장을 취해왔다. 이러한 어색한 동반자로서의 영국의 태도는 영국 특유의 보수성에 기인한다. 비록 정권에 따라 정도의 차이는 있었지만, 자국의 주권이 초국가 공동체에 이양될지 모른다는 우려로 인해 대륙 통합의 움직임에 '거리 두기'를 해온 영국 정부는, 급기야 2015년 총선에서 보수당이 승리하면 영국의 유럽연합 회원국 탈퇴 여부를 묻는 국민투표를 늦어도 2017년까지는 실시하겠다고 공언한 상태이다.

영국은 그간 모호한 정체성을 적절히 활용하여 최대한 실리를 추구하는 실용주의 노선을 취해왔다. 전통적으로 영국은 유럽 대륙으로부터 사상적 영향을 받아왔지만 그것을 전적으로 수용하기보다는 상황에 맞게 변용하고 발전시켜왔으며, 이 과정에서 영국의 진보적 지성은 보수주의가 견제될 수 있도록 균형 감각을 심어주었다. 앞으로도 이러한 성향이 크게 바뀔 것 같지는 않다. 다만 오늘날 세계의 축이 미국과 중국의 양대 축을 중심으로 재편되고 있는 과정에서 영국에게는 기존의 유럽과의 관계 및 미국과의 관계 유지에 덧붙여 중국과의 관계 개선이 새로운 어젠다로 등장했음은 주지할 필요가 있다.

실제로 최근 런던정경대가 역점을 두고 추진하고 있는 프로그램들을 살펴보면 영국의 진보적 지성이 추구하는 방향이 무엇인지 짐작해볼 수 있다. 런던정경대는 현재 중국 베이징대학, 프랑스 시앙스포 그리고 미국 컬럼비아대학과의 교육 협력 사업에 박차를 가하고 있다. 이들 대학과의 협력 사업은 단순히 기관 간 양해 각서 교환의 차원이 아니라 학생 및 교수진 교류, 여름학교 개설을 통한 학점 인정, 이중 석사 학위 수여 등 매우 심도 있는 수준의 교류 사업이다. 또한 2006년에 런던 비즈니스 공자학당 Confucius Institute for Business London을 설립하여 운영하고 있다. 이 공자학당은 영국 기업인들을 대상으로 중국 비즈니스 진출에 도움을 주기 위한 목적으로 중국 문화 및 언어 교육 과정을 운영하고 있으며 중국 정부 장학금 프로그램도 운영하고 있다. 과거 문화혁명 시기인 1970년대 초 중국 정부가 자국의 우수한 학생들을 선발하여 영국으로 유학을 보냈는데, 당시 이들을 수용하고 교육한 기관이 바로 런던정경대였다. 이들 상당수는 유학 후 본국에 돌아와 현재 중국 외교·통상 분야의 중추를 맡는 중견 외교관의 위치를 차지하고 있으며, 이제는 중국이 바로 이 대학을 통해 우수한 외국 학생들을 중국으로 유치하여 유학할 기회를 제공하고 있다. 이 프로그램들에서 가장 역점을 두고 있는 세 개 대학이 프랑스, 중국, 미국 대학임은 주목할 필요가 있다. 런던정경대의 모티프가 된 프랑스의 시앙스포와 세계 양대 축을 이루는 중국과 미국의 최고 대학들과의 연계 사업은 런던정경대의 과거, 현재, 미래를 상징적으로 반영한다. 현재 앞서 언급한 대로 중국과의 교류에 역점을 두고 있지만, 상당수의 유능한 미국 인재들 또한 이미 런던정경대를 거쳐 갔고 그 결과 현재 미국 행정부의 요직도 런던정경대 출신들이 장악하고 있다. 연임에 성공한 미국 오바마 행정부의 총 열다섯 명의 핵심 참모진 중에 세 명이 런던정경대 출신으로, 다섯 명을 배출한 하버드대학 다음으로 많은 수를 차지하고 있다.

그러나 영국이 역점을 두고 있는 미국 및 중국과의 관계 발전 및 유지가 유럽으로부터 벗어나는 것을 전제로 이루어질 것이라 보는 견해는 많지 않다. 영국이 1960년대에 회원국 가입을 희망했을 때 경제적인 이유가 컸던 것처럼, 이미 유럽과 하나의 시장으로 묶여 있는 상태에서 단일시장을 통해 다른 회원국들과의 물품, 서비스, 노동력, 자본의 자유로운 이동이 가져다주는 경제적 혜택을 거부할 만한 충분한 명분이 있는지, 그리고 탈퇴 후 그 경제적 타격을 충분히 감내할 수 있을지 의문이기 때문이다. 유럽에 대한 영국의 의존도는 이미 상당한 수준에 이르렀다. 만일 영국이 유럽연합을 탈퇴하여 비회원국이 되면 다른 회원국들이 영국으로부터 수입되는 물품에 관세를 부과해야 하는데, 그렇게 되면 상품 수출가격이 상승하여 영국 생산자들의 거센 반발을 피하기 어렵게 될 것이다. 또한 유로화 거래에 있어서 중심축 역할을 담당하던 런던 금융가가 그 기능을 상실하게 될 것이며, 그로 인해 런던 금융가의 전통적 위상이 많이 약화될 것이다.

영국이 미국과의 전통적인 '특별한 관계'를 희생하면서까지 유럽에 더 다가갈 것 같지는 않지만, 그렇다고 해서 이미 길들여진 유럽과의 달콤한 관계를 쉽게 버릴 것 같지도 않다. 다만 영국은 지난 수세기에 걸쳐 보여 주었듯이 국제 정치·경제 환경 속에서 생존을 위해 스스로의 길을 개척 해왔고, 또 앞으로도 그러할 것이다. 애매한 입장 속에서 영국이 어느 한 노선을 택해 타인에게 더욱 분명하게 비춰지도록 행동할 것이라 기대하는 것은 어려워 보인다. 다만 21세기에 영국이 취하게 될 실용주의 노선은 조금 더 복잡해진 국제 정치·경제 상황에서 더욱 절묘한 균형 감각을 통해 유지될 것이다. _윤성원

---

* 이 글은 《서강인문논총》 41집(2014)에 게재되었다.

4부

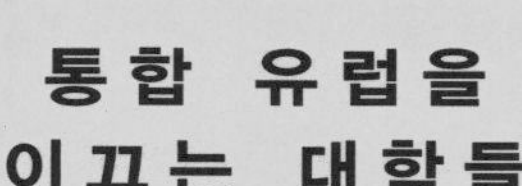

통합 유럽을 이끄는 대학들

스트라스부르대학 : 민족 경계의 대학에서 통합 유럽의 대학으로

1538년 장 스튀름, 김나지움 설립

1621년 신성로마제국 황제 페르디난트 2세에 의해 스트라스부르대학으로 승격

1681년 루이 14세, 스트라스부르 시 점령. 프랑스 왕국의 교육기관으로 변모

1872년 독일 제국의 카이저빌헬름대학으로 국가 소속, 명칭 변경. 독일의 저명한 자연계 교수진 이주

1919년 베르사유 조약 체결로 스트라스부르 시가 프랑스 영토가 되고 스트라스부르대학으로 명칭 복귀

1941년 스트라스부르 시의 대학, 나치 독일의 제국대학으로 변모. 의학계와 자연과학계 나치 협력 교수진 정착

자유 지역의 스트라스부르대학 교수진과 학생들, 레지스탕스 운동 참여

1944년 스트라스부르 시의 프랑스 스트라스부르대학으로 복귀

1971년 68운동의 영향으로 스트라스부르 1, 2, 3대학으로 분리

1989년 EUCOR 창설

1994년 스트라스부르 1, 2, 3대학명을 루이파스퇴르대학, 로베르슈만대학, 마르크블로크대학으로 정하고자 함

마르크 블로크 명칭 사건 발발

1998년 스트라스부르 2대학, 마르크블로크대학으로 명칭 변경

2008년 세 개의 대학을 하나의 스트라스부르대학으로 통합. EUCOR의 중심 대학

2014년 유럽 무균 환경 훈련 센터 단일 공장 학교 설립

과거 민족 갈등의 지역인 알자스 주의 프랑스 대학

스트라스부르대학Université de Strasbourg은 현재 프랑스 알자스Alsace 주의 대표적인 대학이다. 알자스 지역은 우리에게 잘 알려진 프랑스 작가 알퐁스

도데의 《마지막 수업-어느 알자스 소년의 이야기》의 배경이 된 곳이다. 주인공 소년 프란츠의 마지막 프랑스어 수업을 통해 알자스 지역이 독일에 점령되었음을 알려준 작품이기도 하다. 이 작품의 배경이 된 역사적 사건은 독일의 전신인 프로이센이 프랑스로 쳐들어가서 베르사유 궁까지 차지한 후 그곳에서 독일 제국의 성립을 공식적으로 선포한 프로이센-프랑스 전쟁(보불 전쟁, 1870~1871)이다. 작품 속에서 프란츠 소년의 프랑스어 선생님 아멜은 '프랑스 만세Vive la France'라는 프랑스어를 칠판에 쓰고 수업을 마친다. 그의 비통한 심정이 우리에게 고스란히 전달되어 일제 강점기에 한국어 대신 일본어를 배워야 했던 우리 역사를 떠올리게 한다. 이 때문에 오늘날까지 이 작품에 대한 대중적인 인기가 높다.

하지만 알자스 지역민에게 프로이센-프랑스 전쟁은 고통의 서막과 같은 사건이었다. 1·2차 세계대전을 통해 프랑스와 독일의 국경선이 변경되면서 알자스 지역민의 희생과 상처가 컸다. 왜냐하면 양국의 경계선이었던 알자스 지역이 유럽 근현대사를 통해 국적이 네 번이나 바뀌는 상황을 맞이했기 때문이다. 스트라스부르대학의 소속 국가도 알자스 지역의 역사와 함께 네 번이나 달라질 수밖에 없었다. 역사가 바뀌는 소용돌이 속에서 스트라스부르대학의 경험이 오늘날 통합 유럽 사회에서 어떤 역할을 할 수 있는지 궁금해질 수밖에 없다. 프랑스와 독일이 2차 세계대전 직전까지 첨예한 갈등을 겪었지만, 유럽통합을 이끈 리더 국가들이기에 스트라스부르대학의 역할이 남다를 수 있다. 더구나 유럽연합이 현재 경제 공동체에서 정치 공동체로 전환된 시점이라서 스트라스부르대학의 방향성은 미래의 유럽 지식인과 유럽 시민의 정체성을 형성하는 데 영향력을 미칠 수 있다.

스트라스부르대학의 기원은 프로테스탄트교의 종교 교육 기관이다. 1517년 루터의 종교개혁이 일어난 후, 스트라스부르 시는 1524년 프로테스탄트교를 채택했고, 1538년 장 스튀름Jean Sturm에 의해 오늘날 스트라스부르대학의 기원인 김나지움Gymnase Jean-Sturm이 설립되었다. 이곳에서 프로테스탄트교의 사립학교로서 인문주의와 종교개혁의 신약성서 내용을 통합한 종교 교육이 실시되었다. 장 칼뱅이 스트라스부르 체류 기간 중 이곳에서 가르치게 되었고, 이를 계기로 스튀름의 교육 방법이 제네바 학술원에서 채택될 수 있었다. 1566년 신성로마제국 황제인 막시밀리안 2세Maximilien II에 의해 아카데미 학술원의 기관이 되었다가 1621년 페르디난트 2세Fernidant II에 의해 대학으로 승격되었다. 오랫동안 오스트리아 합스부르크 가문이 지배하는 신성로마제국의 영토였지만, 1681년 프랑스 왕국의 루이 14세가 알자스 지역을 복속하면서 스트라스부르대학은 프랑스 왕국의 교육기관으로 변모되었다. 이 때문에 독일어보다 프랑스어를 쓰는 이주민 및 전 유럽의 유학생들이 급격하게 유입되면서 교육의 변화가 이루어졌다. 특히 법학과 의학 분야가 확장되었고, 이를 계기로 스트라스부르대학은 가톨릭교회에 영향을 받으면서 프로테스탄트 종교 교육과 융합·통합되는 과정을 거치게 되었다.

그러다 1870년 프로이센-프랑스 전쟁을 계기로 스트라스부르대학은 프랑스와 독일의 민족주의에 의해 변화무쌍한 정체성을 갖게 된다. 과거에서 현재까지 스트라스부르대학의 변화는 작게는 알자스 지역의 역사이고, 크게는 양국의 역사이자 유럽의 역사인 셈이다. 스트라스부르대학의 축적된 경험이 오늘날 통합 유럽 사회에 어떤 역할을 할 수 있을까?

이러한 궁금증을 풀기 위해 유럽 근현대사에서 스트라스부르대학의 변화를 검토할 필요가 있다. 우선 프로이센-프랑스 전쟁의 결과 알자스 지역이 독일의 영토가 되었던 그 시점의 스트라스부르대학부터 살펴보자.

독일 제국의 카이저빌헬름대학과 자연계 학문 전통

1871년 독일 제국의 성립은 스트라스부르대학을 독일 제국의 대학으로 만들었다. 독일 제국은 스트라스부르 시를 알자스로렌Alasace-Lorraine이라는 새로운 독일 지역의 수도로 삼고자 했고, 이에 따라 독일 이주민의 유입 정책이 이루어졌다. 이들을 위해 신시가지를 건설하여 독일 문화권에 익숙한 새로운 독일인을 만들고자 했다. 이곳에 스트라스부르대학의 신관을 세워 1872년 카이저빌헬름대학Kaiser-Wilhelms-Universität으로 대학 명칭이 변경되었다. 신시가지의 이주 독일인들에게 수월하게 대학의 입학 기회

독일 제국에 의해 건립된 카이저빌헬름대학 건물

를 부여하여, 대학 기관을 통해 독일 민족의 국가관이 뿌리내리는 정책이 실시되었다. 독일 제국은 프랑스 문화와 정체성을 대체할 수 있는 독일 인재를 키우는 데 노력했고, 심지어 가톨릭 서적이 많은 프랑스 도서관을 파괴하고 대신 새로운 도서관을 건립했는데, 이것이 현재 스트라스부르 대학의 도서관이다.

이러한 정책의 일환으로 주목할 점은 독일 제국이 당시 유명한 자연계의 교수진들을 스트라스부르대학에 포진시켜 신학문의 연구 중심지로 만들었다는 사실이다. 물리학의 경우에는 빌헬름 콘라트 뢴트겐Wilhelm Conrad Röntgen과 카를 페르디난트 브라운Karl Ferdinand Braun의 연구를 대표적으로 들 수 있으며 모두 노벨 물리학상을 받았다. 뢴트겐은 오늘날 엑스선이라 부르는 뢴트겐선을 발견하여 1901년에 최초로 노벨 물리학상을, 그리고 브라운은 전파를 받아 영상으로 바꾸는 브라운관을 발명하여 무선 통신의 새로운 장을 열어 1909년에 같은 상을 받았다. 오늘날 병원에서 흔히 이루어지는 엑스선 사진 촬영을 가능케 하고, 일상생활의 주요한 매체인 텔레비전을 볼 수 있게 해준 연구 성과물이다.

화학의 경우 노벨 화학상을 받은 에밀 헤르만 피셔Emil Hermann Fischer와 아돌프 폰 바이어J. F. W. Adolf von Baeyer가 유명하다. 모두 유기화학의 전공자로 유기물, 색소, 염료의 합성 구조를 연구했다. 피셔는 당과 푸린purine의 합성 연구를 통해 필수 아미노산인 발린valine을 찾아냈는데, 발린은 오늘날 근육 발달과 정신적 안정을 취하는 약품으로 활용되고 있다. 폰 바이어는 '쪽'이라는 식물에서 나는 남빛의 물감을 통해 화학 구조를 찾아내어 현재 합성 염료로 제품들을 생산하는 토대를 마련했다. 이처럼 물리학과 화학의 연구 교수진은 스트라스부르대학을 독일 제국의 카이저빌헬름대학으로 각인시키기 위해 독일 주요 대학 출신 연구자로 구성되었다.

반면 의학 분야에서는 각각 독일과 프랑스 국적을 가진 스트라스부르대학 출신자가 노벨 의학상을 수상한 독특한 특징을 가졌다. 샤를 알퐁스 라브랑Charles L. Alphonse Laveran과 알브레히트 코셀Ludwig K.M.L. Albrecht Kossel을 대표적으로 들 수 있다. 라브랑은 파리 태생이고 프로이센-프랑스 전쟁 이전 프랑스의 스트라스부르대학 의학과 출신으로, 말라리아 병원체를 발견해서 1907년에 노벨 생리학·의학상을 받았다. 코셀은 1872년 스트라스부르대학명이 바뀌었을 때 카이저빌헬름대학의 의학과 출신이며 교수 활동을 했는데, 세포생물학, 특히 아미노산을 발견하여 단백질과 핵산 연

| 스트라스부르대학의 주요 인물 |

활동 시기	인물	설명
중세	장 스튀름(Jean Sturm)	스트라스부르대학의 기원인 김나지움 설립
근대	루이 파스퇴르(Louis Pasteur)	세균학 연구. 저온 살균법 및 광견병·콜레라 백신 발명
독일 제국의 카이저빌헬름대학 (1872~1918)	빌헬름 콘라트 뢴트겐(Wilhelm Conrad Röntgen), 카를 페르디난트 브라운(Karl Ferdinand Braun)	엑스선과 브라운관 발명. 노벨 물리학상 수상
	에밀 헤르만 피셔(Emil Hermann Fischer), 아돌프 폰 바이어(J. F. W. Adolf von Baeyer)	염료 합성 구조 연구. 노벨 화학상 수상
프랑스 공화국의 스트라스부르대학 (1919~1939)	뤼시앵 페브르(Lucien Febvre), 마르크 블로크(Marc Bloch)	역사학계 아날학파 성립
나치 독일의 제국대학과 프랑스 스트라스부르대학 (1940~1944)	프라이헤르 폰 바이츠제커(Carl F. Freiherr von Weizsäcker), 아우구스트 히르트(August Hirt)	핵 연구과 해부학, 생체 실험
	장폴 코시(Jean-Paul Cauchi), 마르크 블로크	레지스탕스 활동

구로 1910년 노벨 생리학·의학상을 수상했다.

그런데 독일 제국이 스트라스부르대학을 자연계 교수진으로 채운 이유가 오직 독일화 정책, 즉 근대도시화를 통해 프랑스 대학이 아닌 독일 제국의 대학으로 변모시키려는 데 있었던 것일까? 흥미롭게도 그 이유 중 하나는 스트라스부르대학의 학문 전통에 있었다. 우리에게 우유 제품 이름으로 알려진 루이 파스퇴르Louis Pasteur가 스트라스부르대학의 화학과 교수로 있었을 정도로, 이미 스트라스부르대학은 자연계 학문이 자리해 있었기 때문이다. 프랑스 혁명 정부가 1794년 12월 4일 법령에 의해 의학 관련 학교들을 세웠고, 나폴레옹 3세가 군사보건센터 학교를 신설하여 스트라스부르대학의 의학부와 연계를 갖게 했다. 이러한 토양 아래, 파스퇴르는 세균학의 아버지로 저온 살균법, 광견병·콜레라 백신을 발명하면서 화학과 의학이 함께 발전할 수 있는 통로를 제시해 주었고, 이를 계기로 스트라스부르대학의 자연계 학문이 도약할 수 있었다. 아무리 전쟁으로 인해 프랑스·독일 국가 사이의 소속 대학이 달라졌다고 해도 학문의 연계성은 단절될 수 없는 일종의 문화임을 우리에게 재확인시켜 준다. 이것이 앞으로 유럽통합 사회에서 유럽인 인재를 육성할 수 있는 하나의 문화적 토양으로 작용할 수 있는 것이다.

그렇다면 1차 세계대전 이후 스트라스부르대학의 학문 전통이 어떻게 변화되었을까? 여전히 계승되었을까, 아니면 또 다른 변화가 있었을까?

프랑스 공화국의 스트라스부르대학과 아날학파

1차 세계대전 이후, 1919년 베르사유 조약으로 알자스로렌 지역이 알자스모젤Alsace-Moselle이라는 프랑스 제3공화국의 영토가 되면서 스트라스부르대학이라는 명칭을 다시 찾게 되었다. 당시 대통령 푸앵카레Raymond Poincaré는 스트라스부르대학을 고급 인재 교육 기관으로 재건하고자 했다. 이때부터 스트라스부르대학의 교수진 중에 이주 독일계와 알자스 독일계 사람들은 모두 추방되었고, 프랑스어로 교육하는 대학 체제가 마련되었다. 프랑스 공화국도 독일 제국과 마찬가지로, 뛰어난 프랑스 교수진, 특히 그랑제콜(프랑스에서 일반 대학과는 계통을 달리하며 각 분야의 엘리트 양성을 목적으로 만들어진 특수 대학) 출신을 스트라스부르대학에 포진시켰고, 이로 인해 인문계에 새로운 학풍이 일어났다.

이 중에는 사회학자 모리스 알바쉬Maurice Halbwachs, 심리학자 샤를 블롱델Charles Blondel, 역사가 앙리 베르Henri Berr 등이 있지만, 스트라스부르대학에 새로운 바람을 일으킨 교수진은 20세기 새로운 역사학을 시도한 아날학파École des Annales의 설립자, 뤼시앵 페브르Lucien Febvre와 마르크 블로크Marc Bloch이다. 이들은 학문 간의 경계를 넘어 역사가, 경제학자, 지리학자, 사회학자 등의 연구 접근 방법을 공유하기 위한 작업에 몰두했다. 그 결과 국제학술지 《아날》(*Annales*. 《사회경제사연보》라는 잡지명으로 1929년 창간되었고 이후 《아날》로 변경되었다) 잡지가 탄생되었다. 그들은 역사학의 연구 대상을 자연,

프랑스 공화국으로 반환된 스트라스부르대학가의 모습

알자스 유대 가문 출신인 마르크 블로크. 스트라스부르대학 교수로 역사학의 지평을 연 아날학파의 창시자이다.

풍경, 인구학, 유통, 풍속 등으로 확대하여 다른 인문과학과의 제휴가 필요하다고 주장했다. 왜냐하면 사료를 읽는다는 것은 단순히 사실을 전하는 것이 아니라 문제 제기를 하는 일이라고 강조했기 때문이다. 이것은 역사학에 대한 인식론적 전환이라고 할 수 있는데 정치적 지배층에 의해 서술되거나 이와 관련된 사료만을 이른바 역사학의 대상으로 삼았던 전통 역사학을 비판한 것이다. 그들은 "과거가 역사가를 만드는 것이 아니라 역사가가 역사를 만드는 것"이기에 사료를 통해 문제 제기가 있어야 한다고 제안했다. 그렇기 때문에 역사가는 현재적인 관심사와 관련해서 의문을 제기할 사실들을 선택하고, 그 선택된 사실들에 입각해서 여러 가지 가설들을 정립해야 한다고 주장했다. 핵심 내용을 요약하면, 있는 그대로 사료 내용을 전달하는 전통 역사학에 도전하여, 사료를 재구성하여 현재의 관심과 연결함으로써 인접 학문 방법을 통해 새로운 역사적 사실을 밝히려는 역사학의 새로운 지평을 열고자 한 것이다.

스트라스부르대학은 두 민족국가 간의 지적 경쟁을 통해 전통적으로 강한 자연과학과 함께 인문학이 새롭게 성장하는 계기가 되었다. 이 같은 학제 간의 융합 연구는 스트라스부르대학의 주요 연구 과제가 되었고, 미래 통합 유럽 사회의 인재를 양성하는 주요 대학으로 성장할 수 있는 학문적 토양이 다져지기 시작했다.

그러나 스트라스부르대학은 융합 과제의 연구 성과를 낳기 전에 2차 세계대전 중 나치 독일의 점령이라는 역사적 현실 앞에 마주 서야 했고, 교수진과 학생들은 협력과 저항이라는 두 갈래의 갈림길에 직면했다.

나치 독일의 제국대학과 레지스탕스 운동

1939년 2차 세계대전으로 스트라스부르가 독일의 병합 지역이 되면서 반유대주의 정책이 실시되었다. 1차 세계대전 이후 알자스모젤 지역은 알자스계 유대인의 이주민이 급격히 증가하는 추세였다. 역사가 블로크의 선조가 원래 알자스 지역에서 살았던 유대인이었지만, 프로이센-프랑스 전쟁으로 독일 제국의 도시가 되자 떠났다가 다시 돌아와 정착한 경우이다. 독일 제국의 도시였던 스트라스부르에 거주하지 않는 프랑스인 전체가 그 대상이 되었고, 그중에서도 이주 유대인이 나치 점령 아래 억압과 학살의 대상이 되었다. 이 때문에 스트라스부르대학은 복잡한 상황을 맞이하게 된다.

우선 스트라스부르 시 자체가 나치 독일의 합병 지역이 되었다. 나치 독일은 자발적인 협력 정부로서 비시Vichy 정부의 자치권을 인정했고, 이로써 프랑스 영토는 크게 점령 지역과 자유 지역으로 나뉘었다. 나치 독일군은 점령 지역, 즉 파리 수도가 포함된 북부 지역을, 비시 정부는 임시 수도를 비시라는 도시로 삼아 자유 지역인 남쪽 지역을 차지했다. 이러한 상황이 1942년 11월까지 지속되다가 이후 나치 독일에 의해 프랑스 본토 전체가 점령되었다. 이 때문에 스트라스부르대학은 처음부터 점령 지역 중 합병 지역에 해당되어 강력한 나치 독일군의 지배를 받았다.

이 상황 아래 스트라스부르대학은 두 개로 나누어졌다. 즉 나치 독일에 통제되는 스트라스부르대학과, 비시 정부의 영역 아래 저항운동을 하는 스트라스부르대학으로 갈라졌다. 나치 독일은 스트라스부르나치제국대학Reichsuniversität Straßburg을 세워, 1차 세계대전 이전 독일 제국의 대학으로 만들고자 했다. 의학계와 자연과학계 독일인 교수진이 주도해서 1941년부터 1945년까지 독일 대학으로 운영해나갔다. 대표적인 교수로 나치 독일에 협력한 두 학자를 들 수 있다. 물리학자이자 철학자인 프라이헤르 폰 바이츠제커Carl Friedrich Freiherr von Weizsäcker와 해부학자인 아우구스트 히르트August Hirt이다. 바이츠제커는 핵융합에 대한 연구로 나치 독일의 핵무기 개발에 참여했고, 히르트는 인종 품종의 연구를 통해 반유대주의 정책을 정당화하는 학문적 근거를 제시했다. 히르트는 스트라스부르대학의 해부학 연구소를 세워 유대인 강제 수용소로 보내기 전에 유대인에 대한 생체 실험을 시도한 것으로 악명이 높았다. 나치 독일의 스트라스부르대학은 반유대인의 선전 장소이자 무기 실험 장소로 전락했던 것이다.

반면 프랑스 스트라스부르대학의 일부 교수진과 학생들은 자유 지역의 도시인 클레르몽페랑Clermont-Ferrand으로 이주하여 저항 운동의 중심 대학으로 자리했다. 처음에는 교수와 학생이 함께하는 레지스탕스résistance 활동이 이루어졌으나, 스트라스부르대학 역사학과 학생인 장폴 코시Jean-Paul Cauchi가 주도해서 학생 투쟁Combat Étudiant이라는 레지스탕스 조직이 세워졌다. 이 조직은 1940년부터 자유 지역에서 활동한 콩바Combat라는 레지스탕스 운동 조직과 연계를 갖고 활동을 전개했고, 1943년 장 물랭Jean Moulin의 레지스탕스 통합연합운동Mouvements unis de la Résistance, MUR으로 통합되었다. 이처럼 스트라스부르대학의 저항운동이 자유 지역의 레지스탕스 운동으로 통합될 수밖에 없었던 이유가 있다. 그것은 1942년 11월 나치 독일군이 비시 정부의 자유 지역까지 점령하면서 프랑스 본토 전체가 나치 독일의 점령지가 되었기 때문이다. 레지스탕스 본거지였던 자유 지역이 사라지고, 나치 독일군의 감시와 억압이 직접적으로 이루어졌다. 이로 인해 프랑스 전체 도시에서 레지스탕스 조직을 해체하기 위한 체포 작전이 본격적으로 실시되었다. 이로 인해 클레르몽페랑에 남아 있던 스트라스부르대학의 저항 교수진과 학생들의 연대가 약화되었고, 이어서 레지스탕스 운동의 조직원이 체포되기 시작했다.

특히 스트라스부르대학 역사학과 교수 출신이자 아날학파의 창설자요, 레지스탕스 운동에 참여한 블로크의 체포와 총살 처형은 충격적이었다. 그는 1차 세계대전 참전 용사이면서도 53세의 늦은 나이에 입대해 1939년 나치 독일 전쟁에 참여했다. 나치 독일과의 전투에서 맥없이 패배한 프랑스 상황을 분석한 《이상한 패배》(*L'Étrange Défaite*. 이 책은 그의 사후인 1946년에 발간되었다)는 오늘날까지 당시 상황을 증언해주는 자료로서 읽히고 있을 정도로, 블로크는 현실 문제에 대한 분석력이 뛰어난 학자였다. 그는 1943년 의용 유격대(France-Tireur. 콩바와 함께 레지스탕스 조직체였다)에 가입하여 대원으로 활동하다가 1944년 비시 정부의 친독 의용대(Milice. 일종의 프랑스인 나치 경찰대이다. 비시 정부는 자유 지역을 잃고서도 나치 독일과 협력하여 프랑스 레지스탕스 운동 조직을 붕괴시키는 데 일익을 담당했다)에게 체포되어 게슈타포Gestapo에 넘겨져 감옥에서 혹독한 고문과 심문을 받은 뒤, 1944년 6월 16일 총살되었다. 당시 스물여섯 명의 프랑스인과 함께 총살을 당할 때, 16세 소년이 떨면서, "아프겠죠?"라고 말하자, 블로크는 "그렇지 않단다. 애야. 조금도 아프지 않을 거야"라고 따뜻한 대답을 한 후, "프랑스 만세"를 외치면서 죽음을 맞이했다. 이 작은 이야기는

레지스탕스 운동으로 총살당한 스트라스부르 대학의 교수진과 학생들을 추모하는 기념비

그의 역사관과 관련이 깊다. 그에게 역사는 죽은 사람과 살아 있는 사람을 연결하는 학문이며, 역사가의 행위란 현재와 과거를 연결하는 작업에서 실현되는 것이었다. 그는 역사가의 현실 참여는 역사 연구를 통해 진실을 밝히는 비판적 작업이며, 감춰지고 사라져버린 작은 인간들의 역사를 따뜻한 시선으로 복원하는 일이라고 주장했다. '인간들의 역사'를 주장한 아날학파의 설립자답게, 블로크는 스스로 레지스탕스 운동의 길을 선택했고 이를 실천했다.

이 같은 스트라스부르대학의 레지스탕스 운동 덕분인지 2차 세계대전은 연합군의 승리로 돌아갔고, 드골 중심의 프랑스 임시정부가 비시 정부를 처단하면서 레지스탕스 운동가에 대한 처우가 국가적 차원에서 마련되었다. 이에 따라 스트라스부르대학은 프랑스 소속 대학으로 복귀되었고, 독일 교수진과 알자스계 독일인은 프랑스에서 추방되어 독일의 튀빙겐대학으로 흡수되었고, 레지스탕스 운동에 참여한 스트라스부르대학 프랑스 교수진과 학생들의 죽음이 사회적, 문학적 차원에서 추모되었다. 프랑스 초현실주의 시인이자 작가인 루이 아라공Louis Aragon이 시집 《프랑스의 기상나팔*La Diane française*》(1944)에서 〈스트라스부르대학의 노래〉라는 제목의 시로 그들의 용기를 기릴 정도로 스트라스부르대학은 지성과 용기를 실천한 진리의 전당으로서 명성을 누리게 되었다.

스트라스부르대학의 분리와 마르크 블로크 대학 명칭 사건

68운동을 계기로 1971년 대학법령이 제정되면서 스트라스부르대학은 세 대학으로 분리되었다. 스트라스부르 1대학, 2대학, 3대학으로 나누어졌는데, 1대학은 과학과 보건 전공 분야 중심으로, 2대학은 인문학 분야 중심으로, 3대학은 사회, 기술과 관련된 법과 정치 분야 중심으로 발전되었다. 하지만 이 분리로 인해 스트라스부르대학의 전통적인 특징이 사라지고 알자스 지역 대학의 특수성을 살리는 방향으로 나아가게 되었다. 스트라스부르대학의 역사적 경험을 살리지 못하는 행정 편리 위주의 분리였기 때문에 점차로 스트라스부르대학의 학문적 명성이 낮아지게 되었다.

그러다 1986년 단일 유럽의정서가 이루어지면서 스트라스부르 시가 유럽통합의 새로운 중심지로 탄생했고, 스트라스부르대학은 이를 통해 새로운 변화를 시도했다. 무엇보다도 스트라스부르대학의 역사적 전통에 토대를 둔 특수 분야를 내세우기 위해 대학명을 바꾸어 교과과정과 대학 행정 체계를 쇄신하고자 했다. 그래서 1대학은 루이파스퇴르대학, 2대학은 마르크블로크대학, 3대학은 로베르슈만Robert Schuman대학으로 명칭을 전환하려고 했다.

그런데 이 과정에서 예측하지 못한 사회적 논란이 일어났다. 그것은 반유대주의에 대한 사회적 논란이었다. 2대학의 명칭을 아날학파의 창시자이며 레지스탕스 운동에 참여한 마르크 블로크의 이름으로 개정하는 데 문제가 생긴 것이다. 1994년 스트라스부르 2대학에서 인문대학 이름을 '마르크 블로크'로 명명하려 하자 이를 반대하는 움직임이 일어났다. 1994년 5월 6일 스트라스부르 인문대학 행정 위원회가 3분의 2 이상의 가결표를 얻지 못해 마르크 블로크라는 이름을 채택하는 데 실패했다. 이들 가운데 반대표를 누가 던졌는지 밝혀지지 않았지만 그 전날 반유대주의적 문구가 실린 유인물이 나돌았다. 누가 블로크에 대해 적대감을 가졌던 것일까? 7월 14일자 프랑스 일간지 《르몽드*Le Monde*》의 분석에서 그 답을 찾아볼 수 있다. 과거 기억을 뒤로 한 채 프랑스-독일 협력 체제를 구축하려는 일부 알자스 지역인에게 타협과 복종을 거부했던 블로크의 삶이 부담스러웠다는 것이다. 그들은 1차 세계대전 이후 알자스계 유대인이 스트라스부르 시로 정착하는 과정에서 생겨난 반유대주의를 지지한 자들이고, 나치 독일의 홀로코스트Holocaust를 부정하는 입장을 가진 자들이었다. 하지만 블로크를 은폐하려는 사람들 덕분에 오히려 그에 대한 기억의 부정, 과거사 문제가 프랑스 사회의 논쟁거리로 떠올랐고 '블로크 전성기'를 맞이하게 되었다. 프랑스 국립행정학교ENA조차 1995년 학번명으로 마르크 블로크라는 이름을 택했고, 1997년 파리 시의회에서도 20구의 거리에 블로크의 이름을 부여할 정도였다. 결국 1998년 10월 30일 스트라스부르 2대학의 명칭은 '마르크 블로크Université Marc Bloch, UMB'로 변경되었다.

사실 당시 이 사건은 스트라스부르 시나 프랑스 정부에게 곤란한 상황을 가져왔다. 당시 유럽통합의 상황과 관련이 깊었다. 1992년에 유럽연합의 기초가 되는 마스트리흐트 조약Treaty of Maastricht이 서명되고, 1993년 유럽 단일 시장이 완성되었다. 이후 1997년 암스테르담 조약 서명으로 1998년 유럽중앙은행이 창설되어 1999년 유럽연합 단일 통화인 유로Euro가 탄생하는 중요한 시기였던 것이다. 따라서 프랑스와 독일 사이의 협력 관계가 긴밀하게 이루어져야 하는 시기였다. 이러한 절실한 시기에 나치 독일의 역사뿐만 아니라 프랑스 비시 정부의 역사까지 수면 위로 드러나면서 갈등의 역사가 부각되었기 때문이다. 유럽통합이 진행될수록, 그리고 2005년 프랑스 국민투표에서 유럽헌법이 부결되면서 마르크 블로크의 신드롬은 점차 부담감으로 다가올 수밖에 없었다. 결국 마르크블로크대학이 된 지 10년 뒤, 2008년 8월 18일 이 대학명은 폐지되었다. 그리고 세 개로 분리되었던 스트라스부르대학은 전통적인 형태, 즉 하나의 스트라스부르대학으로 바뀌었다. 유럽 대학이라는 정체성을 전면적으로 내세워 전통의 스트라스부르대학이 재건된 것이다.

현재 유럽통합 교육의 모델, 스트라스부르대학의 유코르

스트라스부르대학은 유럽 사회의 변화에 따른 다양한 정체성을 보여준 스트라스부르 시의 역사와 함께 성장해왔다. 오늘날 스무 개가 넘는 국제기관 및 EU 기관이 스트라스부르에 세워졌고, 암스테르담 조약과 니스 조약Treaty of Nice을 통해 유럽의회의 중심지로 그 위상을 인정받았다. 이 때문에 브뤼셀과 함께 스트라스부르는 '유럽의 수도'라는 타이틀을 갖게 된 것이다.

이러한 변화는 스트라스부르대학에 그대로 반영되고 있다. 16세기부터 내려온 휴머니즘의 전통과 더불어 유럽통합 교육의 새로운 메카로서 떠오르고 있기 때문이다. 현재 스트라스부르대학은 유코르European Confederation of the Superior Rhine Region, EUCOR 교육 시스템을 유럽대학연구연맹League of European Research Universities, LERU과 함께 발전시키고 있다. 유코르는 프랑스, 독일, 스위스 간의 유럽통합 고등교육 시스템으로, 세 국가에 대학 캠퍼스를 만들어 자유롭게 국가의 대학이라는 경계선을 무너뜨리고, 학문 분야 간의 융합 프로젝트를 창출하려는 목적을 가졌다.

스트라스부르대학의 유코르 체제가 주목받은 이유는 두 가지 차원이다. 첫째, 현재 EU의 주도 국가인 프랑스와 독일, 양국의 인재를 양성하려는 목적을 가졌다. 이 대학은 EU의 회원국 28개국 모든 대학생을 대상으로 하기보다 유럽통합을 주도하는 국가의 인재를 키우는 데 중점을 두었다. 그래서 집중 교육은 기존의 교과과정보다 새로운 융합 교과과정(사회인문학, 사회생물학, 알자스인 연구소 등)을 만드는 데 주력하는 편이다. 둘째, 아직까지 EU에 가입하지 않고 있으나 유럽통합 대학교육 프로그램을 개발한 스위스의 역량을 흡수하려는 목적을 가졌다. 스위스는 중립국이기는 하지만 제네바, 취리히Zürich, 로잔Lausanne, 바젤Basel, 베른Bern 대학 등이 서유럽 대학교육의 중심 역할을 했기 때문이다. 이것은 서유럽 지역 간의 통합 교육을 기반으로 유럽인의 정체성을 형성하고 유럽 인재를 양성하려는 EU의 유럽 교육 이념에 해당되는 체계이다.

그 결과물의 하나로 최근 2014년 12월 6일 새로운 형태의 학교 교육 계획이 수립되었다. 미래 투자 프로그램의 일환으로 유럽 무균 환경 훈련 센터European Aseptic and Sterile Environment Training Center, Ease 단일 공장 학교usine école의 설립이 추진되었다. 이것은 주로 건강 산업뿐만 아니라 식품 화학 분야를 확장하여 알자스 비오발레이BioValley와 스트라스부르대학이 제휴하여 주도하는 대형 프로젝트이다.

프랑스, 독일, 스위스 영토에 위치하고 있는 유코르 캠퍼스

알자스 비오발레이는 프랑스의 알자스 주, 독일의 바덴뷔르템베르크 주Baden-Würtemberg, 스위스 바젤슈타트 주Basel-Stadt의 영역 사이에 있는 회사, 즉 유코르에 해당되는 국가들에 세워진 기업이다. 이 회사는 이 프로젝트를 통해 세계 수준의 과학 영역, 강력한 인프라와 최고의 경쟁력 있는 일자리 창출 및 치료 혁신을 마련하려는 목적을 두고 있다. 이를 위해 알자스 지역, 스트라스부르 시, 그리고 유럽 지역의 자금이 동시에 지원, 조달되는 상황이다. 오늘날 스트라스부르대학은 유럽연합의 주도 국가인 프랑스, 독일, 그리고 미래 가입국이 될 수 있는 스위스 간의 인재 교류를 활발하게 만드는 중심 대학으로 변모하고 있으며, 나아가 통합 유럽 사회의 새로운 지도를 그릴 수 있는 실질적인 실무진을 양성하는 역할을 담당하

고 있다.

그러나 유코르 교육 체제가 현재 서유럽 중심의 통합 유럽 사회를 전제로 하는 인재 양성 인프라이기에, 앞으로 동유럽은 물론 터키 가입이 이루어질 상황에서 스트라스부르대학의 역할을 생각해볼 필요가 있다. 스트라스부르 시의 특징처럼 스트라스부르대학에서 외국 학생들이 차지하는 비율이 높다. 경계의 지역이기에 다민족, 다문화, 다이주민의 특성을 가진 대학일 수밖에 없다. 이 특성은 스트라스부르대학의 박사과정에 있던 터키인 피나 셀렉Pinar Selek의 사건에서도 드러난다. 그녀는 전반적인 소외 계층에 대한 터키 정부의 사회 정책의 문제점을 비판하는 연구를 했다는 이유로 터키 정부에 의해 억울한 누명을 쓰고 감옥 생활을 했다. 스트라스부르대학 당국은 유럽 대학의 연구자로서 그녀를 보호해야 할 대상으로 여겨 적극적으로 변호하고 지지하는 입장을 취했다. 하지만 스트라스부르대학에 등록한 박사과정 연구자이기 때문에 대학 당국이 보호하려 했지만, 그녀를 유코르라는 고등교육 체제에 들어갈 대상으로 여기지는 않는다. 스트라스부르대학이 통합 유럽 사회의 인프라를 낳는 실용 대학으로 거듭나려고 하지만, 이질적 문화를 가진 인재 인프라에 대한 수용 문제는 여전히 과제로 남아 있다. 터키를 비롯해서 중동 지역으로 확대하려는 유럽연합의 정책은 이질적 인재 간의 교류를 전제로 하기 때문에, 스트라스부르대학이 앞으로 이 숙제를 어떻게 풀어나갈지 지켜볼 필요가 있을 것이다. _박지현

가톨릭루뱅대학 : 분열과 통합의 상징

1425년 루뱅에 대학(Statium Generale) 개교

1519년 쾰른대학과 함께 루터의 95개조 반박문을 최초로 규탄

1636년 대학 도서관 건립

1797년 프랑스 혁명 중 루뱅을 점령한 프랑스 공화국에 의해 대학 폐쇄

1834년 메헬런에 과거 루뱅의 가톨릭 대학 전통을 계승하는 가톨릭 대학 설립

1835년 메헬런 지역 가톨릭 대학을 루뱅으로 이전하고 가톨릭루뱅대학으로 명명

1914년 1차 세계대전 중 독일군 폭격으로 중앙도서관 화재 발생. 16세기 이전 고서 포함 약 30만 권 소실

1921~1928년 미국 기부가를 중심으로 국제사회가 연대하여 중앙도서관 재건축

1940년 2차 세계대전 중 독일군 폭격으로 중앙도서관 화재

1962년 가톨릭루뱅대학 내에 각각 독자성을 인정받는 프랑스어와 네덜란드어 업무 시작

1967년 유럽대학원 설립

1968년 네덜란드어권의 가톨릭뢰번대학(KUL)과 프랑스어권 대학인 가톨릭루뱅대학(UCL)으로 분열

1988년 KUL에 유럽학센터 개설

2009년 볼로냐 프로세스 장관회담 개최

유럽 지성의 산실

오늘날의 벨기에 지역에 위치한 가톨릭루뱅대학Université Catholique de Louvain,

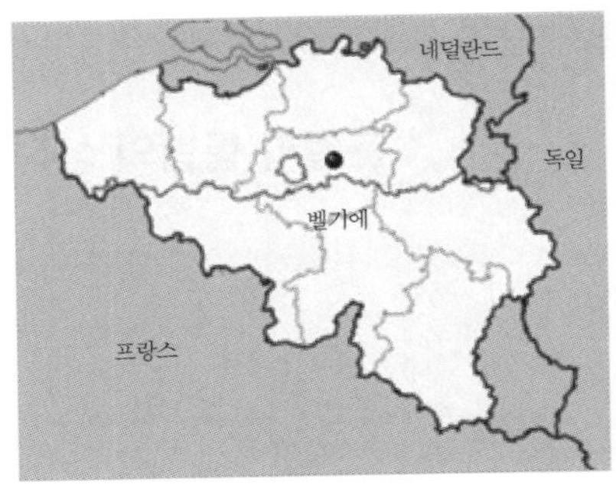

KUL과 UCL 캠퍼스의 위치. 왼쪽의 점은 네덜란드어권 대학인 가톨릭뢰번대학(KUL)의 위치이고, 오른쪽의 점은 프랑스어권 대학인 가톨릭루뱅대학(UCL)의 위치이다. KUL과 UCL 사이에서 벨기에 지도를 가로지르는 굵은 선은 벨기에의 프랑스어권 지역과 네덜란드어권 지역을 구분하는 선이다.

UCL* 은 브라반트 공작 장 4세Jean IV, 네덜란드어로는 Jan IV의 지원으로 건립되었고, 1425년 12월 9일 교황 마르티누스 5세Martinus V의 칙서를 통해 가톨릭 대학으로 공인받았다. 가톨릭 대학으로 개교했지만, 설립 초기부터 국가나 교회의 제약을 받지 않는 순수한 학문 연구 기관을 지향했고, 중세의 수도원 교육과 구분되는 파리대학, 쾰른대학, 빈대학 등을 발전 모델로 삼았다. 하지만 가톨릭루뱅대학이 가톨릭과 무관한 것은 아니었다. 단적인 예가 종교개혁 운동에 대한 입장 표명이었다. 1517년 독일의 마르틴 루터가 95개조 반박문을 발표한 것을 계기로 유럽 전역에 종교개혁 운동이 확산되었는데, 가톨릭루뱅대학은 쾰른대학과 함께 루터의 95개조 반박문을 규탄한 최초의 대학으로서, 구교의 입장을 견지했다. 종교개혁기를 거치며 유럽에서 신교도에 의한 대중 교육 운동이 활발하게 전개되는

* 이 표기는 국립국어원 외래어 표기법에 따른 것이지만, 'Louvain'의 현지 발음은 '루뱅'에 가깝다. 1968년 KUL과 UCL로 분열되기 전에는 프랑스어가 벨기에 주류층 언어였기에, UCL은 프랑스어식으로 표기했다. 반면에 네덜란드어권 대학 KUL은 가톨릭뢰번대학으로 적었다.

상황에서도, 가톨릭루뱅대학은 질 좋은 귀족 교육을 추구했다.

설립 이래 현재까지, 가톨릭루뱅대학은 유럽을 대표하는 지성인들을 다수 배출했다. 가톨릭루뱅대학 출신 주요 인물들을 살펴보면 이 대학이 유럽의 지성사 발전에 얼마나 지대한 영향을 미쳤는지 실감할 수 있다. 16세기 인문주의자인 에라스뮈스가 1517년 가톨릭루뱅대학에 히브리어, 라틴어, 그리스어를 교육하는 3개 언어 기숙학교Collegium Trilingue를 설립하고, 이곳에서 인문학을 가르쳤다. 황제 카를 5세의 어린 시절 가정교사였던 아드리안 추기경Adriaan Cardinal Florensz of Utrecht도 1522년 교황에 선출되기 전까지 이곳에서 교수로 재직했다. 훗날 히드리아누스 6세Hadrianus VI가 된 아드리안 추기경은 네덜란드 출신 교황으로, 1978년 폴란드 출신 요한 바오로 2세John Paul II가 교황에 선출되기 전까지 450여 년 동안 마지막 비非이탈리아인 교황으로 기록된 인물로도 유명하다. 철학자이자 법학자, 역사학자였던 립시우스Justus Lipsius도 수년간 이 대학의 교수를 역임했다. 립시우스는 오늘날 브뤼셀에 위치하고 EU 이사회 건물로 사용되는 저스투스 립시우스Justus Lipsius 빌딩 명칭의 주인공으로 현대의 유럽통합을 상징하는 인물이며, 동시에 2006년 벨기에에서 주조된 10유로 동전의 초상화 주인공이 되었을 정도로 벨기에인의 우상이기도 하다.

그 밖에도 수학자 프리시우스Gemma Frisius, 지도 제작자로서 벨기에 지도학파의 거장인 메르카토르Geradus Mercator, 식물학자 도둔스Rembert Dodoens, 근대 해부학자 베살리우스Andreas Vesalius 등이 르네상스 시기에 이 대학에서 공부했다. 훗날 유럽 교회 변혁을 이끌었던 신학자 얀세니우스Cornelius Jansenius도 1602년부터 가톨릭루뱅대학에서 수학했고, 이 대학 교수를 역임했다.

17~18세기의 가톨릭루뱅대학은 로마가톨릭 인재의 산실로 확고히 자리매김하게 된다. 그리고 19세기에 교황 레오 8세Leo XIII의 적극적인 지지로 토마스설 철학(토마스 아퀴나스의 사상을 신봉하는 철학)의 핵심 센터 구실을 하게 되었다. 동시에 계몽주의 시대를 이끌어간 유럽 과학자들을 양성했다. 대표적인 예로 1783년에 이 학교에서 석탄가스를 활용한 조명 방식을 발견한 민켈러스Pieter Jan Minckelers를 들 수 있다.

20세기에도 유럽을 대표하는 인재들이 이 대학을 거쳐 갔다. 예수회 신부로서 빅뱅 이론을 발전시킨 르메트르Georges Lemaitre가 이곳에서 토목공학을 공부했고, 철학자 라드리에르Jean Ladriere는 가톨릭루뱅대학 철학과 교수를 역임했다. 1974년에 노벨 의학상을 수상한 드뒤브Christian de Duve는 1941년에 가톨릭루뱅대학 의학과를 졸업하고 1946년 다시 화학과를 졸업한 바 있다. 2006년 세계 최초로 안면 이식 수술을 집도한 렝겔Benoit Lengele은 1987년 이 대학을 졸업하고, 가톨릭루뱅대학 의대 성형외과 교수로 재직해왔다. 유럽 정치 통합 계획을 담은 '다비뇽 보고서'를 작성했고 EC집행위원회의 부의장을 역임한 다비뇽Etienne Davignon도 가톨릭루뱅대학에서 수학하고 법학 박사 학위를 받았다. EU 최초의 이사회 상임의장을 역임하고, 일명 유럽 대통령으로 불렸던 반롬퓌이Herman Van Rompuy도 가톨릭루뱅대학에서 1968년에 철학 학사 학위를, 1971년에 경제학 학사 학위를 받은 바 있다.

이처럼 가톨릭루뱅대학은 지난 600년 동안 지속적으로 유럽을 이끄는 지성인들을 배출했고, 현재도 유럽을 대표하는 명문 대학으로서의 명성을 이어가고 있다.

유럽의 분열과 가톨릭루뱅대학

유럽 지배층의 모교였지만, 가톨릭루뱅대학이 항상 번영을 누린 것은 아니었다. 갈등과 대립이 반복되었던 유럽사 속에서 분열의 아픔을 상징하는 희생양이 되기도 했다. 대표적인 예가 1797년 대학 폐쇄이다. 당시 프랑스 혁명전쟁이 한창일 때, 프랑스는 통치 지역인 루뱅에 위치한 이 대학을 폐쇄했다. 이후 루뱅은 네덜란드 차지가 되었고, 1816년 네덜란드 정부는 루뱅에 루뱅국립대학을 설립하여 지역의 대표 대학으로 육성하고자 했다. 하지만 1830년에 네덜란드로부터 독립을 선언하고 루뱅을 통치하게 된 벨기에는 과거 루뱅의 대학 전통을 계승하고자 1834년에 메헬런Mechelen에 가톨릭 대학을 건립하고, 1년 후인 1835년에는 메헬런의 가톨릭 대학을 루뱅으로 이전하여 400여 년 역사를 지닌 대학을 계승하는 가톨릭루뱅대학으로 다시 개교했다. 그리고 같은 해 루뱅국립대학을 폐교했다. 이로써 역사 속으로 사라질 뻔했던 가톨릭루뱅대학은 약 40년 만에 다시 전통을 이어가게 되었다.

19세기에 재개교한 가톨릭루뱅대학이 1425년 루뱅에서 개교한 가톨릭 대학을 계승했다는 입장에 대해 부정적 견해도 존재한다. 특히 자유주의자들은 새로 개교한 가톨릭 대학이 오랜 역사를 지닌 가톨릭루뱅대학의 전통과 정체성을 가로챈 것이라고 비난했다. 1797년 루뱅의 대학이 폐쇄되었을 때 다수의 대학 소장품이 브뤼셀로 옮겨져 중앙학교École centrale라는 새로운 기관이 설립되었다는 사실이 그 이유가 되었다. 과거 루뱅의 가톨릭 대학이 라틴어로 수업을 제공하던 것과 달리, 재개교한 가톨릭루뱅대학이 프랑스어로 수업을 제공하는 것도 과거의 대학과 19세기에 개

1914년 8월, 1차 세계대전 독일 폭격 후 소실된 대학 도서관의 잔해

교한 대학을 별개의 존재처럼 보이게 했다. 그럼에도 불구하고 다수의 벨기에인들은 19세기의 가톨릭루뱅대학이 과거의 가톨릭루뱅대학을 계승하며 재개교한 것으로 인식한다. 이러한 견해는 가톨릭루뱅대학 구성원만의 주장이 아니라 대다수 벨기에인들의 입장이다.

1914년 1차 세계대전이 발발하면서 가톨릭루뱅대학은 다시 한 번 큰 시련을 겪게 되었다. 유럽 고서의 보고寶庫였던 대학 도서관이 1914년 독일군의 공격으로 파괴되는 사건이 발생한 것이다. 이 사건으로 30만여 권의 장서가 소실되었다. 이 가운데 약 1,000권은 16세기 이전의 고판본이었다. 이 사건은 가톨릭루뱅대학이라는 일개 대학 자산의 손실이 아니라 유럽, 나아가 인류 지성사의 큰 손실로 기록되고 있다.

파괴된 도서관은 미국의 기부가를 중심으로 국제사회가 연대하여 재건축 노력이 전개되었고, 덕분에 루뱅의 라데우즈 광장Ladeuzeplein에 네오플레미시르네상스neo-Flemish renaissance 양식의 아름다운 건물로 재탄생했다. 새로운 도서관은 미국인 건축가 휘트니 워런Whitney Warren이 설계했다. 미국인이 도서관을 설계한다는 소식이 알려졌을 때, 루뱅의 대학 관계자들과 일반 시민들 사이에 미국식 마천루가 들어서는 것 아닌가 하는 우려가 있었다. 그러나 워런은 16세기 말 네덜란드와 덴마크 지역에 유행하던 플레

재건된 대학 도서관

미시르네상스 건축 양식을 응용하여 높은 첨탑과 정교한 조각으로 장식된 네오플레미시르네상스 건물을 완성했다. 이 건물은 단순한 아름다움을 넘어, 1차 세계대전과 연합국의 승리, 벨기에인과 미국인의 우정, 국제 연대, 나아가 평화에 대한 희망의 상징이라는 의미가 부여되었다. 하지만 새로운 도서관은 2차 세계대전이 한창인 1940년에 다시 파괴되고 만다. 당시 약 90만 권의 장서 가운데 겨우 1만 5,000권 정도만 남았을 정도로 철저한 파괴였다. 전쟁 후 도서관은 다시 워런의 설계 방식을 따라 재건되었지만, 두 차례의 큰 화재로 상당한 고서가 손실되었고, 가톨릭루뱅대학은 분열된 유럽을 상징하는 비운의 주인공으로 기록되었다.

양차 대전이 끝난 후에도 가톨릭루뱅대학은 분열된 유럽의 중심에서 다시 한 번 위기를 맞이했다. 1950년대부터 유럽에서는 본격적인 국가 간 통합이 진행되었는데, 다른 한편에서는 지방의 자치권 확대와 분리 독립 주장이 거세지고 있었다. 유럽 지방들의 분열은 가톨릭루뱅대학이 위치한 벨기에에서도 심화되었고, 가톨릭루뱅대학은 벨기에의 네덜란드어권 주민과 프랑스어권 주민의 갈등 속에서 둘로 쪼개지고 만다.

벨기에는 남쪽의 프랑스어권 지역, 북쪽의 네덜란드어권 지역, 서쪽의 독일어권 지역으로 구성되어 있는데, 이 대학이 위치한 루뱅은 네덜란드어권인 북부 플랑드르Flandre 지방에 속해 있었다. 하지만 1830년 독립한 벨기에는 20세기에 접어들 때까지 국가의 행정언어로 프랑스어를 사용하고 있었고, 루뱅 가톨릭 대학에서도 프랑스어가 통용되었다. 그러나 20세기 초반부터 네덜란드어의 위상이 높아졌고, 점차 프랑스어와 네덜란드어의 위상이 대등한 수준에 이르게 되자 대학에서도 네덜란드어 수업과 프랑스어 수업이 거의 동등한 위상을 차지하게 되었다. 그리고 1960년에 접어들면서 가톨릭루뱅대학의 네덜란드어권 구성원들과 프랑스어권 구성원들이 충돌하게 되었다. 당시 루뱅은 수도 브뤼셀과 더불어 네덜란드어와 프랑스어를 모두 공용어로 채택한 도시였지만, 브뤼셀과 달리 루뱅의 주민 대다수는 네덜란드어를 사용했다. 이러한 상황에서 지역의 대학이 이중 언어를 사용한다는 사실에 대해 네덜란드어권 구성원들은 불만을 표시했고, 네덜란드어권 구성원과 프랑스어권 구성원의 언어 갈등이 극심해졌다.

언어 갈등이 심해진 이유는 일상생활에서의 불편함 때문만이 아니라, 오랫동안 벨기에 내에서 프랑스어 화자話者에 비해 상대적으로 차별받은 네덜란드어 화자의 반감과 보상 심리가 작용한 것으로 해석할 수 있다. 당시 학생들은 지역 정치가들과 함께 "루뱅은 플레미시(네덜란드어권 지역)이다. 왈룬(프랑스어권 지역) 사람은 나가라Leuven Vlaams-Walen Buitin"는 구호를 외치며 프랑스어권 출신 구성원을 배척했다.

대학 내 이중 언어를 두고 벌어진 갈등은 1968년 6월에 하나의 루뱅 가

가톨릭루뱅대학의 상징물인 아기 예수를 안은 성모상(왼쪽), KUL 로고(가운데) 및 UCL 로고(오른쪽)

톨릭 대학이 네덜란드어권 대학인 가톨릭뢰번대학Katholieke Universiteit Leuven, KUL과 프랑스어권 대학인 가톨릭루뱅대학Université Catholique de Louvain, UCL이라는 두 개의 법인으로 분리되는 것으로 마무리되었다. KUL은 네덜란드어권 루뱅의 캠퍼스를 차지했고, UCL은 프랑스어권 지역의 '새로운 루뱅'이라는 의미를 가진 신도시 루뱅라뇌브Louvain-la-Neuve에 캠퍼스를 신축하고 이전했다. 프랑스어권 지역에 새로이 캠퍼스를 건축할 당시 프랑스어권 구성원들은 가톨릭루뱅대학의 역사를 이어간다는 의미로 학교가 소장한 물품을 다수 옮겨 왔다. 특히 학생들은 캠퍼스의 전통도 잇는다는 의미로 루뱅의 대학 캠퍼스 보도블록을 일부 가져왔다. 현재 프랑스어권 루뱅라뇌브의 UCL 캠퍼스의 일부가 이 돌을 바닥재로 하고 있다.

분열 이후 KUL과 UCL은 별개의 독립기관으로 발전했다. 그 결과 학교를 상징하는 로고에도 미세한 차이가 나타났다. 분리 독립 이후에도 양측의 갈등은 한동안 지속되었다. 하지만 점차 해소되어 오늘날에는 역사를 공유한 자매교 관계를 유지하면서 협력하고 있고, 매년 양교가 함께 축제를 개최하고 있다.

유럽통합과 가톨릭루뱅대학

분열의 폐해를 경험한 유럽의 지성들이 유럽의 평화를 위해 국가 간 통합을 추진하면서, 유럽 지성의 산실인 가톨릭루뱅대학은 통합의 촉매제 기능을 담당하기 시작했다. 1967년에 유럽통합 전문가 양성을 위해 UCL에 유럽대학원l'institut d'etude europeenes, IEE이 설립된 것이다. 유럽대학원에는 학제 간 연구 방식의 유럽학 석사과정이 개설되었고, 매년 유럽통합을 지지하는 다수의 유럽 전문가가 배출되었다. 1999년 EU집행위원회는 유럽통합에 관해 수준 높은 전문 교육을 제공한다는 사실을 인정하고 UCL을 장모네 센터로 지정했다. 이를 계기로 유럽 각국에서 유럽통합 관련 실무를 담당하는 유럽 전문가가 되기를 희망하는 젊은이들이 더욱 많이 UCL의 유럽대학원으로 몰려들기 시작했다. UCL의 유럽대학원 학생들은 재학 중에 유럽 주요국의 자매결연 대학에 교환 학생으로 파견되어 유럽 차원의 교육을 받을 뿐만 아니라 벨기에 브뤼셀에 위치한 EU 관련 기관에서 인턴십을 수행하는 경우가 많다. 이들의 상당수가 졸업 후 EU 공무원으로 근무한다.

현재 UCL의 유럽대학원의 핵심 프로그램은 2년 과정의 유럽학 석사 프로그램이지만, 이 밖에도 유럽통합과 관련하여 1년 과정의 석사 준비 프로그램, 학사 부전공 프로그램, 석사 학위 취득 후의 과정인 전문가 프로그램, 박사 프로그램 등이 운영되고 있다. UCL 유럽대학원의 석사 교과과정은 유럽통합과 관련하여 법, 역사, 정치, 경제 등 다양한 학문적 접근을 하고 있다. 다음 표는 2014~2015학년도 UCL 유럽대학원 유럽학 석사 프로그램에 개설된 과목들을 예시한다.

| 2014~2015학년도 UCL 유럽대학원 유럽학 석사 프로그램 개설 과목 |

유형	과목명	수업시간	학점(ECTS)
논문	논문 및 세미나 1	0	2
논문	논문 및 세미나 2	0	20
필수	정보와 자료 활용	15	3
필수	유럽연합의 레짐(régime)과 정치 이론	30	5
필수	EU 정치체제의 행위자	30	5
필수	EU의 대외 활동	30	5
필수	EU 회원국 정치와 회원국 정치 시스템의 유럽화	30	5
필수	EU 기구법	45	6
필수	EU 세법	45	6
필수	유럽의 정치와 사회 통합	30	5
필수	유럽의 정치 · 경제	30	5
필수	유럽통합사(양차 대전부터 EU 확장까지)	30	4
필수	학제 간 세미나: 유럽을 생각하기	18	3
필수	유럽 예산	15	3
선택	유럽 사회의 역사	15	3
선택	유럽의 사회: 회원 가입, 참여 그리고 저항	15	3

UCL보다는 늦었지만, 네덜란드어권의 KUL도 1988년에 유럽학센터를 개설하고 국제적인 교육을 지향하는 유럽학 석사 프로그램Master of Arts in European Studies, MAES을 개설했다. KUL의 유럽학 석사 프로그램의 교과과정

은 UCL과 다소 차이가 있다. 우선 수업 연한에서 UCL의 석사 프로그램은 2년 과정이지만, KUL은 1년 과정이다. 2014~2015학년도 교과과정을 보면, UCL은 다수의 공통 필수 과목을 설정하여 종합적인 능력을 갖춘 유럽 전문가 양성을 지향하고 있는 데 반해, KUL은 공통 필수 과목을 두 개로 한정하고, 네 개의 구분되는 모듈, 즉 유럽의 역사, 다양성, 문화에 대한 범국가적 접근Transnational Perspectives on European History, Diversity and Culture, EU의 대외 관계EU External Relations, 세계화하는 유럽Globalising Europe, 유럽-아시아: 상호작용과 비교Europe-Asia: Interaction and Comparisons를 설치하고 학생들이 각자 자신에게 필요한 분야를 중점적으로 학습하도록 배려하고 있다. 다음 표는 2014~2015학년도 KUL의 유럽학 석사 프로그램에 개설된 과목들을 나타낸다.

| 2014~2015학년도 KUL 유럽대학원 유럽학 석사 프로그램 개설 과목 |

구분	유형	과목명	학점(ECTS)
공통	필수	석사 논문	18
	필수	유럽에 대한 범국가적, 지구적 접근: 개념, 이론, 연구 방법	12
모듈 1: 유럽의 역사, 다양성, 문화에 대한 범국가적 접근	필수	현대 유럽의 주요 정치 현상	
	선택	인종 관계: 유럽의 소수자와 이주민 소수자	6
	선택	인종-문화적 다양성에 대한 언어적 관점	6
	선택	종교에 대한 유럽적 접근	6
	선택	유럽 역사에서 민족주의	6
	선택	EU의 거버넌스	6
	선택	사회 변화의 인류학: 가장자리, 업무 수행 그리고 대중	6

구분	유형	과목명	학점(ECTS)
모듈 2: EU의 대외 관계	필수	유럽통합의 경제적 관점	6
	필수	EU의 대외 관계법	6
	선택	EU의 대외 정책: 정책 결정, 수행 그리고 세계에 대한 인식	6
	선택	유럽의 외교 정책	6
	선택	EU 정책의 대외적 차원	6
모듈 3: 세계화하는 유럽	필수	EU 대외 정책: 정책 결정, 수행 그리고 세계에 대한 인식	6
	선택	세계사에 대한 관점	6
	선택	국제기구법	6
	선택	전 지구적 환경 정책	6
	선택	역사적 관점에서 유럽 경제	6
	선택	정치철학과 세계화 속의 민족 집단	6
모듈 4: 유럽-아시아: 상호작용과 비교	필수	EU 대외 정책: 정책 결정, 수행 그리고 세계에 대한 인식	6
	필수	동아시아에 대한 범국가적, 세계적 관점: 정책, 사회, 연구 방법론	6
	선택	유라시아: 범국가적, 세계적 관점	6
	선택	현대 유럽에 대한 세계적 관점	6
	선택	중국과 세계 정치	6
	선택	유럽 관점에서 본 중국 법	6
	선택	중국의 경제	6

전후 유럽통합을 추진하는 인재들을 양성해온 가톨릭루뱅대학은 2009년에 볼로냐 프로세스 장관회담을 개최하면서 유럽통합에 대한 기여를 넘어 유럽통합을 상징하는 대학이 되었다. 볼로냐 프로세스는 1999년 이탈리아 볼로냐에 모인 유럽의 고등교육 담당 장관들이 2010년까지 유럽

각국의 대학 제도를 통일하고 유럽 차원에서 경쟁력 있는 대학교육 시스템을 구축한다는 목표를 밝힌 볼로냐 선언을 근거로 추진한 유럽 차원의 대학교육 개혁 운동으로, 2년마다 볼로냐 프로세스 장관회담을 개최하여 진행 상황을 점검했다. 2001년 프라하, 2003년 베를린, 2005년 베르겐 Bergen, 2007년 런던 회의에 이어, 2010년 프로세스 완성 선언을 앞두고 최종 점검을 하는 자리인 2009년 장관회담이 벨기에의 네덜란드권 도시 루뱅과 프랑스어권 도시 루뱅라뇌브에서 동시에 개최되었는데, 회의 장소가 루뱅과 루뱅라뇌브에 위치한 가톨릭루뱅대학, 즉 KUL과 UCL이었다.

참가국들이 볼로냐 프로세스 완성을 목전에 둔 상태에서 최종 점검 장관회담 장소를 가톨릭루뱅대학으로 결정한 것은 우연이 아니었다. 볼로냐 프로세스 사무국은 가톨릭루뱅대학이 주는 상징성으로 인해 이곳을 2009년 장관회담 장소로 정했다고 밝힌 바 있다. 2차 세계대전 직후 시작된 유럽통합의 모델을 제공하고, 또한 이 통합 운동을 주도했던 베네룩스 국가들이 유럽 고등교육의 통합을 지향하는 볼로냐 프로세스에서 뚜렷한 존재감을 나타내고자 했다. 이러한 의사를 고려하여 베네룩스의 지역으로 개최지를 한정했고, 베네룩스에서 가장 오랜 역사를 가진 대학

2009년 뢰번·루뱅라뇌브 볼로냐 프로세스 장관회담에 참석한 각국 대표들. 유럽 분열의 상징이었던 뢰번대학의 도서관 계단에서 찍은 사진이다.

으로서, 유럽 지성인들을 배출하고 유럽의 유산을 간직한 가톨릭루뱅대학이 볼로냐 프로세스의 마지막 장관회담 장소에 부합하는 상징성을 가지고 있다는 판단에 따른 것이다. 2009년의 볼로냐 프로세스 장관회담은 4월 28~29일 이틀간의 행사였지만, 이를 계기로 유럽통합에서 가톨릭루뱅대학의 존재감은 한층 뚜렷해졌다.

가톨릭루뱅대학의 미래

지난 600년간 가톨릭루뱅대학은 유럽의 지도층을 배출하면서 유럽의 명문 대학이라는 명성을 쌓았고, 2009년 볼로냐 프로세스 장관회담 개최를 계기로 유럽통합을 상징하는 대학으로 널리 홍보되었다. 그럼에도 불구하고 현재 가톨릭루뱅대학은 앞으로도 우수 대학이라는 평판을 이어나갈 수 있을지 걱정해야 하는 상황이다. 크게 두 가지 중대한 도전에 직면하고 있기 때문이다. 그 하나는 고등교육의 국제화 · 세계화이고, 다른 하나는 유럽 전문가 양성 과정을 특화한 대학들의 성장이다.

고등교육의 국제화 · 세계화는 1990년대에 접어들면서 사회 각 분야에 나타난 국제화 · 세계화 현상의 연장선상에서 진행되었는데, 결과적으로 세계 각국의 대학들 사이에 이른바 국제적 기준에 따라 공식적 혹은 비공식적으로 서열이 정해지고, 국제무대에서 상위권을 차지한 대학에는 세계 각지의 우수 학생들이 몰려드는 현상이 나타나고 있다. 문제는 국제무대에서 상위권에 이름을 올린 대학들은 주로 높은 급여를 제공하면서 우수한 교수를 초빙하고, 학생들에게 많은 장학금을 제공하며, 영어가 통용되는 대학이라는 점이다. 이러한 조건을 갖춘 학교는 주로 영미권 대학,

특히 기업과 같은 민간 기관에게 막대한 재정 지원을 받는 미국 대학들이다. 반면에 비영어권에 소재하며 오랫동안 국가 지원에 기대어 운영되던 가톨릭루뱅대학은 우수 인재 유치 경쟁에서 상대적으로 미국 대학보다 불리한 입장이다. 이러한 상황에서 영미권 우수 대학과 경쟁할 수 있는 방법을 마련하지 못한다면, 과거 유럽 각국의 우수한 젊은이들이 모여들었고, 2차 세계대전 이후 과거 유럽의 식민지였던 제3세계 국가 출신 젊은이들이 유학 오던 가톨릭루뱅대학은 우수 인재가 몰려들 것을 더는 기대할 수 없고, 우수한 학생과 교수들도 떠나가면서 2류 대학으로 전락할 가능성도 있다.

유럽에 유럽 전문가 양성 과정을 특화한 대학들이 발전하는 상황도 가톨릭루뱅대학의 위상에 위협이 되고 있다. 앞서 설명했듯, 가톨릭루뱅대학은 1967년부터 유럽 전문가를 양성하는 교육과정을 개설했고, 이론 수업 외에도 EU 본부가 위치한 벨기에 소재 대학이라는 점을 적극 활용하여 EU 기관의 고위 인사의 초청 강연을 기획하거나 학생들에게 EU 기관 견학 및 인턴십 기회를 제공했다. EU 공무원을 꿈꾸는 젊은이들은 학업 과정에서 EU 공무원을 직접 만날 수 있고, EU에서의 업무와 관련된 실무적인 교육까지 받을 수 있는 가톨릭루뱅대학 교육을 선호했다. 그런데 2차 세계대전 이후 유럽 전문가 양성을 목표로 개교한 유럽학 특성화 교육기관들, 예컨대 유럽칼리지College of Europe, 유럽대학원대학European University Institute이 EU와 관련된 실무적인 교육을 제공하고, 유럽연합의 지원을 받으면서 점차 우수한 유럽 전문가 양성 기관으로 자리매김하게 되었다. 그 결과 가톨릭루뱅대학은 유럽학 교육의 강자임을 장담하기 어려워졌고, 유럽학 특성화 대학과 치열하게 경쟁해야 하는 입장이 되었다.

UCL에서 강연하는 반롬퓌이 EU 이사회 전 상임의장

물론 가톨릭루뱅대학이 처한 현재의 상황을 굳이 암울하게 바라볼 필요는 없다. 위기에 대처하면서 가톨릭루뱅대학이 더욱 번영할 가능성도 있다. 최근 프랑스어권 대학인 UCL의 유럽대학원은 가톨릭루뱅대학 동문이자 2014년 11월 30일자로 EU 이사회 상임의장직에서 물러난 헤르만 반롬퓌이를 초빙교수로 영입하고, 2015년 2월부터 UCL의 유럽학 석사과정 학생에게 반롬퓌이가 진행하는 수업을 제공하고 있다. 이와 같이 동문이자 EU의 상징적인 인물을 유럽대학원 교수로 채용하는 일은 가톨릭루뱅대학이 다른 대학들과 경쟁해야 하는 위기 상황에 적극 대처하면서 대학 발전의 기회를 만든 예라 할 수 있다.

앞으로 가톨릭루뱅대학이 유럽을 이끄는 지성인 양성에 어느 정도 기여할지, 추후 유럽사에 가톨릭루뱅대학이 미치는 영향은 어느 정도일지 단언할 수는 없다. 그러나 과거 유럽 역사의 변곡점에서 유럽 분열의 폐해를 고스란히 떠안는 불운을 겪었던 가톨릭루뱅대학은 이제 유럽이 과거의 갈등을 봉합하고 영구적 평화를 갈망하며 통합을 가속화하는 상황에서 통합 운동의 추진체 역할을 하고 있다. 유럽통합 운동이 지속되는 한, 가톨릭루뱅대학이 유럽통합을 견인하는 인재 양성의 장소로서, 유럽

통합의 의미를 확산하는 행위자로서, 유럽통합의 동력으로 기능할 것이라는 예상은 가능하다. _오정은

유럽칼리지 : 유럽통합의, 유럽통합에 의한, 유럽통합을 위한 대학

1948년 헤이그 회의 문화분과위원회에서 유럽통합을 다루는 고등교육기관 설립 논의

1949년 유럽칼리지 설립준비위원회 조직. 벨기에 브뤼헤에서 1년의 예비 과정 시범 운영 시작

1950년 벨기에 브뤼헤 캠퍼스에서 유럽학 석사과정 운영 시작

1974년 1974, 1975학년도 입학 정원 114명으로 증원

1993년 폴란드 바르샤바 나톨린에 제2캠퍼스 개교

1995년 1995, 1996학년도 입학 정원 306명으로 증원

1998년 유럽칼리지 총동문회 및 유럽칼리지 후원재단(Madariaga-College of Europe Foundation) 설립

2004년 유럽칼리지 글로벌경쟁법센터(GCLC) 개소

2007년 벨기에 브뤼헤 캠퍼스 확대(Dijver+Verversdijk)

2014년 2014, 2015학년도 입학 정원 471명으로 증원

유럽칼리지 EU-중국 연구센터 개소

브뤼헤, 유럽통합 엘리트들을 양성해온 '북부의 베네치아'

벨기에의 수도 브뤼셀에서 북서쪽으로 기차를 타고 한 시간쯤 달리면 브뤼헤Bruges*라는 중세의 향기가 살포시 묻어 나오는 아담한 도시에 도착한

* 벨기에는 플라망어와 프랑스어 두 개의 공용어를 사용하는데, Bruges는 플라망어로는 '브뤼헤', 프랑스어로는 '브뤼즈'라고 발음한다. 한편 국립국어원 외래어표기법에서는 Bruges를 '브뤼주'라고 표기하고 있다. 이 글에서는 Bruges가 벨기에의 플라망어권에 속해 있다는 점을 중요하게 고려하고, 주한 벨기에 대사관의 자문 내용에 근거해서 '브뤼헤'라고 표기한다. 하지만 프랑스어와 영어를 공용어로 사용하는 유럽칼리지 구성원들은 주로 '브뤼즈'라고 발음하는 것을 선호하는 편이다.

벨기에 브뤼헤 전경

다. 중세의 유럽인들에게 브뤼헤는 북해로 가기 위해 거쳐야만 하는 주요 관문 중 하나였고, 다양한 나라에서 온 유럽인들의 교류가 활발하게 이루어지는 곳이었다. 또한 베네치아처럼 운하가 도심 한가운데를 굽이굽이 가로지르고 있어서 유럽인들은 브뤼헤를 '북부의 베네치아'라고 불러왔다. 브뤼헤의 구도심에는 지금도 중세 시대의 요새와 종루가 그대로 남아 있다. 이러한 브뤼헤의 역사적 전통과 중세풍의 아름다운 도시 전경 때문에 유네스코는 지난 2000년에 이곳을 세계문화유산으로 등재하기도 했다. 그래서 브뤼헤에는 1년 내내 유럽 전역에서 온 수많은 관광객의 발길이 끊이지 않는다.

하지만 오늘날 유럽인들에게 브뤼헤가 단순히 중세의 역사와 아름다움을 간직한 관광 도시로만 여겨지는 것은 아니다. 브뤼헤는 유럽 '북부의 베네치아'라는 전통적 이미지와 함께, 지금은 '통합 유럽 엘리트 양성 도시'라는 현대적 이미지를 함께 가지고 있다. 이곳에 있는 유럽칼리지College of Europe, College d'Europe 때문이다.

1949년에 문을 연 유럽칼리지는 세계에서 처음으로 유럽학European studies 교육 프로그램을 만들어 운영하기 시작한 교육기관들 중 하나다. 지난 반세기 동안 이곳에서는 유럽 각국에서 선발된 소수 정예의 엘리트들이 모여 젊은 시절을 함께 보내며 유럽통합에 대해 공부하고 토론하며 그 꿈과 지혜를 모아왔다. 유럽칼리지는 그동안 유럽통합을 위해 일한 여러 고위 인사, 실무진을 배출해냈으며, 지금도 유럽연합의 주요 기구들은 물론 각 회원국 정부의 외무부 및 유럽연합 담당 부처들에는 이 학교의 동문들이 다수 진출해 유럽연합 관련 업무를 담당하고 있다.

유럽통합의 대학: 헤이그 회의에서 싹튼 유럽학 고등교육에 대한 꿈

유럽칼리지의 태동은 역사적으로 1948년 헤이그 회의the Hague Congress, le Congrès de La Haye로 거슬러 올라간다. 2차 세계대전이 끝난 직후 유럽은 그들이 만든 참혹한 전쟁의 상처와 전후 경제 상황에 대한 어두운 그림자가 지배하고 있었다. 헤이그 회의는 이성이 잠들었던 세계대전에 대한 반성과 성찰에 기반해, 유럽의 통합론자들과 평화주의자들이 다 함께 모인 자리였다. 이들은 전후 유럽 대륙의 평화와 번영을 위한 해법을 '유럽통합'이라는 것에서 찾아보고자 그 의지와 전망을 구체적으로 모아보려 했다.

당시 유럽의 통합론자들은 크게 두 그룹으로 나뉘어 있었다. 하나는 영국의 윈스턴 처칠과 주로 영어권, 독어권 통합론자들을 중심으로 한 연합주의자들unionists이었다. 이들은 국가들이 각각 주권을 유지한 상태에서 정부 간 기구를 구성하는 형태의 통합을 주장했다. 반면 주로 프랑스어권과 이탈리아어권 통합론자들을 중심으로 한 연방주의자들federalists은 각국의 주권을 사실상 상위체에 이양한 초국가적인 기구를 구성하는 연방 형태의 유럽통합을 주장했다.

헤이그 회의는 당시 이러한 두 흐름의 유럽통합론자들을 사실상 처음으로 한 자리에 모아내는 자리였다. 이 회의에는 유럽 전역에서 정치인, 경제인, 문화인, 법조인 등 다양한 배경을 가진 유럽통합론자들이 무려 750여 명이나 모였다. 영국의 윈스턴 처칠, 독일의 콘라트 아데나워Konrad Adenauer, 프랑스의 프랑수아 미테랑François Mitterrand, 이탈리아의 알티에로 스피넬리Altiero Spinelli와 같은 각국의 대표적인 정치인이자 통합론자들도 자리를 함께했다.

헤이그 회의 참가자들은 나흘 동안 정치, 경제·사회, 문화의 세 가지 분과위원회로 나뉘어 진지한 발제와 열띤 토론을 벌였다. 그중 문화분과위원회의 총괄 보고관General rapporteur을 맡은 스위스의 유럽통합론자 드니 드 루즈몽Denis de Rougemont은 "문화를 통한 유럽통합"을 강조하며, 이를 위해 "유럽통합을 교육하고 연구할 기관"의 신설을 제안했다. 당시 문화분과위원회의 의장을 맡고 있던 에스파냐 출신의 평화주의자 살바도르 데 마다리아가Salvador de Madariaga도 이러한 필요성에 적극 공감하고 있었고, 이 안건은 문화분과위원회에서 참석자들의 만장일치로 통과된다.

하지만 살바도르 데 마다리아가와 드니 드 루즈몽이 구상한 유럽통합을 다루는 교육기관에 대한 구체적인 전망은 서로 달랐다. 드니 드 루즈몽은 '문화'에 초점을 둔 유럽통합 교육기관을 구상하고 있었지만, 살바도르 데 마다리아가는 '정치 · 경제 · 법' 등 더 구체적이고 실천적인 영역을 다루는 유럽통합 교육기관을 설립하고자 했다. 또한 드니 드 루즈몽은 자신이 주로 활동하던 스위스에 교육기관을 설립하기를 원했지만, 살바도르 데 마다리아가는 1948년 브뤼셀 조약을 시작으로 유럽통합의 지리적 중심이 된 벨기에에 주목했다.

이러한 교육기관 성격 및 설립 장소에 대한 두 사람의 생각의 차이는 좁혀지지 못했고, 결국 각자 생각하는 유럽통합 교육기관을 따로 설립하는 방향으로 나아간다. 그래서 드니 드 루즈몽은 1949년부터 스위스 제네바에 유럽문화센터le Centre Européen de la Culture, CEC 설립을 준비하고 이듬해에 정식으로 개소하게 된다.* 반면에 살바도르 데 마다리아가는 벨기에 브뤼헤 시의 전폭적인 지원을 약속받고, 이를 바탕으로 이곳에 유럽통합의 정치 · 경제 · 법을 다룰 유럽칼리지 설립에 나선다.

1949년 9월, 살바도르 데 마다리아가는 네덜란드의 통합론자 헨드릭 브루크만Hendrik Brugmans과 손잡고 유럽칼리지 설립준비위원회를 조직하고, 브뤼헤에서 시범적인 예비 과정 운영을 시작한다. 그리고 1950년 10월에 유럽 각지에서 학생 서른다섯 명을 모집해서 정규 교육과정을 시작하게 된다. 유럽칼리지는 개교 초반부터 학부 과정은 운영하지 않고 소수 정예

* 드니 드 루즈몽은 1950년 10월에 스위스 제네바에 유럽문화센터를 설립하고, 1963년에 제네바대학 유럽학연구소(Institut Européen de l'Université de Genève, IEUG)로 발전시킨다. IEUG는 유럽학 석사과정만 운영해왔는데, 호세 마누엘 바로소(Jose Manuel Barroso) EU 집행위원장이 이곳에서 배출한 대표적인 유럽통합론자 중 한 명이다. 2013년부터 IEUG는 제네바대학 글로벌학 연구소(Institut d'Etudes Globales, IEG)로 확대 개편되면서, 그 안에서 유럽학 석사과정(Master Études Européennes)을 그대로 유지해오고 있다.

1948년 헤이그 회의에 참여한 유럽통합론자들

의 대학원 석사과정만 운영해왔다. 이는 무엇보다도 유럽통합에 실질적으로 기여할 수 있는 전문 인력을 사회적 수요에 맞게 소수 정예로 양성하려는 목적이 뚜렷했기 때문이다.

유럽칼리지는 당시 유럽 대륙에 있던 대부분의 대학과 구분되는 몇 가지 특징이 있었다. 첫 번째는 학교가 벨기에 플라망어권에 위치하고 있음에도 불구하고, 프랑스어와 영어를 동시에 사용하는 이중 언어 교육을 실시했다는 점이다. 두 번째는 학생 전원이 수업뿐만 아니라 일상생활을 함께하는 영국 옥스브리지Oxford-Cambridge 식의 레지덴셜residential 칼리지 시스템을 도입했다는 점이다. 세 번째는 '벨기에' 대학이라기보다는 '유럽' 대학이라는 정체성을 처음부터 대내외적으로 만들어 유지해 왔다는 점이다.

유럽칼리지의 로고

이러한 유럽칼리지의 특징들은 이 학교의 산파 역할을 한 살바로드 데 마다리아가의 개인적 경험과 교육적 철학에 영향을 받은 바가 크다. 그는 에스파냐에서 태어나 자랐지만 대학교육은 프랑스 그랑제콜인 에콜폴리테크니크École Polytechnique와 에콜데민École Nationale Supérieure des Mines de Paris을 졸업한 공학자, 문학가, 외교관이었다. 그 후 국제연맹 무기감축위원회 위원장, 주불駐佛 대사, 주미 대사 등 요직을 역임했지만, 1939년 독재 정권인 에스파냐 제3공화국이 들어서자 영국으로 피신해야 했고, 그 후 전쟁이 끝날 때까지 옥스퍼드대학 등에서 강의를 하며 수년을 보냈다.

그는 모국어인 에스파냐어 외에도 프랑스어, 영어 구사 능력을 바탕으로 국제연맹과 같은 국제무대에서는 물론, 헤이그 회의에서도 문화분과 위원장을 맡으며 유럽 각국의 인사들과 교류해왔다. 그래서 유럽통합을 위해 일할 엘리트들이라면 다언어 구사 능력이 있어야 한다고 믿고, 그중에서도 특히 모국어 외에 프랑스어와 영어에 능통한 자신의 경험을 유럽칼리지 교육 설계에 반영했다. 그리고 그가 옥스퍼드대학에서 가르치면서 경험한, 함께 거주하며 공부하고 토론하는 칼리지 문화는 유럽칼리지 설립 때 많은 영감을 주었다.

이러한 프랑스어, 영어 이중 언어 교육과 레지덴셜 칼리지 시스템에 기초한 덕분에 유럽칼리지는 개교 초기부터 학생들은 물론 교수들까지 벨

벨기에 브뤼헤 캠퍼스 전경

기에가 아닌 유럽 전체에서 골고루 받아들이는, 당시로서는 독특한 실험을 할 수 있었다. 오늘날 에라스뮈스 교환학생 프로그램처럼 대규모 학생 교류가 없던 시기에 유럽 전역에서 이처럼 다양한 국적의 학생들과 교수들이 함께 모여 공부하고 생활하는 대학은 당시 유럽칼리지가 사실상 유일무이했다. 개교 초반부터 '벨기에' 대학이 아닌 '유럽' 대학으로서의 정체성을 만들어온 것이다.

유럽칼리지가 개교할 당시까지 브뤼헤에는 대학이 하나도 없었다. 16세기부터 예수회에서 브뤼헤에 칼리지를 만들려고 시도했으나 여러 가지 사정으로 실현되지 못했다. 그래서인지 당시 브뤼헤 시민들은 유럽칼리지의 학생들과 교수들 대부분이 플라망어를 전혀 사용할 줄 몰랐지만, 모두 상당히 열린 마음으로 환영하는 분위기를 보여주었다고 한다. 설립 초기에 학교에 있었던 학생들과 교수들의 회고에 따르면, 시민들 대부분이 처음에는 신기해하면서도 반가운 눈빛으로 여러 가지 일상에서의 지원을 아끼지 않았다고 한다.

유럽통합에 의한 대학: 유럽연합 확대와 심화의 역사를 함께한 대학

유럽칼리지는 설립 이후 지난 반세기 동안 유럽통합의 역사와 그 성장 궤적을 함께했다고 해도 과언이 아니다. 1949년 22명의 예비 과정으로 시작한 입학 정원은 유럽연합 회원국의 점진적인 확대와 궤를 맞춰 점점 늘어났다. 1950～1960년대까지 100명 미만이었던 입학 정원은 1970년대에 100명대로 늘어난 뒤, 베를린 장벽 붕괴 직전에는 200명 선까지 증가한다. 1990년대 이후 동유럽 국가들의 유럽연합 가입을 계기로 정원이 빠른 속도로 확대되면서 1990년대 중반에는 300명을 넘어, 현재에는 440명에 이르고 있다.

특히 베를린 장벽 붕괴 이후 동유럽 국가들의 연이은 유럽연합 가입은 유럽칼리지의 동유럽 캠퍼스 설립의 결정적인 계기가 되었다. 1992년에 유럽칼리지는 폴란드 바르샤바의 나톨린[Natolin] 지역에 제2 캠퍼스를 개교하면서, 상징적으로 1950년에 브뤼헤에서 처음 입학했던 학생 수와 똑같은 서른다섯 명의 신입생을 나톨린에서 받아 유럽학 교육을 시작하게 된다. 유럽연합과 폴란드 정부의 지원으로 설립 및 운영되는 유럽칼리지 나톨린 캠퍼스는 유럽연합 동유럽 확대의 대표적 상징 중 하나로 여겨진다.

유럽칼리지는 설립 초기에는 벨기에 정부와 브뤼헤 시의 지원을 많이 받았지만, 이후에는 유럽연합과 회원국들의 예산 지원에 주로 의존해서 교육 프로그램들을 운영해왔다. 유럽칼리지는 유럽학의 선구자, 소수 정예 전통, 졸업생의 우수함 등으로 개교 초반부터 유럽연합과 회원국 정부들에게 높이 평가받은 덕분에 운영 예산을 대폭 지원받을 수 있었다. 현재도 2013년 기준으로 유럽칼리지 연간 예산의 약 27퍼센트는 유럽연합

폴란드 바르샤바 나톨린 캠퍼스 전경

이, 약 18퍼센트는 회원국들이, 그리고 약 17퍼센트는 벨기에 정부가 지원하고 있다.

유럽연합과 회원국들의 지원액 중 대부분은 각국에서 온 학생들의 장학금으로 활용된다. 대부분의 회원국들은 외무부나 교육부 차원에서 자국의 우수한 인재들을 엄격히 선발해서, 학비와 생활비 등을 전액 지원해가면서 유럽칼리지에서 통합 유럽의 인재들을 양성해왔다. 하지만 유럽칼리지가 유럽연합 산하이거나 법적인 관계로 연결된 교육기관은 아니다. 그렇다고 벨기에의 국립대학이나 공립대학의 지위도 아니다. 유럽칼리지는 법적인 의미에서 비영리 기구와 사립 교육기관의 중간 성격을 갖는 독특한 지위를 가지고 있다.

유럽칼리지가 1950년대부터 유럽학에 특화된 소수 정예 엘리트 양성 교육기관으로 성공적인 평가를 받게 되면서, 이 모델을 따라 유사한 유럽학 교육 및 연구 기관 설립이 이어지게 된다. 특히 유럽연합과 회원국들의 직접 지원을 받으며 설립된 교육기관들이 몇 개 등장한다. 이탈리아 피렌체에 있는 유럽대학원대학European University Institute, EUI, 네덜란드 마스트리히트에 있는 유럽공공행정학교European Institute of Public Administration, EIPA, 벨기에 브뤼셀에 있는 유럽행정학교European School of Administration, ESA가 그 대표적인 예다.

1976년에 개교한 유럽대학원대학의 설립 논의는 사실 1960년대 중반부터 이탈리아 정부 주도로 진행되어왔다. 그 설립의 근거는 유럽 핵에너지 시장 통합과 평화적 이용을 위해 1957년에 체결된 유럽원자력공동체Euratom 조약에 있었다. 그런데 설립 논의 과정에서 과학보다는 유럽연합과 회원국들의 지원을 받는 유럽학 교육 및 연구 기관으로 성격이 구체화되면서, 유럽칼리지와의 유사한 성격 때문에 논란이 일었다. 그럼에도 불구하고 유럽칼리지는 유럽연합과 법적인 관계에 있는 교육기관은 아니었기 때문에, 유럽대학원대학 설립이 계속 추진될 수 있었다.

하지만 그동안 유럽칼리지가 유럽 엘리트 양성의 역할을 성공적으로 수행해온 점을 고려하여, 이 두 학교가 유럽통합에 기여함에 있어 확실히 차별화된 역할을 분담할 수 있도록 해달라는 요구가 유럽칼리지의 학생, 교수, 동문들을 중심으로 줄기차게 제기되었다. 결국 유럽연합 집행위원회, 회원국 정부들은 이 점에 동의해서, 유럽칼리지는 유럽연합 관련 기구들이나 회원국 정부에서 유럽통합 관련 업무를 담당할 실무 전문가들을 양성하고, 반면 유럽대학원대학은 유럽통합과 관련된 학술적인 연구자 양성에 특화하기로 한다.

이후에도 유럽칼리지의 성공적인 역할과 그 위상은 다른 회원국들에게 유사한 성격의 교육기관 설립을 추진하는 강력한 동기를 제공했다. 그래서 1981년에는 네덜란드 마스트리히트에 유럽공공행정학교가, 2005년에는 벨기에에 유럽행정학교가 새로이 문을 열게 된다. 이들은 모두 유럽연합의 공식적인 산하 기관 형태로 설립·운영되면서, 유럽연합이나 회원국 공무원들의 유럽통합에 대한 이해를 높이기 위한 재교육 프로그램들과 온라인 유럽 행정학 석사 프로그램을 담당하고 있다. 유럽칼리지는 그 성공적인 운영과 위상을 통해 이러한 유럽학 특화 교육기관들의 본보기 및 길잡이 역할을 해왔다.

유럽통합을 위한 대학: 유럽통합을 주도해온 소수 정예 '유럽' 엘리트 양성소

유럽칼리지는 설립 초기부터 지금까지 소수 정예의 전통을 유지해오고 있다. 개교 초기 매년 30여 명 입학 정원에서 지금도 매년 4백여 명만 입학이 가능하다 보니, 지금까지 배출해낸 총 동문의 규모도 1만 2,000명 정도에 불과하다. 65년의 역사를 가진 학교라는 것을 감안하면 총 동문의 규모가 상당히 작은 편이다. 학생 전원이 기숙사 생활을 해야 하기 때문에 단기간에 규모의 확대가 쉽지 않은 현실도 있었지만, 영어와 프랑스어를 공용으로 사용해야 하고 회원국들의 전액 지원 장학금으로 우수한 학생들만 모아야 하기 때문에 자연스럽게 소수 정예의 전통을 지켜온 측면도 있다.

유럽칼리지의 동문들은 소수 정예라는 학교의 취지와 명성에 걸맞게, 작은 동문 규모에도 불구하고 다수의 졸업생들이 유럽연합은 물론 여러 회원국들의 정·관계 고위직에서 폭넓게 활약하고 있다. 이들은 주로 자국 정부의 외무부나 교육부에 의해 선발되어 유럽칼리지에서 석사과정 이수 후, 유럽연합 본부 혹은 각국 정부로 채용되어 고위 공무원이나 외교관으로 성장해왔다. 그리고 일부는 유럽의회 혹은 국내 의회 의원을 역임하면서 유럽 정치는 물론 국내 정치의 주역으로도 활약해왔다. 현재 이들은 유럽연합 기구들에서 국장, 과장급으로 대거 진출해서 유럽연합 내 가장 강력한 인적 네트워크를 형성하고 있다. 그래서 혹자는 이곳을 프랑스의 국립행정학교École nationale d'administration, ENA에 빗대어 '유럽의 국립행정학교ENA d'Europe'라고 부르기도 한다.

| 현재 유럽 정계, 학계에서 활약 중인 대표적 유럽칼리지 동문들 |

분야	이름	직함
정계	헬레 토르닝슈미트(Helle Thorning-Schmidt)	현 덴마크 총리
	알렉산데르 스투브(Alexander Stubb)	현 핀란드 총리
	닉 클레그 (Nick Clegg)	현 영국 부총리
학계	크리스티앙 르케슨(Christian Lequesne)	프랑스 파리정치대학 교수
	필리프 레니에(Philippe Régnier)	캐나다 오타와대학 교수
	알베르토 알레만노(Alberto Alemanno)	프랑스 HEC, 미국 뉴욕대학 교수

2014년 12월 현직을 기준으로 유럽칼리지의 대표적인 동문들을 살펴보면, 덴마크 사회민주당의 대표이자 2011년에 여성 최초로 덴마크 총리직에 오른 헬레 토르닝슈미트, 핀란드 국민연합당의 대표이자 2014년에 핀란드 총리직에 오른 알렉산데르 스투브, 영국 자유민주당의 대표이자 2010년부터 영국 부총리직을 맡고 있는 닉 클레그가 있다. 그 외에도 유럽칼리지의 동문들은 현재 유럽연합의 10여 개 회원국들에서 장관직을 역임하고 있으며, 유럽의회 의원이나 유럽연합 상주 대표부 대사로도 다수가 활약하고 있다.

학계에서는 파리정치대학(시앙스포)의 국제관계연구소CERI 소장을 역임한 크리스티앙 르케슨 교수, 캐나다 오타와대학 국제개발학대학원 원장

유럽칼리지 학생들의 졸업 기념 촬영

을 역임한 필리프 레니에 교수, 그리고 프랑스의 경영 계열 그랑제콜인 HEC 파리école des Hautes Etudes Commerciales de Paris, HEC Paris와 뉴욕대학 로스쿨 석좌교수를 맡고 있는 알베르토 알레만노 교수가 대표적으로 활약하고 있다. 이들은 모두 현재 유럽연합이나 회원국들에서 유럽 정치를 실질적으로 이끌거나, 유럽통합에 대한 학술적 담론을 주도하는 신진 그룹들의 핵심으로 주목받으며 활약하고 있다.

유럽칼리지의 교육과정은 총 1년 과정의 사회과학 중심의 유럽학 석사과정이다. 브뤼헤 캠퍼스에는 EU 국제정치 · 외교, 유럽 정치 · 행정, 유럽 경제, 유럽 법으로 이루어진 사회과학 분야의 네 가지 전공이 있다. 그리고 나톨린 캠퍼스는 유럽학European Interdisciplinary Studies 단일 전공으로 운영되면서 사회과학 간 학제적 접근을 중심으로 학생들을 교육하고 있다. 1년

과정이다 보니 수업 밀도와 강도가 상당히 높은 편이다.

유럽칼리지가 유럽통합 분야의 엘리트 교육기관이라는 정체성을 갖게 된 것은 소수 정예의 학사 운영, 동문들의 우수한 사회 진출, 유럽학에 특성화된 교육과정이라는 점은 물론 유럽에서 가장 우수한 학생들이 지속적으로 이 학교에 지원하고 있다는 측면에서도 두드러진다.

유럽칼리지는 유럽연합의 볼로냐 프로세스에 따른 단일한 고등교육 제도를 기준으로 이야기하면 석사과정만을 제공하고 있는 대학원대학이다. 하지만 유럽칼리지의 석사 학위가 '현실적으로' 다른 고등교육기관의 석사 학위와 완전히 동등한 위상에 있는 것은 아니다. 2014년 기준으로 유럽칼리지의 석사과정 입학생의 75퍼센트는 이미 한 개 이상의 석사 학위를 소지하고 있다. 심지어 이 중 2퍼센트는 다른 분야의 박사 학위를 이미 가진 학생들이다. 그래서 현재 유럽칼리지의 석사는 현실적으로 '석사 위의 석사'라는 성격을 지니고 있다고도 볼 수 있다.

또한 유럽칼리지 학생들은 기본적으로 모국어 외에도 프랑스어와 영어를 동시에 사용할 수 있어야 한다. 이는 개교 초기부터 우수한 학생들을 선발하는 하나의 기준이기도 했지만, 최근에는 프랑스어와 영어의 이중 언어 구사 능력이 최소한 갖춰야 하는 기본 자격이 되고 있는 추세다. 2014년 기준으로 신입생들의 14.5퍼센트는 5개 국어 이상 구사가 가능하고, 32퍼센트는 4개 국어, 47퍼센트는 3개 국어를 구사하는 것으로 나타났다. 이는 오늘날 유럽 학생들이 학부 과정에서 에라스뮈스 프로그램 등을 통해 역내 다른 국가들에서의 체류 경험이 대폭 늘어난 데 기인한 것이다.

최근 10여 년 사이에 경제적 위기가 반복되면서 유럽 젊은이들 사이에서도 유럽연합 공무원직에 대한 선호도가 상당히 올라갔다. 그래서 유럽연합 공무원으로의 진출이 활발한 유럽칼리지 석사 학위에 대한 인기 또한 상당하다. 특히 구동유럽권에서 진학하는 학생들은 각국의 최우수 학생들로 널리 알려져 있다. 그 밖의 유럽 대부분의 국가들에서 선발되는 학생들도 치열한 국내 선발 과정을 거쳐 진학하기 때문에, 반세기 동안 이어온 유럽통합의 엘리트를 양성하는 학교라는 유럽칼리지의 명성은 지금도 여전히 유효하다.

유럽칼리지의 미래

1948년 헤이그 회의가 만든 몇 가지 중요한 성과물 중 하나였던 유럽칼리지는 지난 반세기 동안 유럽학을 하나의 독립적인 학문 분야로 발전시키는 데 일조하고, 유럽통합을 위해 일할 젊은 엘리트들을 양성하는 데 핵심 역할을 담당해왔다. 비록 소수 정예라는 전통 때문에 개교 65년간 배출해낸 동문 수는 1만 2,000여 명에 불과하지만, 그 절대적인 수에 비해 동문들이 유럽통합 현장에서 기여해온 바는 유럽의 그 어느 큰 대학들과도 비견할 수 없다.

하지만 유럽연합 기구나 각국의 관련 부처에서 튼튼한 네트워크를 보유하고 있는 유럽칼리지 동문들은 최근에는 유럽연합의 관료주의나 로비의 핵심으로 지목되면서 시샘과 경계의 대상이 되고 있는 것도 사실이다. 게다가 최근 유럽연합 공무원 채용 시험에서 파리정치대학 등 다른 대학들이 두드러진 성과를 나타내며 급부상함에 따라 이 분야에서 독보적이었던 유럽칼리지의 위상이 흔들리는 것은 아닌지에 대한 내부 구성원들의 우려의 목소리도 높다.

이에 유럽칼리지는 기존의 교육 기능 외에 연구 기능을 강화해서 종합적인 유럽학 교육 및 연구 기관으로 거듭나기 위해 노력하고 있다. 이러한 노력의 일환으로 2014년에 EU-중국 연구센터를 개설해서 연구 기능을 강화하고 있다. 또한 유럽공공행정학교와 유럽행정학교가 담당해온 유럽연합 공무원 재교육 프로그램들에 진출해서 사실상 이들과 경쟁하고 있다. 그리고 유럽연합과 회원국들의 재정 지원에만 의존하지 않기 위해 민간 기업들과의 협력을 대폭 강화하고 있다.

그러나 지난 반세기 동안의 역사가 그랬듯이 유럽칼리지의 미래는 근본적으로 유럽통합의 미래와 그 궤적을 함께할 것이다. 유럽통합은 그동안 많은 시행착오에도 불구하고, 지속적인 통합의 심화와 확대를 만들어왔다. 그 뒤에는 유럽통합에 대한 누구보다 앞선 이해와 신념을 가져온 유럽칼리지 출신의 인재들이 있었다. 결국 유럽칼리지가 스스로 존재의 본령인 유럽학 '교육'에 얼마나 충실한지, 그래서 변화된 시대를 반영한 선도적인 교육 프로그램들을 개척해 훌륭한 인재를 지속적으로 배출해내는지가 유럽칼리지의 미래를 결정할 것이다. _윤석준

유럽대학원대학 : 새로운 유럽을 만드는 대학

1955년 메시나 회담에서 할슈타인에 의해 유럽 공동의 연구 기관 설립 논의 시작

1969년 헤이그 정상회담에서 피렌체에 유럽대학 설립 결정

1972년 ECSC 6개국 간 EUI 설립 협정 서명

1976년 개교, 4개 분과 박사 학위 과정(법학, 정치 및 사회과학, 경제학, 역사 및 문명) 운영

1986년 유럽연합 문서보관소 설치

2006년 학자 양성을 전문으로 하는 막스 베버 박사 후 과정 프로그램 도입

작지만 강한 대학

이탈리아 피렌체의 미켈란젤로 광장은 항상 세계 각지에서 온 수많은 관광객들로 붐빈다. 이곳에 서면 르네상스라는 유럽 문화의 재생과 부흥을 통해 유럽에 새 세상을 환하게 열어준 위대한 도시 피렌체의 전경이 한눈에 들어온다. 눈부시게 푸른 하늘 아래 낮은 산으로 둘러싸여 온통 붉은색 지붕으로 뒤덮인 야트막한 건물들 사이로 두오모Duomo*의 거대한 둥근 지붕이 14~16세기 유럽의 상업, 금융, 학문, 예술의 중심지였던 피렌

* '두오모'는 교구의 중심이 되는 주교좌 성당으로 대성당이라고도 부른다. 이탈리아 대부분의 도시는 두오모를 가지고 있는데, 가장 유명한 것이 피렌체와 밀라노의 두오모이다. 피렌체 두오모의 공식 명칭은 '산타 마리아 피오레(Santa Maria del Fiore, 꽃의 성모 교회)' 성당이다.

피렌체 시내 전경. 오른쪽 끝에 살짝 보이는 것이 피에솔레이다.

체의 찬란했던 과거의 영광을 뽐내듯 우뚝 솟아 있다. 두오모를 중심에 두고 눈을 오른쪽으로 약간 돌리면 저 멀리 낮은 산 위에 작은 도시 하나가 희미하게 보인다. 피렌체의 기원이 되었던 피에솔레Fiesole다. 피렌체 북쪽으로 6킬로미터 정도 떨어진 언덕 위에 위치한 이 도시는, 기원전 1세기경 로마인들이 진주해 본격적으로 피렌체를 건설하기 전에 이 지역을 장악하고 있던 에트루스키Etruschi 문명을 토대로 번성했던 부족의 근거지였다. 피렌체에서 피에솔레로 올라가는 온통 올리브 농원으로 둘러싸인 구불구불한 언덕길을 따라가다 보면 마치 중세 수도원처럼 생긴 유럽대학원대학European University Institute, EUI을 만나게 된다. 바디아 피에솔라나Badia Fiesolana라는 이름을 가진 이 수도원은 실제로 예수의 열두 제자 중 한 사람인 바돌로매Bartholomew, 바르톨로메오 성인에 헌정되어 11세기 초반에 지어져 수도원으로 사용되던 장소였다. EUI는 1976년에 설립되어 역사, 정치,

바디아 피에솔라나 수도원 전면. 유럽 대학원대학은 이 수도원과 부속 건물을 본관으로 사용하고 있다.

경제, 법 등 일부 인문학과 사회과학에 한정되어 석사과정과 박사과정만 개설되어 있는 아주 조그마한 대학이다.

유구한 역사와 걸출한 '스타'들을 배출한 유럽의 위대한 대학들에 비해 상당히 왜소해 보이는 이 대학은 유럽통합을 전공하는 사람에게조차도 생소한 학교이다. 그럼에도 불구하고 EUI가 이 책의 마지막 장을 차지하고 있는 이유는 이 대학이 유럽의 새로운 미래를 여는 데 중요한 학문적 중심지 역할을 하고 있기 때문일 것이다. 유럽에서 대학은 사회의 변화와 발전에 중요한 역할을 담당했다. 앞에서 소개된 대부분의 대학이 각각의 학문적 정체성을 가지고 유럽사의 중요한 부분을 차지했다면, EUI는 유럽 곳곳에서 모인 학생과 연구자들이 '유럽'이라는 공동의 학문적 정체성을 구축해가는 곳이다. 즉 EUI는 유럽연합이 추구하는, 민족문화들로 분화된 유럽이 아니라 공동의 문화적 정체성을 가진 '새로운' 유럽을 만들어나가는 데 있어 전위대의 역할을 하는 곳이다. EUI는 학생 수가 고작 600명에 불과하고 80명이 채 안 되는 교수진을 가지고 있다. 그럼에도 불구하고 2004년 런던정경대학의 힉스Simon Hix 교수가 평가한 세계 정치학과 순위에 따르면 이 대학은 정치학 및 사회과학 분야에서 유럽 1위와 세계 5위를 차지할 정도로 작지만 강한 대학이다.

유럽통합과 유럽대학의 설립

1950년대 초반 유럽방위공동체European Defence Community, EDC와 유럽정치공동체European Political Community, EPC라는 야심찬 계획이 실패로 돌아간 후 유럽통합 논의는 잠시 소강상태를 보였다. 하지만 유럽석탄철강공동체European Coal and Steel Community, ECSC 6개 회원국 외무장관들은 1955년 메시나Messina에 모여 유럽통합 논의를 재개하는 데 합의했다. 이때 서독(이하 독일)의 할슈타인Walter Hallstein 총리는 유럽 원자력 산업의 공동 발전을 위해 이 분야에서 회원국 간 공동 연구 기관을 만들 것을 제의했으나, 해결해야 할 수많은 다른 난제들로 인해 더 진전되지는 못했다. 하지만 사실 그 이전에 이미 유럽의 공동 대학이라는 가정은 실현되어 있었다. 유럽공동체 수준에서는 아니지만 1949년 이미 유럽칼리지가 설립되어 운영되고 있었다. 유럽통합 논의가 활발했던 1948년 헤이그 회의에서 유럽의 지도자들은 유럽의 교육 협력을 위해 유럽 공동의 대학 기관을 설립할 것을 제안했고, 마다리아가Salvador de Madariaga, 처칠Winston Churchill, 스파크Paul-Henry Spaak, 데가스페리Alcide De Gasperi 등 유럽통합주의자들의 주도로 벨기에의 브뤼주에 유

EUI 설립의 초석을 놓은 할슈타인. 우리에게 '할슈타인 독트린'으로 알려진 그는 전후 독일의 외교관으로서 독일이 유럽통합에 호의적인 입장을 견지하게 하는 데 적극적 역할을 했으며, 1958년부터 1967년까지 EEC 집행위원회 위원장을 역임했다.

럽학을 전공하는 석사과정으로 구성된 유럽칼리지가 설립되었다. 이 대학은 서유럽 국가들 간의 상호 이해와 연대 의식을 고무하고 유럽을 위해 헌신할 젊은 행정 엘리트를 양성한다는 목표를 가지고 출발했다.

성공적으로 정착된 유럽칼리지와는 다르게 유럽 공동 대학 형성에 관한 초기 논의는 지지부진했다. 그 첫 번째 이유는 공동 대학 형성에 대한 ECSC 회원국 각각의 입장이 달랐기 때문이다. 공동 대학에 대한 할슈타인의 제안은 메시나 회담에서 제안된 유럽원자력공동체Euratom에 지대한 관심을 가지고 있던 독일의 입장에서 보면 전혀 이상할 것이 없었다. 하지만 원자력공동체보다는 관세동맹에 더욱 관심을 가지고 있던 프랑스 입장에서 보면 탐탁하지 않은 제안이었다. 더구나 프랑스 정부는 Euratom을 자국 원자력 산업의 발전뿐만 아니라 독일 원자력 산업을 통제할 수 있는 수단으로 간주하기도 했기 때문에 원자력 관련 공동 연구 기관 건설이라는 제안은 환영받을 수 없는 것이었다. 한편 이탈리아는 자국의 원자력 산업의 발전을 유도한다는 목적도 있었지만 유럽을 학문적으로 연구할 공동의 교육기관 유치에 관심이 있었기 때문에 가장 열정적이었다. 따라서 이탈리아는 메시나 회의 이후 집행위원회European Commission와 유럽의회European Parliament를 대상으로 집중적으로 로비 활동을 펼쳤지만 번번이 무산되었다.

유럽 공동의 교육기관 형성이 어려웠던 또 다른 이유는 당시의 유럽통합 상황이었다. 먼저 1955년 메시나 외무장관 회의 이후 ECSC 회원국들은 새로운 공동체 건설과 이의 발전에 매진했고, 1958년 프랑스에서 드골Charles de Gaulle이 집권한 이후에는 영국의 공동체 가입 문제와 1965년 공석위기로 인해 공동체의 존립 자체가 의심스러워졌다. 따라서 유럽 공동의 교육기관 형성과 같은 부차적인 문제가 논의되기는 어려웠다.

EUI 설립 논의는 프랑스에서 드골이 물러나고 퐁피두Georges Pompidou 대통령이 드골 대통령과 달리 유럽경제공동체EEC에 더욱 호의적인 입장을 취하면서 다시 시작될 수 있었다. 1969년 드골 대통령의 사임 이후 처음 열린 EEC 6개국 헤이그 정상회담에서 유럽통합을 더욱 진전시키기 위한 수많은 시도들과 함께 이탈리아의 피렌체에 유럽대학 설립이 결정되었다. 하지만 애초에 할슈타인이 제안했던 원자력 관련 연구 기관이 아니라 인문학 중심의 대학으로 설립하도록 결정되었다. 이러한 결정은 유럽공동체 기구를 유치하지 못한 이탈리아가 유럽대학을 유치하기 위해 선택한 전략의 결과라고 할 수 있다. 이탈리아 정부는 원자력과 같은 미묘한 문제를 피하고 대학을 회원국 간 문화 교류의 장으로 만들자는 주장을 펼침으로써 회원국들의 동의를 얻었다. 특히 피렌체는 르네상스를 통해 유럽의 근대를 열어준 발원지였기 때문에 피렌체에 유럽 문화 교류의 장인 유럽대학을 설립하는 것은 오히려 당연해 보였다.

정상회담에서 제시된 유럽대학 설립안은 1970년과 1971년 피렌체와 로마에서 열린 일련의 정상회담에서 유럽공동체의 공식 기구가 아니라 회원국 정부 간 기구의 형태로 박사과정에 한정된 대학원대학 설립으로

유럽대학원대학 내부 전경. 르네상스 건축 양식으로 지어진 이 건물은 현재 대학 본관으로 사용되고 있다.

구체화되었다. 1972년 EEC 6개 회원국은 유럽대학원대학 설립 협정에 서명함으로써 EUI 설립을 공식 승인했다. 협정문은 "고등교육과 연구를 통해 유럽의 문화적, 학문적 유산을 발전시키는 데 기여"하고 "유럽의 문화적, 언어적 다원성을 고려"할 것을 EUI의 설립 목표로 제시했다. 1973년에는 영국, 아일랜드, 덴마크가 EEC에 가입하면서 이 협정에도 서명했고, 1976년에 역사, 정치, 경제, 법학부에 70명의 학생이 입학하면서 개교했다. 그 후 EU에 가입한 새로운 회원국들은 의무 사항은 아니지만 대부분 설립 협정에 서명하면서 EUI 회원국이 되었다.

유럽대학원대학의 구조와 운영

EUI 회원국은 2014년 현재 전체 28개 EU 회원국 중 크로아티아, 체코, 헝가리, 리투아니아, 몰타 5개국을 제외한 23개 국가로 이루어져 있다. 한편 EUI는 이탈리아 피렌체에 위치해 있지만 이탈리아 교육부에 의해 통제되거나 이탈리아 학제를 따르는 대학이 아니다. 앞에서 설명한 것처럼 EUI는 EEC 회원국 정부 간 기구 형태로 설립되었기 때문에 그 구조와 운영 역시 정부 간 기구 형태로 이루어지고 있다. 즉 EUI의 운영은 회원국에서 파견되는 대표로 구성되는 최고위원회High Council에 의해 이루어진다. 연 1회 개최되는 최고위원회는 학교의 주요 지침과 활동을 결정하고 감독한다. 또한 최고위원회는 대학 운영을 이끌어갈 5년 임기의 총장을 선출하고, 선출된 총장은 사무총장의 보조를 받아 대학의 행정을 책임지고 있다.

최고위원회에서의 정책 결정은 일반적으로 만장일치에 의해 결정되고 1국 1표 원칙을 따르고 있다. 하지만 가중다수결에 의한 정책 결정(총장과 사무총장의 임명, 예산의 승인, 교수 정책 승인, 연구위원회 구성 등)을 필요로 하는 경우에는 회원국 투표에 가중치를 두고 있다. 불가리아, 루마니아, 라트비아가 가입하기 전인 2014년 20개국 당시 가중치에 따르면 의결이 통과하려면 최소 14개국 이상에서 71퍼센트 이상인 77표를 얻어야 했다. 이러한 시스템은 회원국의 EUI에 대한 재정 기여 정도에 따라 부여된 가중치를 인정해주는 것으로 유럽연합 각료이사회Council of Ministers of the European Union의 투표 방식과 유사한 것이다. 즉 대국과 소국의 가중치 투표수의 차이가 재정 기여에 비교해 많은 차이를 갖지만, 대국의 위상과 소국의 이

| EUI 회원국의 재정 기여와 투표 가중치(출처: EUI) |

회원국	재정 기여(%)	가중다수결 투표 가중치
벨기에	4.96	5
덴마크	2.03	3
독일	17.38	10
그리스	1.47	5
에스파냐	6.23	8
프랑스	17.38	10
아일랜드	0.51	3
이탈리아	17.38	10
룩셈부르크	0.16	2
네덜란드	4.96	5
오스트리아	2.65	4
폴란드	2.14	8
포르투갈	0.74	5
핀란드	1.19	3
스웨덴	2.72	4
영국	17.38	10
키프로스	0.12	2
슬로바키아	0.28	5
슬로베니아	0.24	3
에스토니아	0.07	3
합계	100	108

익 보호를 위해 적절하게 조정되어 분포되어 있는 것을 알 수 있다.

EUI의 박사 학위 과정은 역사와 문명, 경제학, 법학, 정치학 및 사회과학의 네 분야로 이루어져 있다. 한편 유럽 법 및 국제법 분야에 한하여 석사과정도 개설되어 있고, 학교 부설 연구소인 슈만 센터Robert Schuman Centre for Advanced Studies, RSCAS에 다양한 형태의 연구장학금이 제공되고 있다. 대표적인 프로그램은 다음과 같다.

- 장 모네 박사 후 과정 펠로우십Jean Monnet Postdoctoral Fellowship : 유럽통합의 선구자인 장 모네를 기념하기 위해 만들어진 프로그램으로, 박사 학위를 받은 후 5년이 지난 박사, 교수, 안식년 교수 등에게 1~2년간의 기간으로 제공되고 있다. 프로그램의 연구 주제는 슈만 센터의 주요 연구 주제(통합, 거버넌스, 민주주의, 시장 규제, 21세기 세계 정치와 유럽)에 한정되고, 매년 20여 명의 연구자만을 선발하고 있다.
- 막스 베버 박사 후 과정 펠로우십Max Weber Postdoctoral Fellowship : 이 프로그램은《프로테스탄티즘 윤리와 자본주의 정신》으로 알려진 독일 출신의 사회과학자 막스 베버의 이름을 딴 연구 장학금이다. 박사 학위를 받은 지 5년이 지나지 않은 학자들만 지원이 가능한데, 유럽뿐만 아니라 EUI에 개설된 분야를 연구하는 전 세계의 학자들도 이 프로그램에 지원할 수 있다.
- 페르낭 브로델 펠로우십Fernand Braudel Senior Fellowship : 프랑스 역사학자인 브로델의 이름을 딴 이 프로그램에 지원한 학자들은 일정 기간 EUI에 머물면서 교육 및 논문 심사 등을 담당할 수 있다.
- 마리 퀴리 펠로우십Marie Curie Fellowships : 퀴리 부인으로 잘 알려진 방사능 분야의 선구자인 퀴리의 이름을 딴 이 펠로우십은 유럽위원회European Commission가 제공하는 장학금으로 EUI 교수진의 추천을 받은 경우에만 선발될 수 있다.

이상과 같은 다양한 펠로우십 외에 일본의 캐논 재단Canon Foundation이 후원하는 펠로우십과 핀란드 아카데미Academy of Filand가 후원하는 펠로우십 등을 통해 EUI에서 체류하면 연구 활동을 수행할 수 있다.

한편 EUI에는 유럽통합 연구에 필요한 모든 사료가 원본 및 마이크로필름 형태로 보관되어 있는 유럽연합 문서보관소Historical Archives of the European Union, HAEU가 1986년부터 설치되어 운영되고 있다. 대학 본관에서 2킬로미터 정도 떨어진 빌라 살비아티Villa Salviati에 위치한 이 문서보관소에는 유럽연합에서 발행되는 공식 문서뿐만 아니라 150명 이상의 주요 정치인 및 단체의 사료집이 원본 및 복사본 형태로 보관되어 있고, 미국 국무부뿐만 아니라 유럽 주요 국가의 외무부 문서가 마이크로필름으로 보관되어 유럽통합 연구를 지원하고 있다. 또한 EUI 도서관에는 43만 5,000권 이상의 도서와 1만 3,000종 이상의 전자저널e-journal을 소장하고 있어 유럽통합 연구를 수행하는 데 도움을 주고 있다. 이 문서보관소와 도서관은 EUI 학생뿐만 아니라 외부인에게도 공개하고 있어 유럽통합 연구자들은 언제든지 사전 신청을 통해 자료를 열람할 수 있다.

유럽통합을 이끌어가는 엘리트 양성소

EUI는 유럽연합의 공식적 기구는 아니지만 유럽통합을 이끌어가는 엘리트 양성소라고 할 만하다. 각 회원국 정부가 EUI 입학생에게 의무적으로 장학금을 지급하도록 하는 이유도 바로 여기에 있다. 해마다 150여 명의 박사과정 학생을 선발하는 EUI는 원칙적으로는 협정에 서명한 EUI 회원국 시민들에게 우선권을 주고 있다. 협정에 의해 선발된 박사과정 학생들은 입학과 동시에 자동적으로 출신 국가에서 수업료와 생활비 등 장학금을 받게 되어 있다. EU 회원국이지만 EUI 협정 비회원국 출신 학생들의 경우 자신들의 국가에서 장학금을 받을 수 없지만, EUI 특별 지원 프로그램에 의거해서 장학금을 지원받거나 외부 장학금을 받는 경우에만 입학을 허용하고 있다. 한편 터키 및 중앙아시아 국가들뿐만 아니라 북아프리카 국가 출신 학생들의 경우 수업료가 면제되고 국제 협력에 의거해서 이탈리아 외무성이 장학금을 지급하도록 되어 있다. 그 밖에 제3국 출신 학생들의 경우 EUI는 특별 장학금을 제공하거나 외부 장학금을 받는 경우에만 입학을 허용하고 있다. 이상과 같이 EUI는 수업료와 생활비를 제공받지 않는 학생들에게는 원칙적으로 입학을 불허하고 있어 자비로 입학을 허가받기는 어려운 실정이다. 또한 학과에 따라 약간씩 차이를 보이지만 모든 재학생은 영어 외에 프랑스어나 독일어 등 최소 2개 국어 이상을 마스터해야 수업을 따라갈 수 있기 때문에 언어 능력 역시 중요한 입학 조건이 된다.

EUI는 설립된 지 40여 년밖에 되지 않았기 때문에 이 대학을 대표할 만한 인물은 많지 않다. 하지만 EUI는 그 위상이 점점 커져감에 따라 유럽의 중량감 있는 학자들이 선호하는 대학이 되었다. 1990년대와 2000년대 초반 이탈리아 총리를 지낸 아마토Giuliano Amato 교수, 이탈리아 경제사학자인 치폴라Carlo Maria Cipolla 교수, 영국의 정치사회학자인 크라우치Colin John Crouch 교수, 덴마크의 경제학자인 요한센Søren Johansen 교수, 영국의 역사학자인 밀워드Alan Steele Milward 교수, 독일의 정치학자인 슈미터Philppe C. Schmitter 교수 등 쟁쟁한 유럽통합 연구자들이 이 대학에서 교수로 활동했다.

EUI 출신들은 대부분 박사 학위를 가지고 주로 학계에서 활동하고 있지만, 이들의 연구가 주로 유럽통합을 다루고 있기 때문에 유럽연합을 후방에서 지원하는 역할을 한다고 할 수 있다. 관계나 정치계에 진출할 경우 일반적으로 고위직에 진출하여 친유럽주의적 입장을 견지하고 있다. 대표적 동문의 경우 해마다 100여 명 안팎의 졸업생만을 배출하기 때문에 다른 유럽 대학들에 비해 아직 두드러지는 동문을 배출하지는 못했다. 이 대학 입학생의 80퍼센트 정도가 학위를 취득하는데, 이 중 69퍼센트 정도가 미국이나 유럽 대학 등 연구 기관에서 근무할 만큼 졸업생들의 학술적 역량이 인정받고 있다. 석사과정에 한정되어 운영되는 유럽칼리지가 주로 유럽통합의 실무적인 측면을 연구해 많은 유럽 관료를 배출하고 있다면, EUI는 더욱 학문적 수준에서 유럽에 접근함으로써 전 유럽에서 유럽학을 연구하고 강의하는 학자를 양성하는 역할을 하고 있다고 할 수 있다.

| EUI의 대표적인 동문 |

분야	이름	직함
정계	미구엘 포이아레스 마두로(Miguel Poiares Maduro)	포르투갈 장관
	누누 세베리아노 테이셰이라(Nuno Sevoriano Teixeira)	포르투갈 국방장관
	요아힘 부에르메링(Joachim Wuermeling)	전 유럽의회 의원
학계	사이먼 힉스(Simon Hix)	영국 정치학자
	볼커 슈나이더(Volker Schneider)	독일 정치학자
	마우리치오 비롤리(Maurizio Viroli)	미국 프린스턴대학 교수

유럽 정체성의 창작 공간

EUI는 유럽연합의 공식 기구가 아니지만 거의 모든 회원국이 EUI 설립 협정에 서명하고 있어 마치 유럽연합의 공식 대학인 것처럼 운영되고 있다. 유럽연합 역시 EUI를 유럽연합의 고위 관료 양성과 유럽통합에 관련된 학문 연구를 위해 다양한 지원을 하고 있다. 유럽연합 회원국들이 EUI를 설립한 목적에서 나타나듯이 EUI의 목표는 다양한 회원국 출신의 학생들이 학제 간 학문 연구를 통해 유럽의 정체성을 찾고 만들어나가는 것에 있다고 할 수 있다. 이러한 측면에서 본다면 EUI는 '다양성 속의 통일성'이라는 유럽연합의 모토를 실현하는 데 있어 가장 이상적인 공간이 되고 있다. 즉 민족과 인종을 초월하여 다양한 국적의 학생들이 학제 간 연구를 통해 유럽의 정체성을 연구하고, 졸업 후에는 이를 다시 대학에서 가르침으로써 유럽의 정체성을 만들어가는 역할을 하고 있다. 실제 EUI에서 수행된 연구의 많은 부분이 유럽 정체성과 관련되어 있다.

EUI에 설치된 4개 박사과정의 연구 주제는 주로 유럽연합의 역사 혹은 문화, 정치, 경제, 법적 정체성에 많이 분포되어 있다. EUI의 핵심적 연구기관인 슈만 센터의 연구 주제 역시 통합, 거버넌스, 민주주의, 시장 규제, 통화 정책, 국제 정치와 유럽연합 등과 같은 유럽통합의 주요 측면들에 집중되어 있다. 또한 슈만 센터는 다양한 정책 대화policy dialogue나 관료 등의 훈련 프로그램을 운영하고 있는데, 이 프로그램의 주제들 역시 앞에서 언급한 분야에서의 유럽 혹은 유럽연합의 정체성에 관한 문제에 집중하고 있다.

이러한 측면에서 본다면 EUI가 왜 이탈리아의 피렌체에 위치해 있는

지를 이해할 수 있을 것 같다. 피렌체는 유럽 문화 혹은 유럽 정체성의 고향과 같은 곳이라고 할 수 있다. 피렌체에 의해 재생되고 부흥된 고대 그리스와 로마 문화는 당시에 이미 태동하기 시작한 민족국가 의식이나 이념에도 불구하고 유럽의 모든 국가들이 그리스·로마 문화를 자신들 공동의 문화적 정체성으로 간직하게 하는 데 기여했다. 민족국가로의 분열에도 불구하고 유럽의 통일성을 제공해준 것은 그리스도교(이마저도 종교개혁으로 곧 사라지게 되었다)와 르네상스에 의해 부활된 그리스·로마 문화였다. 단테Alighieri Dante로부터 마키아벨리Niccolò Machiavelli에 이르는 르네상스의 주역들 역시 유럽의 통일성을 주장한 것은 바로 이러한 유럽 문화의 원형을 통해서였다. 이 점을 상기한다면, 피렌체야말로 유럽 공동의 정체성을 만들기 위한 유럽대학이 위치하기에 안성맞춤인 지역이었을 것이다. _이선필

에필로그

대학을 통해 본 유럽의 과거 · 현재 · 미래

12세기 무렵 이탈리아 볼로냐에 대학이 등장한 이후, 유럽 각지에 우후죽순처럼 수많은 대학이 설립되었다. 어떤 대학은 특정 대학을 발전 모델로 설정했고, 어떤 대학은 기존 대학과 전혀 다른 새로운 유형의 대학을 표방하면서 개교했다. 대학들은 '최고의 지성인 양성'이라는 공동의 목표를 가지고 있었고 당대의 엘리트들이 모이는 장소가 되었다. 유럽의 지식인들은 대학이라는 장소에서 시대의 요구에 부응하는 방법을 고민했고, 대학에서 얻은 지혜를 통해 세상과 대화하면서 유럽사 발전에 동참했다.

중세의 대학은 신이 지배하는 세상으로 빠져들던 유럽인들을 이성적이고 비판적인 사고가 이끄는 유럽으로 안내하는 공간이었다. 볼로냐대학에서는 서임권 투쟁이나 도시의 자유와 같은 세속적인 문제들이 연구주제로 다루어졌고, 이른바 '주석학파'라 불리는 학자군이 배출되었다. 이 과정에서 로마법과 교회법이 발전했고, 볼로냐대학의 구성원들은 때로는 교황의 일꾼으로, 때로는 국왕의 조언자로 활동하면서 중세 유럽 정치에 영향력을 행사했다. 1257년 로베르 드 소르봉에 의해 설립된 소르본대학은 종교 교육에 역점을 두었지만, 과거 수도원 학교에서 수행하던 신학 교육과 차별화하여 신에게 객관적으로 접근하고, 인간의 이성을 기초로 신학을 발전시켰다. 영국의 옥스브리지는 종교개혁의 혼란기 속에서 구성원들이 탄압받고 처형되는 아픔을 겪기도 했지만, 이를 기회로 오히려 국왕의 지원을 받으며 교권과 국왕권 사이에서 균형자 역할을 했다.

종교개혁과 르네상스를 거쳐 근대 시기로 접어들면서 유럽에서는 계몽주의 사상이 확산되었고, 자연과학에 대한 관심이 증가했다. 이어서 영국에서 산업혁명이 시작되고 유럽 각국이 산업화 경쟁에 돌입하자 우수한 공학자에 대한 수요도 급증했다. 이러한 사회적 요구에 부응하고자 유럽인들은 괴팅겐대학, 에콜폴리테크니크, 카를스루에공과대학 등 자연과학과 공학 교육에 역점을 두는 대학들을 설립했다. 이 대학에서 교육받은 자연과학자와 공학자들은 유럽인의 세계관과 문화를 변화시켰다. 다른 한편에서는 베를린훔볼트대학, 제네바대학, 브뤼셀자유대학같이 인문학, 사회과학, 자연과학, 의학, 공학 등을 포괄하는 종합대학 체제가 발전했다. 이 무렵부터 유럽의 대학들은 교육에 역점을 두던 기관에서 교육과 연구를 아우르는 공간으로 성격이 변했다. 그리고 유럽인이 다방면에서 세계 질서를 좌우할 수 있도록 이끄는 지식의 원천으로 기능했다.

교육과 연구의 결합으로 유럽의 대학은 강력한 지식 생산의 장으로 거듭났다. 하지만 이것이 유럽에 부귀영화만을 가져온 것은 아니다. 현대 유럽은 인류사에 유례가 없었던 세계대전을 두 차례나 일으켰는데, 이 끔찍한 전쟁을 수행하는 데 활용된 자연과학, 공학, 철학 등의 지식이 유럽 대학에서 연구된 결과물이었다. 현대의 유럽 대학들은 민족 간 갈등을 부추기고 인류의 대량 살상 방법을 탐구하는 장소로 기능했던 것이다.

양차 대전 이후 유럽의 대학들은 다시금 전쟁의 도구로 전락하는 사태를 극도로 경계했다. 대학생들은 전쟁으로 문제를 해결하려던 기성세대를 비판했고, 나아가 기성세대의 사고방식에 반대했다. 베를린자유대학 학생들은 냉전과 권위적 국가에 저항하며 거리 시위를 벌였고, 파리대학의 학생들은 학문적으로 경직되고 시대의 변화를 따라잡지 못하는 기성세대가 운영하는 대학 제도에 반기를 들고 68혁명을 일으켰다. 68혁명의 결과 뱅센대학(파리8대학)같이 개방적인 문화의, 이전과 다른 새로운 파리대학이 탄생했고, 대학은 소수를 위한 교육기관에서 대중을 위한 공간으로 변모했다.

전후 새로운 유럽을 꿈꾸던 젊은 대학생들의 투쟁은 1960~70년대 유럽을 갈등과 혼란에 빠뜨렸다. 하지만 갈등의 시기에 벌어졌던 치열한 논쟁은 합리적인 유럽 사회를 발전시키는 밑거름이 되었다. 오늘날 유럽 대학들은 전후 풍부한 자본을 바탕으로 세계 일류로 부상한 미국의 대학들과 경쟁하고 있는데, 유럽의 대학들이 미국의 대학들을 상대로 경쟁하는 무기는 치열하게 고민하며 발전시킨 유럽 지성인들의 합리성이다.

유럽 지성인들의 합리성의 정점은 유럽통합 운동에서 찾을 수 있다. 전쟁으로 점철되었던 과거 인류사를 극복하는 방안을 모색하던 유럽인들은 주권국가들이 스스로 주권의 일부를 양도하고 국가 간 통합을 이룩함으로써 전쟁 가능성을 사전에 차단하는 장치를 마련했다. 유럽연합이라는 국제기구를 통해 진행되는 유럽통합 운동은 인류사에 유례가 없었던 실험으로, 현재까지의 성과를 보면 유럽인들이 인류사에 자랑할 만한 국제 질서 운영 체계라 할 수 있다. 유럽의 대학들은 유럽의 이 자랑스러운 실험인 유럽통합에 동참하고 있다. 유럽통합을 이끄는 전문가를 양성하고, 유럽통합의 발전 방향을 제시하는 역할을 유럽 대학들이 떠맡고 있다.

유럽의 대학들 가운데에는 스트라스부르대학과 가톨릭루뱅대학처럼 다양한 학문을 가르치는 종합대학이 하나의 학문 단위로 유럽통합을 가르치고 연구하면서 유럽통합을 이끄는 경우가 많다. 그러나 유럽칼리지나 유럽대학원대학처럼 유럽통합 교육과 연구를 전문으로 하기 위해 설립된 대학들도 있다. 이 대학들은 통합된 유럽의 미래상을 제시하고, 유럽인들에게 유럽 정체성이라는 공동체의식을 심어주고 있다. 과거에 그랬듯 현재도 유럽의 대학들은 유럽의 과거·현재·미래상을 만들어가고 있다. _오정은

참고문헌

프롤로그 • 유럽 문화의 공통 기반, '대학'

- 대학사연구회, 《전환의 시대 대학은 무엇인가》, 한길사, 2000.
- 이광주, 《대학사: 이념 · 제도 · 구조》, 민음사, 1997.
- 크리스토프 샤를 · 자크 베르제르, 김정인 옮김, 《대학의 역사》, 한길사, 1999.
- Charle, Christophe & Verger, *Jacques, Histoire des universites: XIIe-XXIe siècle*, Paris : Presses universitaires de France, 2012.
- Ruegg, Walter, dir., *A History of the University in Europe*, 4 vols., Cambridge : Cambridge University Press, 1992~2011.

1부 중세의 전통을 만든 대학들

1. 볼로냐대학: 유럽 대학들의 '모교'

- 이광주, 《대학사: 이념 · 제도 · 구조》, 민음사, 1997.
- 자크 르 고프, 최애리 옮김, 《중세의 지식인들》, 동문선, 1999.
- 조세프 R. 스트레이어, 김동순 옮김, 《서양문화의 뿌리를 찾아서》, 성균관대학교출판부, 2008.
- 크리스토프 샤를 · 자크 베르제르, 김정인 옮김, 《대학의 역사》, 한길사, 1999.
- Moutsios, Stavros, "The De-Europeanization of the University under the Bologna Process," *Thesis Eleven*, 119 : 1, 2013.

2. 파리소르본대학: 중세 신학의 심장이 되다

- 김유경, 〈서양의 교육-역사적 조명〉, 제7회 서양사학 전국학술대회, 2002.
- 서정복, 《소르본대학-프랑스 지성의 산실》, 살림, 2005.
- Cobban, Alan B., *The Medieval Universities: Their Development and Organization*, London: Methuen, 1975.
- d'Irsay, S., "L'Opinion publique dans les Universitas Médiévales: Etudes sur l'active politique de l'université de Paris à ses débuts.", *Revue des études historique*, 99, 1932.
- Delaborde, H. F., ed., "Historia de Vita et gestis Philippi Augusti", *Oeuvre de Rugord et de Guillaume*, le Breton, vol. I(1882~1885).
- Denifle, Heinrich & Chatelaine, Emile, *Chartularium universitatis parisiensis*, Paris, 1891~1897. 필리프 2세의 특허장은 t. I, no. 1(*Privilegium Philippi Augusti regis Francorum in favorem scholarium Parisiensium*, 1200년 7월).
- Ferruolo, S., *The Origins of the University*, Stanford University Press, 1985.
- Franklin, Alfred, *La Sorbonne, ses origines, sa bibliothèque; Les Débuts de l'imprerie à Paris et la Succession de Richelieu*, Paris: Léon Willem, 1875.
- Häring, N., ed., "A latin dialogue on the doctrine of Gilbert of Poitiers", *Medieval Studies*, 15, 1953.
- James, M. R., trans., *De magis curialium* 5, London, 1923.
- Le Goff, Jacques, *Intellectuals in the middle ages*, Blackwell, 1993.
- Verger, J., *La renaissance du XIIe siécle*, cerf, 1999.
- Verger, J., *Les universités au Moyen Age*, puf, 2013.

3. 옥스브리지: 옥스퍼드대학·케임브리지대학과 영국의 지적 오만

- 박지향, 《영국적인 너무나 영국적인: 문화로 읽는 영국인의 자화상》, 기파랑, 2006.
- 이동희, 《역사를 바꾼 종교개혁가들: 루터부터 칼빈, 후퍼, 로크 등을 통해 본 종교개혁사》, 지식의 숲, 2013.
- 페터 자거, 박규호 옮김, 《옥스퍼드 & 케임브리지》, 갑인공방, 2005.
- Jarausch, Konrad H,. ed., *The Transformation of Higher Learning 1860~1930: Expansion, Diversification, Social Opening, and Professionalization in England,*

Germany, Russia, and the United States, Chicago : University of Chicago, 1983.
- Leedham-Green, Elizabeth, *A Concise History of the University of Cambridge*, Cambrige : Cambridge University Press, 1996.
- Rashdall, Hastings, *The Universities of Europe in the Middle Ages*, New York : BiblioLife, 2009.

4. 프라하대학: 정치 · 종교 · 민족 · 대학의 랩소디

- 이석우, 《대학의 역사》, 한길사, 1998.
- 크리스토프 샤를 · 자크 베르제르, 김정인 옮김, 《대학의 역사》, 한길사, 1999.
- 페트르 초르네이 · 이리 포코니, 서강대학교 HK 동유럽연구사업단 옮김, 《체코 역사 이야기》, 다해, 2011.
- von Wolmar, Wolfgang Wolfram, *Prag und das Reich-600 Jahre Kampf deutscher Studenten*, Dresden, 1943.
- von Wolmar, Wolfgang Wolfram, *Prag: Die älteste Universität des Reiches*, Arbeitsgemeinschaft Prager und Brünner Korporation, 1998.

2부 근대 유럽을 형성한 대학들

5. 베를린훔볼트대학: 근대 대학의 어머니

- Howard, Thomas Albert, *Protestant Theology and the Making of the Modern German University*, London : Oxford Univ. Press, 2006.
- Parzinger, Hermann, *The Humboldt Forum*, Berlin : Krügers, 2011.
- 베를린훔볼트대학의 현황 http://www.hu-berlin.de/ueberblick-en/humboldt-universitaet-zu-berlin-en/facts

6. 제네바대학: 칼뱅 종교개혁의 성지

- 김재성, 《칼빈의 삶과 종교개혁》, 이레서원, 2001.
- 이석우, 《대학의 역사》, 한길사, 1998.
- Calvin, John, "Catechism of the Church of Geneva", in *Selected Works of John*

Calvin Tracts and Letters, ed. and trans., henry Beveridge, Grand Rapids: Baker Book House, 1984.

- Charles, Borgeaud, *l'Histoire de l'Université de Genève*, Geneve: Georg&Co, 1900.

7. 괴팅겐대학: 대학과 사회라는 유기적 공동체의 본보기

- Böhme, Ernst, *Göttingen A Small Guide to the Town's History*, Göttingen: Göttinger Tageblatt GmbH & Co. KG, 1999.
- 괴팅겐 http://www.goettingen.de/index.php?lang=en
- 괴팅겐대학의 역사 http://www.uni-goettingen.de/en/history-of-the-university-%E2%80%93-an-overview/90607.html

8. 에콜폴리테크니크: 프랑스 공학교육기관의 모델

* 이 글은 다음의 논문들을 토대로 완성되었다. 문지영, 〈프랑스 근대 공학교육의 요람-에콜 폴리테크닉(Ecole Polytechnique), 1794-1815〉, 《역사학보》 196집, 2007; 〈프랑스 제3공화국 초기 고등교육 개혁과 에콜 폴리테크닉의 대응〉, 《프랑스사연구》 29호, 2013.

- Bourdieu, Pierre, *La Noblesse d'Etat. Grandes écoles et esprit de corps*, Paris: Minuit, 1989.
- Callot, Jean-Pierre et al., *Histoire et prospective de l'École Polytechnique*, Paris: Lavauzelle, 1993.
- Fourcy, Ambroise, *Histoire de l'École Polytechnique*, Paris: Chez l'Auteur, 1828.
- Kamber, Michael, "Top French Schools, Asked to Diversify, Fear for Standards", *The New York Times*, 30 June 2010. (http://www.nytimes.com/2010/07/01/world/europe/01ecoles.html)
- Kosciusko-Morizet, Jacques A., *La 'Mafia' Polytechnicienne*, Paris: Editions du Seuil, 1973.
- Shinn, Terry, *Savoir scientifique et pouvoir social. L'Ecole Polytechnique 1794~1914*, Paris: Presses de la FNSP, 1980.

9. 카를스루에공과대학: 유럽 과학기술 교육의 선두

- 문지영, 〈프랑스 근대 공학교육의 요람: 에콜 폴리테크닉(Ecole Polytechnique), 1794~1815〉, 《역사학보》 196집, 2007, 159~189쪽.
- 송충기 · 박진희, 〈독일: 국가, 교육 그리고 수공업〉, 김덕호 외, 《근대 엔지니어의 탄생》, 에코리브르, 2013.
- Blankertz, Herwig, *Bildung im Zeitalter der großen Industrie, Pädagogik, Schule und Berufsbildung im 19. Jahrhundert*, Hannover [u.a.]: Schroedel, 1969.
- Böhme, Helmut, "Einige Anmerkungen zum Problem der Technischen Hochschule in ihre Auswirkungen auf die Städte", Erich Maschke und Jürgen Sydow, Hrsg., *Stadt und Hochschule im 19. und 20. Jahrhundert*, Sigmaringen, 1979.
- Brenner, Peter J., "Wandel des Wissens-Wandel der Universität, Neue Herausforderung an die Universität als Organisationsform", Ralf Elm, Hg., *Universität zwischen Bildung und Business, Mit einem Anhang zur europäischen Bildungspolitik*, Bochum, 2002.
- Hotz, Joachim, *Kleine Geschichte der Universität Fridericiana Karlsruhe(Technische Hochschule)*, Karlsruhe, 1975.
- Kämmerer, J., "Technologie aus Tradition streiflichter zur 160-jährigen Geschichte der Universität (TH) Karlsruhe", *Periodica polytechnica Eletrical Engineering*, vol. 29, No. 2~4, 1985.
- Koch, Hans-Albrecht, *Die Universität, Geschichte einer europäischen Institution*, Darmstadt, 2008.
- 카를스루에공과대학 노벨상 수상자 http://www.kit.edu/kit/7894.php
- 카를스루에공과대학 홈페이지 http://www.kit.edu/kit/index.php

10. 브뤼셀자유대학: 자유와 과학의 만남

- 앤서니 아브라스터, 조기제 옮김, 《서구 자유주의의 융성과 쇠퇴》, 나남, 2007.
- Bartier, John, *Université Libre de Bruxelles, 1934~1959*, Bruxelles: ULB, 1959.
- des Marez, Guillaume, *Université Libre de Bruxelles, 1834~1930: son origine, son développement et ses activités*, Bruxelles: Impr. Charles Bullens, [s.d.].

- S.N., *Université Libre de Bruxelles pendant vingt-cing ans*, 1834~1860: statuts, discours, rapports, tableaux des cours et des professeurs etc., Bruxelles: Fr. Van Meenen et cie, 1860.
- Vanderkinder, Léon, *L'Université Libre de Bruxelles*, 1834~1884, *notice historique*, Bruxelles: P. Weissenbruch, 1884.

3부 유럽의 미래를 만드는 대학들

11. 빈대학: 합스부르크 왕가의 빛과 그늘

- 박병철, 〈비트겐슈타인과 비엔나 써클의 물리주의〉, 한국철학회, 《철학》 60권, 1999, 211~236쪽.
- 전용덕, 〈오스트리아 학파의 경제학 대(對) 신고전학파의 경제학〉, 한국제도경제학회, 《제도와 경제》, 통권 16호, 2014, 85~126쪽.
- Gall, Franz, *Alma Mater Rudolphina 1365~1965. Die Wiener Universität und ihre Studenten*, Wien, 1965.
- Heindl, Waltraud & Tichy, Marina, „Durch Erkenntnis zu Freiheit und Glück …" *Frauen an der Universität Wien (ab 1897)*, Wien: Schriftenreihe des Universitätsarchivs, Universität Wien 5, 1990.
- Mühlberger, Kurt & Maisel, Thomas, *Rundgang durch die Geschichte der Universität Wien*, Wien 2. Auflage, 1999.
- Mühlberger, Kurt, *Die Universität Wien. Kurze Blicke auf eine lange Geschichte*, Wien 2. Auflage, 2001.
- 빈대학 역사 자료 http://www.univie.ac.at/archiv/rg/inhalt.htm
- '합스부르크의 세계' http://www.habsburger.net/de/themen/wissen-ist-macht

12. 베를린자유대학: 냉전, 1968년, 베를린자유대학

- 송충기, 〈68운동과 그 역사화〉, 《역사비평》, vol. 78, 2007.
- 오제명 외, 《68, 세계를 바꾼 문화혁명 – 프랑스 · 독일을 중심으로》, 길, 2006.

- 윤용선, 〈세계의 대학 – 독일 베를린자유대학교〉, 《국제지역정보》 113호, 2002, 68~89쪽.
- 이진모, 〈독일 역사정치 속의 68운동과 과거극복〉, 《호서사학》 제50집, 2008.
- 잉그리트 길혀-홀타이, 정대성 옮김, 《68운동 – 독일 · 서유럽 · 미국》, 들녘, 2006.
- Görlich, C., *Die 68er in Berlin. Schauplätze und Ereignisse*. Homilius, 2002.
- Hoffmann, Jessica & Seidel, Helena & Baratella, Nils, *Geschichte der Freien Universität Berlin. Ereignisse–Orte–Personen*, Frank & Timme, Berlin 2008.
- Kubicki, Karol & Lönnendonker, Siegward, Hrsg., 50 Jahre Freie Universität Berlin – aus der Sicht von Zeitzeugen (1948~1998), Berlin: Zentrale Universitätsdruckerei, 2002. (http://web.fu-berlin.de/APO-archiv/Online/fub50.pdf)
- Lönnendonker, Siegward, *Freie Universität Berlin – Gründung einer politischen Universität*, Duncker & Humbolt, 1988.
- Prell, Uwe & Wilker, Lothar, *Die Freie Universität Berlin 1948–1968–1988: Ansichten und Einsichten*, Berliner Wissenschafts-Verlag, 1988.
- 베를린자유대학 연표 http://web.fu-berlin.de/chronik/

13. 파리8대학: 68혁명과 파리8대학의 출현

* 이 글은 다음의 논문을 토대로 작성되었다. 박단, 〈68혁명과 '새로운 파리 대학'의 출현〉, 《서강인문논총》 41집, 2014.

- 고원, 〈68년 5월과 파리대학〉, 《서양의 역사와 문화》, 창간호, 2004.
- 민유기, 〈68년 5월 운동과 프랑스의 대학개혁〉, 《프랑스사연구》, 29호, 2013.
- 원윤수 · 류진현, 《프랑스의 고등교육》, 서울대학교출판부, 2002.
- 이석우, 《대학의 역사》, 한길사, 1998.
- 조지 카치아피카스, 이재원 옮김, 《신좌파의 상상력: 전 세계적 차원에서 본 1968년》, 난장, 2009.
- 진태원, 〈다시, 변혁을 꿈꾸다 – 정치적인 것의 사상사, 5부 68혁명의 철학 – 16. 미셸 푸코: 규율권력과 주체화〉, 《한겨레신문》, 2014. 9. 28.

14. 시앙스포: 프랑스 권력 엘리트의 산실

• 조홍식, 《똑같은 것은 싫다 – 조홍식 교수의 프랑스 문화 이야기》, 창비, 2000.

• Bourdieu, Pierre, *La Noblesse d'Etat. Grandes écoles et esprit de corps*, Paris: Les Editions de Minuit, 1989.

• Descoings, Richard, *Sciences Po: De La Courneuve à Shanghai*, Paris: Presses de la FNSP, 2007.

• Favre, Pierre, *Naissances de la science politique en France 1870~1914*, Paris: Fayard, 1989.

15. 런던정치경제대학: 영국식 진보적 지성의 요람

• 토니 블레어, 유지연 옮김, 《토니 블레어의 여정》, 알에이치코리아, 2014.

• 헨리 펠링, 이방석 옮김, 《영국노동당》, 탐구당, 1964.

• Dahrendorf, Ralf, *A History of the London School of Economics and Political Science 1985~1995*, Oxford: Oxford University Press, 1995.

• George, Stephen, *An Awkward Partner: Britain in the European Community*, New York: Oxford University Press, 1990.

• Liddle, Roger, *The Europe Dilemma: Britain and the Drama of EU Integration*, New York: I. B. Tauris, 2014.

4부 통합 유럽을 이끄는 대학들

16. 스트라스부르대학: 민족 경계의 대학에서 통합 유럽의 대학으로

• 박지현, 〈스트라스부르, 민족 갈등의 도시에서 통합 유럽의 수도로〉, 통합유럽연구회, 《도시로 보는 유럽통합사》, 책과함께, 2013.

• 올리비에 뒤물랭, 류재화 옮김, 《마르크 블로크: 역사가 된 역사가》, 에코, 2008.

• Aragon, Louis, *La Diane française: La Chanson de l'Université de Strasbourg*, Pierre Seghers, 1943~1944.

• Christophe, Charle, "John E. Craig, Scholarship and Nation Building. The University of Strasbourg and Alsactian Society, 1870~1939 (Compte rendu)", *Annales. Économies, Sociétés, Civilisations*, vol. 43, no 5(1988), pp. 1175~1178.

- Le Minor, Jean-Marie & Sick, Henri, "Autour du 350e anniversaire de la création de la chaire d'anatomie de la Faculté de Médecine de Strasbourg (1652~2002)", *Histoire des sciences médicales*, vol. 37, no 1(2003), pp. 31~41.
- 스트라스부르대학 홈페이지 http://www.unistra.fr

17. 가톨릭루뱅대학: 분열과 통합의 상징

- 오정은, 〈EU집행위원회의 볼로냐 프로세스 참여: 유럽고등교육정책의 유럽화〉, 한국유럽학회 편, 《유럽의 사회통합과 사회정책》, 2011, 295~320쪽.
- Lamberts, Emiel & Roegiers, *Jan, Leuven University: 1425~1985*, Leuven University Press, 1990.
- Van der Hoeven, Hans & Van Albada, Joan, *Memory of the World: Lost Memory: Libraries and Archives Destroyed in the Twentieth Century*, UNESCO, 1996.
- Van Impe, Jan, *The University Library of Leuven: Historical Walking Guide*, Leuven University Press, 2013.
- 볼로냐 프로세스 공식 홈페이지 http://www.ond.vlaanderen.be
- EU 홈페이지 http://europa.eu
- KLU 홈페이지 http://www.kuleuven.be
- UCL 홈페이지 http://www.uclouvain.be

18. 유럽칼리지: 유럽통합의, 유럽통합에 의한, 유럽통합을 위한 대학

- Demaret, Paul & Govaere, Inge & Hanf, Dominique, eds, *Dynamiques juridiques européennes. Édition revue et mise à jour de 30 ans d'études juridiques européennes au Collège d'Europe, Cahiers du Collège d'Europe*, Bruxelles: P. I. E. Peter Lang, 2007.
- Mahncke, Dieter & Bekemans, Léonce & Picht, Robert, eds, *The College of Europe. Fifty Years of Service to Europe*, Bruges: College of Europe publications, 1999.
- Seock-Jun Yoon, "La Construction Européenne par la Culture selon Denis

de Rougemont", 통합유럽연구, No. 4, April 2012, pp.105~123.

- Vermeulen, Caroline, *Le Collège d'Europe a l'ère des pionniers*, 1950~1960, Bruxelles : P. I. E. Peter Lang, 2000.

찾아보기

ㄱ

ㄴ

ㄷ

ㄹ

ㅁ

ㅂ

ㅅ

ㅇ

ㅈ

| 도판 출처 |

- Charles Soulié, *Un Mythe àD étruire? Origines et destin du Centre universitaire expérimental de Vincennes*, Saint-Denis: Presses Universitaires de Vincennes, 2012, p. 83 277쪽
- Christian Marbach, "Les Bonaparte en Amérique", Bulletin de la SAVIX, n° 38, 2005 185쪽
- Descoings, Richard, *Sciences Po: De La Courneuve a Shanghai*, Presses de la FNSP, 2007. illustration 294쪽, 299쪽, 301쪽
- Historical Firearms 홈페이지 362쪽
- http://belairsud.blogspirit.com/archive/2008/week49/index.html 279쪽
- http://web1.karlsruhe.de/bilderbogen_neu/Impressionen/#1 200쪽
- http://www.ifh.kit.edu/english/137.php 210쪽
- Javelle, Sandrine, *ABÉÉAIRE de Vincennes àSaint-Denis*, Persses Universitaires de Vincennes, 2011 278쪽(p. 15), 285쪽(p. 42)
- "Medieval Universities." Ancient and Medieval History Online. Facts On File, Inc. http:// www.fofweb.com/activelink2.asp?ItemID=WE49&iPin=CRC02116&SingleRecord=True (accessed November 5, 2014) 16쪽
- Mühlberger, Kurt, ed. *Die Universität Wien: kurze Blicke auf eine lange Geschichte*. Wien 2, Auflage, 2001, p. 50 243쪽
- 베를린자유대학 홈페이지 254쪽, 257쪽, 258쪽
- 볼로냐 프로세스 사무국 홈페이지 370쪽
- 시앙스포 홈페이지 310쪽
- 오스트리아 슈타인호프 추모관 245쪽
- 유럽칼리지 홈페이지 381쪽, 382쪽, 384쪽, 388쪽
- UCL 및 KUL 홈페이지 365쪽
- UCL 홈페이지 373쪽
- 파리소르본대학 홈페이지 55쪽

유럽을 만든 대학들

1판 1쇄 2015년 5월 15일

지은이 | 통합유럽연구회

편집 | 천현주, 박진경
마케팅 | 김연일, 이혜지, 노효선
디자인 | 이석운, 김미연
종이 | 세종페이퍼

펴낸곳 | (주)도서출판 책과함께
주소 (121-896) 서울시 마포구 월드컵로 50 덕화빌딩 5층
전화 (02) 335-1982~3
팩스 (02) 335-1316
전자우편 prpub@hanmail.net
블로그 blog.naver.com/prpub
등록 2003년 4월 3일 제25100-2003-392호

ISBN 979-11-86293-19-5 93920

이 도서의 국립중앙도서관 출판예정도서목록(CIP)은 서지정보유통지원시스템 홈페이지(http://seoji.nl.go.kr)와 국가자료공동목록시스템(http://www.nl.go.kr/kolisnet)에서 이용하실 수 있습니다.
(CIP제어번호: CIP2015011063)

• 이 연구는 2014년 서강대학교 국제지역문화원에 대한 교내 연구비 지원에 의해 이루어졌음.